大魚讀品
BIG FISH BOOKS

让日常阅读成为砍向我们内心冰封大海的斧头。

武志红——

著

深度关系

九州出版社
JIUZHOUPRESS

图书在版编目（CIP）数据

深度关系 / 武志红著 . -- 北京 : 九州出版社，
2023.7（2023.12 重印）

ISBN 978-7-5225-2022-3

Ⅰ.①深… Ⅱ.①武… Ⅲ.①人际关系学—通俗读物
Ⅳ.① C912.11-49

中国国家版本馆 CIP 数据核字（2023）第 136346 号

深度关系

作　　者	武志红　著	
责任编辑	周红斌	
出版发行	九州出版社	
地　　址	北京市西城区阜外大街甲 35 号（100037）	
发行电话	（010）68992190/3/5/6	
网　　址	www.jiuzhoupress.com	
印　　刷	河北鹏润印刷有限公司	
开　　本	787 毫米 × 1092 毫米　32 开	
印　　张	14.375	
字　　数	420 千字	
版　　次	2023 年 10 月第 1 版	
印　　次	2023 年 12 月第 2 次印刷	
书　　号	ISBN 978-7-5225-2022-3	
定　　价	68.00 元	

目 录
Contents

第九章　极端全能暴怒

第十章　懂事、脆弱与生命力缺失

第十一章　被害妄想

第三部分　头脑暴政

第四章　深度关系滋养生命

导　言
欢迎来到真实世界

全能感的四张面孔

在你阅读这本书之前，我先问一个问题：什么样的人心理算健康的？或者说，心理健康的标准是什么？对此，美国心理学家科胡特给出了非常简明的答案：自信和热情。

当活力能滋养自体时，就是自信；当活力能滋养客体时，就是热情。

这个答案真是简单。如果初学心理学，刚刚接触到科胡特这个说法，你可能会觉得这个说法一点都不深刻，但如果你对人性了解得越来越深，特别是被科胡特所说的另一个概念所深深纠缠时，你会深切地感受到，走到自信、热情这一步，实在是太不容易了。

这另一个概念，就是全能自恋。

全能自恋是婴儿最原初的心理，因此也是人最原初的心理。它的逻辑是，"我一动念头，世界就该按照我的念头而运转"。当全能自恋受损时，人会产生自恋性暴怒。我将其称为"全能暴怒"，觉得这个词比"自恋性暴怒"更合适一些。受全能暴怒驱使时，人会产生毁灭欲。

如果全能自恋和全能暴怒能直接表达，人就会感觉到自己很有力量。但是，在既不能表达全能自恋，又不能表达全能暴怒时，这份能量并不会消失，而是会转而压制自己。这时，人会体验到彻底无助。

同时，人还觉得像是被外界的一股力量压制，因此会产生被害妄想，觉得有一个无比厉害的人、机构或神魔在破坏着自己的各种事情。

全能自恋、全能暴怒、彻底无助和被害妄想，我们可以把它们概括为"全能感"，这是全能感的四种经典表达。

除此以外，全能自恋还有非常复杂的变化。我在咨询和日常生活中，发现全能自恋简直无处不在。

很有意思的一点是，我讲课时发现全能自恋是最受欢迎的内容。

例如，我开持续数天的工作坊时，学员们通常很希望多一些练习和分享，唯独在我讲全能自恋时，他们会觉得练习和分享有点浪费时间。他们会说："别做练习和分享了，你讲吧，这些内容太吸引人、太好玩了。"

我认为这是因为这些内容戳中了大家的心，一开始容易觉得，"啊，我身边有一个这样的人"，后来发现，"哎呀，这说的不正是我吗"！

我开全能自恋主题的讲座时，也常有人问我："武老师，这个话题我想深入了解一下，请给我推荐几本书吧。"可是抱歉，除了《自体心理学的理论与实践》这样一本偏专业的书之外，我真不知道还可以推荐其他什么书。现在，我可以推荐自己的这本书了，我希望自己不仅能写清楚全能自恋的深层逻辑，还能写透我们身边常见的各种现象。

最近几年，全能自恋是我关注的一个焦点，并且在观察自己时，不可避免地看到我也深陷全能自恋之中。它的很多幽微、奥妙的变化，在我身上都可以看到。

甚至随着对自身全能自恋等问题的了解越来越深，我越来越觉得，如果能在一定程度上讲清楚全能自恋的内容，那会像是我自己的一种毕业典礼。

现在，我觉得我终于可以系统地讲一讲全能自恋了，于是有了你所读到的这本书。

这本书分为三大部分：

1. 全能自恋及其变化；

2. 人性坐标体系；

3. 头脑暴政。

这本书还有两大价值：了解和疗愈。

先说说了解。

如果你身边有人有严重的全能自恋，你会细致入微地了解这个人。

例如，如果你身边有一个总是乱发脾气的人，这个人通常会成为你的一个噩梦。一直以来，你可能会很纳闷他到底在做什么。学习了全能自恋的知识之后，你会发现，这样的人是在被全能暴怒支配着的。

又如，你身边有特别好说话的人，可是你又真切地感觉到，你没法走近他，甚至会非常不喜欢他。

这样的人是怎么回事？当了解了本书中关于彻底无助和被害妄想的内容后，你可能会恍然大悟：哦，他们原来是这样的，他们自己做了"好人"，但不断把"坏"投射到外部世界。比如，你就容易被他们投射成"坏人"。

没有谁喜欢被投射成坏人，所以你不喜欢这样的人是很正常的。

这时候，就出现了一个可怕的问题：如果你就是这样的人呢？你会担心吗？你自以为是地做了半辈子甚至一辈子好事，结果发现自己注定会被辜负，也收获不了亲密关系。如果真是这样，这该是何等可悲的事情？

说到了解，那就是了解他人、了解自己、了解关系，乃至了解社会现象。这会让你感觉自己的眼睛和心变得更亮了。

有人可能会觉得，学习全能自恋是对自己严重的攻击。当你有这种感觉时，我建议你放弃，不要和自己太较劲。

你觉得这本书很刺激、很过瘾，不断让你感叹："哇，谁谁是这样的！我就是这样的！这说得也太准了！"这时，你虽然有一定被攻击的感觉，但不觉得严重，那么这本书就是适合你的。

也可能你很好运，发现自己没什么全能感，亲友中也没有这样的人，不过各种热点新闻事件的主角常常是这类人，而你在工作和生活中免不了要和这样的人打交道，那么了解他们也是非常有价值的。

了解主要会给你带来控制感，也可以让你更清醒地做选择。

但了解不是疗愈，疗愈的根本，是关系。全能自恋的对立面不是不自恋，而是能活在关系中。

我的很多来访者都说过一句话："我是一个人长大的。"这句话充满悲伤，也非常能说明问题。全能自恋，总是和孤独绑在一起。

并且，这是可以倒推的。如果你这一生一直孤独，那必然意味着你深陷全能感中。区别只是：当你的表现为全能自恋和全能暴怒时，会很明显；当你的表现为彻底无助和被害妄想时，则是隐蔽的。

关系或情感才是人性中疗愈性的力量。全能自恋不能直接被灭掉，但它可以通过体验到深度关系中的情感，自然而然地被驯服。

我们的历史文化中有一则深刻的故事，就是大禹治水。在大禹之前，人们对待泛滥的水灾的方式，是拼命去堵，均告失败，直到大禹找到疏通的方法，才得以解决。

这个故事可以引申到全能自恋中。全能感，是犹如核弹一般的能量。当它直接呈现出破坏性时，会很吓人，而我们的文化找到的传统解决方式，是压制。

这就涉及我们文化中的另一个故事——齐天大圣被压制在五指山下。孙悟空在齐天大圣阶段，是全能自恋和全能暴怒的经典表达。这个隐喻，在我们的社会文化中简直无处不在。

压制也可能是一条相当合理的道路，可是降服全能自恋还可以有另一个方向——进入关系。

人性坐标体系

人性可以分成两个维度：

自恋维度，也可以称为"力量维度""权力维度"；

关系维度，也可以称为"情感维度""道德维度"。

这两个维度组合起来，自恋维度为纵轴，关系维度为横轴，可构成一个坐标图，我将其称为"人性坐标体系"。

在自恋维度的纵轴上，人会深切地体验到地位的高低、力量的强弱，乃至生死。而在关系维度的横轴上，人会真切地感知到，情感是平等的。因此可以说，一个深情的人，就在很大程度上破掉了高低、强弱，乃至生死。

同时，自恋维度也极为重要。你会看到，太多人为了维系关系而产生了强大恐惧症。

我们最惧怕的，是绽放自己的光。"强大恐惧症"，是我造的一个词。在本书中，我会从多个方面去分析它。

可以说，自恋加深的程度和关系进入的深度一起构成了一个人的心灵空间。这两个维度都展开，才能活出自己。

自恋是人的根本属性，受自恋驱使，人会渴求卓越乃至完美，因此会特别惧怕平庸，觉得"不卓越不配活"，从而产生巨大的焦虑。孤独的全能自恋，必然伴随着深度的焦虑。

但是，当你进入深度关系后，就会真实体验到你的心灵被拓宽了。你会体验到"我既可以强大，也可以弱小；既可以对别人好，也可以攻击别人保护自己"。

这意味着，你的心从二元对立开始走向合二为一。

总之，从自恋维度能进入关系维度即疗愈。这是本书的第二大部分，如果能帮到你或你在乎的人，从而可以更好地进入关系，那就太值得了。

当然，本书不可避免的是在认知层面讲述，对于就差一层窗户纸的人来说，认知的提升也许瞬间就戳破了这层窗户纸，而让你能更深地进入关系。

对于严重停留在自恋维度的人来说，认知可能只是一个开始，但也可以是一个前行的方向。

全能自恋，或者说超高自恋，可以成为一个巨大的推动力，推动人去追求卓越。

但很诡异的是，这时的卓越是没有创造力的。要明白这一点，就要知道自恋维度的另一个名称——"权力维度"。意思是，纯自恋推动的追求卓越本质上是为了追求权力、聚拢资源，避免自己落在弱小而任人宰割的位置上。这时的追求卓越，其实是为了避免死亡。

因此可以说，权力驱动着的卓越，内核是死亡焦虑，而创造力意味着生，是死亡焦虑的对立面。

一个人如果想将这股能量从死亡焦虑转化成生能量，就需要在关系中驯服全能自恋，然后才会体验到生命的美好，会生机勃勃，充满创造性、热情和爱。

如果你希望自己的孩子，希望自己，或者我们的社会有真正的创造力，就需要学习如何进入深度关系中。

所以，关系并非只是情感这么简单。

全能自恋的各种变化是第一部分。

关于自恋与关系的人性坐标体系是第二部分。

第三部分比较特别一点，在这一部分，我会谈一谈"头脑暴政"。

走出头脑自恋

一个人的成长，是从全能自恋到真实自信的过程，也是从孤独自恋到有深情依恋的过程，同时是从想象进入现实的过程。

想象与现实的一个巨大差别是，想象可瞬间完成，可超越时空，现实中却有时间和空间，从念头的发起到完成，需要过程。它越重要，就越需要漫长的过程。所以，现实会挫败一个人的全能自恋。

当一个人进入现实失败时，就会过度使用头脑的想象，并用想象去要求自己、别人，乃至世界。这时的想象，会有高度的全能自恋，因此这份要求会变得难度很高、很苛刻，所以构成了"头脑的暴政"。

围绕着孙悟空和唐僧，有一个深刻的隐喻。孙悟空可视为全能自恋的想象力，而唐僧则是现实世界的象征。孙悟空一个跟斗可以翻出十万八千里，而想象就具备这个特点，你可以使用想象轻松地抵达任何地方。

但是，唐僧去西天取经，就得老老实实地行走。没法取巧，还得经历九九八十一难。相应的是，人生就是一场修行，各种道理，头脑里明白很容易，但你必须使用你的肉身在现实中，也就是关系中去体验。

头脑快，但虚；体验慢，但真。当你能"降服"全能自恋的狂暴想象，从而进入看似慢腾腾的体验时，你会爱上生命，爱上平凡的生活。

不仅如此，你会发现，你这时好像才可能碰触到无限的存在，而所谓创造力也由此而生。

围绕着头脑暴政，有一个重要的矛盾——过程和目标。目标主义者总想着立即实现目标，这其实是受全能自恋裹挟的结果，也是受死亡焦虑所推动的。而过程主义者才能体验到生命能量的流动。

当你能够享受过程时，就意味着你真的有了创造力。

全能自恋会催生出各种高大上乃至奇幻的东西，像神、佛、魔的世界，至少也是强人的世界。受全能自恋驱使时，你会总想着在天上飞，就像齐天大圣总是在翻筋斗云一样。

但是，当你降服了全能自恋，从孤独的想象世界进入关系的现实世界后，你会发现自己从天空中降了下来，像是进入了凡间，这个凡间有满满的热情、爱和创造力。

　　你会爱上这个凡间的万事万物，同时会爱上自己。

　　这样的爱，才会带来真实的自信。

　　在我看来，真正的自信只能来自爱。

第一部分

全能自恋及其变化

引　言
如何看全能感

全能感有四个基本变化。

1. *全能自恋*。我是全能的神，世界必须按照我的意愿运转。

2. *全能暴怒*。意愿被拒绝，神就会变成魔，而生出毁灭欲。

3. *彻底无助*。暴怒不能表达，就会转过来攻击自身，让自己不能动弹。

4. *被害妄想*。不能动弹时，会觉得所有不顺都是外界的魔鬼害的。

对于这四种变化，我们可以想象一下，想象每个人都是一个能量球，它本来是中性的、灰色的。

这个能量球，伸出了一个能量触角。当这个触角被另一个能量球接住时，就被点亮了。这是第一个变化，对应着全能自恋。

当被拒绝，或者没有被另一个能量球接住时，它就会从中性的、灰色的变成黑色的。

这时，这个黑色的能量触角有两个方向可以表达，一个方向是向外，这就变成了破坏性力量。这对应着全能暴怒。

向外表达是危险的，会伤害他人，或者害怕被报复、被惩罚，于是这种黑色的能量不敢表达，转过来指向自己。这时，你会感觉到被破坏乃至被摧毁了，这对应着彻底无助。

明明是自己产生的一股黑色的能量，转过来镇压了自己，这时却被感知为完全是一股外在的力量，即我们将这种能量彻底从意识中切割出去了，把它投射成外部力量。这对应着被害妄想。

这是进入关系失败的结果，你也可以做另一个方向的想象——如果能量触角被接住的次数越来越多，那就意味着，这个能量球被照亮了。而黑暗和光明，是人性的一个基本隐喻。

必须说明的一点是，全能自恋、全能暴怒、彻底无助和被害妄想都是全能感的极致表达。当一个人全然被这四个变化控制时，通常这个人的精神也就崩溃了。

普通人的身上有时不容易直接看到全能感的这些极致表达，但可以看到程度不一的表达。当程度比较重时，也会对一个人产生巨大的影响。

所以，我讲全能感时，会分成两个部分：如同幻梦一般的极致表达，以及普通人身上的常规表现。

现在，让我们进入第一部分：全能幻梦。

· 第一章 ·

全能幻梦

全能感的四个变化

在前文中，我介绍了全能感的四个变化，也请大家想象：如何用能量球的意象来表达这四种变化。

我想介绍一下自己的一个思考方式，就是为重要的思考找到直观而贴切的形象化表达，即心理学上常讲的意象。

在引言中，我使用了能量球的形象化表达，接下来的第二部分和第三部分开头，大家也会继续看到我在形象化表达上所做的努力。

这一表达中的意象最好不是用头脑努力思考出来的，而是从心中浮现出来的。

很多人在有意无意地使用这个方法，例如爱因斯坦会使用视觉化的直观思考方式。

有时，这些意象是自己在潜意识中浮现出来的，有时是被一些真实的故事所触动而浮现的，也常常是先被一个又一个类似的故事所触动。突然有一天，一个意象会从心中浮现出来。

这个能量球的形象化表达看似简单，但对我个人而言，当这个意象以无比生动的方式呈现出来时，我像是瞬间懂得了无数故事，而一些本来晦涩的道理也自动串了起来。

不继续讲道理了，我讲一些案例吧。

全能自恋和全能暴怒在现实中非常常见。

2015 年 9 月，一名身穿龙袍的男子上了一辆公交车。到站要下车时，他对驾驶员说："爱卿，朕到站了，要下车了。"

这是全能自恋最直观的表达方式——皇帝梦。不过，皇帝梦表达得这么直接，那意味着这个人基本上无法融入现实世界，因而普通人也不会经常接触到这样的人。

弱一些级别的表达就很常见了。

2018 年 2 月 9 日，广西桂林市的一座大桥上发生了惊心动魄的事情。一辆货车和另一辆车发生剐蹭，交涉时，货车司机用钢管殴打对方。从视频中可以看到，货车司机年轻帅气，殴打对方的时候很有气势，理直气壮。

警方赶到时，这位司机竟然驾驶货车掉头在桥上疯狂冲撞。连续撞了多辆车，还险些将一辆警车撞下桥。

有意思的一幕是，警方最终拦下货车并抓获该司机时，他看起来变得瘫软如泥。

这一幕可以这样分析：

他打人时，这自然是全能暴怒。全能暴怒产生是因为全能自恋受到破坏——你怎么胆敢挡我的路？！

警方来时，他不配合警方。这既可能有全能自恋，也可能有被害妄想。全能自恋是他内心深处可能认为，警方没有资格处理他的事，警方无权制定规则，他才是那个可以制定规则的人；被害妄想，就是他可能觉得警方不会秉公处理，他一定会被惩罚，而且惩罚的力度非常可怕。

在用钢管殴打别人时，他是强大的，甚至全能的，对方是弱小无助的。

在面对警方时，他却变成了弱小的一方。他拒绝接受这种虚弱，因此陷入疯狂，开车连撞多辆车，将一次小冲突变成了一场大祸。但这样做时，他可能还是在逃避"我会被支配"的虚弱感，而追求"必须我来支配"的强大感。

当被警方拦住并抓获时，他变得瘫软如泥，这就说明他此时陷入了彻底无助。

类似的逻辑，在很多暴力狂或强人身上可以看到。他们处于支配位置时，显得无比强大，极其有力量，但当处于被支配位置时，他们会瞬间脱力一样，变得瘫软无力。

这样的事虽然很常见，但因其极端暴力性，我们很容易觉得这些还是特例。那我再讲一个故事，你可能就会看到全能感的这四个变化是比较常见的，而且我们身边比比皆是。

一个男大学生来做咨询，他的一个问题是他学习遇到了很大的障碍。我们一开始讨论时，觉得这个学习障碍看起来挺复杂，是由很多原因造成的，但原因慢慢指向了一点——想象和现实的巨大差异。

考试时，他总是自我感觉良好，觉得这次能考满分，发挥简直太好了，可是等成绩下来却在及格边缘。这给他带来了巨大的挫败感和羞耻感。他本来觉得自己的成绩可以是顶尖的，因此信心满满，觉得自己很优秀。当看到及格边缘的分数时，他又感觉自己一下子从想象的顶峰跌落下来，还因为此前的自大，他会感到极度羞耻——我明明水平这么一般，竟然会幻想自己是最好的，真是不自量力！

我问他："你感觉自己会考接近满分，那你是怎么估分的？"他说："我就是凭感觉。"

这让我有些惊讶，于是再问他："你会在考试结束后，一道题一道题地对答案估分吗？"

他说不会，他曾经试过，那太打击人了，所以他干脆放弃这么做了。

这真是非常有意思的一点，他明明可以通过对答案进行合理的估分，他却拒绝这么做，于是让自己陷入非理性的想象。

这是为什么？因为他的心灵还严重地停留在全能感中，心灵深处还感觉自己是全能的。当现实让他挫败时，他不是去接受现实，而是干脆拒绝理性的做法，好继续想象自己是最厉害的。直到分数下来，严重地挫败他。

他喜爱漫画，也给我看了他的一个系列作品。画得非常棒，漫画故事的基本逻辑，是漫画的世界里，每个人脸上都有一个印章，上面有"及格"两个字。漫画中的主人公脸上却没有这个印章，因为他是残疾的，他少了一只胳膊和一条腿。这位主人公爱上了一个女孩，可故事就到此结束了。

如果按全能感的四个变化来分析他，可以说，觉得每次都能考接近满分，这是全能自恋的表现。当被及格边缘的分数挫败而产生深深的无力和羞耻时，是彻底无助的表现。

他是相当谦虚有礼的大学生，身上看不到全能暴怒的地方，其实是他的全能暴怒指向了自己。每次挫败后，他会深深地攻击自己。体现在漫画中，就是主人公是残疾的，少了胳膊和腿。虽然在考试中，他基本是能及格的，漫画中的主人公却连及格都不配。

他也没有明显的被害妄想，不会觉得他的挫败是一种明显的外界敌意力量在作祟。不过，他有点相信命运，觉得自己命不好。在他的感知中，像是有一个苛刻的命运之神，他怎么努力都改变不了自己的命运。这可以理解为是被害妄想的轻度表现。

关于"被害妄想"这个词，我要澄清一下。在精神病学的术语体系里，"被害妄想"是一个非常严重的词。它是精神分裂症的一个典型症状，而我在这里使用的被害妄想是更宽泛的表达。

极端的被害妄想，自然就是被迫害妄想，但还有其他级别的表现。例如，在普通人身上，有时就是一种并不容易觉知到的被害感。

经典的被迫害妄想，会认为有一个强大的人或机构构成了一个迫害性的体系，并认为自己人生所有的不顺都是这个体系干的。最直接的，是觉得自己在被监视和追杀。

例如，有一次，一个年轻人到我家做客，他主动帮我看风水，讲得头头是道。讲着讲着，他突然说："你看天上那朵云，那是FBI（美国联邦调查局）派来监视我的。"这就是经典的被迫害妄想了。

继续讲讲前面那个大学生的故事，他的漫画有着极其深刻的寓意。虽然他被全能感控制着，但在漫画中，他给出了一个基本答案：不需要全能，及格就可以了；当你被全能感控制着，才会有严重的残缺感。

这个寓意，我会在第二部分详细阐述，但在这里可以简单讲一讲：虽然全能感是最原初的人性，对婴儿来讲是正常的，但大的孩子和成年人之所以还滞留在全能感中，就是因为没有得到"及格"的关系，也就是情感。

在各种夸张、奇幻的故事中，几乎都可以看到全能感的影子，而全能自恋、全能暴怒、彻底无助和被害妄想，这四种变化则是具体的表达。

当我们看这些故事时，容易觉得，"哇，太夸张了吧，这些东西和我可没什么关系"。

但是，只要你有另外一个感知——孤独，我就会推断，你在相当程度上也滞留在全能感中，孤独总是和全能感联系在一起的。接下来，我会讲讲全能感在普通人中的一些常规表现，也许你会觉得自己像被"戳成了筛子"。

全能感的常规表现

讲这个话题之前，我先分析一下全能感的基本逻辑。它是婴儿最原初的一种心理，有这种心理的人会认为："我"一动念头，"你"就该立即回应。

之所以给我和你加上双引号，是想强调一下这句话中的抽象哲学含义。"我一动念头"中的"我"，这一点通常没有太多疑义，就是自己、自体，而且是发出指令的那一部分，但"你就该立即回应"中的"你"，就比较复杂，"你"可以是其他人、其他事物，乃至整个世界，也可以是"我自己"。

也就是说，"我"不仅在给万事万物乃至整个世界下指令，也在给自己下各种指令。

当期待"我"和"你"之间是全能感般的回应时，就会带来很多问题。我列举一些常见的例子。

第一个是卓越强迫症。

卓越强迫症的基本逻辑是，"不卓越，不配活"。

在咨询和日常生活中，我见到不少对自己极度不认同的人。虽然在外人看来，他们已经非常优秀了。

例如，一位男士 M，他有深深的自卑感。探讨这份自卑时，他说，从小到大，他一直有一个宏愿——"在没人帮助的前提下，在某个领域成为世界上最好的"。

这个宏愿带来了好处，迫使他一直在付出巨大的努力追求卓越，但问题也非常严重：虽然努力了这么多年，他也年近 40 岁了，但他几乎没可能在某个领域成为世界第一。

这是一个来自内心深处的宏愿，深深地支配着他，所以当他发现不能实现这个宏愿时，他深深地自责。一如前面的论述，他这是在拿全能感来要求自己，结果对自己格外苛责。

我们深度探讨下去才发现，他那句"在某个领域成为世界上最好的"其实还是经过修订的。他内心深处最真实的渴望是，"在每个领域都成为最好的"，但他有基本的现实感，知道这不可能，所以修订为"在某个领域"。

"卓越强迫症"这个词，来自一个条件极好的女孩。她名校毕业，富豪家庭出身，人也非常美，但她有我见过的最严重的自我否定，她甚至认为自己不配活在这个世界上。

对于这份自我否定，她解释说，她打心眼儿里认定，只有有才华的人才配活在这个世界上。

我对此有些纳闷，对她说："你名校毕业，硕士文凭，而且能力也不错，并不差才华啊。"

她回答说："我这不叫才华，毕竟都是学来的。我认为的才华，是必须高度原创，而且得才华绝世。绝世的意思是，得是世界上最好的。"和前文提到的 M 一样。

卓越强迫症是非常常见的，它直接催生了一个名词——"别人家的孩子"。当父母对孩子抱着"你要成为世界上最好的"这种渴望时，那孩子无论多优秀，父母都不会认可，因此他们造出了一个"永远都比自己的孩子好"的"别人家的孩子"。但其实这是想象，而不是事实。

第二个是强大恐惧症。

强大恐惧症是指当你走向强大时，会有各种恐惧和抗拒。

非常奇妙的是，在很多人身上，强大恐惧症是和卓越强迫症紧紧绑在一起的。这就构成了一个两难处境：你既不能不卓越，又不能太强大。

我见到太多人被锁在这个两难处境中：一方面花了太多时间和精力在追求卓越上；另一方面又犯各种莫名其妙的错误，结果强大不起来。

当然，也有人是比较单纯的强大恐惧症。例如，有多位来访者说，他们读书时不敢太努力，怕别人觉得他们是在努力钻营。有人因此干脆不努力了，整天和一群狐朋狗友混在一起，大家一起堕落。还有人表面上不努力，但会私下里发愤图强。

患有强大恐惧症的一个重要原因，是觉得大家都想卓越乃至成为第一名，而当实现了目标时，又担心被人嫉恨。

在 M 的故事中，他其实也有强大恐惧症，因为他给自己的设定是"在没人帮助的前提下""在某个领域成为世界上最好的"。这个"没人帮助"是非常限制他发展的。

第三个是行动困难症。

行动困难症基本等同于拖延症，但又有其特性。顾名思义，它的基本表现是想法有很多，但行动困难。

患有行动困难症的一个原因是，有人有意无意地觉得行动是卑贱的，思想是高大上的。因为思想者是来指挥行动者的，行动者是配合思想者的意志的，正是所谓"劳心者治人，劳力者治于人"。

常常听到有人吐槽，说自己身边有这样的人，哪怕喝杯水，他都要指挥别人帮自己完成。如果你照做了，他就会有一种居高临下的满足感。

这在婴儿期是这样一个基本画面：婴儿负责发号施令，母亲等抚养者配合他们的念头，执行他们的命令。

患有行为困难症更根本的一个原因是，想法可以快如闪电，脱离了时间、空间，能满足全能自恋的需求，而行动是有时间、空间的，并且有过程、有步骤，这会挑战乃至颠覆全能自恋。

我发现自己常有这个毛病，例如要外出，到了楼下，下雨了。这时，只需要三五分钟，我就可以回家拿一把雨伞，但我本能上会拒绝这么做，宁愿被雨淋。

这有双重含义：一是我既然已经下来了，这是我意志的一种表达，我不想否定自己；二是返回去拿雨伞，这是行动，我更愿意只是想一想就算了。

致使有行动困难症的原因还有很多，例如有人不行动，是因为隐隐觉得自己内在藏着一种狂暴的力量，一行动就会给周围带来各种破坏性影响。这是在担心自己的全能暴怒。轻手轻脚的老好人会有这个毛病。好吧，我必须得承认，这是我这个经典滥好人的一个经典问题。

第四个是投入困难症。

投入困难症比行动困难症好一点。有此症状的人可以行动，但特别没耐心，因此没法投入其中。

行动和投入是对全能自恋的直接治疗方法，因为行动必然意味着你要进入现实世界，现实世界总是会在相当程度上挫败你全能自恋的想象。

反过来也可以理解，有人难以投入，是为了保护自己的全能感。

例如，一位女士要参加一个职业资格考试，她渴望自己能以完美的成绩通过这个考试。其实职业资格考试以高分还是及格分通过考试，结果是一样的，所以这不是现实需要，而是想象的需要。

连续几年，她都没有通过。这个考试虽然有难度，但也没有难到以她的心智应对不了。那是怎么回事呢？

直接原因特别简单，她根本就没拿出充分的时间去准备。与她继续探讨会发现，她心里有这样一个想法："如果没做充分的准备，我就可以安慰自己，之所以成绩不理想，是因为我没有真正出手啊。如果我真出手了，必定是非凡的。"

于是，为了维护她还可能是非凡的（全能的）这种想象，她在做任何重要的事情时，都不会全力以赴。她可以做出简单的行动，但绝不会全力以赴。后来，她回忆起自己有全力以赴但失败的经历，那太可怕了，感觉自己整个人都崩溃了。极度羞耻，恨不得自己去死，并且这份摧毁性情绪持续了很长时间，甚至现在想起来，她都觉得痛苦。

第五个是诛心论。

所谓"诛心论"，是不管你现实层面如何，而是去追问你的想法，并把想法当作真实的行为去对待。

例如，我在微博上经历了一轮又一轮论战，非常熟悉这样一种感觉：很多人争论问题时，不去争论具体观点，而是直接说"你动机不良"，然后你的观点就没必要去讨论了。

动机不良论中最常见的是，"你是奸商，你写书都是为了骗钱"。

这种论调，隐藏着一个底层逻辑：人是全能的，所以人的想法和行为一样可怕。

同时还有一个含义是，无助的人都是好人，而把事情做成的人都是用了阴谋诡计。这是彻底无助和被害妄想这对组合的表达。

心智成熟的一个基本标志是，能区分想象、行为和后果，知道想法不等于行为，行为不等于后果。但受全能感驱使时，人会觉得想法（念头）本身就是非常可怕的，毕竟全能感的基本逻辑是，人一动念头，世界就会配合自己完成。

诛心论是非常糟糕的，当一个人对自己持有这种逻辑时，就不可能有想象力了。当父母对孩子有这种逻辑时，孩子也难以发展想象力。当一个社会整体如此时，想象力和创造力也会被破坏。

必须强调的一点是，虽然我们一直在谈，要从全能自恋的想象世界进入关系的现实世界，但同时要看到，纯想象中可以全能，这也是创造力的一个动力。

前面这几种问题，除了诛心论，我都冠以"某某症"这个说法，对此大家不用当真，其实我的观点是，这些都是人性不同层级的正常表现。

并且，真运用这种造词逻辑的话，无数东西，只要看上去有点问题，都可以给它们冠上"某某症"的称号，这就失去意义了，所以大家把这一点当作文字游戏好了。

这几种心理，以后我会分别进行更细致的探讨，不过有些是第一部分的内容，有些是第二、第三部分的内容。此外，在这里讲这五种问题，并不是说全能自恋的常规表现只有这五种，只是这五种让我觉得比较经典而已。它的常规表现还会有各种各样的表达，例如完美主义，它常常是全能感的一个简单延伸。

详细解释全能感的四个变化是想让大家意识到，全能自恋并不是极端的人才有的，普通人也会有。

不过，讲述这些常规表现时，也许你会觉得有点闷，觉得不够引人入胜。接下来，我们就先来讨论一下全能自恋那些奇幻的、夸张的全能梦。

全能梦：奇葩新闻背后的幻梦

2019 年 12 月 9 日，在山东临沂市一家宾馆，民警在例行检查时发现三女二男一行人有些可疑。让他们出示身份证，其中一个个子不高、颇有气势的男子拿出的证件，竟然是"联合国维和部队总司令部特别通行证"。

该男子拿着该证件威胁说："你们没资格检查我们，我要给首长打电话。"说着还真用自己的手机拨了"首长"的电话，但"首长"没能保护他。民警继续搜查时，发现他还有一堆颇有来头的证件，如"联合国特别执法证""联合国监察总署最高监察证""中央军委特别任务执行证""中国境内特别通行证"，以及李鸿章签发的"持枪证"。

民警调查发现，该男子 54 岁，是吉林省一个镇子上的农民。他交代说，国民党当年在世界多家银行一共存有数万亿美元的"民族资产"，不过需要一些费用才能"解冻"。他在参与众筹这笔费用，未来可以从中分到一大笔报酬。

这则新闻令人啼笑皆非，不过我对这类新闻很熟悉，此前我就知道一些地方活跃着至少数百名"联合国高官"。不过，这些高官主要活跃在南方，这位吉林省的农民是我所知道的最北边的一个了。

最初知道这群人，是因为 2014 年 5 月发生在湖南省岳阳的一件趣闻。当时，两位自称"联合国官员"的男子来到岳阳监狱，要提走在押犯人林某某。他们派头十足，还甩出了几份挺唬人的文件：

《关于请求将林某某保外就医回家赡养体弱多病慈母的申请报告》；

"司法部、最高人民检察院、公安部关于印发《罪犯保外就医执行办法》的

通知";

《关于请求将林某某保外就医回家赡养体弱多病慈母的申请报告的回复》。

他们还出示了证件:"联合国维护部队总司令部特别通行证"和"全世界维护世界和平联合联络工作证",持证人"吴廷标",证件上的"所在国家"为"全球","所在地球"也是"全球","联合国维护部队总司令部特别通行证"中的"住址"为"京城十八号大院"。

这些粗糙而荒唐的东西自然骗不了监狱的狱警,最终这二位承认,他们是湖南湘西的农民,一位是罪犯林某某的堂兄,林某某的父母高龄且多病,思念儿子,所以该堂兄想通过特别途径把堂弟弄出监狱。经人介绍,他认识了据说"关系硬、路子广、能办事"的吴廷标。之前,吴廷标已经有了"联合国官员证",最终带着这些证件来到岳阳监狱,于是有了这荒唐的一幕。

刚看到这则新闻时,我被逗乐了,不过我猜吴廷标未必是骗子。因为作为骗子,他实在是太低能了,那些证件也就能骗骗毫无见识的人,特别是他自己,怎么能骗得了监狱里的官员和狱警?!我觉得他可能是精神上有点问题,并且作为在农村长大的人,我对他的这种风格相当熟悉。

我老家的村子和每个我熟悉的村子里,都有几个"能人"。传说中,他们非常有能量,上至高官下至混混,他们都有朋友,黑白通吃,而且真能解决一些一般人解决不了的问题。所以,碰到要和官员打交道的事,一般农民会紧张,于是会找他们帮忙。他们似乎有能力,但同时总有一点"二"加神神道道的劲儿,让人怀疑他们是否正常。此外,他们普遍经营不好家庭,老婆和孩子对他们很排斥。

吴廷标就是这样的"能人"吧。

现在看来,这样的人都是严重活在全能自恋中的人,也是活在想象世界中的人。正常农民知道政府官员不好打交道,而这些人因为活在自恋的想象中,反而可以轻松自在地和地方官员打交道,也的确能解决一些普通农民解决不了的问题。

这件事如果到此为止，还不算太特殊，没有超出我的想象。几个月后，我看到了这件事的后续报道，才发现有超乎常人想象的故事。

原来，吴廷标并非孤身一人，的确有一个山寨版的"联合国维和部队总司令部"，由浙江农民余思高创立，已有数百名成员，遍布十多个省和直辖市。他们不仅敢去监狱提犯人，还敢在银行存假币，坐火车不给钱，骑摩托车不带证。

至于吴廷标，去岳阳监狱提人并不是"一时糊涂"，而就是这个组织的做派。他还为组织发展新成员，并按月从新成员中收取费用，供养"上级"。

就是说，对于吴廷标而言，他并不是在"骗"，他是真的认为持有那些"证件"和"文书"就可以去监狱提犯人了。

他们的这些行为都是全能幻梦，就好像他们真心觉得有了这么一个自以为的"联合国官员"的身份，就可以为所欲为了。吴廷标向其他农民兜售过这个"证件"，神神秘秘的，但强调说，有了这个"证"，"就可以走遍全世界，没有人敢妨碍他们"。其实他们是真活在"走遍全世界，没有人敢妨碍他们"的全能幻梦中，因此有了各种出格的行为。

2009 年 7 月 22 日，河北籍男子刘乐星与两名同伙到武汉市武昌区东湖路一家银行，声称要存入 500 万美元。银行工作人员将其迎入贵宾区，刘出示了五张 100 万面额的"美钞"。

银行立即报警。面对警察，刘乐星掏出自己"联合国维和部队总司令部先锋官"的"证件"，表示手中的 500 万美元是从别人手中购来的，是"国民党时期留在大陆的宝藏"。无论警方怎么说，刘乐星就是不愿意相信自己受骗了。

2012 年 9 月，从重庆开往昆明的 K167 次列车停靠在遵义站时，51 岁土家族男子张新上车，向列车长掏出了"联合国维和部队总司令部大校军官证"，称自己正在访问民情，要求列车长为其安排座位。

《新京报》的报道称，这些人都是现实中的失败者，有中老年人、低学历者、乡镇居民，在现实中一无所有，又是权力与金钱的稀缺与渴求者，而在余思高描绘的世界中，他们身居高位，"无所不能"。

他们很可能是现实生活的失败者，为了逃避现实而活在了全能自恋的幻梦中。余思高编造的故事，也是他们内心中共同的故事。

这类故事还有升级版。

1982 年，四川巴中县（今巴中市恩阳区兴隆乡）农民张清安自创"中原皇清国"。他是"正皇帝"，让同乡廖桂堂做"副皇帝"。作为一个有点文化的农民，张清安花了一周时间炮制《天律森吏》作为"中原皇清国"的纲纪，共四万字，用毛笔书写，分"国令、国法、国政、国史、信财、三乘九品和薪玉案"七个部分。

接着，两位"皇帝"封官授爵，给了包括张清安在内的 18 个人"玉印"，并封蒋介石为"威国王"。

他们准备 1982 年 10 月起兵。

此命令十足搞笑，但到了 20 日，作为行动发起信号的三声炮响一直没发出，他们的计划最终取消。

12 月，四川警方彻底破获此案。最终，张清安被判无期徒刑，廖桂堂被判20 年有期徒刑。后来，他们都获得减刑，提前被释放。出狱后，张清安挺清醒，说："如今，大伙过着好日子，再也不会有人想当'皇帝'了，再没有人拥护别人当'皇帝'了。"

但是，张清安的妻子一直觉得自己是"皇后"。

这些故事乍一看比余思高的"联合国"还要荒诞，但你不得不思考的是，他们是如何得到当地农民的支持，而且有乡民自愿将女儿送给他们做"妃嫔"。

在我看来，主因绝非理性，也绝非现实生活让他们不满，而是他们心中普遍有一个皇帝梦。

还有无数的故事更为荒诞，简直只能当笑话来看。但偶一瞬间，你也要惊觉——万一他们成功了呢?

在现代社会，我觉得这种梦再也不可能成功了，最好别做，做了也注定只能是幻梦一场。

· 第二章 ·
全能自恋相关的心理机制

警惕向全能感退行

先解释一个概念——"退行"。这是弗洛伊德提出的，意思是当一个人在高等级挑战中遭遇难以忍受的挫败时，就可能会出现倒退。也就是说，心灵状态退到更原始的阶段，用更原始阶段时曾经获得的满足方式来满足和安抚自己。

弗洛伊德一个广为人知的理论是人格发展阶段论，他认为一个人的心理发展分为五个阶段：口欲期、肛欲期、俄狄浦斯期、潜伏期和生殖期。分别对应的年龄阶段是 1 岁前、1—3 岁、3—4 岁、6—12 岁、12—18 岁。

心理学是不容易量化的学科，但凡涉及这种发展阶段论，你都可以这样去理解：这是大概的描述，并不是非常精确的表达。

既然人格发展是分阶段的，那所谓退行就是本来心灵发展到了高阶段，却突然退行到了早期的阶段。

最常出现的退行，是退行到口欲中。例如，我刚刚在写作时，突然感到有点烦躁，转身去冰箱里拿了点水果吃。这就是我在写作时受阻，于是去寻求口欲的满足。

"退行"这个概念可以继续延伸，例如一个女孩接连遭遇各种挫败后，可能会产生严重的心理问题，长时间躺在床上，并且希望妈妈陪在身边，同时要求房间保持黑暗。可以说，她这是退行到了子宫里，寻求在妈妈肚子里那种什么都不用想、什么都不用发愁的状态。

向全能感退行，就是一个人遭遇挫败后，突然觉得自己无所不能，像有了神、佛、魔般的恐怖力量。

例如，一个男孩失恋后痛苦至极，他突然间觉得自己有了超能力，真觉得好像自己一发怒，眼前的一条街都可以被他的怒气摧毁。等这段痛苦过去后，他就没有了这种感觉。我在微博上探讨全能退行时，他才想起自己这段时间的经历，明白自己那时是失恋太痛苦，便退行到最原始的全能自恋中去寻求安慰。

全能自恋是非常不同的东西，它和口欲退行不同。一个人能退行到口欲期，那意味着他在婴幼儿时或在现实生活中得到过口欲的满足。至于全能自恋，可以是全想象性的——有人遇到挫败时想寻求安慰，可任何发展阶段，他曾获得的满足都安抚不了，因为它们太匮乏了。这时，他可以退行到纯想象性的全能感中。

向全能感退行，很容易出问题，同时充满了玄幻而魔性的力量。

我讲一个惨案吧，这个惨案的制造者竟然是我老家一个县的。

这一惨案发生在2014年5月28日，事发地是山东招远市一家麦当劳。当时，六个凶手围攻一个年轻女子，将她活活打死。

这起惨案一时震惊全国，六个凶手中一个是金矿矿主，于是传言说这是富人为所欲为，想搭讪年轻美女被拒，恼羞成怒行凶。

我的一个观点是，要特别警惕最容易找到的主流答案。例如惨案一起，就是强者在迫害弱势群体，或者说都是钱惹的祸、穷是万恶之源，等等。

在这件事中，六个人一起行凶，而且有男有女，没有人劝阻，这些信息都显得很不正常。最不正常的是这六个人中的一个壮男，他在攻击女孩时，不断发出古怪而可怕的咆哮声。因为这些细节，我第一时间判断，这件事很特别，有可能是邪教。

果然，后来传出这六个人都是邪教——"全能神教"的教徒，主凶——那个精壮男子叫张立冬，是我老家河北无极县城关镇人。他们当天已经准备好，要找周围的人要电话号码并传教。谁拒绝他们，他们就动手。

"全能神教"教徒导致的可怕惨案已有多起，2019年发生的一起"五人出游，三人尸体被藏冰柜案"，案中人也多是"全能神教"教徒。

关注这件事时，最吸引我的是"全能神教"的"女基督"杨向彬的故事。

杨向彬是山西大同人，1990年高考落榜，受到刺激而患上精神分裂症。1993年，她却成为"全能神教"的"女基督"。

我搜索了很多资料，说"全能神教"的掌控者叫赵维山。他发现杨向彬有利用价值，就将其发展为"女基督"。那么，杨向彬的价值是什么？

她的价值很特别：1991年后，她开始写名为《神话》的书。书中创造了一个成体系、有一定思想的神话世界，这个神话世界相当有感召力。赵维山借杨向彬的异想世界，为自己带来了众多信众。

杨向彬的故事并不罕见，类似的故事中，还有一个更广为人知的。清朝道光年间，广东花县（也就是现在的广州花都区）的一名童生，三次考秀才失败，之后发了一场高烧，据说烧到40℃，持续了40多天。烧退后，他就宣称自己是上帝次子，耶稣的亲弟弟……

这名三次落榜的童生，就是洪秀全。

由此可见，杨向彬和洪秀全的故事太像了，都是重大考试落败后，从人变成了"神"。

当然，这是幻觉，是经典的向全能感退行。

一个人失败后，如何去处理失败，这会显现出不同的心智水平。

可以想象一下，你在爬一个一米高的墙，但失败了，掉了下来。这时，你会怎么做呢？

一种选择是，通过这次失败，你发现了自己的不足，于是努力提高自己的爬墙能力，等能力提高后继续去爬这堵墙。

这样做，意味着你是一个心智正常的人。

你也可能会这样想："哼！你这墙也太矮了，我才瞧不起呢！我去爬那堵一丈高的墙，让你看看我多厉害！"但什么时候去爬那堵一丈高的墙，你不断以各种莫名其妙的理由拖延，例如要选黄道吉日，其实是你潜意识里知道，这堵墙是你爬不上去的，但你不承认这一点。

这样做意味着，你经常使用自欺欺人的逻辑来处理自己的挫败感。

最可怕的是这样的逻辑：爬墙失败这件事根本没打击到我，因为我发现我是全知全能的神。

这样做就意味着，你是一个精神病人，或者说你突然间退行成了一个很小很小的婴儿。

这种全能感是婴儿早期最重要的心理。

我们要警惕这一点，如果你身边有成年人陷入这种全能感，那么他更需要的是接受精神科的治疗。这种时候，心理咨询已经无能为力了。

也有一些人，当全能感突然爆发时，他们没有被这份感觉淹没。或者说，他们没有认同这种全能感，没有觉得"这种全能感是我的，我厉害了"，那么就意味着，他们是有一定的现实感的。在这种情形下，接受精神科药物治疗和心理咨询双重帮助，他们是有可能得到治疗的。

很多人会遇到一些高人。那么怎么能分辨他们是高人，还是被全能感控制的精神病人呢？

前文说到过，全能感有四种变化：全能自恋、全能暴怒、彻底无助和被害妄想。我们可以使用这一点来分辨：如果这个高人明显有后面三种变化，你就可以判断出他是被全能感裹胁的人。

在导言中，我简单地谈了科胡特关于心理健康的标准，现在完整地介绍一下。科胡特认为，你如何看待自体和客体，这构成了四个层级。

最好的层级是自信和热情。自信，即活力能滋养自体；热情，即活力能滋养客体。自体可以理解为自己，客体可以理解为他人乃至其他事物。自信和热情不是你头脑上的东西，而是真实存在的，有生命活力在其中流动。

其次是自大和对客体的理想化。自大，是觉得自己很了不起，但缺乏事实的支持，不过还是有一些支持的。理想化，是很容易把自己崇拜的人理想化，觉得他们了不起，但不会觉得他们是神。

较差的层级是疑病和宗教性的恐惧。疑病，即你觉得自己生病了，去医院检查却查不出来有什么问题。这是因为你是"自体"（心理自我）病了，可你还没有发展出真正的"心理自我"，于是你觉得是你的"身体自我"病了。

宗教性恐惧是，你觉得有神一般强大的力量在支配世界和你，但它严厉而苛刻，你必须倾其所有才能获得它的认可。不过，还是有可能被认可的。

最糟糕的等级，是自恋妄想和被迫害妄想。自恋妄想，即觉得自己是神，自己无所不能，可完全缺乏现实基础，现实往往是自己彻底无助。被迫害妄想，我们在前面说过，就是觉得外部世界有一个无所不能的、超厉害的人或机构，构建了一个体系，系统性地迫害自己，但这没有现实基础。

成为自信、热情的人很不易，而以为自己是神，可能是最容易但也是最危险的事情。

在咨询和日常生活中，我帮到过少数退行到全能感中的人。要澄清的是，我只帮到了少数几个，所以不能说我对这样的人是有治疗能力的。对他们，通常合理的做法是药物治疗为主，心理咨询为辅。

这几个人的情况得到改善还有一个重要的原因，是他们都在亲人的帮助下恢复了对生活的基本掌控。当他们发现作为人的世俗生活重新回归秩序，重新回到正常轨道后，自然而然地放下了对全能感的依赖。

所以，我们得明白，做人不易，生活不易，而全能感会让一切显得太简单，这不真实。

杨广的千古一帝梦

在上一节中，我们看到有人遭遇挫败后会直接退行到最原始的全能自恋中。那么，有没有人是没怎么遭遇挫败，而是太顺利了，或者说被过度满足了，而陷入全能自恋中呢？

依照弗洛伊德的理论，人的心理不再发展，而是停留在某个阶段，这叫"固着"。固着的产生有两个原因：一是严重匮乏；二是过度满足。前面我们谈了严重匮乏的例子，现在我谈一个过度满足的例子。

这个例子的主人公就是大名鼎鼎的隋炀帝杨广。

讲到这儿，得推荐一本书——历史学家张宏杰的《坐天下》。这本书里讲了九个中国帝王的故事，都是关于全能自恋的好素材，其中一个就是杨广。本节里使用的素材，都来自张宏杰的这本书。

不知道你对杨广的直观了解是什么。张宏杰说："杨广是古往今来被历史学家侮辱和损害的人中最严重的一个。"在一些历史学家眼里，他简直可以列为"古今恶人榜第一名"，身上集中了人类所能有的全部邪恶品质，也犯下了人类能犯下的所有罪行，没什么优点。

在民间传说中，杨广的形象更糟糕。他昏庸无道，当了皇帝后就一直在深宫里沉溺于女色。最令人不齿的是他在父亲隋文帝病危时奸淫父亲的宠妃，后又杀死父亲。

然而，杨广实际上是一位极有追求的帝王。他的梦想是"千古一帝"，就是想做皇帝中的第一名。隋朝崇拜秦始皇、汉武帝和光武帝，而他不仅想超越他们，还希望他一个人的光彩要盖过他们三个人的总和。

这只是一个自大狂的幻梦吗？并不是，或者说，不全是。如果杨广在他即位后第五年去世的话，他这个梦想基本上算是实现了。

为什么这么说？我们来看看杨广的一生吧。

杨广是隋朝开国皇帝隋文帝杨坚的第二个儿子，天资聪颖，才华绝伦，容貌极佳，有心机，有耐心。在他的谋划下，他取代了哥哥杨勇的太子位。后在36岁时，隋文帝去世，他顺利即位。

即位前，他就已经展现出了超凡的统治力。他率50万大军灭了陈国，正式结束了南北朝长期割据状态。此后，他做了10年的江南总管，把江南治理得极好，赢得天下人的普遍赞誉。

即位前，杨广就如何管理国家进行了无数推演。即位后，他立即启动了他一个个宏伟的计划。

1. 刚即位三个月，宣布要营建东都洛阳，并召集数十万名民工，先围着洛阳修建了一条总长上千里的护城河。

2. 他的年号"大业"，大业第二年，征召数百万名民工到洛阳工地。

3. 洛阳工地开工后没几天，他宣布开凿大运河，为此又征召上百万名民工。

4. 不久，他宣布造万艘巨船，为他的南巡做准备。

这些工程，每一项都震古烁今，可杨广两年内就都推出了。这有明显的躁狂症状，好在隋文帝留下的家底殷实，大隋朝能支撑这些庞大的计划。

除了这些工程，杨广的躁狂还表现在，他像是热爱上了演讲，常常召集大臣们开会，滔滔不绝地讲述自己的政治构想。

以上这些事情，杨广在宫殿里就可以完成，可他并不甘于待在深宫，他非常热爱外出。同时，他绝对是一位工作狂。张宏杰认为，他可以列入"中国皇帝勤政排行榜"的榜单，甚至是第一名。

例如南巡后，他又率50万大军出塞，向北方游牧民族炫耀武力。他热爱旅游，喜欢去帝国边陲，曾率十几万大军穿越海拔四千米的祁连山的山谷。

杨广的这些做法和中国传统文化背道而驰。儒家认为，皇帝应该"寡欲少动"，可杨广欲望满满，想法极多，动静不断。儒家文化是相对内向、封闭的，可杨广热情、开放。儒学家们因此担心，皇帝的欲望是危险的火种，可能会烧毁王朝的前途。

他的欲望也的确变得越来越无边无际，他对极致与完美的追求，延伸到了各种细节中。没有几十道山珍海味，就不叫吃饭；没有遮蔽天日的宫殿，他就没法玩；没有几十万的军队跟从，就不叫出巡……

他越是能实现全能自恋得以满足的感觉，帝国的百姓就越不堪重负。他的这些伟大梦想，都有赖于一层层官员们对民众日益加码的剥削和奴役，每一个伟大的工程中都有一批批民工死亡。

但帝国的底子真厚实，杨广的运气也真好。连续几年，农业大丰收，工程也进展神速。大业五年，是正好 40 岁的杨广的收获之年。

辉煌灿烂的洛阳城建成了，他命名为东京。

国家图书馆藏书达 37 万卷，是历代之最。

科举制正式确立。

军事上，北方强敌吐谷浑被灭。

经济上，杨广多次减免税负，可财富仍滚滚而来，人口也高速增长，各方面指标远超后世唐太宗的贞观之治。

如果就此罢手，不敢说是"千古一帝"，但他至少可以比肩那少数几个伟大的帝王了。

可是，就在这一年，他宣布要征伐高句丽。

大业八年，准备得无比充分的大隋军出发了，还是皇帝亲征。军队人数达 113 万，绵延达 1040 里，到处是色彩鲜艳的旗帜和军乐队，而且每一军都设了受降官……

杨广做了最充足的准备，在他的想象中，小小的高句丽会不战而降，事情就像他当年以碾压之势灭掉陈国一样简单。他为胜利做了充足的准备，可他完全没想过如果失败了呢？

他不想这件事也有道理，从未失手的隋大帝已晋级为神，神怎么会失败呢？

可大隋军就是败了。

这一下打蒙了杨广，但半个月后，他重新振作起来，宣布明年他要二次征伐高句丽。要做的准备，比这次更充分。

大隋朝的劲儿，就这样被用光了。先是不堪重负的农民纷纷起义，等他第二次征伐高句丽即将成功时，贵族也开始造反。他不得已在最后一刻撤军。

但紧接着，他又发动了三征高句丽……

我们来思考一个问题：按说，杨广也算是英明睿智，那他是怎么了，怎么就不能用现实的态度面对第一次征伐高句丽失败的事，及时做调整呢？

张宏杰给出了很有说服力的解释。他说，杨广的目标是成为千古一帝，征伐高句丽的失败直接灭了这个梦想。如果杨广及时调整，那么即便第三次征伐失败，他仍然有很大的可能性保住江山，但这不是他的目标啊。

我可以给出心理学层面的解释。

依杨广的表现，至少可以诊断他为躁狂抑郁症。一征高句丽前，他应该是标准的躁狂症患者，精力无穷，不知疲惫。本来看不出抑郁的部分，但一征高句丽失败后，他显露了抑郁的部分。三征失败后，他彻底进入抑郁状态，没办法维持基本的自我功能了。

以上是从精神病学角度的解释，而我们还可以使用本书中的理论给出更细致的解释。

杨广本来就有超级自恋，他做太子前就喜欢揽镜自照——拿一面名贵的铜镜欣赏自己，觉得镜子里的这个男人实在太帅、太完美了。

当皇帝前，还有父亲隋文帝权力比他大，这让他还能自我克制，表现得像正常人。但当皇帝后，他极致的才华加上好运气，还有他父亲给他打下的家底，让他得到了全能自恋般满足。于是，他逐渐有了全能神的幻觉。

当然，一开始就有"千古一帝"的梦想，那意味着他想做中国历史长河中的第一人，这本来也是顶级的全能幻梦。

问题随之而来，神自然是不能失手的，所以他没法接受征伐高句丽失败的事实。如果接受了，就意味着他得承认一个事实：他不是神，只是个人。

所以，他连续三次，像赌徒一样不断征伐高句丽，甚至不惜把整个王朝和个人的命运葬送了，这是在拼命维护他全能神的幻梦。

不过，杨广的故事也说明全能感真是有核弹级别的能量。在它的驱使下，可以创造丰功伟绩，甚至创造奇迹乃至神迹。

问题是，当这种全能感遭到打击时，如何能不陷入全能暴怒、彻底无助和被害妄想中，而是能及时调整目标，继续让这股生命力不沉沦变成死能量，这也是本书试图回答的问题。

你也可以想想这个问题，找到适合自己的人生答案。

我先透露一种解答方式。这是古罗马皇帝马可·奥勒留的方式。奥勒留是斯多葛学派的哲学家，有一本著名的作品《沉思录》，因此被誉为"哲学皇帝"。这位皇帝特地雇了一个人，让这个人跟随在自己身边，不断对自己说：

"你只是一个人。"

· 第三章 ·

意志与控制

意志成本

做什么事都有成本，而"意志成本"是全能自恋衍生出的词语。受全能自恋的支配，人会觉得多次发起意志是一件成本极高的事，于是倾向于少发出意志，甚至只发出一次意志就能解决问题。

按说，意志成本是最不值钱的，但全能自恋的程度越重，一个人就越容易在乎意志成本，最终导致意志成本在一个人的想象世界中成了最重要的成本。人对发起意志的次数斤斤计较，整天和这个在现实世界里几乎毫无价值的事情较劲，失去了灵活度和韧劲，也容易陷入偏执。

"发明"出"意志成本"这个词，是在疫情期间做家务时。

原本计划春节回家，在意识到疫情的严重程度后，我取消了回老家的计划，一个人在广州过年。春节过后，考虑到疫情的严重性，迟迟没让家政阿姨回来，于是我不得不做各种家务。

我多年没怎么做过家务了，现在重新做家务，可以处处看到全能自恋对我的影响。以前看不到，是因为我以前对全能自恋的观察远没有现在这么细致。

例如，早上洗水杯，要把散落在家中各处的水杯拿去清洗。我会在书房、卧室乃至卫生间都留下水杯，而且有茶水杯、咖啡杯和盛特殊饮料的杯子，所以收拾时会有多个杯子。

如果不使用工具，从效率来讲，最好是分两次完成，因为两只手就能拿那么几个杯子，但我更愿意一次完成，而且这是我心中绝对第一的选择。分两次完成的话，我得做自我管理，好好思考后才会这么干。

结果，我总是抱着一堆水杯和碟子。我担心它们会掉下来，只好缓慢地、颤颤巍巍地走路。这样效率低也不舒服。

然后，意外多次发生。两次把茶水弄洒到地上，一次摔碎了我一个心爱的、有点贵的咖啡杯。

这些挫败，特别是那个咖啡杯被摔碎，让我开始思考自己的行为。这时，我想到了"意志成本"这个词，觉得它可以对我这种行为给出极好的解释。

如果只考虑到时间、效率和体验等成本，我最好是分两次完成把杯子从房子各处拿到厨房的过程。有朋友说："武老师，你可以拿一个篮子去装啊。"这听上去很合理，可是这意味着我得先从卧室出发，从厨房拿一个篮子，再把杯子一一收拾好，拿过去，还是相当于分两次完成。

所以，只考虑时间、效率、体验和金钱等成本，我这样做是不合理的，但人做任何事情都是在追求好处。我之所以执着地使用低效率的方式，那肯定是因为这种方式有它独特的好处。

这样一思考就能看到，我这样做最清晰可见的好处是：我整个拿杯子的过程只发出了一次意志。

因此可以说，如果意志成本非常重要的话，我这样做就合理了。在我的内在想象世界，时间、效率、体验和金钱这些成本都不如意志成本重要。如果我一次就能完成收拾水杯这件事，就显示了武志红的厉害乃至伟大。如果分两次完成，看起来更合理，但伟大如我，竟然要发出两次意志才能完成这样一件小小的事情，这怎么可以！

"意志成本"这个词，也许你没听过，毕竟它可能是我首创的，但它在我们的生活中随处可见，例如最常见的意志成本可能是"这句话我不会再说第二次"。伟大如我，渺小如你，怎么能让我一句话讲多次呢？两次我都不会讲。

我见过多位超级自恋的人。他们讲出一句话，你没立即回应，有时只是没听到，他们就会勃然大怒，而且对你的解释绝不接受，他们只是要宣泄自己的暴怒。这我们也知道，是全能暴怒。

反过来，你讲话给他们听，讲二三十次他们都记不住、听不到。如果你对此表达不满，他们会说，"哎呀，你继续讲不就可以了"。

这样的人在家庭和社会中太常见了。

这当然不只是普通人才有，实际上最惨烈的与意志成本相关的故事出现在很多大人物身上，例如希特勒、摩诃末。

希特勒在斯大林格勒战役前简直算无遗策，可在斯大林格勒战役中，他不接受德军已惨败的事实，不断派军队进去，最终让斯大林格勒（今伏尔加格勒）成了德军主力的坟场。不仅如此，从此以后，希特勒变得一蹶不振，以前的智慧都失去了。以至于有人怀疑，希特勒是不是被刺杀了，现在是一个冒牌货。

以我的理解，希特勒是不能接受失败的人，他生命中最大的成本可能就是意志成本。斯大林格勒战役的失败彻底破坏了他的自恋，摧毁了他的意志，于是他丧失了活力与智慧。

摩诃末可能很多人没听说过，但他与一个著名寓言故事有关，那就是"花剌子模国的信使"。

摩诃末是花剌子模国的国王，是真实存在的。他是一代枭雄，为花剌子模国开疆辟土，那时的表现绝对称得上英明神武。

成吉思汗派了一个商队来和花剌子模国做生意，不知怎么得罪了摩诃末。于是，摩诃末将这支规模庞大的蒙古商队给屠杀了，而且之后拒绝交涉，非常傲慢。

成吉思汗被惹怒了，他派出一支数万人的蒙古大军来复仇。摩诃末亲自上阵对抗蒙古大军，而且花剌子模国的军力占优势。那一仗打得非常惨烈，蒙古军队最终获胜。

这场战争失败后，摩诃末竟然从英明神武的帝王一下子变成像患了精神病的疯子。他远远地逃到后方，而且只想听好消息，拒绝坏消息。那些传报了好消息的信使，他给予奖赏；那些传报了坏消息的信使，他就下令丢到笼子里喂老虎。

希特勒与摩诃末这样的枭雄本来一直无往不胜，但经历了一场大败后，竟然就一蹶不振了。

可以看到，对他们来讲，最大的成本就是他们的意志成本。他们在最重大的事情上，竟然只能发出一次意志，而发起这次意志却没能成功是他们不能承受的，所以这个成本可比时间、金钱、体验与效率等成本高多了。

彻底被全能自恋支配的人，以上内容应该帮不上忙，也许头脑能帮助他们明白一点，但也许连他们的头脑都拒绝接受文中的道理。

但如果你的全能自恋的程度没那么重，那么本节的内容也许会帮到你。当你了解意志成本这个概念后，也许会哑然失笑。意志成本，是最没有现实意义的啊。一次不成，我尝试两次；两次不成，我多次发起意志不就得了。

读本科的时候，我去打工，跟着一个老板发小广告。这位老板就是一个做起事来不屈不挠的家伙，意志力超强。他最喜欢讲的一个故事是为了拿下北京火车站的两个广告位，他找了该火车站站长40多次，最终如愿以偿。

不仅仅这样有重大现实利益的事情需要我们发起多次意志，太多事情都需要这样做。

有位微博的网友"夏语的阳光小屋"就分享了她的一件小事。她跟着视频学做馒头，第一次做得不太好，第二次很成功；学做蛋糕，第一次失败，第二次成功。

她说，以前太自恋，不愿意一次又一次地尝试，因为失败后会有严重的自恋挫伤，然后会猛烈地批评自己。但现在，失败就是失败，她没有了对自己严重的攻击，而是会去安抚自己，并且在客观现实中总结原因，然后再进行尝试，这样就可以了。

或许，我们学习任何一件事都需要这样，特别是一无所有的人，例如很多年轻人。因为当你不在乎意志成本时，就可以不断付出意志成本，它可能是一些人内在想象世界里最在乎的东西，但在外部现实世界毫不重要。当你能这样做时，就可以换取效率、利益等现实世界的好处。

控制你能控制的

在新型冠状病毒肆虐的情况下，一个人仍可以安心甚至觉得幸福吗？

在这段时间里，我经常想起古罗马哲学家爱比克泰德的一句哲言：

"人生如赴宴，举止须从容。"

爱比克泰德原本是古罗马贵族的奴隶，他身体羸弱，一条腿残疾。可能是小儿麻痹症，也可能是曾经被主人虐待所导致的，但他从不怨天尤人。他一生清贫，长期居住在一个小屋里，仅一张床、一张席、一盏灯，房门从不上锁。

罗马皇帝马可·奥勒留，自认为是爱比克泰德的学生。他以老师为榜样，定义了何为"斯多葛主义者"：

> 他即便患有疾病，身处险境，奄奄一息，流放异地，恶语缠身，却仍然感到幸福。他渴望与神同心，从不怨天尤人，从不感到失望，从不会反对神的旨意，从不会感到愤怒和嫉妒。

要想获得幸福与自由，必须明白这样一个道理：一些事情我们自己能控制，另一些则不能。只有正视这个基本原则，并学会区分什么是你能控制的、什么是你不能控制的，才可能拥有内在的幸福与外在的效率。

如果一个人在力所能及、不受阻碍的范围内寻找他的"好"、他的最高利益，他将获得自由、安宁、幸福、平安、高尚与虔诚。他会为万事万物的成就而感恩于神，不会对任何事情吹毛求疵。

任何时候，我们都有选择的空间。任何时候，你都可以选择你的行为，朝向你认为"好"的方向。哪怕是赴死，也可以选择从容、优雅一些。

传销陷阱

我想很多人经历过传销，要么是亲身经历，要么是身边人被卷入。

先讲讲我经历的那些传销故事吧。

第一次，是我读大学本科时。在北京理工大学公交车站等车时，我被一位大叔拉到旁边一栋大楼的大厅，第一次见到传销现场。整个大厅里有几百人，主持人像打了鸡血一样嘶喊、煽动。

一个让我印象极为深刻的环节是，主持人大喊"×× 帅哥上场"，然后上去了一个并不帅的家伙。主持人再喊"×× 美女上场"，又上去了一个其貌不扬的女孩。他请大家给予他们两位支持，所有人都在热烈鼓掌。我实在受不了了，哈哈大笑几声，站起来走了。

我很少有畅快大笑的时候，得感谢这种荒诞给了我这个机会。我的笑声让周围的人感到惊讶，他们像看怪物一样看着我，也许是因为在场的几百人都在朝向一个方向，而我独自一人朝向了另一个方向。

要解释一下，我真不是相貌歧视，如果有也首先是对自己的，毕竟我从来没觉得自己帅过。

第二次是在广州购书中心。一哥们儿突然叫出了我的名字。那时，我还默默无闻，而他知道我是《广州日报》的记者，毕业于北大，所以我对他有了基本信任。他说要拉我去认识几位朋友，其中一位是我北大的师兄，也是老传媒人。我有点好奇，就去了，果真是。

后来连续几周，每周的某个晚上，大家都一起玩卡牌游戏。

到了第五周，玩游戏前，那位老传媒人说，"我先讲点东西吧"。他讲的是传销，我听了几句，站起来就要走，他们拦不住。

后来，他们多次给我打电话，最后一次是师兄和我通话。我问他，我玩游戏挺厉害，是不是？他说是。我再问，我是北大心理学系毕业，也算是展示了我的功力是不是？他说是。然后我说："你就不担心我把你的传销小组给拆了？"从此，他们再也不找我了。

第三次，是帮一个小姑娘，她的表姐被骗到了传销窝。当时，我请了报社的记者同去，还有报社的采访车，阵势有点大，顺利救出了该表姐，但她一出来就抱怨我们破坏了她的发财梦。

第四次，是村里的一个小伙子，非常精明强悍，却被骗去做传销。他的父母找我取经，我给了他们一些建议。后来，小伙子被救出来了。好长一段时间，他也总是责怪家人，他坚信传销能让他发财。

第五次对我的冲击很大，是一位我尊敬的好友被拉入海南传销大营。那里有几万人，他被尊为国师一般。他完全是自由的，而且他拉了自己不少亲朋好友进去，大家对他很信任。

我们和他辩论，所有逻辑漏洞都被我们驳倒。当最后被驳倒的那一刹那，他眼里突然冒出奇特的光芒，说他相信这件事是值得的，因为（传销）体系满足了他的所有需求。

他眼里的那道光芒非常特别，我难以忘记。他本来挺招我家宠物喜欢的，但当时猫猫鸟鸟都远离了他。

几年后，这位朋友离开了传销团伙，头发白了许多，原本他是一头黑发。

以上是我在生活中遇到的几个传销实例，咨询中遇到和听到的就更多了。一个经典的故事是，一个小伙子对我说："武老师，你的咨询效果太差了，主要是太慢了。我刚刚参加了一个为期三天的课程，受益很大，我觉得自己被治愈了。"

我请他详细讲讲，然后发现这三天是感恩教育，就是感恩父母，并深深地表达自己对父母的愧疚。讲这部分的时候，他痛哭流涕，充满情感。坦率地说，有那么一会儿，他的感情如此真挚、强烈，我真的开始想，这个感恩教育挺棒的。

但是，等汹涌澎湃的情感释放结束，他再讲述接下来的事实时，我发现了大问题——他被课程运营方拉去做传销了。

传销的故事见多了，可以总结出一些传销中常见的心理逻辑：虚构完美、道德陷阱和神逻辑。下面，我一一来讲讲。

虚构完美是我给你勾画一个完美蓝图，让你相信这可以实现，并且可以很快实现。

我尊敬的那位朋友做的是金融传销，大概的逻辑是：你先投入多少额度的钱加入，然后去拉至少三四位下线，这些人再为你不断拉下线。等你的下线发展到几层以后，你就可以挣很多钱。总之，就是你投入的钱不多，但你挣的钱对普通人来说极其可观，至少是上千万元。

拉下线是传销的基本套路，但最关键的一点是说服你加入，也就是你先成为某某人的下线，所以你以为你将学到的是挣钱的套路，其实你先是别人挣钱的套路。

为了先诱惑你加入，骗子会用尽各种办法。常见的如名人、官员背书，又如打造看似完美的成功案例，等等。就像我的这位朋友，他给我们看的一个资料，上面说是某副国家级领导人也支持这件事。我们立即用百度搜索，却没有找到相关资料，所以这个资料可能是搞传销的编的。

在引言中，我讲到第二部分的内容是"从自恋维度到关系维度"，虚构完美就是自恋维度的做法。自恋维度追求的是权力、力量或成功之类的东西，而虚构完美是告诉你有一套可以抵达成功顶峰的方法。这套方法清晰可见，有套路可循，关键是还快。

成功是无数人所渴望的，然而真的会有清晰可见的套路吗？如果真是这样，那人人都可以成功了。

并且，即便成功真的有迹可循，甚至有套路可走，那这条路也急不得。"虚构完美"这个词，我本来想使用"急于求成"，但觉得表达不充分、不到位，所以没有使用。但虚构完美有急于求成的意思，如果告诉你 10 年后才成功，估计无数人就不愿等了。受全能自恋的驱使，人们期待立即就能得到积极的回应，所以骗子会满足这个自恋想象的需求，告诉你成功有捷径。

再说说道德陷阱。

传销的基本套路非常简单，就是发展下线。可是，但凡有理智和道德心的人可能都会想：我赚的是下线的钱，那么底下的一层或两层下线，他们赚谁的钱呢？

道德，是关系维度中的。如果你有道德心，一开始就推理到底下的一两层下线可能会是被剥削者时，这件事你也就做不了了。

搞传销的人会扭曲一个概念。他们拼命宣传，说"你们去拉你们的亲友做下线，不是害他们，不是剥削他们，是帮他们，是对他们的爱"。

出于对亲友的情感和信任，当我们骗亲友入局传销，让他们做自己的下线时，这是不难实现的，但我们有良心啊，这件事做不来。

所以，传销的关键就是把剥削说成爱，把欺骗说成帮助。

用自恋维度和关系维度来分析就好理解了。赚钱是自恋维度的，道德和情感是关系维度的。发展亲友做自己的下线，就是假借关系维度上道德和情感的名义来干自恋维度的事。把自恋维度的事扭曲成关系维度的东西，这种道德陷阱极其常见，这也是传销盛行的重要原因。以后我也会继续分析这个逻辑。

这也是因为沉溺于全能自恋中的人，他们的主要感知就是自恋维度上的力量、权力与高低，而关系维度上的情感，他们主要是靠想象，而不能深刻地感知到、体验到。因此，由情感才能催生的真正良心就发展不好，也就约束不了他们欺骗亲友的行为。

最后说说神逻辑。

太多事情人是做不到的，但当你觉得自己是神时，就觉得可以做到了。这时，你持有的逻辑就是神逻辑。

我有多次和传销者辩论的经历。我觉得自己有不错的逻辑能力，同时也因为传销逻辑的确是错的，所以辩论时，我总是赢。这时候，陷入传销中的人就会使用神逻辑来反驳我。

例如，那个我尊敬的朋友，当被我驳倒时，他眼睛里突然冒出奇异的光芒，说出了肺腑之言——"体系能满足我的所有需求"。如果我们只说赚钱的话，这是一条清晰可见的逻辑链，是可以用数学和逻辑讲清楚的。我们本来谈的是所有进入传销的人都能赚钱这个逻辑是否成立，但他被驳倒后，最后说"体系能满足我的所有需求"，这就没法辩论了。

后来我理解了，他所说的一个重要需求，是他成为这个有几万人体系的"国师"，大家对他尊重备至。他平时无比谦逊，但骨子里有高度的全能感，希望能在学问和修行上得到举世公认。社会满足不了他这个需求，但这个体系可以。

还有几次，我和陷入传销的人辩论时，他们说"我和他们不同，我认为我能成功"。这种坚信自己绝对能成功的想法，也是全能自恋的神逻辑。当一个人坚信这一点时，的确就没法辩论了。

如果你有亲友陷入传销组织，你就会感受到这种神逻辑。你告诉他们，很多人陷入传销后的悲剧，他们多数会说："我和他们不一样，我们和他们也不一样。"可到底哪里不一样？他们说不出来，但他们认为就是不一样。

骗子固然可恨，可是和被拉入传销组织的人对话多了后，我想，传销之所以在社会上盛行，不仅是骗子可怕，也因为被欺骗的人的内心深处是相信传销的这些逻辑的。

· 第四章 ·

圣人逻辑

被强加的圣人身份

有一组相似的词语，我会在这本书中讨论——圣人、圣母和圣婴。在本章中，先讨论一下圣人和圣婴，后面会讨论圣母，以及与圣母形成绝配的巨婴。

圣母和巨婴现象比比皆是，至于圣人和圣婴，则是相对极端的现象。

什么是圣人？

在我们的文化中，对圣人的期待是，他们要做出巨大的贡献，重要甚至更为重要的是，他们没有私欲。

我们历史上一个极其经典的例子是王莽。讲到这儿，我要再次推荐张宏杰的《坐天下》一书，其中也讲到了王莽这位奇特的皇帝。他先做道德家，做到圣人的份儿上，然后被民众、官员和知识分子联合推到了皇帝的宝座上，但当他想把一些道德标准往全社会强推时，就导致了灾难性后果。

不过这好像在说，王莽的初心很好，但整个社会其实没做好接受他的道德标准的准备。其实并非如此，当了皇帝后，王莽除了讲道德，其他太多方面简直是昏庸无智。用精神分析的术语讲，就好像他屏蔽了智商这个重要的自我功能。

太讲道德，人就容易屏蔽自己的智商。看王莽的故事时，我会有这种感觉。其实反观自己和周围的人也一样，不知你是否有同样的感觉。

不过，在追求成圣的道路上也有人全方位开挂，这个人就是明朝的传奇人物王阳明。在思想、军事、政治乃至权力斗争等方面，他都是顶级人物。

王阳明从小的志向就是做圣人。他被贬到贵州龙场时，在龙场一个石棺内闭关时悟道，深刻洞见到宋明理学中一直对立的"天理"和"人欲"其实是一回事，天理即人欲，人欲即天理，一切都是人心的演化，他由此提出"心学"。

"存天理，灭人欲。"宋明理学中的这句话，相信你一定听过。这句话给人的直观印象，很容易是得"灭"了你的欲望，遵循高标准的"天理"，就像在反对人的欲望似的。而宋明理学的支持者则说这种理解不对，因为在理学家的诠释中，他们强调的是不要放纵欲望。例如，你得吃饱，这是"天理"，而如果渴望吃得精美、奢侈，这就是"人欲"。如果放纵"人欲"，人就会陷入对欲望无穷无尽的追求中，而如果遵循"天理"，这就是合适的。

用心理学术语讲，吃饱是"需要"，对应的英文是 need，而吃得精美，是"欲望"，对应的英文是 desire。追求的是欲望时，一个重要的部分是心理赋义，这时很容易脱离现实的需要。例如，"需要"是你要吃一个馒头，而"欲望"就容易变成你想吃"世界上最好的馒头"，这一下就变得不同了。

讲到这儿，我们可以看到，"需要"对应的是现实性，而"欲望"对应的是想象——太容易陷入全能自恋级别的想象。

按说，宋明理学的解释很中庸、有道理，可"灭"这个字的确是一种极端的表达。

并且，在中国人的想象世界中，也会对这些灭掉了欲望的圣人赋予一种无所不能的想象。谁灭掉的欲望最多，谁就最厉害。例如，在金庸的小说《天龙八部》中，武功最厉害的就是少林寺中的扫地僧。小时候，我看武侠电视剧时，觉得常见到"天聋地哑""枯荣大师"等称呼，这些灭掉了欲望甚至身体机能的人，都厉害得不得了。

但这也许只是想象，而现实中得是王阳明这种将天理和人欲统合到一起的人，才称得上厉害。

这些和我们普通人有什么联系？

你可以问问自己，你压制过自己的欲望吗？当看到社会上一些你崇拜的人时，你会期待他们是没有私欲的吗？

作为有点名气的心理学者，我多次感受到别人对我的这种期待。下面讲一个看似极端但我不觉得奇葩的例子。

2008 年汶川地震前后，我接连三次做讲座时都遇到了一个男粉丝。他对我有点狂热，第三次时，他还现场送了花。收到男粉丝的花，我受宠若惊，也有些不自在。那时，我不擅长拒绝人。讲座结束后，我要坐地铁回家，这个年轻男子跟随而来。

在路上聊天时，他说："武老师，您肯定特别有爱心和奉献精神吧？"这一刻我才知道，他对我有了不切实际的想象，心理学上叫"理想化"。我有意识地想打破他的这种理想化，于是对他说："怎么会？你看我这几次讲座都是收费的，讲课方不给我钱，我就不会来，钱对我来说很重要。"

从此以后，我再也没见过这个年轻男子，现在还记得他对我的失望。

所谓粉丝，所谓偶像，都是幻想而已，这些我一直都不怎么在意，但有一次，我的一位朋友震惊了我。他是我很熟悉的一位朋友，多次请我讲课。按说他对我很了解了，可是一次我和他聊天时，告诉他我的女友如何如何，他竟然问我："武老师，你也谈恋爱吗？"

一开始，我以为他是在开玩笑。后来一聊，发现他是认真的。他真觉得像我这么有境界的人，应该不在乎钱，也不应该谈恋爱。

这真的雷到我了，然后他再请我讲课时，我就把讲课费给提上去了。

关键是，这种事竟然不止一次发生在我身上。多次有熟悉我的朋友问："武老师，你也谈恋爱呀？""武老师，你应该不在乎钱吧？"……

我现在才有这么点名气和影响力，那时远不如现在，就有人对我有这种期待。可我每次都想，真做一个他们期待中的圣人，这对我有什么好处啊？不在乎钱、不在乎美色、不追求欲望……好像就是别人觉得我是好人乃至圣人，可我自己没有被滋养啊。

当然，如果我是这种好人乃至圣人，对于别人来讲，好处就不小。例如，这位讲课邀请方就可以给我开低价，而且我是这么好的人，就会很容易合作，很容易靠近。

实际上，我长时间以来也的确是这种人，所以别人也难免对我有进一步的期待——"你就做个无欲无求的大好人吧，然后我就可以对你有欲有求了"。

圣人情结中，有一种表达是唐僧肉。

小时候看《西游记》，我很纳闷的一点是，既然吃唐僧肉可以长生不老，妖怪们能不能就吃他一点点肉，哪怕吃个肉皮、肉屑什么的，不也可以长生不老吗，干吗非得把他杀了、烹了整个吃了呢？

当越来越懂得精神分析后，有一天我领悟到，白白嫩嫩的唐僧其实是完美乳房的隐喻，而妖怪们想吃唐僧肉，就是小婴儿想"吃到"完美乳房。

具体来说，就是小婴儿活在全能自恋中，因此觉得自己无所不能，可他也会真切地感知到自己好像什么都不会做，什么都没有，并且依照精神分析的理论，六个月前的小婴儿还感知不到母亲是一个完整的客体，他们只能感知到母亲的部分客体，例如乳房。

吃，对小婴儿来讲是核心需求。他们会觉得，如果没有吃的，自己就会死掉，所以得不断去吞吃。可吞吃的时候，他们又会担心妈妈的乳汁有毒。例如，当妈妈的身体不好或者妈妈有情绪的时候，婴儿吃妈妈的乳汁，也会因为微妙的互动而感知到妈妈的身体和情绪的"毒"。特别是妈妈也会有情绪，有时因为她有受伤感，所以会去攻击和惩罚小婴儿。

所以，最好是有这么一种完美的乳房：乳汁没有一点毒性，吃了它的乳汁，就可以彻底免于死亡焦虑，即长生不老。

唐僧就是这样一个圣人。他没有一点坏心眼，一点也不自私，没有自我，也没有欲望。他是一个彻底纯洁、善良的好人，完全没有了"我"——也就是自恋而产生的各种毒性，因此吃了他的肉就可以长生不老。

我们文化中对圣人的期待，我认为就是这么一种东西。有这种情结的，就期待那些很好的人能更好一些，最好是好到彻底没自我、没欲望的地步，然后自己就可以去吃他们的"肉"了。

一些自己过得非常节俭的老人，看上去既艰难又贫穷，但他们把自己的养老钱捐了出来。

对他们这种行为的倡导，就是想让这些好人更进一步，成为"唐僧肉"，然后就可以把他们整个给"吃掉"了。

所幸我们的社会在不断成熟，所以才有了对这类故事的集体性反感。

从精神分析的视角来看，也是心理发展水准更高、更成熟的表现。

被镇压的圣婴能量

说完圣人，我们再来说说圣婴。圣婴在我们的文化中有很多表现。它可以概括为一句话："婴儿更有力量。"

例如哪吒，他在妈妈的肚子里待了三年。我们所熟知的哪吒的形象中，一个经典形象是他永远穿着个肚兜，像个小宝宝一样，然而这个宝宝法力无边，非常不好惹。

更夸张的是老子，民间传说中，老子在妈妈的肚子里待了九九八十一年，一出生胡子和头发都是白的。这是一出生就是圣人了。

哪吒和老子的传说像是在比赛谁在妈妈的肚子待更久似的。当然，哪吒是神话故事，老子这个自然也是传说。实际上，据历史记载，老子是早产儿。

在《西游记》和《封神演义》中，哪吒是年轻人，而在民间传说中，哪吒则变成了穿着肚兜的宝宝。

类似哪吒的形象，还有红孩儿。他也是婴儿大小，穿着红肚兜。哪吒有波斯文化的原型，红孩儿则可能只出现在《西游记》中，他直接有个外号叫"圣婴大王"。

开悟了的圣人最厉害，而哪吒和红孩儿这样的"圣婴"也是无敌的。如果套用全能自恋的概念的话，他们正好处在两极上。圣婴是全然活在全能自恋中的，而灭掉了欲望乃至自我的圣人，则是彻底灭了全能自恋这种天然活力的。至于普通人，则走在中间过程中。

全能自恋如何能驯服？需要从自恋维度发展到关系维度，即孤独的全能自恋想象需要在关系的现实世界中得到驯服。

但是，我们社会有意无意地设计出的一条路线，是去镇止全能自恋这个可怕的活力源头。（"镇止"是我喜欢用的一个词，意思是镇压和制止。）

哪吒的传说中有一个极为动人的悲剧性情节，即"剔骨还肉"。还肉，是还了母亲的恩情；剔骨，是剔掉父亲的恩情。

我们总是强调感恩教育，主要就是要孩子感恩父母。不仅社会喜欢强调这一点，家庭里也容易使用这一逻辑。很多母亲喜欢对孩子说，"你是我生的，你是我身上掉下来的一块肉，我对你的恩情你怎么都还不完"。

这其实是父母对孩子玩自恋时使用的逻辑。依照这一逻辑，孩子一旦与父母发生冲突，就只能听话，不然就得把"肉割了还给父母"。

现实中这是不可能的，但在哪吒的神话故事里，他做到了，他通过剔骨还肉，还清了父母的恩情。而后，哪吒的师父太乙真人用莲花为他再造了身体。从此，哪吒更加无敌。

如果全能自恋就像洪水一样可怕，而找到的办法只有镇止，那最好使的就是用父母来压制，并且要从小婴儿开始就压制。不然，等孩子长大了还活在全能自恋中，就太难对付了。

精神分析中，弗洛伊德创造了一组词——"本我、自我和超我"，这是讲人格结构的。也就是说，本我、自我和超我组成了一个人的人格。

这里的"自我"，英文是 ego。而在我们的课程中，"自我"常常对应的是 self，学术上该翻译为"自体"，但"自体"这个词我有时不太喜欢使用，还是会用"自我"。

这组词中的"本我"和"超我"，还可以理解为"内在的小孩"和"内在的父母"。弗洛伊德认为，"超我"有约束"本我"的意思。这对应到现实中，就是父母要去约束孩子。约束什么？约束活力变成破坏力，约束为所欲为的全能自恋。

弗洛伊德的这一理论很多人并不赞同，例如温尼科特就认为，"超我"不该是"本我"的敌人。温尼科特有一句名言说，孩子该是这样长大的——"需要一个不会报复的人，以滋养出这种感觉——世界准备好接纳我的本能排山倒海般涌出"。

但在我们的文化中，找到的主要办法就是镇止人的全能自恋，终极目标是成为没有欲望、没有自我的圣人。

父母是管制孩子最重要的人物，而他们的形象内化到孩子的心灵世界，就成了"内在的父母"。哪吒"剔骨还肉"，就意味着他把"内在的禁止性父母"给杀了，从此变得更有力量。

当然，不能说哪吒从此就没有了父母一样的养育性人物，毕竟他还有师父太乙真人，而且传说中他从此以"佛"为父。

在这一点上，比哪吒"剔骨还肉"还要极端的故事是齐天大圣孙悟空。他干脆就是从石头里蹦出来的，彻底无父无母，而他的力量则更为强大。这可以理解为，这种原始的、谁都不用考虑的全能自恋，是最为强大的。

不过，越是原始而强大的全能自恋，就越需要强大的力量去压制。

哪吒先是有了悲剧性的"剔骨还肉"，而后为了防止他攻击父亲李靖，更全能的神仙赐予了李靖玲珑宝塔。在《封神演义》中，这个宝塔来自燃灯道人，可以将哪吒困在佛光中。在《西游记》中，这个宝塔来自如来佛。宝塔上有各种佛的雕像，可散发佛光。而哪吒已经认佛为父，所以当李靖把塔拿到手中时，哪吒也就不能攻击李靖了。这个塔就还是一个镇止全能自恋的容器。

齐天大圣遭遇的镇止性力量更为强大——如来佛亲自出手，把这个为所欲为的猴子压在了五指山下，要等唐僧出现才得以出来。

出来后，孙悟空还想不受管教。这时，观世音菩萨送给唐僧一个紧箍，设计让孙悟空戴上。从此以后，孙悟空就彻底被管住了。

五指山可以理解为"父母的手掌"，是父母掌控孩子的直接隐喻。一些父母也喜欢对孩子说，"你再怎么蹦跶，也逃不出我的手掌心"。

紧箍很有意思。在咨询中，我多次遇到这样的事：当谈到全能自恋的力量，或有了全能自恋的幻想时，有的来访者就会感到头疼，而且疼痛的位置就是孙悟空戴紧箍的位置。全能自恋的程度越高，这份疼痛就越强烈。

全能自恋是必须要驯服的。一个成年人如果还活在全能自恋中，那么很可能他有活出全能自恋的条件，而那常常意味着他会成为巨大灾难的源头，有几个地方可能会是他的归宿——监狱、医院和坟墓。

监狱就像李靖手中的宝塔，把他困住。医院有两种：一种是普通医院治疗他胡作非为带来的各种伤；另一种是精神病院，因为活在全能自恋中的成年人太容易疯癫。坟墓就不用多解释了。

讲述这些"圣婴"和我们的现实生活有什么关系？

首先，我们可以看到我们社会文化中的很多事情，特别是围绕着孩童而设计的，背后都可能有镇止他们的全能自恋的部分。

其次，当有了这样的视角后，我们就可以理解很多事情，包括神话、小说和影视故事。

例如，片面强调应试教育导致的一个现象是拼命发展知识性教育，而严重忽略了体育、艺术等体验性的课程。

把孩子本来可以无比丰盛的生命压缩到学习这么一件简单的事情上，也许就是为了困住孩子来自全能自恋的活力吧。不然，孩子会叛逆、会早恋，以及其他释放精力的途径，这容易带给父母失控感。

又如，当形成圣婴逻辑后，就可以看懂《花千骨》和《九州缥缈录》这种故事了。这两部当代电视剧中，前者的主角是女性，后者的主角是男性，都有一个类似的逻辑：主角一出生，就有着特殊的血脉，这是一种诅咒般的力量，并且都导致了生母死亡。他们因此成了不祥的化身，给周围人带来了各种灾难。然后，他们就尽自己所能去控制这股可怕的力量，不到万不得已绝不使用。而当使用时，他们就逐渐变得邪恶起来。

这个逻辑在太多的故事中可以见到。这个逻辑还像在说，关键不是耐心地学习和锤炼，而是如何驯服这股天然的诅咒般的力量，并且当他们驯服了这股力量后，就瞬间成圣，臻于无敌了。

周星驰的电影《大话西游》中有这个逻辑，他后来的电影《西游·降魔篇》中，还是有这个逻辑。这两部电影的主人公，都是在心爱的女人去世后，心痛至极，而后放下对俗世的眷恋而瞬间成圣，拥有了神级的力量。

《九州缥缈录》中，女主角羽然从未认真磨炼过自己，后来发现自己有特殊的血脉后，跳了一支舞，就成了无敌的"羽神"。

这种故事乃至这种深层逻辑，是相当害人的。它的意思是，你不必锻炼你的能力，只要保持善良就好，然后等灾难性的时机到来时，你心念一转，就可以成圣。

这是想象世界的逻辑，但现实世界中，能力其实都是在深度关系的投入中，通过累积而获得的。不仅能力，包括幸福感，也是这样获得的。

你可以问问自己，你是否有这种逻辑：最重要的是保持善良，而善良就是无欲无求；也不要给别人造成太大压力，否则你就会愧疚不安，或者恐惧被惩罚；同时觉得平常是福……

当你持有这种逻辑时，很可能也在惧怕自己的全能自恋诅咒般的力量，然后走在从圣婴通往圣人的路上。

女鬼、女妖与无欲男

前面讲圣人、圣婴时，我们可以看到列举的例子多是男性。"圣"这个字太高大上了，容易让人觉得这些现象离我们有点远，但如果把"圣男"理解为"好男人"或者我喜欢的词语"中国式好男人"，就可以看到，圣人逻辑和圣婴逻辑在我们身边可能随处可见。

不过，好男人和中国式好男人，这种表达太不精准了，我们也不容易把握到这些逻辑的内核，但如果换成"无欲男"，这就容易理解了。最初的圣婴还是有欲望的，不过主要的欲望是自恋，是攻击性，而不是物欲和性欲。从圣婴到圣人的发展中则不断在镇止自己的各种欲望，这样就造就了"无欲男"。

从我们的历史和文学作品乃至现实社会中，你会看到，我们的社会中有各种各样穷奢极欲的人，同时也有各种无欲男，甚至以我自己的观察，我觉得后者占了多数。我认为，在中国社会，一个普通而正常的男人就是憨厚、老实、忠诚、可靠的无欲男。

无欲男适合什么样的配偶？我们一般会认为是贤良淑德的好女人。但其实如果一对伴侣都是压制欲望的好人，那他们就很难过日子。不仅难以保护家庭和孩子，还因为两个人都没有活力，而让家庭像坟墓一样。所以，无欲男相对而言更适合的伴侣是"妖女"。

例如，在《聊斋志异》中，多是女鬼与书生的故事。又如，更广为传颂的白蛇与许仙的故事，就是经典的无欲男弱书生与全能女妖。再如，金庸小说中的郭靖与黄蓉、张翠山与殷素素，是经典的好男人与"妖女"组合……

女妖和女鬼还是有差别的，我试着谈谈这种差别。

最初去分辨女妖和女鬼，是源于有人提出这样的问题："谁能告诉我，为什么《画皮》拍成电影，要将鬼改成妖？为什么《聂小倩》拍成《倩女幽魂》，也是要将鬼改成妖？为什么妖可以出现在银幕上，而鬼不可以？"

这个问题困惑了我几年。

我的朋友许玳萌在中央电视台做记者，她提供了正确答案："确实有规定（影视中）不能出现鬼。官方解释我也知道，是因为很多边远山区文明闭塞的地方，人们看了影视作品会认为真的有鬼存在。"

针对这一话题，一个网友提出一个很可爱的问题："《聊斋》里有美丽、善良、痴情的各种女鬼，可唯独没有温暖的女鬼，这是为什么呢？"

在很多影视作品中的女妖热辣、娇俏，比影视作品中的"人"更有活力，这又是为什么呢？

女妖为什么更有活力？这个问题就和圣婴为什么更有力量一样，因为他们都没有镇压住自己的全能自恋，而无欲好男人以及好女人，就过分镇压了自己的全能自恋，因此丧失了活力。

同时，女妖也是一种隐喻，指的是全能自恋还没有很好地进化成人性，因此还带着强烈的原始野性。

相信大家读到这里，就能给出以上解释了。而关于这一问题及其延伸，我也研究很久了。在咨询中，在课程中，我搜集了大量关于鬼、妖和魔的意象，也试着对此进行深挖。

鬼、妖和魔都具备人类所不具备的一些能力，例如通灵、神通等，但它们也有微妙的差异。

鬼的核心特质也许应该是怨气，并且受怨气的驱使，鬼（特别是女鬼），容易进行无情的报复。例如，《聊斋志异》中的女鬼，虽然一开始多是美丽、善良且痴情的，可一旦被弱书生辜负，她们多会散发出冲天怨气，然后会做出报复性行为。

我听了太多幽怨的故事，多数是女人的，男人的也有不少。它们一致的逻辑是：我给一个人付出了很多，那个人竟然辜负了我，我怨哪！

从辜负者的角度来看，这可以有很多原因：

1. 你付出很多，让辜负者觉得你是可以被轻慢的。换句话说，你付出了很多可能是一种自虐。既然你都可以自虐，那别人也容易觉得继续虐你又如何呢？

2. 你付出的时候，付出带来的道德感让你在关系中占据了优势。这会引起对方的不舒服，于是辜负者要通过背叛或其他辜负你的方式击碎你的优越感。

3. 付出者常常会制造内疚，而喜欢占别人便宜的人通常是不接受也难以消化内疚这种感觉的，于是会去破坏这种关系。

从付出者的角度来看，过度付出其实就是一种自虐，是一种自我破坏，或者说是杀死了自己部分的生命力。我们知道，鬼就是被杀掉的冤魂，而以此可以做出推理——当自己的生命力被杀掉一部分时，这部分被杀死的生命力就会像部分的"鬼"一样，并因此有了怨气。

生命力被杀掉得越多，付出者心中的"鬼"就越大，怨气也就越大。累积的怨气需要找出口爆发出来，而被严重辜负就是一个最好的出口，可以让滥好人释放自己的怨气。

我印象极深的一个故事是一位女士找我咨询，她想杀掉自己的男友。因为恋爱多年后，她才发现男友是有家庭的，她觉得被深深地背叛了。可是咨询几次后，我发现她其实早就通过蛛丝马迹推断出男友是有家庭的，而且男友还曾要带她去他家看看，她多次拒绝了。

我们再谈下去就发现，这位女士一生都在做好人。因此可以说，她被杀掉的生命力成为她心灵中的"鬼"，而且这部分越来越重，最终必须找出口释放出来。这时，她才去直面男友有家庭的事实。

怨和恨是鬼的特质，那妖的特质是什么？妖的特质是为所欲为，她们为了爱恨情仇可以不惜一切，捅破天都不怕。例如，《白蛇传》中的白娘子，本来具备传统中国女性的一切优点，法海却说她是妖。法海抓了许仙，爱情被破坏后，白娘子就不惜水漫金山，显示出她的妖性。

玩怨恨的，是女鬼；为了爱情捅破天的，是女妖。如果说这是女性的一种经典形象，那与此对应的男性的经典形象是什么呢？

前面我们说了，是无欲的，憨厚、老实、忠诚、可靠的好男人。好男人是妖女的绝配。虽然很多人讨厌许仙的懦弱，但对于自我没有构建起来的妖女而言，她必须找这样的好男人——他从不与她对抗，从不主动攻击她。这样，妖女才能在这个像唐僧一样无害的男人构建的容器中，修炼成人。也就是说，有了基本的人性和自我。

可是为什么男人不去做鬼、做妖？为什么文学作品中经典的中国男性形象大多是无欲、没什么本领的文弱书生呢？为什么他们就不能是雄赳赳、气昂昂的雄性？

我的理解是，男人构成了中国社会的权力体系，而体系的设计是只允许皇帝或大家长——这样的男人可以实现全能自恋，可以为所欲为地活着，而其他男人最好都变成体系的砖瓦，必须没有自我、没有欲望、面目不清地活着。

过去，中国女人一直被排斥在中国社会权力体系和家族权力体系之外，她们失去了权力体系的保护，但她们也因而有了空间，可以留住生命力。只是这种生命力不够人性化，还是原始的全能自恋，于是可以为妖。而如果被伤害，就有了怨，则变成了鬼。

男人被镇止性的体系压制得不能动弹，于是被动，而女人倒可以主动。

例如在《平凡的世界》中，孙少平、孙少安兄弟的爱情故事都是女人主动而他们被动的。因为作为权力体系的组成部分，他们得考虑各种集体，例如得把家族放到第一位，而不能只考虑个人的欲求。

他们，还有前面提到的张翠山、郭靖与许仙等男人，要做好人乃至圣人，他们追求无欲，而欲求就要通过女人来表达。例如孙少安的欲求，就要通过老婆秀莲说出来，比如分家、得自己多吃点，而不是太照顾奶奶和妹妹。

这样看来，无欲男找女妖有双重好处：一是妖女可以替他们表达欲望；二是谁追求欲望谁就不是好人，所以"坏"是妖女的，而他们是"好"的。

虽然妖女承载了"坏"，损失了道德上的"好"，这是一种损失，但在道德上是全然彻底成功的好人，因为彻底失去了欲望和自我，那才是更深重的悲哀。

这一点，在岳飞身上体现得淋漓尽致。接下来，我专门为岳飞的悲剧人生做一次心理分析。

岳飞的自毁

岳飞的故事深刻地烙在我心中。小时候，家里非常穷，我很爱读书，可家里可读的书很少，仅有的两个大部头的书是《说岳全传》和《悲惨世界》。那是爱读书的哥哥拿卖废品的钱，一狠心买的书。《说岳全传》只有一本，《悲惨世界》应该是一套四本。结果，哥哥被妈妈骂了一顿。当时真是穷惨了。

读《悲惨世界》有一种灰色的感觉。那种感觉我到现在还能感受到，说不出地难受。按说里面的故事是有光辉的，可我完全感受不到，真的就是觉得太灰了。

读《说岳全传》，故事跌宕起伏，没有《悲惨世界》那么灰，可的的确确是太惨了。每次读到岳飞、岳云被处死的情节，心就会痛，而且无比愤懑。觉得实在不能理解，岳飞这么好的人，还是救国家于危难的人，怎么会落得这个下场？！

《说岳全传》我读了不下一百遍，所以岳飞的故事深入我心，也住进了我的潜意识。

2006 年，我去上海中德班学精神分析。出发前，我做了一个梦，梦见我杀了秦桧的干儿子，而秦桧派出一队兵马来捉拿我。那队兵马整整齐齐，是一个方块阵，而且铠甲鲜明。我不慌不忙，等他们靠近时，我亮出了一个令牌，他们就不能捉拿我了。这个令牌上有几个字——"弗洛伊德的使者"。

到了上海后，我和李孟潮等人一起聊天，向他们分享了这个梦。当时梦中还有两句五言诗，和他们分享时，我还能清晰地记得，可惜现在忘了。李孟潮说，这是我的一个大梦。所谓大梦，就是我自己关键的、深刻的梦，反映着我最重要的情结。

这个梦不难理解。秦桧的干儿子就是"忠孝"，因为他用"不忠"的罪名杀了岳飞。当时，我已经接手《广州日报》的心理专栏一年多。写专栏时，写着写着就发现，我的文章在密集地解构孝顺的荒唐之处，并且我在大学里更喜欢人本主义，但解构孝道时，我使用的主要就是精神分析的视角。

我这样做的成长背景是：我的父母都是大好人，堪称孝子，但竟然被我爷爷奶奶以"不孝"的名义进行过无节制的攻击，而且村里大喇叭还广播过，说我父母是"不肖子孙"。这对我父母来说是灭顶之灾，父亲因此试过卧轨自杀，但最后觉得还有老婆和孩子，不能死，才打消了念头，而我母亲从此得了非常严重的抑郁症。

所以，我把孝道给解构掉，潜意识深处是在为我父母鸣不平。同时，也是在为岳飞鸣不平。

随着对岳飞的了解越来越多，我心中升起了一个愿望，想以小说的形式对岳飞做一次心理分析。可以是穿越小说，例如一位精神分析取向的咨询师，穿越回宋朝，追随岳飞，不断和岳飞对话，以此对他做一次心理分析。也可以直接以纯小说的形式，让岳飞做男主角，加进一些玄幻因素，自剖心迹，以这样的方式完成心理分析。

到目前为止，我还没有开始这个工作，但以我不断了解到的信息，还是在增进对岳飞的了解，并因此可以做一点初步的分析。

再说说岳飞的母亲。她姓姚，被称为姚太夫人。她最著名的故事，是给儿子的背上刺上了"精忠报国"四个字。不过这是小说里的情节，是民间传说，真实历史中并无记载。

历史记载，岳飞入狱后，谁都不愿意审问他。后来，一个官员不得已做了他的主审官，但看到岳飞背上刺着"精忠报国"四个字后，被深深地触动了，于是推掉了这一职务，惹得宋高宗震怒。岳家军都有这类刺字，所以这很可能是岳飞自己主导的一个行为。

民间传说中把岳母描绘得非常讲大义，但其实她是一位普通的母亲。岳飞处死了舅舅，因为他贪财且贪生怕死，违反了岳家军军规，这让岳母很不高兴。

更让岳母耿耿于怀的是杨再兴在战争中杀死了岳飞的弟弟岳翻，但当杨再兴想投降时，岳飞竟然接纳了他，从此杨再兴成为岳家军的一员虎将。

这两件事史书中都有记载，显示姚太夫人就是一位普通的母亲，因为弟弟和儿子之死而悲伤、愤怒，并未做到传说中的大义凛然。

荣格说，男性重逻辑和秩序，女性重情感和关系。姚太夫人有这种反应，体现的才是真实的人性。

岳飞杀了舅舅，又原谅了杀死自己弟弟的敌将杨再兴，并且当大儿子岳云犯下错误时，他总是重罚，可岳云立下军功时，他又总是隐瞒不报。同时，岳飞没有私欲，极其清廉。

面对这样一个大公无私的大英雄、大圣人，女人会有什么样的感知？

在民间传说中，岳飞与妻子李夫人非常恩爱。可真实历史记载，岳飞和女人的关系却是让岳飞蒙羞的。

岳飞有过两任妻子，第一任妻子是刘氏，岳飞 16 岁时娶的。刘氏为他生了岳云和岳雷。

岳飞 24 岁时，北宋被金国所灭，岳飞上前线杀敌，将母亲和孩子托付给了刘氏。可是不知什么原因，刘氏后来改嫁了两次。对此，历史没有很清晰的记载，很可能是刘氏主动离开了老人和孩子。对此，岳飞深以为耻。

刘氏第二次改嫁的对象是韩世忠的一名校官，韩世忠问岳飞该怎么办时，岳飞送去了一些钱财，但拒绝将前妻接回来。同一年，岳飞娶了一位渔家女李氏，这位太太为他生了三个儿子和一个女儿。在岳飞冤狱被处死后，李氏和几个孩子也被流放了。后来，宋高宗去世，宋孝宗即位后，为岳飞平反，李氏和岳飞的后代才得以受到厚待。

虽然岳飞是大英雄，可是一个女人如果跟着这样一位灭掉了自我和私欲的大英雄会是什么感觉？会幸福吗？会有安全感吗？

当岳飞表现得完全不以家庭为重时，他的妻子只怕很难有安全感。因为丈夫虽然是大英雄，但在保护自己家庭上缺乏智慧，甚至缺乏意识。

不断深入地了解岳飞后，一天晚上，我做了几个梦。醒来后对梦进行分析时，有很多理解。于是，我发了如下两篇微博：

伟大崇高的行为做久了，容易把自己的生活毁掉，也毁掉了"我"。然后，"我"也会反过来想去毁灭他人，并且也是假借伟大崇高的名义。

你破坏了自己，也就没法爱上他人和世界。如果自己真有了伟大崇高感，那要警醒一下：你被他人或自己，放上了祭坛；你虽活着，但已死去，这是对自我的终极破坏。

放到岳飞的身上，这两段话的意思是，岳飞做到"无我"时，他并非开悟的那种"无我"，而是灭掉了"自我"。这是一种终极自虐，连带着他也会让自己身边的人受到虐待。

不仅如此，这种自毁带给了他表面上的崇高感。然后，这种表面上的崇高感内核里的自毁会驱使他做一些危险的事情，将自己带向毁灭。

具体就是，相当会做人、不居功、不自恋的岳飞，面对皇帝宋高宗时，却表现得没那么有政治手腕。他贸然地建议不能生育的皇帝该怎么立储君，并且总是喊着要"迎回二圣",同时又有冠以自己姓氏的强大的军队岳家军……

如果真迎回了宋徽宗和宋钦宗，那宋高宗怎么办？并且，岳飞的名望太高，岳家军又如此善战。如果岳飞也学宋太祖赵匡胤，突然"黄袍加身"怎么办？并且，岳飞好像连家人都不在乎，怎么钳制他？

也许岳飞是打心眼儿里认为自己无欲无我，但这些都是犯了宋高宗的大忌的。

一个有自我并将家人安顿好的人，会获得舒适和幸福。他做事时，就会考虑得更周全，也会更有暖意。例如韩世忠，还有同一时期的另一位名将吴阶，就与岳飞很不同。

概括来说就是：当岳飞追求崇高时，就容易自毁；当他推动宋高宗去追求崇高时，就让宋高宗也有了被毁灭的担心，这反过来给岳飞带来了杀身之祸。同样，当岳飞驱使家人去追求崇高时，家人也会体验到毁灭感。

所以，自圣这条路不容易走，得是王阳明的境界"天理即人欲"，这样才可以真正达到"无我"的境地，但如果是通过灭掉欲望、灭掉自我的路径来追求无欲无我，就很容易是可怕的自毁了。

· 第五章 ·

全能感常规表现的具体分析

卓越强迫症

在第一章第二节，我讲了几种"症"，如卓越强迫症、强大恐惧症、行动困难症、投入困难症。先来仔细地讲一讲卓越强迫症。

在"全能感的常规表现"一节中，我讲过卓越强迫症的概念来自一个条件极好却严重自我否定的女孩。她内心深处的想法是"不第一，不配活"——必须在某些方面达到最好，而且还得是原创的，不是学来的，否则就不配活在这个世界上。

这是全能自恋的直接表达，必须全能，否则不如去死。

应试教育系统的竞争压力极大，而且这么多年来，不管如何反思，国家如何调整政策，这种压力好像与日俱增，而从来没有减轻过似的。

这是怎么回事？我一直想解开这个谜。

最初，我找到的答案是，这是权力体系的责任。一位在教育系统工作的朋友说，这种压力直接来自有些教育部门官员升职的动力。官员考核的指标是升学率，可升学率，你这边高了，我那边就低，所以竞争非常激烈。官员的压力给了校长，校长给了老师，老师给了孩子和家长，家长又给孩子制造压力……

我觉得这很有说服力。当时，我还在《广州日报》做国际新闻。2005年主持心理专栏后，开始密集地听到无数中国家庭的故事，逐渐认为家长应该担首责。中国家长对孩子的期待实在是太可怕了。

几年后，我了解到，有一些老师组成的学校系统也是很变态的。他们导致小学一年级学生的压力都要胜过上班族，而且还有各种方式控制着家长，让家长监督孩子。例如，每个家长每天至少收到三条短信，告知你的孩子在学校表现如何，特别是成绩如何。

再后来，咨询做久了，我发现大多数来访者的心里都藏着卓越强迫症的逻辑——"不卓越，不配活"。

最终我明白了，应试教育体系的压力，是权力体系、学校、家长乃至学生自己一起形成的。这是我们的集体之心，我们共同制造了这个怪物。

不卓越，不配活。但是，如果只有卓越，那会怎样？

2016 年 3 月，同时发生两个热点事件：

1. 自称北京大学毕业的一位母亲，为女儿安排了变态的作息制度：从早上 5 点起床，到晚上 11 点睡觉，都安排得满满的，简直要将女儿的所有时间都压榨出来，为了让女儿更优秀。

2. 北京大学学生吴谢宇弑母。他在 2015 年 7 月在家里将母亲杀死，然后用干燥剂和塑料薄膜将母亲的尸体变成了干尸。更令人不寒而栗的是，他在家里安装了摄像头，可以通过他的手机监控家里。

这两个故事结合在一起，讽刺意味十足。前面的妈妈，如同一个变态控制狂，要把女儿的时间都控制在自己手里。这是一个全能自恋的常见表现：我彻底控制着你的一切，让你完全按照我的想法去活；你必须配合我，那样你就可以如我所愿成为卓越的孩子。

吴谢宇，就是一个完美的孩子。他同学给他起的绰号是"宇神"。他不仅学习好，例如 GRE 成绩在全世界排名前 5%，体育也好，而且永远都乐于助人、谈笑风生、阳光灿烂。

但最终他的可怕罪行显示，他外在看起来有多完美，内心就有多变态。

我们得问一个问题：如果没有一颗正常、健康的心，这样的优秀有什么意义？

这两则新闻，让我想起多年前发生在广州的一起人伦惨剧：一个董姓男大学生极力追求卓越，因此在和父亲发生争执时，他选择了弑父。

按说，优秀、有才华、卓越……这些不是非常好的词语吗？为什么这些故事中都透露着变态的味道？

我们来讲一个关于婴儿的故事，看一看卓越强迫症可能是怎么形成的。

我的一位女性来访者，她的妹妹和她丈夫的妹妹差不多同时各自生了一个男孩。她观察到，她的妹妹和丈夫的妹妹作为新妈妈，对待自己几个月大的孩子有截然不同的态度。

她的妹妹对孩子总是一副爱搭不理的样子。孩子总是哭，但一般的哭声都不能让妈妈关注他，除非是哭得歇斯底里，甚至上气不接下气了，他妈妈才会过去看看他怎么了。并且，在照料孩子时，她总带着明显的不耐烦。我这位来访者就此和妹妹谈过多次，并送过妹妹关于育儿的书籍。妹妹说想改，但一直没改。

丈夫的妹妹对孩子的方式完全相反，她对孩子的需求非常敏感，孩子的吃喝拉撒睡玩，都会得到及时的回应与满足。

面对着两个妹妹不同的养育风格，这位来访者出现了奇怪的矛盾态度。她是爱与自由的拥护者，所以理性上会认同丈夫妹妹的养育方式，反对自己妹妹的养育方式，但在感受上，她却常常对丈夫的妹妹充满愤怒。

"为什么会愤怒？你的愤怒想说明什么？"我问她。

她说，一个关键原因是嫉妒。她嫉妒丈夫的妹妹是一位好的母亲，也嫉妒小侄儿可以得到这么好的照料，并且她常常想，这太小题大做了吧？干吗要那么在乎一个小婴儿的事？

她而后又继续反思，以她的了解，两个妹妹都是自动沿袭了她们母亲在她们小时候养育她们的方式。

她的妈妈是隔离的、冷漠的，不太会关注孩子的需求。即便关注到了，也常常像是刻意不满足孩子的需求似的，并且她对小时候有很深刻的记忆。小时候，她对着妈妈歇斯底里地哭闹时，妈妈会非常不耐烦，偶尔会满足她一下，但多数时候是训斥，甚至叫来爸爸揍她一顿。

她的婆婆是热情的、温暖的，对自己的儿子、儿媳、女儿，以及孙子、外孙都非常用心，会把所有人的需求记在心上，并且是自然而然、心甘情愿的。

这两种养育风格会导致什么结果？

婴儿都是全能自恋的，如果得到了好的照料，他的全能自恋在得到满足的同时，也会被人性化，并会从孤独的全能自恋进入真实的关系世界，愿意承认自己的无助，而去依恋妈妈。

特别重要的一点是，他会享受平凡而真实的生活。既然他的吃喝拉撒睡玩这些普通的需求都能得到妈妈的照料，那意味着他可以在这种时候和妈妈建立起联结。于是，他会觉得他的吃喝拉撒睡玩的需求都是对的，都是可以自如展现在关系中的。

相反，假如孩子的这些正常需求大都没得到满足，那么孩子就会觉得他的这些需求是不应该存在的，就算存在也是一种羞耻，是该被谴责和压抑的。

更重要的是，他建立关系的努力失败了，于是他会退行到孤独的全能自恋中。他会形成一种认识：日常生活是不重要的，全能自恋才是重要的；如果我是全能的，我就可以控制我的生活；如果我是完美的，别人就会喜欢我。

在我看来，卓越强迫症就是这样发展而来的。小婴儿和妈妈建立关系失败了，转而退行到全能自恋中去安慰自己。

例如我的这位来访者，她有严重的全能感。她经营着一家厂子，她发现自己什么事都要控制，而且要做就必须做到完美，否则出现再小的漏洞，她都会忍不住攻击自己。

同时，她不信任别人。她发现根本没必要请会计，因为会计把账目交给她后，她还会自己再算三遍。她也不信任丈夫，丈夫是负责管理员工的，而她总是挑剔丈夫。丈夫虽然脾气好，但也偶尔会忍不住和她大吵。

读书时，她有卓越强迫症。如果考试失败，她就有生不如死的感觉。高考失败后，她整整三年时间处于崩溃中。

我们对卓越、优秀乃至完美的追求，应该就是这么回事。它是源自全能自恋的一个孤独的游戏。

这个孤独的游戏会导致出现这样一个问题，哪怕你的成绩达到卓越，你也仍然会觉得自己不好，因为你的确会缺乏原创力、创造力。

因为真正的能力是建立在关系中的。你必须深入关系中，放下你的种种成见和预判，去碰触事物本身的道理，尊重事物本身的存在。这样，你才能和事物建立起关系来，然后捕捉到事物的本质与规律。

并且，你会乐意放下"我"，而去尊重事物的本质与规律，从而才能具备真正的能力与创造力。

所以，对卓越强迫症的治疗方法既不是真的卓越，也不是放下追求卓越的心，而是进入深度关系。

强大恐惧症

强大恐惧症是卓越强迫症的对立面。卓越强迫症是"不卓越，不配活"，而强大恐惧症是"不敢强大"。

说到强大恐惧症，我第一时间想到的是一位男士。他在一家外企工作，非常勤恳。他先是管着一个五六个人的小团队，这个团队的属下都顺利晋升后，公司也提拔了他。他的职位升了一级，收入明显上升，而管的团队也扩展到了十几个人。可从此后，他得了抑郁症，而且越来越严重，最终没法工作，不得不休假。

他只找我做了几次咨询，在咨询中我了解到，职位的提升和权力的扩大让他感觉自己的位置变高了，而他更习惯在哪儿都比别人低一点的位置。

并且，以前管理小团队时，他其实是无为而治，因为管理意味着使用权力，也意味着要在自恋维度的高位去发号施令，他完全做不了。他其实只是专注做好自己的技术工作，如果属下请教他，他会毫不保留地教他们。当属下把工作做好后，他会向公司夸赞他们。

这种风格做一个基层的小领导是可以的，甚至还是相当不错的，所以他最初的属下都顺利晋升了。但是，要他去管十几个人，一下子就复杂很多，简直是上了一个量级，需要他在领导的高位上，这对他来说挑战太大了。

升职后，他一直想干脆退回原来的位置上，不然就做一个技术员也可以。可是他将这个想法和家里人一沟通，大家都说他怎么这么没有上进心，这是公司和领导器重他啊，他不能放弃自己，要好好表现。

通过咨询，他再次坚定了自己的想法，也征得了家人的同意。然后，他向公司提出了降职甚至成为普通员工的想法。公司领导很惊讶，但这家外企很人性化，也担忧他的抑郁症问题，于是就答应了，让他回到原来的位置。

结果，他如释重负，所谓的抑郁症也基本好了。

我在引言中讲到，人性有两个基本维度：自恋维度和关系维度。太多人没有很好地进入关系维度，心智主要滞留在自恋维度上。自恋维度上就是权力维度、力量维度，它的主要特征是高与低、强与弱。处在高位、感觉强大时，自恋就得到了满足；处在低位、感觉弱小时，自恋就受损，因此会产生一定程度的羞耻感。

处在低位是羞耻的、不舒服的、自恋受损的，但是这位男士出于种种原因，从小就处在自恋的低位，并围绕着这个位置形成了我们社会常见的一种风格——与世无争。

当把他放到自恋的高位时，他非常不习惯，因为他的与世无争的自我就瓦解了，失去了自我功能。当重新回到低位时，他的自我重新自动运转起来，于是自我瓦解导致的抑郁症也就治愈了。

通过这个故事，我想大家可以看到：恐惧强大，就是恐惧处在自恋维度的高位上。

严重的强大恐惧症，会表现为遇到任何能让你感觉到强大的东西，你都会本能地排斥和恐惧。

最常见的是金钱恐惧症。金钱是这个俗世上最容易让你强大的因素之一，虽然它有很多问题。恐惧金钱，不敢成为有钱人，一有钱就出事，想尽快把钱花出去甚至浪费掉，这是常见的金钱恐惧症的表现。

又如权力。有强大恐惧症的人难以掌握权力。权力，是和金钱一样可以让人强大的因素，但我们前面讲的这位男士，升职带给他强烈的恐惧。

再如表达。我的一位超自恋的来访者，他特别喜欢演讲。在咨询中，他发现自己潜意识深处藏着一个"演说家"的形象，就是我们常见的领袖雕塑式的形象：昂首挺胸，高举一只手，口若悬河，而其他人在台下乖乖地听着，不能发声，堪称是沉默的大多数，只有喝彩和掌声是被允许的。

他是一位企业家，找我咨询前，他在公司开会时很容易卡壳。在咨询中，我们发现他卡壳，是因为当员工们打哈欠、走神、私语或看手机时，他会立即失去自信，怀疑自己的演讲水平是不是太差了，所以他们才有这种反应。同时，他也会产生全能暴怒，可他知道得控制这份暴怒，因此暴怒立即变成彻底无助，转过来构成压制自己的力量，于是思维被打断了，变成了卡壳。

相反，不能好好表达的人就是不敢强大。比如，我的表达能力还不错，但我写作和讲课时，都会有控制不住的废话。其实这也是因为我潜意识里觉得更直接、更有力、更简洁的表达，对别人像是一种冒犯。特别是偶尔几次在大佬云集的场合，我竟然会突然讲不清楚话。

并不是所有企业家都善于掌控权力和表达。比如，一位女企业家每到开年会时，员工们都会起哄说："老板，你说说吧。"她都是害羞地、脸有点红地站起来说："我们开吃吧。"

再如，身体。身体健壮，也是非常直接地表现出强大，而身体虚弱，的确有时是因为恐惧强大。

在咨询和日常生活中，我经常见到家中权力最小的那个人身体最差。如果这个家庭中的人都非常自恋，充满权力斗争，那么这个人很容易得各种病，非常虚弱。

虚弱虽然是强大恐惧症的结果，但会给这样的人带来一些好处。例如，一位女性来访者的家里重男轻女现象很严重，而她是家里权力最小的那个，她的身体非常虚弱，太容易生病，做事太容易效率低下。因此，她的家里人达成了共识，常常对她不耐烦地说："算了，算了，你别做这件事了。"于是，她就可以免于被权力大的家人指挥和控制了。

自恋是人的根本属性，不能坦然自恋、嗫嚅的朋友，都要警醒一下：你可能有恐惧强大的问题。

为什么会这样？为什么人的这个根本属性会被严重压制？

这通常有两个原因：第一，家人，特别是养育者，不允许你在自恋维度上的位置比他们高；第二，整个家庭都在自恋维度的低位上。

当然，很多人会发现，自己家好像同时具备这两者。也就是说，你的家庭在社会上处在低位，你父母乃至你家的大人在外面点头哈腰、态度温顺，可一转身回到家里就是超级自恋的"魔王"。

这两种原因都不难理解。如果父母从不允许孩子在自恋的高位上，总是对孩子进行无情的打压，那在多数情况下，孩子的自恋会被摧毁。但也有可能，孩子最终受不了，转而非常叛逆，最终把父母给制服了，他成了家里的控制者。

为什么有些父母一辈子都不当面夸孩子呢？

一部分原因是，他们就是觉得孩子不够好。也就是说，如果父母是严重全能自恋者，那么不管孩子多么优秀，都不可能符合父母的全能期待，所以的确不满意。

还有一部分原因是，父母尽管心里对孩子有认可和赞叹，但觉得夸奖孩子就是把孩子置于自恋维度的高位，父母此时就处在了低位，所以他们不能这么做。

很多俗语就是在表达这个意思，例如"三天不打，上房揭瓦""你翅膀硬了啊"。这些话都在表达一个意思：不压制孩子，孩子就会"飞上房，飞上天"，这是对自恋高位的形象描绘。

有些父母就会纳闷："我对孩子很尊重啊，为什么孩子还是这么弱？"原因就是第二种，整个家庭都是处在自恋维度的低位的，家中没有一个大人敢于在社会中抢占高位，都不敢自恋、嘚瑟。这样一来，孩子不仅没有榜样可以学，也势必会从父母那里接收到一种信息：抢占自恋高位是危险的。

自恋维度上，人与人在竞争。当缺乏关系维度的感知时，自恋维度上的高与低、强与弱的竞争就有了你死我活的意味。处在高位时会感觉良好，可是会遭到别人的嫉恨。同时，处在更高位的人可能会因此感到危险而进行打压。相反，如果一直处在低位，像是彻底把竞争欲望（自恋）给灭了，表现为彻底顺从，那就既没有嫉妒，也没有人会惧怕、提防了。

处在低位、与世无争的人，容易有一种自欺欺人的感觉：我是好人。然而，真相可能很残酷——你是弱者。

在自恋维度中，高与低、强与弱的竞争，就是这么残酷、激烈，但当人能真切地感知到关系维度的情感时，就会真的体验到平等。那时，就会自如地在高低、强弱的位置上做选择了，就是可以高也可以低，可以强也可以弱。

辅导作业为什么这么难

卓越强迫症和强大恐惧症构成了一对矛盾：想卓越的人拒绝弱小，恐惧强大的人则拒绝强大。

两者都有些痛苦，因为人最好的心灵状态是"既可以 A，也可以 -A"，而这两种问题都是只允许自己处在人性的一侧，即"只可以 A，不可以 -A"。不过，"只可以 A，不可以 -A"并不是最痛苦的，最痛苦的心灵状态是"你既不可以 A，也不可以 -A"。

当一个人向另一个人传递"你既不可以 A，又不可以 -A"这样的信息时，就对对方构成了"双重束缚"。这是英国精神病学家贝特森提出的一个概念，他认为双重束缚是导致精神病的一个原因。

在中国家庭里，家长辅导孩子做作业容易变成一件超级痛苦的事。这件事这么痛苦就是因为有的家长犯了卓越强迫症，想逼迫孩子拼命追求卓越。而更糟糕的是，有些家长对孩子的做法构成了双重束缚。

我们来解释一下这种现象。

辅导孩子做作业这件事有多难？互联网上有各种段子，而现实中也有各种极端的案例。

例如，有的父母被气出了心脏病，甚至有的妈妈受不了而闹自杀。上海有一位刘女士，就因为辅导儿子做作业和儿子起了冲突，竟然跑去跳河自杀，所幸被救了上来。

"闹自杀"这个词容易让一些人觉得这是在表演，是在闹，可其实有些父母是当真不想活了。

同样极端的是，有些孩子被父母逼得自杀了。更极端的是，杭州的一位父亲陪儿子做作业时，15 岁的儿子对父亲拿起了水果刀。厦门有一个中学生砍伤父亲、砍死母亲，据说也是因为父母辅导作业起了冲突。

为什么会可怕到这种份儿上?

因为所有的焦虑背后其实都是死亡焦虑。这是我的一个说法,也是和全能自恋相关的一种解释。

我们已经知道,全能自恋受损时会产生全能暴怒,而极端的全能暴怒就是因为觉得"全能的我"被毁灭了,于是产生了极端的毁灭欲。这种毁灭欲指向别人就会去攻击、伤害别人,指向自己就会攻击、伤害自己。

辅导孩子做作业时,父母必然会产生一些焦虑。英国心理学家比昂说,关系的实质就是去看谁制造了焦虑,谁承受和化解了焦虑。焦虑既然是死亡焦虑(死能量),那么承受和化解焦虑,就是在做把死能量转化成生能量的工作。

按说父母应该是心智成熟的一方,应该是承受并化解焦虑的一方,但可惜的是,很多父母其实是巨婴——生理成年了,心理上还是宝宝。别说化解孩子的焦虑了,连承受自己的焦虑的能力都没有,于是会使劲向孩子传递焦虑。

当父母是制造焦虑的一方,而孩子是承受焦虑的一方时,亲子关系就倒置了:父母变成了心理上的孩子,而孩子变成了心理上的父母。

网上流传的一个视频中,一位父亲在给上小学一年级的儿子辅导作业,他问道:"九可以分成?"

"三和六。"儿子回答说。

"九还可以分成?"父亲继续问。

儿子脑子一下子卡壳了,瞬间想不出来。

父亲补充暗示说:"六和几?"

儿子没有思考这个问题,而是突然转过来安慰父亲说:"没事,爸爸,给你鼓掌。"小家伙边说边真的给父亲鼓掌,并用讨好的眼神看着父亲。

接着,他们再对话时,儿子说"你别吼我了"。

再接着,父亲用很威严的口气说"写六",儿子说"宝贝会写"。

后来,这位父亲在接受采访时,说他当时的确被气着了。他说教儿子十以内数字的运算很多次了,儿子都不能很好地记住,所以脾气再好的人也生气了,就会吼儿子。

这就是儿子在承受和化解父亲的焦虑，所以是亲子关系的倒置。

父亲的发怒，就是全能暴怒一定程度的表达。因此可以分析出，他在教儿子时有全能自恋的期待，希望儿子能迅速掌握他教的知识，否则他就会暴怒。

暴怒（死亡焦虑、死能量）一下子占据了儿子的心灵，于是他小小的心灵就没有空间去处理"九可以分成几和几"这个客观问题了。

一个小小的细节很能说明问题，也很致命。父亲带着一种不容置疑的威严口吻对儿子说"写六"，他这就是在命令、指挥儿子，想在和儿子的关系中占据自恋维度的高位。这时，儿子被置于自恋维度的低位，他并不舒服，也不愿意被指挥，所以说"宝贝会写"。

在这些细节中，父亲对儿子玩自恋，结果关系中出现了冲突，消耗了儿子的心灵能量，这可能才是儿子记不住父亲教的知识的原因。父亲这么威严——这么自恋不好惹，儿子怕父亲，但儿子并不想随意被父亲指挥，所以也许会用记不住来对抗、报复父亲的自恋。

这是父母辅导孩子做作业时一个常见的问题。父母在辅导孩子做作业时玩起了自恋，甚至还有了浓浓的全能自恋，希望孩子迅速学会，以此证明自己是个多么好的老师。而当孩子学不会时，父母不是去承受并化解孩子的焦虑，而是继续肆意表达愤怒，再次追求自恋。

我们得明白一点，一个人如果太容易愤怒，就意味着他觉得自己在自恋维度的高位，同时也是有力量的位置。这让他感觉很好。

如果父母表达的是暴怒，这就是摧毁性的力量，很容易把孩子的努力摧毁。

我听很多来访者讲过小时候让他们无比痛苦的事情，有一类是父母监督他们做什么事，监督时非常严肃、苛刻，甚至暴力。结果，父母监督什么，什么就被破坏了，他们再也没法喜欢这件事了。最严重的情形是，有些人几乎所有兴趣爱好乃至学习，都被破坏了。

例如，一个女孩小时候对跳舞、跑步和书法等很感兴趣，结果都是在苛刻的母亲一番折腾下，被破坏了。

让她印象最为深刻的是练书法时，母亲在旁边像无情的法官一样看着她。如果她写得不合母亲的心意，母亲就会突然间攻击她，要么打掉她的毛笔，要么把纸拿起来撕掉，同时还吼她，有时甚至会打耳光。然后，她在继续练字时，注意力根本就不能放到练字上了，而是永远在战战兢兢之中，担心母亲突然间发起攻击。

如果你是这样的家长，你就需要干一件事——断手断脚，即捆住你教孩子的欲望。这样，孩子的学习或爱好至少不必承受父母扔过来的巨大死能量。并且，家长不用太担心孩子不上进，因为谁都有原始的全能自恋衍生出来的竞争欲，所以孩子本能上会想把各种事情做好。

很有意思的是，在咨询中，遇到过几位这样的父母，尽管这个道理他们明白，但他们说他们做不到不去管孩子。

这时，我会有些无情地对他们说："因为你在管孩子时，有难得的自恋被满足的时刻。你可以肆无忌惮地指挥、控制、攻击孩子，你太强大、太有权力了。而在现实生活中，你没有空间可以得到这种满足。"

这样的父母，多数是在现实生活中几乎什么事都做不好的人。他们不能在人际关系中偶尔享受自恋的高位，甚至都不能在做事时享受到掌控一件事情的感觉。可他们在面对孩子，特别是教孩子时，就可以享受这种感觉了：我如果顺利地教会了你，我就觉得，"哇，你看我是多么伟大的父亲（母亲）"。如果你没学会，我就可以暴怒，然后在暴怒时让你知道，"你看你多么糟糕！"。

甚至有部分父母，他们完全不想控制自己对孩子的破坏性攻击。当然，还有部分父母是想控制的，但当他们控制自己时，这份全能暴怒就会指向自己——他们想破坏甚至杀死自己。

当父母这样教孩子时，本质上就给孩子传递了卓越强迫症和强大恐惧症这样的双重束缚：

我希望你卓越，你必须用卓越来证明我的伟大；

我不希望你强大，在你面前，我才是永远强大的那一个。

这时，孩子就会非常困惑。意识上，他们认为父母在期待自己优秀，可潜意识里，他们收到的信息是父母才不希望他们强大，因为强大必然意味着孩子在和父母的关系中也可以是强大的那一个。

所以，如果父母真希望孩子卓越，就得用真实行动向孩子传递这样一个信息：孩子，我由衷地欢迎你超越我，你的位置有时可以比我高、比我强大。

同时，继续用行动补充一个更重要的信息：

无论如何，我都爱你。

权威恐惧症

这一章的前三节一直在谈卓越强迫症和强大恐惧症，好像传递了一种信息：这两者是不可能同时出现在一个人身上的。其实不是，在一种情形下，这两者可以完美结合。

这种情形就是一个人才华卓越、非常能干，但毫无权力意识，因此他在权力维度上是虚弱的。具体表现就是，这个才华卓越的人很顺从，不自恋。

并且，这样的人常常会严重低估自己的才华与贡献。可以说，他们真的像螺丝钉、老黄牛，保护不了自己的利益，别人可以轻松地剥削他们。

这种情况的确存在，也不少见。一种理论认为，人类的动机分为三种：成就动机、权力动机和亲密动机。用这个理论来看，这类人有很好的成就动机，于是发展出卓越的才华，但权力动机很弱，所以没有发展出保护自己和支配他人的能力。

不过在咨询中，我常常看到这两个动机是混在一起的，甚至被来访者感知为是一回事。当他们在权力动机上受损时，追求成就的动机同时也被压制。毕竟追求卓越和追求权力，首先都是自恋维度的表现。

当权力动机严重受损时，一个人就可能会有严重的权威恐惧症。也就是说，在权威面前非常温顺，也不敢去挑战权威，容易对权威表现得过于尊重，这种过于尊重的背后有深深的恐惧。

很多咨询师会发现这样一种情况：一些来访者会认同咨询师，于是生出了想成为心理咨询师的想法。

我的来访者中有这种想法的不在少数，但其中一些人在有这种想法后，产生了深深的羞耻感和担心。因为他们觉得："武老师的名气这么大，是高高在上的权威人士，自己怎么胆敢生出念头，想成为和武老师一样的人，这简直是不知天高地厚，太丢脸了。并且，武老师会很不高兴吧？他应该很不愿意别人挑战他、超越他……"

有些来访者是刚有这种感觉时就和我讨论了，这意味着他们的权威恐惧症不是太重。他们虽然产生了这种想法，但还是知道这种想法和感知是可以自由、安全地和自己的咨询师探讨的。

一部分来访者是犹豫很久，等自己学了相当长一段时间心理咨询后，才向我袒露这样的想法的。

例如一位女士，当她有了想成为咨询师的想法时，感到无地自容。她几乎认定，如果她把这个愿望告诉我，我一定会非常不高兴。当这样想时，她觉得我的形象无比高大，而且高不可攀，她自己非常无助而弱小。

不仅如此，等她学了相当长一段时间心理咨询后，她在我面前表现得很平庸，很少展出现她在精神分析上的锋芒，我也真没发现她的这种锋芒。后来，她讲到她和同学们的互动时，我才知道她在同学圈里是有名的才女。于是我问她："为什么不能在我面前展露你的才华？"

她说："你一定会不高兴的。"然后由这一点开始，我们谈到了她其他一些类似的事情，都与权威有关。

例如，有一次，她在公司里批评了一位领导。领导坦然地接受了，可她心里很不安，然后病了一场。

还有一次，她反思自己和母亲的关系时，很有感觉，就此写了一些文字，接着又病了一场。

这表明，她觉得哪怕只是轻轻挑战权威，都是你死我活的战争，并且事情已经严重到这个地步——她都不能向权威认同，认同和模仿竟然都是一种冒犯。并且，最初这种感知还是在和母亲的关系中形成的。

怎样的母女关系会让人产生这种感知呢？

和她探讨时，我发现，她母亲好像对她到底是个什么样的孩子基本不感兴趣。她母亲只在乎女儿怎样去配合自己的意愿，如果女儿不配合，母亲就生气。

可以说，她和母亲的关系像是一个单向通道，只能是母亲向她传递什么，而她不能向母亲传递信息。例如，母亲让她做一件事，如果她没做，母亲会接连不断地找她，直到她做了才行。哪怕她忙着别的事情，母亲也常常视而不见。在她们谈话时，如果她忽略了母亲的话语，母亲就会很生气。

然而，当她让母亲做什么时，母亲却总是忽略。她基本也失去了和母亲沟通的意愿，因为早就知道母亲不在乎她在说什么。

母亲对她倒没什么明确的暴力，但这个单向通道的感觉很糟糕。这带给她一种感觉，就是她的周围像有一堵高墙，她怎样都无法逾越。

面对我这个权威人士的时候，她一样有这种感觉。这时，这堵高墙就发展成我作为一个高高在上的权威威严地注视着她，也不允许她有爬墙的想法。

她的故事让我意识到，父母等主要养育者只要一遍遍地拒绝孩子，同时又坚定不移地让孩子遵从自己，就可以让孩子产生权威恐惧症。

当缺乏关系维度的情感、平等的感知时，纯自恋维度的关系互动就会有这种基本感觉——"谁发出信息，谁就是在自恋的高位；谁回应信息，谁就是在自恋的低位"。如果父母一直有这种感知，就会只愿意让孩子配合自己，而拒绝配合孩子。

这位来访者的权威恐惧还不算太严重。后来，她遇到一位对她特别好的领导。这位领导非常赏识她，实际上她的能力也的确非常强，而且领导很有人情味儿，还鼓励她挑战他或其他领导，希望她大胆地表达自己的想法。同时，她也在做咨询。结果，她对权威的恐惧越来越弱。

有一天，她说："我终于可以嘚瑟了，出了错也不苛责自己了，偶尔还可以挑战权威，结果我多方面的能力都在提升。"

不仅如此，她的职位在上升，收入也在猛增。可以说，她在全方位迈向强大。

她的故事并不特殊，我听到和看到太多这样的故事了。这些故事可以得出一个结论：如果父母等养育者真希望孩子卓越而强大，得允许孩子在和自己的关系中伸展原始的自恋，有时也能挑战乃至打败父母。而且，这件事很平常，父母并不会因此而受伤。

至少别去破坏孩子自己在做的事情，这位女士的妈妈做到了这一点。尽管她对孩子自身是怎样的不感兴趣，但的确没去有意地破坏孩子自己在做的事。

在电影《狗十三》中，就可以看到大人对破坏孩子的事有瘾。女孩李玩有一个自己的兴趣爱好，想报兴趣班，结果父亲不和她商量就擅自替女儿改了。为了表示歉意，父亲送了女儿一条狗。李玩和狗有了感情后，爷爷弄丢了狗，然后弄来一条新狗，骗她是以前那只。被她识破后，爷爷又逼迫她必须接受这条新狗。更残酷的是，她和这条新狗有了感情后，爸爸把它卖给了狗肉店，还逼迫李玩吃一口这条狗的肉。李玩伤心了、生气了，爸爸把她狠揍了一顿，逼她道歉。

这种故事可以说是变态级别的，但我还真听了不少这样的故事，已经不仅仅是大人有意去破坏孩子的事了，准确来说，这是在故意虐待孩子。你心爱的东西，你喜欢的事，一个个都给你破坏了，以此证明我对你有绝对的权力，把你的意志、自我毁掉，再逼迫你接受大人的意志。

有时候，这种破坏是无厘头的。例如 2019 年 6 月，重庆一位女子喝酒后在江边想自杀。警察问她怎么了，她说女儿很可能会考上北京大学，但女儿平时和她沟通很少，不愿意和她探讨报考的事，所以她一时想不开。

这件事让我觉得啼笑皆非，转到微博上感慨了一下，结果下面很多人讲了自己类似的故事。

例如一个女孩说，高考报志愿时，她家是黄河以北的，她母亲威胁她说"我把话放在这儿，你敢越过黄河，我就去死"。她说报了厦门的学校，母亲生气得眼睛都红了，那架势像要吃了女儿。然后，她母亲去找班主任改志愿，结果被班主任教训了一通后，大彻大悟，不闹了，还很开心。

女孩说，妈妈的人设是"服从权威"。在妈妈那儿，班主任是权威，所以她可以被班主任教训，而且高高兴兴地接受，但到了女儿这儿，她就成了权威，要逼迫女儿服从，不然就要死要活。

父母是孩子最初的权威，也是最重要的权威。如果一直逼迫孩子顺从，甚至有意破坏孩子在做的事情，会很容易得逞，而这会给孩子造成对权威的恐惧和顺从，孩子从而会远离自己。

但是，如果父母愿意尊重孩子自身，并且愿意让孩子挑战自己，那孩子自身的生命力就会得到祝福，而从一开始就是他自己。

投入困难症

专注和投入是很重要的特质，任何一个人在某个领域出类拔萃，一个重要的原因就是他能投入其中。

不仅做事情这样，人际关系也是这样。一个人能充分享受人际互动，也是因为他能投入其中。

投入非常重要，每个人都知道这个普通的道理，可无数人就是难以投入，很多人简直是任何事情、任何时候都不能很好地投入。这种现象，一个日益流行的诊断是，这叫"注意力缺陷障碍"，而我更喜欢干脆将其称为"投入困难症"。

有意思的是，有投入困难症的人常有这样的逻辑：如果我能全力投入，一定可以取得非凡的成就。

这个逻辑没毛病，但它也恰恰是很多人不能投入的关键所在。不过，必须引入全能自恋的概念才能理解这一点。

严重滞留在全能自恋中的人，如果一直不投入，就可以一直抱着这样的假设："我会有非凡成就的，之所以没有，不就是因为我没法投入吗？！"

要维护这样的假设，必须不投入。如果真投入了，这个假设就面临着被戳破的危险。

例如，一位网友给我留言说："如果真全力投入了，但没有非凡的成就的话就惨了……这种心理落差很恐怖。"

"落差"这个词很有意思，它可以帮助我们进一步理解自恋维度的高低问题。

当一个人受全能自恋驱使时，就会觉得自己在自恋维度的高位，而且是在至高无上的第一名的位置。但当自恋受损，从高位跌下来时，本来觉得自己的位置有多高，跌下来的位置就有多低。

如果自恋维度的最高分是正 100 分，最低分是负 100 分，那这个落差就是 200 分。如果一个人的自恋程度是正 80 分，那么掉下来时就会掉到负 80 分的位置。

这种落差的体验真的像坐过山车一般跌宕起伏，对于全能感高的人来说，这是很不好受的。原因很简单，是他们认定自己就该在自恋的高位，甚至最高位待着。

人生总是起起伏伏，能接受自己可以待在任何位置的人，可以迅速地做出调整而适应现实，同时也会在这种起伏中追求自己所希望的位置。但如果一个人只想待在高位，就势必总是去追求优越感，而显得偏执而傲慢，同时会失去适应和调节的能力。

有投入困难症的人容易有"我是完美的"这种自恋想象，但现实会一再教育他们，告诉他们"你并不完美"。

旁观者看到的是"你并不完美"，而他们的体验则是从一个极端走向另一个极端。他们会走向完全相反的想象："我是垃圾，我什么都不是，我什么都做不了！"

他们还会攻击自己："我过去怎么那么恬不知耻、不知天高地厚，竟然妄想自己是完美的。"他们产生了羞耻感，极端时会恨不得杀死自己。

这类故事我听了太多，而当形成这种认识后，我再观察周围，觉得简直是无处不在。我讲一个典型例子吧。

一个女高中生对我说，每次大考试成绩下来后的几天里，她都恨不得去死。

我问她："每次都这样吗？"

她想了想说："是的。"

那时，我对全能自恋的理解还不是很深，但也猜到可能是她的成绩不如意而被打击到了。于是，我问她："哪怕考第一也想死吗？"

她说："是的。"

"有过一次例外吗？"我再问她。

她先是说没有。但我再次问她："你想想呢，也许会有哪怕一次例外呢？"

她想了一会儿后说："还真是有一次例外。"

我很好奇地问："那一次例外是怎样的？"

她说："那次，我门门功课都是年级第一名。"

因此，我分析说："你好像觉得自己是完美的？"

她有些惊讶地反问我："难道我不是完美的吗？"

她的这个反问，让我感到非常震惊。她在读高中，即将成年，但她好像由衷地觉得自己是完美的。

在现实生活中，她的一些优越条件也助长了她的全能感。她的家境不错，在学校一直是尖子生，并且长得很美。

她本来没有投入困难症的问题，她一直学习很用功，因为好成绩可以帮她维系这种完美幻觉。可是，毕竟门门功课都是年级第一名太难了，她只有一次考试达到了这个水平。那意味着，其他时候哪怕总成绩是年级第一名，但毕竟不是完美的，所以她的完美幻觉被破坏了，那时她就恨不得杀死自己。或者说，她体验到了全能自我被杀死一次的感觉。

当全能自我不断被破坏时，她开始产生投入困难症。例如，不能好好学习了，成绩一落千丈。同时，她在人际关系上也抱有这种幻觉，所以她也没法交朋友了。

她曾经被诊断为患有精神疾病，但是当她和父母越来越理解她这种不切实际的完美幻觉，而且她能适当理性地处理学习和人际关系后，她的学习和生活都得以重新恢复，高考时考上了不错的学校。

多年后，她还带着很不错但不完美的男朋友特意来见了我一次。这时，她虽然还对自己有很高的要求，但毕竟不苛求完美了。

完美是婴儿时的内在想象，不完美才是现实。在看似不完美的外部现实中，去构建自己基本满意的生活，这就是生命的意义所在吧。

不过，我也认为在最深度的关系里，例如当你能活在当下时，你会体验到每一刻的存在天然就是完美的。不过，这是极高的精神境界，在这儿我提一下就好。

投入困难症背后的完美幻觉，会藏着一个神级的幻想：既然我是完美的，我稍一努力就该立即得到完美的回应。

有这种神级幻想时，一个人就没法接受哪怕很小的挫折了。我也在一些方面存在这个问题，例如我喜欢的电子产品，我真觉得它们是完美的。刚买回来时非常喜爱，可稍有磕碰，我就恨不得弃了再买新的。

要理解投入困难症，就必须得理解对这样的人而言，哪怕看起来很小的挫折，都像是致命的打击，就不会再继续投入了。

这时，该怎么办？的确，你似乎体验到被杀死了一次，这份死亡也传递给了事情。于是，你把事情也杀死了。

不过，毕竟还有时间这个东西是不是？所以这时候，你可以先靠意志继续把这件事做下去。这样一来，这件外部现实中的事就继续活了下去，而这种外在的"活了下去"，也就有可能反过来传递到你内心，恢复你内在的生能量。

"努力总不会错。"高考前，我在班里的动员大会上讲过这样一句励志的话。努力与投入，意味着你不断花时间和事物建立关系。随着时间的推移，关系会越来越深厚。所谓的成就，其实就是关系深厚的一种自然的表达而已。

一位朋友说，她小学时发现自己不聪明，同样的作业，她花的时间比学习好的同学花的时间多三倍。这挫伤了她的自恋，让她难过，但她随即想，既然如此，那是不是也意味着只要我花三倍的时间就能有同样的结果？从此以后，她就形成了这样一种信念——我比别人多努力三倍的时间即可。

这可以称为"努力哲学"，是一种很棒的人生哲学。

破除"状态幻觉"

状态幻觉和投入困难症有相近的逻辑，但还是有所不同。

状态幻觉也是我提出的一个简单的概念，意思是一个人不能投入，甚至无法开始做一件事情，其原因是他觉得自己的状态不好。如果自己的状态好了，事情就可以轻松、完美地搞定。

例如，一个男青年最初找我做咨询时，他的问题是睡眠问题。他觉得自己有严重的睡眠障碍，使自己的状态不好，让他第二天无法好好做事情，从而导致一系列恶果，如工作做不好总是被开除或自己辞职，以及没法交朋友，也没法谈恋爱。

他认为，如果解决了睡眠障碍，他第二天就可以有很好的状态。那样的话，做事情也好，人际关系也好，都可以没有问题了。

这就是状态幻觉。实际上，能解决他问题的逻辑和他自以为的逻辑是相反的。他需要努力，尽可能投入工作和关系中，然后才能有比较好的睡眠和状态，而不是他以为的睡好了有了好状态，就能投入工作和关系中了。

最终，事情也是这样解决的。等他逐渐走出孤独的想象，适当地投入工作和关系中后，咨询就可以结束了。不过，他所谓的睡眠障碍并没有得到彻底改善，实际上本来也不严重，但他以前认为是问题，现在不再觉得睡眠有大问题了。

状态好，就能好好投入。这个逻辑很容易迷惑人，因为它看上去真像是那么回事。例如我自己，作为半职业码字的人，我深深地知道文思泉涌的时候写东西多容易，而且写得酣畅淋漓、愉悦之至，这是写作带来的最大享受。

可同时，我知道要实现这一点必须做大量努力，不断了解相关资料，与相关主题建立深度关系，灵感才能如泉水一般涌出。

例如，想对一位新闻人物进行分析，我就要做大量的准备工作，尽可能多地搜集关键资料，深刻而全面地"碰触"这个人。这样，我才能积攒足够多的感觉，写作时灵感就可以喷涌而出，偶尔甚至能一气呵成。

根本上，不是因为"我"厉害，而是因为"我"与事物建立了深度关系。

建立深度关系的关键是投入，经过时间与精力的累积，你与这一事物的关系日益深厚，你逐渐掌握了它，与它相遇，而能力是你的存在与它的存在相遇时的副产品。

偶尔我们会有神来之笔，像是一扇门突然打开，你瞬间与一个事物建立了关系，但你不能仰仗神来之笔。我深知，甚至不能追求文字的一气呵成，因为多数时候不会有这么充沛的感觉。

事实上，能力差的人常常是太期待神来之笔了。

读大学本科时，我认识一写剧本的哥们儿。他总说："要是我状态好了，你看看我能写出什么样的作品吧！绝对是惊世之作！"

然而，他总是状态不好。原因有很多，如单身难受、有女友但不够满意、身体不舒服、经济拮据等。他偶尔会有神来之笔，突然间，他有了很好的状态，身心感觉都很好。那时，他的确表现得不同，但也称不上太出众。因为即便真有神来之笔，可因为缺乏足够的积累，他的才能还是太"薄"了。

我见过太多这样的人，当有充沛的感觉时，他们会绽放出特别的光芒。但因为缺乏积累，那种光芒只能变成小小的一点创造，而不会有厚重的东西。

再讲一个故事吧。

一个20来岁的朋友总是频繁地换工作，我问他为什么，他说没有一个工作让他满意。我问他："什么样的工作才能让你感到满意？"他说，能让他全情投入的工作。

这种追求听上去很好，但再问下去，问题就出来了。他说，有太多次，他刚做了一天工作，就感觉到自己已经把握了这份工作的本质，然后就觉得这份工作没劲了。

这太自恋了。他确实是聪明的小伙子，但因为频繁换工作，导致他没有和任何一份工作建立起深度关系。结果，他没发展起任何可以称道的能力，虽然他称得上是高智商和高情商。

和他的这次谈话很有成效，他后来找了一份还可以的工作，连续做了好几年。

这样的故事听多了之后，我的总结是，他们有一种婴儿式假定：我与世界是一体的，我像神一般，决定着周围的事物；如果周围的事物不能被我所左右，那一定是因为我不够完美，例如我的状态不够好。

因这一逻辑，他们花了很大的力气去调整自己的状态，还会花很多时间去等待自己状态好，而不懂得关键是持续投入，琐细努力即可逐渐累积出成功。

前面我说到，能力是建立深度关系的副产品，而建立关系时，比努力更重要的一点是，你不是自恋地将自己的意愿强加在这一事物之上，而是臣服于这一事物。不是你个人太厉害了，所以掌握了这一事物，而是因为你臣服，你放下了自恋，放下了你的预期和判断，放空自己，然后你就可以与这一事物相遇了。

所以，出问题的关键是全能自恋，太期待神来之笔了，其实是幻想着事情可以很简单，外部世界是可以立即、完美地回应自己的，只要自己像神一样有很好的状态就可以了。

我们再想象一下婴儿。

婴儿会觉得，"我无所不能，所以我一发意愿，周围世界就会按照我的意愿运转"。当周围世界没按照自己的意愿运转时，婴儿会觉得问题在于自己，自己发意愿时状态不好，例如老打嗝、没吃饱，就发不好意愿。所以，婴儿会在自己身上使劲，通过"整"自己，想把自己变得完美，然后让这个世界重新按照自己的意愿运转。

实际上，婴儿发愿能成功，是因为他有一个好的养育者在照料他。这是个残酷的真相。

有全能自恋心理的成年人，像婴儿一样容易陷入等待，而不是持续努力。他们下意识地认为，努力不重要，重要的是状态好，所以烦恼、疾病、睡眠等都可以构成不去行动的理由，也因此导致了拖延乃至懒惰。

能持续努力的人则有了相对成熟的心理：我未必能立即掌握一个事物，但只要我持续努力，并且尊重这一事物自身的规律，就会与这一事物建立起很好的关系。

对于婴儿来讲，他们能获得好的感觉，有好的状态，是因为妈妈在持续地努力，尽可能地投入和婴儿的关系中，因此感知到孩子的需求，从而能做到满足孩子的基本需求。

基本满足，可以说是 60 分的满足。当一个孩子乃至一个大人获得 60 分的基本满足后，其实会深深地感知到这已经很好了。非要完美满足的人，要 100 分的人，是因为没有获得过 60 分的基本满足，所以停留在全能感中，觉得 100

分的满足是应该实现的，可以实现的，就像这是真理一般，但其实是幻觉。

并且，妈妈通过持续努力与孩子建立基本满足的关系，会被孩子内化到自己心灵深处，于是孩子也就获得了这份感知。这会是非常好的祝福。

不过，即便在婴幼儿时没获得这样的祝福，你也可以从现在开始，学习破除状态幻觉，试着努力，持续地投入你想做的事情上。

大孩子的世界乃至成年人的世界，没有什么事是简单和容易、总能一气呵成的，都是不断遇到挫败、不断被打断的过程。

一个网友这样描述道：

> 所以，我不敢去做想做的事情，因为在想象中，一切都如行云流水般流畅，而在现实中，是一台卡机无数次的老电脑。而每一次卡住，对我来说就是要面对一次内心的完美崩溃，就像中了一枪又一枪的感觉。太期待神来之笔，曾经觉得那些成功的人都是能一直拥有神来之笔的幸运儿。

没错，成功者会相对拥有更多的神来之笔，但绝不是"一直拥有"，而且神来之笔之所以会有，是因为他们大量投入，从而与事物建立了联系。

总结一下，要破除状态幻觉，需要懂得这样几点：

> 1. 能力是建立了深度关系的结果；
>
> 2. 建立深度关系需要持续投入；
>
> 3. 建立深度关系的关键，不是将你的自恋强加于事物之上，而是放下你的自恋想象，尊重事物本身的真实规律；
>
> 4. 一个事物能否被我控制，取决于那一刻我的内部状态，这是婴儿式全能自恋心理的残留。

最后补充一句：你是人，不是神。

· 第六章 ·

圣母与巨婴

圣母与巨婴的共生

在本章中，我会集中论述一对矛盾：圣母与巨婴。这对矛盾构成了很多社会现象的基础，深入了解它们会帮助我们看清很多现象。

当一个人想为所欲为，并期待他人乃至社会无条件满足自己的一切需求时，这个人就变成了大号婴儿，可以称为"巨婴"。

当一个人觉得自己应该无条件地满足他人的一切需求时，这个人就是想做全能母亲，可以称为"圣母"。圣母的概念还可以延伸到机构、社会乃至政府。

现在，这两个概念已经深入人心，成了非常常见的概念，例如我的朋友、社会学家侯虹斌就写了《圣母病》一书。

巨婴期待着全然地被满足，圣母则要求自己全然地去满足，这自然是全能自恋级别的事物，并且巨婴与圣母总是同时出现。它们既是一对矛盾，也是一个共同体。其中有深刻的逻辑，理解了它，就可以更深入地理解全能自恋。

这个逻辑就是：全能自恋几乎总是和共生相映相随的。看到了全能自恋，就可以去推断共生存在；而看到共生，也可以去推断其中的全能自恋逻辑。

所谓共生，就是两个人乃至更多人构成了一个密不可分的共同体，他们缺乏鲜明的个体自我，而形成了一个集体自我。

最原始的共生就是婴儿与母亲构成的"母婴共同体"。

婴儿处在全能自恋中，同时他们又近乎绝对的无助，所以这时就需要一个敏感的母亲，能够也愿意细致入微地呵护婴儿。当母亲能做到这一点时，婴儿就会感觉他和妈妈像是构成了一个共同体，这个共同体被称为"母婴共同体"。这时，婴儿的感知是，"我就是妈妈，妈妈就是我"，甚至是，"我就是万物，万物就是我"。

提出母婴共同体概念的是精神分析学家玛格丽特·马勒。马勒认为，婴儿出生后的六个月内的母婴共同体是正常的、必要的，因此她将这个时期称为"正常共生期"，但之后的共生就是病态共生了。

正常共生是为了帮助婴儿获得对生活的基本掌控，因为他们基本上什么都做不了，所以他们的需求只能靠和妈妈共生在一起，由妈妈来满足。

病态共生则是一个人实际上是有能力照顾自己的，但还是要另一个人或机构来过度照顾他。这不仅产生了各种现实问题，也会导致出现各种心理问题，因此是病态的。

"共生"这个词听上去比较好听，其实"寄生"可能意思更贴切，共生关系中真的是一方要寄生在另一方的身上。

在正常情况下，全能自恋和共生必然紧密地联系在一起。也就是说，一个人要展现他的全能感时，他的逻辑是，"我发号施令，而你必须完美配合，我的意志要寄生在你的身上"。

并且，即便我能做一些事，我也仍然会要求你去替我做，而且我高高在上，你虽然帮助我，替我做了，但你的地位和姿态都得是低我一等的。这时，我才有良好的感觉，全能自恋才能被充分满足。

所以，我们可以看到，全能自恋的满足得靠共生关系才能实现。

在共生关系中，必然存在着剥削和共生绞杀。

这也是精神分析的基本观点，认为孩子在 6 岁前与抚养人的关系存在三个层次：

1 岁前的婴儿时期，与抚养人（如母亲）的关系是剥削与被剥削的关系。而且，母亲最好还得在一定程度上愿意被孩子剥削，这对很多母亲构成了巨大挑战。这一点大家也不要理想化，例如精神分析大家温尼科特就专门写文章论述过母亲对孩子的各种恨意。他认为，这是很正常的、可以理解的。当然，母亲需要容纳、处理自己的恨意，而不是宣泄到孩子身上。

1—3 岁的幼儿时期，孩子与母亲的关系是控制与被控制的关系。孩子不仅要学习掌握吃喝拉撒睡玩的各种基本能力，同时和母亲的关系也充满了对控制权的争夺。

3—6 岁时期，父亲开始参与进来。这时，孩子与父母的关系就构成了竞争与合作的关系。

这样我们就可以理解，所有共生关系，包括母婴共同体的正常共生和后来的各种病态共生关系，其实都存在着剥削。因此，我们可以得出一个结论：在圣母与巨婴的关系中，必然存在着剥削。

我们很容易理解巨婴有对圣母的剥削，毕竟巨婴想为所欲为，而这一点要通过圣母的配合来实现。

同时，我们也要了解圣母对巨婴也存在着剥削。实际上，依照孩子的心理发展历程，孩子只是在彻底无助的婴儿时期渴望和母亲共生在一起，之后当他的能力逐渐发展出来之后，他还是渴望施展自己的力量，并追求生活独立和精神独立。病态共生关系之所以得以维系，在母子关系中，首先是母亲渴望和孩子共生在一起。母亲在满足孩子的需求时被剥削了，但反过来她也剥削了孩子的精神和生命力。

其他病态共生关系也一样，例如"好人圣母"和"渣男巨婴"是一对常见的伴侣关系。看起来，"好人圣母"是在被"渣男巨婴"盘剥，可同时"圣母"在道德上也剥削了"渣男"。此外，坏男人常常是有力量的，他们可以保护女人和家庭。这一点，在"坏女人"和"好男人"的伴侣关系中也一样存在。

"剥削"是比较普通的词语，是我们很容易理解的，而更微妙的表达是"共生绞杀"。

共生，意味着两个人或多个人要变成一个"集体自我"，即"我们"。这是怎么实现的呢？其实就是有人的自我被灭掉，最终这个集体中只有一个人的自我留了下来，他的自我成了这个集体自我的代表。

这就是大的意义上的共生绞杀——有人的自我被绞杀了，这样才能维系着共生关系。

例如母婴共同体，在正常情况下，需要母亲的自我被绞杀一些，而留下婴儿的自我。这样一来，母亲就像婴儿的手和脚，收到并回应婴儿的呼声。温尼科特说，在孩子出生前后的一段时间里，一些母亲像是进入了一种特别的状态，对孩子无比敏感，同时失去了自我。

温尼科特认为，这段时间不会长，也就几个月时间。随着婴儿自己的能力逐渐发展起来，这些母亲就会从这种状态中撤出，重新恢复自我。

这件事也可能反过来发展，即母亲去控制、剥削孩子，让孩子配合自己的意志。例如，婴儿不想吃奶，而母亲非要把奶头塞到婴儿嘴里去喂奶。又如，婴儿并没有尿意，而大人非要执着地给孩子把尿。这时，就对幼小的孩子构成了共生绞杀。

共生绞杀的最终结果是有人失去了自我，有人的自我成了共生关系的代言人。

共生绞杀的过程，是有人在一个又一个细节中执着地把自己的意志强加到另一个人身上，于是在这些细节中，另一个人的意志就不断被灭掉。

从表面上来看，总是巨婴在剥削圣母，但在细节之中，情况就可能会反过来，变成圣母在不断地"绞杀"巨婴。

如果想从整体上评估在一个病态共生关系中谁在剥削谁，那就要看谁在这个关系中占据主导权。占据主导权的人就是剥削者，而失去了主导权的人也必然连自己的生活乃至身体、头脑都不能主导，所以是被剥削者。

圣母和巨婴的关系，比一般人以为的要复杂很多。同时，必须说明的一点是，不要轻易以为圣母就是女性，巨婴就是男性。"圣母"只是一种形容，一种比喻，"巨婴"也一样。谁在共生关系中处于索取者的位置，谁就是巨婴；谁处于给予者的位置，谁就是圣母。

并且，圣母的概念也可以延伸到公司、机构、社会乃至政府。

在心灵发展中，最伟大的一件事是独立自我的诞生。独立自我意味着一个人的选择、自由、责任、义务和后果是紧密联系在一起的，而从普通关系到社会关系的共生关系，则会把自由与后果剥离开来，因此导致出现了各种病态现象。在后文中，我会试着一一来论述。

巨婴的恋爱，就像在找妈

"爱情，只发生在两个有独立人格的人身上。"也许你听过这句话。

这句话反过来可以这样推理：不成熟的巨婴在恋爱时找的不是爱情，而是妈。

找伴侣其实是在找妈，这件事在男人的身上很容易看到。例如"新娘"这个词，可能大家太习惯于自动理解为妻子、女性伴侣，其实想想，这真可以直接理解为"新的娘"，就是一个"新妈妈"。

在过去的中国历史上长期存在着童养媳的恶习。所谓童养媳，就是在儿子还很小的时候，就给他找一个比他大几岁的女孩，买过来陪儿子。未来是媳妇，而现在就是任他剥削、欺负的"圣母"。

我到现在还没结婚，自然会不断收到各种劝解，建议我找什么样的女人一起生活。不少人给我的建议是，找一个"不必有独立人格，不必有文化但能把你照顾得很好的女人"。

可是，这不就是在建议找一个照顾我的妈吗？

对于这种建议，我向来都是不在意的。不过必须承认一点，我家里多年来都有全职保姆。

请保姆，这是一种交易。我出钱，买她们的工作时间，而且虽说是保姆，但大家是平等的，我对她们也充分尊重。

当把妻子变成保姆，或者女人主动将自己变成保姆时，就有了一种危险性：你不仅在劳动、物质上被剥削了，在精神上也被剥削了，因为你有可能被置于关系中低人一等的位置。

在圣母和巨婴的关系中，如果是巨婴在物质和劳动上剥削了圣母，但圣母在精神上剥削巨婴，占据了关系的主导权，这还算公平。最糟糕的是，圣母不仅在事实层面被剥削了，关系中还低人一等。这就真是太惨了。

我在念初二、初三时，就进入了老家农村的相亲年龄。于是有段时间，三次有人到我家里来说亲，有的说亲对象我还认识，人真不错。也许是因为父母从来不控制我，所以我那时就有坚定的判断和信念。我对父母说，"再也不要说亲了，我绝对不会接受这种形式的"。

另一句话我没有和父母说。那时，我就立下了一个誓言：结婚必须先有爱情。

可能这是个毒誓，毕竟我其实也是个巨婴，所以虽然恋爱多次，但至今没结婚。

在咨询和日常生活中，我见过不少男人，他们有和我类似的地方，如一直非常有主见，但和我相反的是，他们对自己比较了解，很早就知道自己该找什么样的人结婚。

这些男人选的结婚对象，都是不够精彩、不够有魅力、相对内向、愿意一心一意相夫教子，绝对以家庭为中心的女人。他们的夫妻关系绝对是失衡的，男人牢牢地控制着主导权。

很有意思的是，这样的男人是容易活得成功和精彩，甚至活力四射的。如果你用影视小说中的爱情观来看这样的男人，就很容易认为他们会去找同样有魅力的女人做妻子，可实际上不是。他们找的是一个好控制的、没有自我的圣母。

在一次旅行中，同行人中有一位超级富豪和一位大文人。他们都功成名就、魅力非凡，可他们的夫人都是木木的，很不善言辞的样子。有多位女性过来对我说，这也太不般配了。这些女性错了，这是非常般配的，尽管是富豪、大文人，但他们的内核可能和很多人一样是巨婴。

在冯小刚的电影《老炮儿》中，冯小刚饰演的老炮儿是枭雄一般的人物，雄性气息十足，而他有非常妩媚的许晴饰演的情人。这看着很般配，可他俩不会走向婚姻，而老炮儿的妻子已过世。电影中没交代老炮儿的妻子是什么样的人，我推断那该是一个如僵尸般缺少活力、忠诚、好控制，同时有自己执拗个性的女人。

为什么会做出这样的推断？既有我现在讲的这个理论，也有充分的现实经验。我认识几个这样的男人，都男人味儿十足，是男人中的王者，他们的妻子都是这种女人。

他们对自己的亲妈充满尊敬，就像影视中常出现的那种人，一个杀伐果决、无情凶狠的黑老大，回到家面对母亲时，就是大孝子。然而，面对妻子时，妻子就变成了老妈子这样的角色。只有这样一个圣母，他们才觉得安全。无论这个妻子怎么执拗，他们都可以在金钱、家庭等方面绝对信任她，这样他们才不担心自己的"后院"会起火。

但是，他们的心和情感又不会放在这样的妻子身上，所以他们一定会出轨，出轨对象就是有魅力的女人。

男人在恋爱上找妈这件事比较容易看到，但在我们社会，女人其实一样容易找妈，也就是找有母性的男人。

例如在《白蛇传》中，许仙这一形象既可以理解为像唐僧一样无害的男人，是理想的乳房的象征，也可以理解为是一个充满母性的男人。

圣母必然有一个特质——忠诚。所以，巨婴找圣母一般的伴侣时，对这个特质非常看重。

我见过太多女性在找丈夫时会有一个矛盾：这边是一个充满魅力的"雄性动物"，那边是一个"呆子"。而她们最终选了"呆子"做丈夫。

为什么？这绝不是出于爱，她们知道自己还是会被"雄性动物"吸引。

给我讲述她们做这个选择的原因时，她们会说几乎同样的话："这个男人，他的人生一眼就可以看到头。"

听起来很乏味是不是？可是，她们宁愿选这种男人陪自己过一生，或者说，她们认为，只有这样的男人才愿意陪自己过一生。

这也是婴儿式的需求。精神分析理论认为，在良好的养育中，如果妈妈能陪孩子到 3 岁，那么孩子就会发展出基本的安全感，同时会有一个基本稳定的自我。这个基本稳定的自我可以支撑他们忍受分离和孤独，不惧怕挑战权威，最终走向独立。

但是，在自我没有诞生前，一个人是不能真的承受孤独的，他身边得有一个人和他在一起。这既有全能自恋与共生这对矛盾构成的微妙逻辑，也有其他需求。

这个需求是最基本的需求，因为这个需求没被满足，其他更高级的需求看起来很绚烂，但自己会不敢去追求。

在这一点上，男人相对好一点，可以躲到头脑和逻辑的世界中变成一个宅男，但女人很难办。依照荣格的理论，女性是感性和情绪的动物，她们的第一需求往往是关系。

相信太多女性有这样的经历：晚上一个人在家，会难受，于是渴求伴侣早点回家，甚至会查伴侣的行踪，如果联系不上伴侣就会有发疯般的感觉。

如果你的心智是这样的水准，那么伴侣的忠诚、稳定、可靠就是头号重要的素质。我见到一些女性会因此而舍弃实际上超爱自己、自己也预感到两个人会幸福的男人，而选择了如惰性气体一般的宅男。对此，她们的感知是，他们

（宅男）实在太简单了，所以好控制。

　　无论你是这样的男人还是这样的女人，都可以看到一点：你是很清醒地想在关系中扮演巨婴或者剥削者。

　　选择一个活得不够精彩的人，其实是在选择好控制的人，这个人在自恋维度上欲望比较弱，甚至都习惯了在自恋维度的低位待着。这样一来，你就可以有更大的可能性在自恋的高位待着。

　　看起来选择一个这样的伴侣是不明智的，但其实这是一个对巨婴非常有利的选择。

　　像我这篇文章中说的这些男人和女人，他们都活得精彩而有魅力，他们没有太克制自己全能自恋的力量，这些力量不断转化为各种各样的生命力。相反，他们的伴侣看起来分享了他们的精彩，但他们自己的活力在日益消退。

　　毕竟在共生关系中，只有一个人的"我"可以存活，而另一个人的"我"则会被绞杀，成为关系中的陪衬。他们的精神面貌直接反映了这一点。

　　讲到这儿，相信有朋友会问：那怎么办呢？有解决办法吗？有答案吗？别着急，我们整本书就是答案。我会循序渐进地讲下去，后面大家会看到，所谓答案会自动呈现。

妈宝男的致命冲突

　　巨婴常常是表面上得到了圣母的照顾，但实际上遭受着圣母的严重剥削。这一点，在妈宝男的身上可以看得清清楚楚。

　　妈宝男应该是现代中国女性最不喜欢的一个群体了，特别是如果自己的伴侣是妈宝男，那很容易让人恨得牙痒痒。

　　什么是妈宝男？百度百科的定义很直接，"指听妈妈的话，总是认为妈妈是对的，以妈妈为中心的男人；也指那些被妈妈宠坏了的孩子"。妈宝男的口头禅往往是"我妈说……"

奥运冠军孙杨尿检的事情曾经闹得沸沸扬扬，其中一个焦点就是，孙杨与妈妈的关系非常紧密，妈妈是他的经纪人。从很多信息中可以推断，孙杨和妈妈很可能是严重的共生关系。

明星儿女和妈妈严重共生，像是紧密地捆绑在一起。据我所知，这种现象在我们社会不少见。娱乐圈的一些重量级人物和我探讨这个问题时说，被母亲控制着的明星人物通常会显得相当幼稚。有些人脾气很大，就像是我所说的典型的巨婴。此外，他们还感到这样的母亲会非常警惕，不允许其他人插手她孩子的事。如果不得已要与她们合作，她们也是百般挑剔。

这是共生关系的特质。因为圣母照顾着巨婴的生活，同时控制着巨婴的精神，所以巨婴儿女会显得幼稚。

此外，共生关系必然排外，任何要进入共生关系的人都会被共生关系的掌控者视为入侵者，因为一个外人的介入可能会导致"我们"这个集体自我瓦解。

当一个女人的伴侣是妈宝男时，她会很痛苦，但任何人都需要被理解，妈宝男也不例外。我们可以做简单的判断：

当一个人总喜欢说"我妈说"时，那必然意味着他和妈妈处在病态共生的关系中，而且妈妈是这个关系的掌控者。

我们还可以推论，当一个人总是说"××说"，而且这个人和他生活在一起时，那也说明那个人和他可能有共生关系，而且是掌控者。

理解了妈宝男是关系中的被掌控者，就可以继续推断：在和妈妈的病态共生关系中，他并不享受，相反，会非常痛苦。

一个太痛苦的人，在他编织的关系中，通常谁都不舒服，特别是妈宝男的妻子。作为他的妻子，很容易看到令自己怒火中烧的情况：妈宝男对妈妈很好，但对自己就是另一个样子，甚至妻子会怀疑他是不是不喜欢自己、厌恶自己。

这是一种分裂的状态，这种分裂来自妈宝男内心的分裂。他们将妈妈的形象分裂成"好妈妈"和"坏妈妈"，或者说"好女人"和"坏女人"。因为处在和妈妈的病态共生关系中，他们会把"好妈妈"投射给自己的母亲，而把"坏妈妈"的形象投射给妻子、女儿以及其他女人。

讲到这儿，我不禁想起中国历史上的一些有名的大圣人、大孝子。我们那些有名的孝顺故事，其实多是儿子和儿媳孝顺母亲。例如，在《二十四孝》中，大多数故事讲的都是孩子孝顺母亲的，孝顺父亲的则占少数。一些大圣人、大孝子也一样，例如孟子和海瑞，都是出了名的孝顺母亲，可他们对妻子的态度非常差。

关于孟子有一个著名的故事：一次回到家里，他看到妻子蹲在地上姿态不雅，就去找母亲说他想把妻子给休掉，请批准。结果被母亲教育了一通，他认识到自己错了，再也不敢讲休妻的事了。

虽然不能轻易用现在的标准去看过去的人，但如果套用当今社会对妈宝男的定义，孟子毫无疑问是妈宝男了，做什么都得先去和母亲商量。可相反，他对妻子则非常苛刻，一个姿态不雅就想休妻。

海瑞对母亲非常孝顺。据史料记载，不管白天还是晚上，他都对母亲悉心伺候，可是他对妻子和女儿的态度却很恶劣。

之所以想到他们的故事，是因为这些大孝子对待母亲和妻子的态度的确是偏执、分裂级别的。他们对母亲有多好，对妻子就有多坏。

除此以外，还有一点让他们妻子特别受不了的：他们绝不能疏远妈妈，却可以毫无理由地疏远妻子。

好在现在社会不同了。过去，女性被剥夺了各种权利，包括工作权，离开男人就会很惨，但在当代社会，如果妈宝男"病"得程度太严重，或者说他们和母亲的共生关系病态程度太高，妻子可以主动离开他们。

妈宝男是怎么炼成的呢？通常是三个连环套般的原因。

第一，在婴幼儿期，孩子需要和妈妈共生时，这种以孩子为中心的共生并没有得到满足。

第二，等孩子大一些了，妈妈反而要和儿子强烈地共生在一起，并且在控制孩子时非常执着，最终导致对儿子的共生绞杀。同时，妈妈也补偿性地满足了一些儿子对亲密的渴望。

第三，儿子 3 岁后，妈妈和儿子的身体还是过度亲密，例如睡一张床，甚至睡一个被窝。这导致孩子有严重的性羞耻感，即对母亲有了性唤起。可这是绝对不应该有的，因此孩子会觉得很羞耻。

我刚学精神分析时，认为第三个原因特别重要，但后来越来越明白，共生绞杀是更严重的问题。也就是说，因为妈宝男深刻地感觉到他们的独立存在被母亲给严重绞杀了，并且孩子实际上都是想离开母亲而去发展自己的，可这种天然的动力被母亲给阻断了。这些原因综合在一起，导致他们对母亲有巨大的不满。而他们内在会有强烈的破坏欲，想破坏这种病态共生关系。

这些不满和破坏欲的强烈程度会吓坏他们。这让他们害怕和愧疚，为了防御这种害怕与愧疚，他们更不能在和母亲的关系中表现出来，而且还会启用"反向形成"的自我防御机制，朝相反的方向发展。

反向形成是一种经典的自我防御机制，可以简单理解为，你的体验在 A 的位置上，你的行为却走向了 -A。

妈宝男对母亲的愧疚是破开他们内心谜团的关键。我在多个课程中见过不少男性对母亲深不见底的愧疚，这至少有两重原因。

第一个原因，他们想离开母亲，而这意味着共生关系的死亡。这时，他们担心母亲也会因此而死亡，可他们还是太想离开母亲了，因此而愧疚。

第二个原因，在重男轻女的家庭，母亲把儿子拉扯大的确非常不易，有时简直是血泪史。孩子会感知到母亲的不易，而且是为了自己，因此觉得欠母亲的。

尽管有如此复杂的心理，但妈宝男在母亲面前仍会显示好的一面，而相反的一面主要展现在和妻子的关系中。

例如，他们想疏远母亲但做不到，结果展现在和妻子的关系中了。

又如，他们对母亲控制自己有深深的反感，但表达不出来，结果妻子稍有控制，他们就会表现出极大的反感。

和母亲过度亲密导致的性羞耻感，也会展现在和妻子的关系中。我见过太多妈宝男简直没法和妻子有性生活，但是不要以为他们没有性生活，其实他们多数私下与别人有性生活，而且在这些不为人知的性生活中，他们欲望旺盛。

作为女人，如果你判断你遇到的是超级妈宝男，那么你得知道这是一个大难题。因为超级妈宝男难以面对对妈妈的内疚以及内疚背后的复杂心理，所以不愿意去探索自己的内心，很不愿意去找心理咨询师。

如果你就是妈宝男，那你必须明白你和母亲的病态共生关系是该结束的。并且，你对母亲的内疚要比你头脑以为的复杂得多，需要好好去深入了解它们。

如果你还比较年轻，例如二三十岁，那么试着坚决地完成与母亲和家庭的分离，去成为你自己。

如果你甘愿处在妈宝男的位置，这也是一种选择，但你得意识到，你很可能将和爱情无缘，你的家庭生活也几乎不可能幸福。

绝配男女

前文提到的"病态共生"是专业的说法，而流行说法中有一个相对应的词——"相爱相杀"，可以说是病态共生普通版的精准表达。

相爱相杀是你恨一个人，可又离不开他，你们相爱，可又深度地相互折磨。

其实，相爱相杀也是共生绞杀的意思吧。

这些年来，互联网上兴起了"声讨中国男人"的浪潮，讲他们如何不堪、如何对不起伴侣关系和家庭关系。

例如，"中年油腻男""丧偶式婚姻""诈尸式育儿"这些说法。有一段时间，还引起了"中国男人配不上中国女人"的大讨论。

与这些说法相对应的是真实的现实，如现在大多数离婚都是女人提出的。我们可以理解为，过去的中国社会因为有严重的重男轻女现象，导致男人在婚恋中获益良多，而这意味着女性被剥削了，但在现代社会，女性有了工作权和其他一系列权利，特别是在话语权上不亚于男人。中国女性的平权意识崛起，说白了是她们集体不想被男性在婚恋中剥削。

这是集体声讨男性的声音的合理之处，我也真心想对中国男性（包括我自己）说，大家必须改变一系列陈旧的观念，要跟上新时代的平权意识，要不然真可能会被时代淘汰。

可同时我想说，事情的另一面是中国男性集体上也是中国女性的绝配。

中国男人配不上中国女人，这个论调喧嚣一时，涉及以下几个方面。

1. 穿着上配不上。中国女人会把自己打扮得精致、漂亮，中国男人则穿着很随意，而且难看。

2. 气质上配不上。中国女人很有美女范儿，至少是很有女人味，而中国男人则严重缺乏雄赳赳、气昂昂的雄性感。多像岳敏君画作中的男人，一个个软塌塌的，似乎没有阳刚之气把自己的身体撑起来。

3. 卫生上配不上。女人精心整饬自己的身体，而中国男性大多卫生欠佳。他们身上常有难闻的味儿，头发不打理，牙齿脏脏的，好像一个星期都不刷牙似的……

4. 不绅士。这主要体现在对女性的不够尊重上，不像欧美男士对女性有礼仪上的尊重。

还有其他一些方面，如不锻炼。

乍一看真是这么回事，但如果深入了解，就会知道中国男人和中国女人是如何丝丝入扣地绝配。

先说说外貌上的绝配。

很有意思的是，作为心理咨询师，我听过很多漂亮女性说："我不在乎男人的外貌。"特别是不少美女似乎有把男友或丈夫朝难看的方向养的倾向。她们说起伴侣的"丑"来，津津有味。同时，我见过一些很帅的中国男人，他们找的恋人多是相貌上远不如自己的。好像鲜花插在牛粪上的事很常见，帅哥和美女的搭配，在生活中远不如影视中那么常见。

这源自很简单的心理：相貌自恋。也就是说，一个人长得很好看，且这种好看都成了他的自我价值感中非常重要的部分，甚至是核心的话，那么他就不希望身边人也是貌美的。他希望身边的人的相貌远不如自己，那样一来，他的美貌就会被衬托得更好。

甚至，假若一个人对自己的相貌很自恋的话，他会非常讨厌同样相貌自恋的人。见到这样的人，他会恨不得上去揍对方一顿。

在恋爱中，追求自我圆满的动力远胜于所谓的门当户对，甚至幸福、快乐都不如追求自我圆满的动力。所以，有相貌自恋的帅哥、美女，他们反而对恋人的美貌不执着，他们要的是自己身上所欠缺的部分。

中国女人最缺什么？答案是安全感。

一个典型的中国女人，无论外在看上去如何，都难以避免她内在缺乏安全感。中国男人的种种典型表现，其实都是围绕着配合女性的安全感来设计的。

很多女人对我说过，她们之所以会选择一个男人做男朋友，特别是结婚对象，是因为这个男人让她有一种安全感。

首先，他性情上得是可靠的，性情温和的母性特质的重要性胜过积极进取的雄性特质。

其次，他构建社会经济地位的能力以及愿意为女人花钱的动力，远胜于他将自己整饬得多性感迷人。

法国哲学家波伏瓦写了《第二性》。这个书名的意思是，男人是第一性，而女人是第二性。男人没有女人，也可以思考和定义其自身，而女人的存在却取决于男人如何定义她。

用英文来说，男人是 The One（主体），女人则是 The Other（他者）。

"他者即地狱。"波伏瓦的毕生情人萨特如是说。他的意思是，如果一个人不是主体，而是成了围绕着他人来转的他者，那他就身处地狱中。

波伏娃所谈论的欧美社会可能是这种格局：男人是 The One，女人是 The Other。但在中国社会，在我看来，男人和女人都是 The Other，他们都不是他们自身，都被设计成围绕着别人而转的"他者"。

网上流传着各种关于女人如何选择男人的段子，这些段子可以用我一位女性来访者的想象来概括。这位女性自身的经历精彩无比，却找了一个很闷的典型中国男人做老公。你看，又是一个绝配的例子。

但她的幻想是，找一个像王子般的男人。这个男人很有地位、很有钱、很有男子气概，又愿意为她做一切，包括做饭、扫地。

而让她一项项选择的话，她发现做饭、扫地比有没有男子气概重要得多。

所以，她找的真不是雄性的 The One，而是一个缺乏自我的 The Other。或者说，找一个愿意照顾她的圣母。

当一位女性认为其幸福取决于找到一个什么样的男人时，这就意味着她自己是他者，她必将身处于地狱中。同时，她不可避免地想把伴侣变成一个围着自己转的他者，她也将伴侣拉到地狱中。

所以，我们文中谈的这种绝配是一件很悲哀的事。愿我们无论男女，都能活出自己。

圣母和巨婴，哪个更严重？

婴儿觉得自己是全能的神，可同时，婴儿的基本需求都需要被照顾，这是婴儿的一个基本特质。

这个基本特质放到巨婴身上，也可以变成巨婴渴望得到周到的照顾，同时又渴望被视为神。

这一点可以引申出一个方法论：如果你想哄一个巨婴开心，那么一个有效的方式就是把对方当婴儿照顾，同时也当天神崇拜。

网上各种关于女人（其实是中国女人）该找什么样的男人的段子，其核心可以总结为这样一句话：

把女人当婴儿一样照顾，照顾到无微不至；把女人当女神一样崇拜，崇拜到绝不说一个"不"字。

在大名鼎鼎的女作家咪蒙和她前夫的关系中，就是咪蒙在做一个巨婴，而她的前夫永远把咪蒙的需求置于一切人之上，永远不会对她说一个"不"字。即便他们有孩子了，前夫也永远把咪蒙视为更需要照顾的那个人，或者说那个"孩子"。

两个人离婚后，咪蒙公开谈及他们的离婚过程，说自己一度很惊讶，一个永远口口声声说爱自己的人，一个永远表示可以牺牲一切的人，怎么可以在离婚中争夺财产？

不过，只是惊讶而已，真在离婚时，两个人还是很爽快地、基本公平地分了财产，并没有真的出现严重的剥削。

但这种惊讶也足以表明，在绝对圣母和绝对巨婴的关系中，巨婴会期待着对方彻底无私。而当对方真做到彻底无私时，巨婴真可能会坦然笑纳。

我第一次听到咪蒙的爱情故事，是一位来访者讲的。那时，咪蒙还没出名，就是作为普通记者写了自己的故事，被我这位来访者看到了。

这位来访者说，她实在太羡慕咪蒙了。她打心眼里渴望有这样的关系：两个人从幼儿园就认识，从那时一个男孩就无条件地喜欢你，围着你转，然后两个人还一起读了小学、中学乃至大学；虽然迟迟才确立恋爱关系，但其实从未分开过；而且，最后两个人即便有了孩子，你永远都是这个人心中的宝，他永远都把你放在绝对的第一位……

渴求这样的关系，其实就是渴求一生一世的共生关系。而且，自己永远都在做婴儿，对方永远都在做母亲。用好听的语言来说，是圣母一直在提供无条件的爱；用难听的语言来讲，就是巨婴一直在无情地、心安理得地剥削圣母。

非常有意思的是，我见到的多个这样的案例中，做圣母的那一方最终肾都会出现问题。

或许原因是，肾是动力的源头。每个人的生命首先都是想活出自己。当一个人彻底为另一个人而活时，也许他在意识上、头脑中都会觉得这样很好、很伟大，但他的身体会逐渐罢工，而肾病就是罢工的一种表达。

巨婴男无情地盘剥女性，这样的故事我见过不少。

在咨询中，我同样见过许多巨婴女在无情地剥削圣母男。并且，一方面因为有重男轻女的传统，很多传统观念是在合理化男性剥削女性的；但另一方面，中国家庭中一样有一些合理化女性剥削男性的观念，特别是在现代社会日益流行的恋爱观中，好像女性剥削男性是天经地义的，以爱情的名义。

我常听到女人说自己有"二十四孝老公"或"二十四孝男友"，就我个人的经历而言，还真没听过有男人说自己有"二十四孝老婆"或"二十四孝女友"。

我讲一个故事吧。

一位女士和老公结婚多年，一直觉得老公超爱自己，她幸福极了，宛如在天堂。但突然间，老公坚决提出要离婚，并且没有一点转变心意的迹象。

她接受不了，极度痛苦，一开始咨询时频繁问我："为什么他这么狠心？他不如别给我天堂般的感觉，这样我就可以不用体验现在地狱般的感觉了。"

请她仔细地讲述他们的生活时，我的的确确能看到，她的丈夫在无微不至地照顾她：处处以她为中心，尽可能满足她的所有需求，绝不让她受委屈。她也常常形容老公是"二十四孝老公"。

然而，她丈夫真的是突然间才提出离婚的吗？在探讨这个问题时，她才回忆起来，丈夫很多次对她说，"我很累，我们的关系需要改变"。只是她太喜欢被丈夫呵护的感觉了，所以自动忽略了丈夫的这些不满。然后，这些不满终于累积到了不可收拾的地步。

他们最终选择了离婚。这位女士觉得非常遗憾，也无比难过，用了相当长一段时间才走出来。

在巨婴与圣母的关系中，或者说索取者与付出者的关系中，常存在着这样的现象：巨婴会非常留恋这段关系，也非常愿意改变，而且他们即便在目前这种关系中没有改变的机会，也会吸取教训，在后来的关系中改变自己。但圣母更容易绝情，一般也不接受心理咨询，而且在这段关系结束后，他们在新的关系中会继续做圣母。

所以，不要轻易觉得在这样的关系中巨婴是病得严重的一方。

为什么会这样？可以有多重理解。

第一种理解，巨婴更真实，而圣母活在严重的保护壳里。寻求帮助，如心理咨询，会让圣母担心自己的保护壳被攻击。

第二种理解，因为一直在付出，而没有得到自己想要的回报，圣母心中会有巨大的不满。这份不满会让他们更加觉得自己在某种道德制高点上，而深入探讨自己内心时，必然会破坏这份道德感。他们预料到了这一点，所以会抵触。

第三种理解，圣母并不真的喜欢被剥削，他们可能早就想结束这样不平等的关系了，只是太难说出口而已。等真说出来了，就不想挽回了。

从心理学的角度去理解各种现象时，轻易不要使用道德的角度，即区分谁好谁坏、谁对谁错。道德角度的审视总是过于简单，而当你从中立、客观的视角审视时，就可以看到复杂很多的现象。

例如，我了解的这些"男圣母、女巨婴"的婚恋关系中，的确存在着巨婴对圣母的剥削，而且容易发展到严重失衡的地步，但真走到分手这一步时，巨婴并不会执着地要去剥削对方，她们常常轻易就接受了基本公平的协议。不过，这的确需要圣母提出来，或者其他人帮圣母提出来。

可以说，在这种男圣母与女巨婴的关系中，剥削和被剥削只是心理层面上的需求，而不是物质利益层面上的需求。

不过，心理层面上的剥削和被剥削也可以发展到很极端的地步。关于这一点，我做一些解释。

全能自恋可发展出意志自恋和完美自恋。

意志自恋就是，我的意愿必须付诸实施，不能被阻拦，特别是作为伴侣或亲人的你不能阻拦。

完美自恋就是，一个人明确觉得或隐约觉得自己是完美的。明确有完美自恋的人，常常是对个人形象的自恋，隐约有完美自恋的人则容易是对道德和能力的自恋。完美自恋意味着，"因为我是完美的，所以在关系中出现的所有问题都是对方的"。

巨婴容易体现出来的是意志自恋，这容易对关系有直接的杀伤力，因为强求对方遵从我的意志，不然就会暴怒。暴怒无论是指向对方还是自己，都可能会导致破坏。

圣母则容易有完美自恋，即因为自己在不断付出、牺牲，所以觉得自己在道德上是完美的——"在这个关系中，我没有错，错的都是你"。

既然巨婴太多，那么恋爱关系中出现圣母与巨婴这种相爱相杀的情况势必很常见。那该怎么办？

答案不是绝对不去构建这种关系，而是真实——真实地适当满足彼此，真实地表达不满，真实地互动。而且，要逐渐认识到，比起满足对方，比起把对方捧到神的位置，高质量的真实互动更为重要。

不必在细节上特别在乎谁剥削了谁，但也不要沦为对方的"奴仆"。当你觉得自己达到"二十四孝"的地步时，你得知道你出问题了。同样，当你觉得你的伴侣达到"二十四孝"的地步时，你也得知道你出问题了，你们的关系出问题了。

我特别喜欢说，"真爱，从真实开始"。无论如何都要学习真实，以自己的感觉为中心发展自己的真自我，别在一段关系中太委屈自己的感受，否则最后会发现这是最不值得的。

· 第七章 ·

沟通中的全能自恋

听话哲学：你必须听我的，我绝不听你的

听话哲学是中国式教育的核心。之所以加上"哲学"这两个字，是因为围绕着"听话"这两个字，太多人做了深入探讨和思考，于是这变成了像是一种哲学。

听话哲学也深入太多人的内心。在我的记忆中，中国家长夸孩子时，"听话"和"乖"这两个词简直不可避免。

我自己也不例外，虽然我没孩子，但养过不少猫，我夸猫时也会脱口而出说"真乖"。

一次去北方讲课，接连去了四个城市。我讲的都是父母该如何给孩子爱与自由这类话题，但每次结束后，必定至少有一位家长问我："孩子不听话，我打他，他都不听话，老师你教教我怎样让孩子听话？"

我反问他们："为什么非得让孩子听你的话？"

他们说："孩子不听话，那孩子以后杀人放火怎么办？"

家长们这种回答我非常熟悉，以前我的理解是，他们认为孩子的本性是坏的，如果不好好管制，孩子长大了就会干出杀人放火这样邪恶的事。后来有一天，我想到全能自恋的概念后，觉得可以有另一重理解：你不听朕的话，就是杀人放火级别的大罪！

我在微博上分享这种感知时，引起了很多人的共鸣。一位粉丝分享了很让人无语的事：

小时候，我妈经常打家里的猪，因为猪不听话。

如果只是在夸孩子的时候把"听话"和"乖"视为孩子的优点，这看起来真不是事儿，但是听话哲学很容易导致家长对孩子的暴力，因为在听话哲学中，藏着这样一个三部曲：

1. 我是你父亲（母亲）；
2. 所以，你得听我的话；
3. 不然，我会惩罚你。

暴力是听话哲学最容易看到的一个问题，暴力不仅仅是身体和言语上的，也伴随着"绞杀"孩子的意志。

我有一句毒辣的话：逼孩子听话相当于给孩子喂毒。

这听起来有点惊悚，但在身体层面容易成真。因为当孩子的意志被否定，并被逼迫顺从大人时，孩子会产生恨意或者说死能量。当恨意、死能量转向自身时，孩子就容易伤害自己的身体，甚至导致生病。

例如，1岁大的婴儿，奶奶喂婴儿吃辅食时，孩子不配合。结果，奶奶按住孩子的手脚强灌了一碗汤。孩子哭喊不止，接下来三天拒绝进食，就像是要绝食一样。

这是一个可怕的故事。这是1岁大的婴儿啊，大人制服婴儿太容易了。这位奶奶的做法堪称变态，她逼迫婴儿接受她的意志，就是在逼迫婴儿听她的话，而且逼迫程度很高，结果婴儿直接用绝食的态度来对抗。

这种对待孩子的方式必须改变，如果不改变，就算过了这一关，以后孩子的消化系统也会出问题。

这种事我见过太多了，其中的道理是，当大人用这么坚决的方式对待幼小的孩子时，孩子容易形成习得性无助。他们会深深地知道自己的反抗是无效的，必须服从，但每一次服从，孩子都觉得自己被杀死了一次，并因此产生浓烈的恨意。因为事情就发生在消化系统上，所以这份恨意就表现在对自己消化系统的攻击上，最终导致生病。

精神分析将这种现象称为"躯体化"，意思是一种情绪不能在心理层面流动，就会通过躯体来表达。躯体化是非常常见的自我防御机制，而医学上认为的一大类疾病——心身疾病，大多和躯体化有关。

所以要知道，逼孩子听话相当于给孩子喂毒。这不是比喻，而是一种直接的叙述。

再回到前面那个可怕的故事中。奶奶必须知道自己错了，必须诚恳地向婴儿道歉，母亲也要向孩子道歉，因为她没有把孩子保护好，然后要发誓做孩子的保护者。不要以为婴儿什么都不懂，其实他们的心是非常通透的。他们也许听不懂大人的话语，但能感知到大人的心。

听话意味着你要放下你的意志，按照我说的来。极端的听话逻辑可以直接概括为：你必须听我的，我绝不会听你的。

有时候，这会通过直接的暴力来展现，有时候则是通过一系列行为来展现。例如，我多次听到这样的故事：

孩子不喜欢吃韭菜，对妈妈说过很多次这件事。妈妈照旧用韭菜做各种菜，直到有一天，孩子受不了了，冲妈妈大喊："我跟你说了多少次，我不吃韭菜！"

妈妈非常震惊地说："你不是一直喜欢吃韭菜吗？"

更夸张的是，尽管被震惊了，但妈妈接下来还是做了有韭菜的菜，甚至仍然忘了孩子不吃韭菜这件事。

听话哲学是非常糟糕的理念。它不仅体现在亲子关系中，其实也体现在两性关系、职场和社会上。当你认定另一个人应该听你的话时，你就失去了聆听和了解对方的意愿和耐心，因而难以和对方交流。

交流和互动意味着，我的信息和你的信息可以在彼此间流动。好的交流是，我允许你的信息在我的心田中驻足，你也允许我的信息在你的心田停留。然而，在太多关系中，有人只想把自己的信息传给对方，对对方的信息却充耳不闻。

例如，在一个家庭中，奶奶不断地问孩子："你想吃什么？奶奶给你做。你怎么不理奶奶？"然而真相是，孩子很多很多次对奶奶表达了拒绝，明确说了自己并不想吃什么。

当你活在这样的关系中时，就会感觉到对方就像有一个坚固的壳，挡住了别人传来的信息。并且，他还会顽固地表达自己的信息，如果你听不到，他就会很生气。

当然，你可能已经发现自己就是这样的。

这可以用共生绞杀来解释，也可以用权力维度来解释。权力的一个基本点，就是谁发话、谁听话。所以，我只想把我的声音传递到你这儿，而你的声音我不想听到，我想借此表明一种权力关系：你必须听我的，而我可以不听你的。

你必须得知道，如果你一直很乖、很听话，就意味着你一直处在自恋维度的下方，你的自恋被压制了，你的权力欲、力量也可能一并被压制了。

做父母的也得知道这一点。当父母对孩子说"翅膀硬了！不听话了！"，这就意味着父母不喜欢孩子变得强大。毕竟，一个人的成长历程不就是"翅膀变硬"的过程吗？

"万物生而有翼。"我最喜爱的诗人鲁米如是说。然而，有人（包括你的至亲）却希望你如虫蚁一般匍匐而行。

听话哲学也会延伸到婚姻关系中。很多人在亲密关系中超级有战斗力，一点小事都可以让他们产生强烈的愤怒。他们到底想要什么？常常也是想要对方听自己的话，不要挑战他们的自恋，而是充分满足、充分配合。被挑战后，他们会无情地战斗，决不妥协。因为不这样，他们就会掉入自恋的低位，产生卑微感和抑郁感。

有人经过一两次离婚后，终于发现这是自己的头号需求，于是就非常有意识地找一个各方面不如自己的、没脾气的、好控制的、表面上容易满足的愿意配合自己的人。

人最初谈恋爱和结婚时，还是容易喜欢条件好的、优秀的、活得精彩的人，可这样的人有鲜明的或独立的个性，不会接受自己处在听话的位置。于是，这样的两个人在一起就会产生严重的矛盾。

有的人是经过深刻的教训后明白了这一点，有的人则是一开始就知道这是自己的核心需求，所以他们在找恋人、找生意伙伴等重要的身边人时，都会去找这样的人。

有人想两种好处都占，于是会找一个好控制的人结婚，再找一个活得精彩的人做情人。还有人会找一个精彩的人结婚，然后无情地压制伴侣，最终把对方变成一个没有吸引力的人。

听话哲学盛行时，我们容易看到这样的局面：虚弱的男人希望女人更虚弱，因为好控制；虚弱的女人也希望男人虚弱一点，因为好控制；虚弱的母亲希望孩子虚弱一点，因为好控制；虚弱的孩子一直不被鼓励发展独立自我、强健的身体……如此一来，就构成了一个循环链条。

听话哲学的根本是追求病态共生关系。很多人虽然自己是成年人了，但内心还是一个婴儿，因此渴望找到一个妈妈和自己共生在一起。这一点太严重时，就容易导致悲剧的发生。接下来，就来谈谈这一点。

听话哲学中的"你死我活"

听话哲学是和病态共生联系在一起的。你必须听我的话，意味着在"我们"这个病态共生关系中，"我"的声音才可以存在，而"你"必须配合我，听我的。

如果只是从旁观的角度来看，我们容易觉得听话哲学太变态了。但如果真去处理严重的病态共生关系时，你会发现这非常不易。

因为想解开病态共生关系，就意味着"我们"这个集体自我被瓦解，而掌控这个关系的"我"会因此觉得自己像被杀死一样，于是产生严重的死亡焦虑。这份焦虑太严重时，真可能会死人。

简单的理解就是，听话哲学有不合理之处：一直被要求听话的孩子，精神生命会逐渐被扼杀。

听话哲学也有其悲哀的合理之处：如果孩子不听话，很多中国家长就会觉得生不如死。

2014 年 4 月 4 日，四川广元发生了一起悲剧，一位妈妈把 16 岁的儿子从网吧拉到附近的嘉陵江边，对孩子说"你上网，我管不好你了，那我就去死"。接着，她真的跳入了嘉陵江。

然后，孩子的父亲赶过来踢打孩子，可能他觉得孩子得为妻子的死负责吧。但是，把妈妈的死怪罪到本已内疚至极的孩子身上是极不应该的，这会让孩子承受不能承受之重。

果然，孩子也跳入了嘉陵江，最终和妈妈一起溺死。悲痛到极点的父亲也要自杀，所幸被拦住。

这位妈妈为什么要自杀？有其他原因吗？比如，太贫穷了，过不下去了，或者夫妻感情不好，抑或是其他更重要的理由？难道她仅仅会因为管不了孩子上网而自杀吗？

看了媒体的报道，她的生活还算不错，夫妻感情尚好。并且，以心理学的理论和我的经验来看，仅仅是孩子不听话就足以构成一些家长活不下去的理由。

我在微博上点评过多起父母虐待孩子事件，例如一个妈妈在七楼将孩子倒挂在楼外，威胁要把孩子扔下去。这种用死亡威胁孩子的事在我看来简直太极端了，可看网友的评论才知道，这种事竟是寻常事！并且，这么做的原因很简单，常常是父母觉得孩子不听话。

关于这类事，让我印象最深刻的一件事（估计这辈子都忘不掉）是刚在《广州日报》写心理专栏不久时遇到的。

那时，我收到一个女孩的来信。她说她爱上了一个很好的男人，但父母誓死反对。母亲因此患上了心脏病，父亲则宣称，"你们要想结婚，就得踩着我的尸体才能过去"。

这封信让我十分震惊，我约他们一家三口聊天。结果发现是母亲反对女儿的婚姻，父亲其实无所谓，女儿和这个男人结婚不结婚他都可以接受。他之所以反对，是因为要和妻子站在一条阵线上。或者说，是妻子可怕的情绪绑架了他，让他不得不反对女儿嫁给这个男人。

那位母亲的态度无比坚定，她给我的感觉是，为了不让女儿和这个"糟糕男人"结婚，她可以付出一切代价。

我问她为什么反对。她讲了很多理由，比如下面这两个。

1. 女儿长这么漂亮，那个男人不配。但客观地说，她女儿也就是端庄，绝对称不上很漂亮。

2. 女儿学历好，那个男人不配。的确，她女儿是本科学历，但那个男人也有大专学历，并且男人的收入比她女儿高很多。

这是具体的理由，还有抽象理由，譬如"我是为了女儿的幸福才反对的，可女儿无比爱那个男人，而且他们是彼此相爱"。

这样谈下去，这位母亲反对的理由就一一呈现了出来，但它们一眼可知，都不是真实的理由。

最后，她说出了真实的理由，带着狂暴的愤怒。她说："女儿原来什么都听我的，并且她向我承诺，恋爱前一定会带那个男人给我看。我答应了，她才继续发展。可是她背叛了我，竟然是恋爱半年后，我才知道的！"

她说这番话时，那份痛苦和她的愤怒一样可怕——痛苦的级别到了生生死死的地步，而愤怒的级别也到了要死要活的地步。

女儿什么都听她的，对她而言是无比甜蜜的事情，而女儿竟然瞒着她谈恋爱。这件事彻底摧毁了这种甜蜜，也导致了她的痛苦与愤怒。

显然，这位母亲与女儿构建了病态共生的关系。女儿彻底顺妈妈的意，满足了妈妈全能自恋的需求，让母亲在这个共生关系里有了一种无所不能感，这份感觉成了她的自我的核心感。而当女儿突然不听话时，她的这份无所不能感被颠覆了，她的自我也破碎了，让她有了被杀死、被毁灭的感觉。

针对这种现象，美国心理学家科胡特创造了一个更有说服力的术语——"自体"和"客体"。客体，指的是其他人、其他事物；自体，指的是自己。那么，什么是自体客体？就是它是客体，但又像自体的一部分。

自然而然的养育过程，是最初婴儿需要将妈妈当成他的自体客体，觉得妈妈和他在身体和心理上是一体的，都是"我"的。如果失去了妈妈，婴儿就会有可怕的自我瓦解感。

在这位读者的家庭中，事情反过来了，妈妈把女儿当作了自体客体。通俗的说法，就是当成了自己身体的延伸。而且，既然叫"自体客体"，就意味着我让你怎样，你就要怎样，否则你就成了"异己"。

这个女孩是 25 岁开始这场恋爱的，母女俩都说，在此之前，她们亲密无间，像是一个人。但女儿偷偷恋爱这件事撕裂了这个共生关系，女儿从此就不再是妈妈的自体客体了，妈妈由此有了自我瓦解感。

这份感觉指向自己，自己会想死；指向女儿，会想杀死女儿。但这两个选择都不好，那么最好是把毁灭欲扔到那个"坏男人"身上。

所以，她转而控制女儿，用各种极端的手段，不惜你死我活，就是为了恢复她发号施令而女儿听话的病态共生关系，好让这个共生自我重新复活。

但如此一来，女儿的自我就被摧毁了。这件事也让女儿心寒，她终于明白，对妈妈而言，"你听我的话"是最重要的，这胜过她的幸福，甚至生死。

所以，最终这个女孩的选择是与母亲两败俱伤：她与心爱的男人分手，让妈妈想毁灭点什么的意愿实现了，但此后她远走高飞，以这种方式彻底脱离了与妈妈的共生关系。

看似惨烈，但已算是还不错的结果。

有些人就没这么幸运了，例如 2009 年 11 月，上海海事大学女研究生杨元元自杀了，就是因为她的自我被妈妈构建的共生关系杀死了。并且，我这位读者的妈妈还有很爱女儿的一面，而杨元元的妈妈，我从报道中看不到她对女儿的爱，只看到无情的剥削和利用。

前面提到的四川广元的家庭惨剧的直接逻辑是：儿子违背母亲的意志上网，让母亲的脆弱自我崩溃了。她的自杀，反映了她真的就是那么痛苦。

但是，这件事更深一层的逻辑是：儿子之所以违背母亲的意志上网，重要的一个原因是，他想逃离母亲与他共生的愿望，而在网络中寻找一个他的意志说了算的空间。

病态共生的亲子关系的确常有这种意味：太听话，孩子就被杀死了；但若不听话，父母就想死。

科胡特发明了"不含敌意的坚决"这种说法，讲父母如何拒绝孩子的不合理要求，也包括孩子想与父母共生的动力。其意思是，父母坚决拒绝孩子，但并无敌意。我不会说你是错的，也不会说我因此就不要你了，更不会说，因此我恨不得杀了你！

想脱离听话哲学的中国孩子，也可用此策略对抗父母：我不听话，并不意味着我恨你，也不意味着我不爱你；只是，我是我，你是你。坚决对父母的意志说"不",同时又对父母传递爱意。

但这个策略估计只有很成熟的大孩子才能做到吧,对十几岁的少年来说,这要求太高了。所以,若想真正消除病态共生带来的家庭悲剧,父母必须觉醒。

上面讲的事例都很极端,都要生生死死的,但听话哲学的危害比这些故事广泛得多。例如,听话哲学导致了一个非常中国式的现象:中国人普遍没有青春期。

少年老成化,成人儿童化,这两者交织在一起,"绞杀"了中国人的青春。这是台湾学者孙隆基在《中国文化的深层结构》一书中的观点。我和很多咨询师同行探讨过这一观点,大家都很赞同。

青春期有两个关键点:一个是活力,特别是性能量的绽放;另一个是自我身份感的形成。

青春被"绞杀",阻断了这两个关键点的发展,导致我们不能让活力与情欲绽放,也不能形成个性自我。

为什么会这样?因为青春期既是性能量大爆炸的时期,也是最叛逆的时期——对父母攻击性最强的时期。持有听话哲学的父母接受不了这两个挑战,所以要压制孩子的个性发展。

这种压制不是从青春期才开始的,而是从小就开始了,所以孩子少年老成。所谓老成,就是他自身的活力不肆意流动了,而特别懂得并照顾其他人的情绪,于是变得像老人一样了。

孩子少年老成,其实是对巨婴父母的一种被迫服从。

但是,当孩子变成父母后,他们就得到了可以压制自己孩子服从的绝对资格。这时,全能巨婴的那种为所欲为劲儿,就可以肆无忌惮地释放出来了。

并且,在过去,这样做还有文化的加持。不管你怎么对孩子,都会被社会说成是教育。哪怕虐待甚至打死孩子,都可以被说成"教育方式不当"。

所以,所谓少年老成和成人儿童化,其实还是一个权力问题。或者说,是自恋维度上的问题。

道歉里的生死较量

道歉，是一件很敏感的事情。一方面，你会看到有人动不动就希望别人道歉；另一方面，你又会看到有人死活不肯道歉。

例如，太多人希望父母能为过去打骂自己而道歉。在《中毒的父母》这本书中，作者明确建议，如果父母严重虐待过你，去争取他们的道歉是有必要的。

但是，作为中国的咨询师，我发现对于很多人来讲，这是相当不容易的事情，所以我很少这样提议。

不仅如此，在婚姻中也有这种情况。有些来访者被配偶糟糕地对待，他们如果能得到配偶的明确道歉，也许会抚平他们的心。更重要的是，这会让他们的配偶知道自己错了。

然而，事情真的会发展到这种地步——有人宁愿离婚也不道歉。就是这么真实。如果来访者愿意冒这个险，那么坚决要求对方道歉，就是一个可以有的选择。

宁愿离婚也不道歉，宁愿断绝关系也不道歉，这常常还不足以表达这种心理。有时，更准确的表达是，宁死也不道歉。

有人会看到，自己身边有人，例如父母、一些权威人物，或者历史上的一些人物，一辈子都没道过歉。

先解释一下其中的原因。这很简单，全能神是绝不会错的，所以道歉就意味着全能神的感觉被颠覆、被破坏、被瓦解、被杀死了。于是，心智还停留在这种水准的人就太难道歉了，真心的道歉就更难了。

讲一个例子吧。

2020 年 3 月，河南省平顶山市发生了这样一件事。一位母亲因为儿子上网课不写作业，一时气不过产生了跳楼的念头。经过消防员、邻居和民警劝说，她主动从阳台上走了下来，哭着说"没见过这样的孩子"。在消防员的建议下，孩子向母亲跪下来道歉说自己错了。

　　从视频中你可以看到，男孩向母亲道歉时并不怎么情愿。他保持着一种沉闷的姿态，只是简单地道了歉。

　　这件事到底是怎么发展的，媒体并未详细报道。不过在咨询中，我有多位来访者的家长，在辅导孩子作业时容易情绪崩溃。从中可以看到他们共同的逻辑：

　　1. 我认为这件事很容易；

　　2. 你应该不难做到；

　　3. 你怎么表现得这么差。

　　这三步大家很容易想到，关键是后面的部分：

　　4. 你是在故意和我对着干；

　　5. 这是有主观恶意的；

　　6. 这种主观恶意，我如果接受了，会感到很羞耻，我是你的家长，所以绝对不能接受；

　　7. 我必须回击、惩罚你的恶意；

　　8. 所以你必须向我道歉；

　　9. 否则，你去死，不然我去死。

　　上面这位母亲和儿子的互动，可以推测出，在孩子更小的时候，母亲会常常因为这样的逻辑去逼迫和攻击孩子。现在孩子大了一些，对母亲的畏惧少了，的确会借着做作业这件事反击母亲。这时，母亲不能再惩罚孩子了，也就是把死亡焦虑宣泄到孩子身上，于是当这份死亡焦虑反转到她自己身上时，她就有点活不下去了。

首先说一下，这个复杂逻辑的前三步是有问题的，而且根源也是全能感："我认为一件事很容易，你应该不难做到，你怎么表现得这么差？"一些作业对家长来说可能很容易，但对孩子来讲，如果老师布置的作业是有效作业，那必然是有难度的。

不过，这种普通意义上的道理家长也是知道的，可他们还是会受不了，这是因为支配他们的是全能自恋的一整套逻辑。他们还是期待着，自己一教，孩子立即就学会了。这种不需要时间、空间的立即回应，是他们唯一想要的。得不到，他们就会有崩溃感。

有崩溃感还不算，更糟糕的是，他们会持有这种想法——"你是在故意和我对着干"。有些人是下意识地有这种想法，有些人则是明确地这么认为。

当持有这样的逻辑时，一个人的生活就没有大事和小事之分了。琐细的挫败和大的挫败，对他们来讲感觉都一样。他们会奋不顾身地和身边的人战斗下去，而且必须得到对方的道歉，因为他们觉得，"你是故意的，你有主观恶意"。

我们一再讲到全能感有四个基本变化：全能自恋、全能暴怒、彻底无助和被害妄想。大事和小事都非逼着别人道歉的，都是有程度不一的被害妄想。

实际上，这是他们自己内心破坏欲的投射。当全能感破灭后，他们就产生了破坏欲、毁灭欲，但他们的心智水平不能承受这些，不能说"这些破坏欲、毁灭欲是我产生的，是我的一部分"，而是要割裂出去，然后投射到别人身上，认为别人在破坏和毁灭自己。

总之，我们要明确一件事情：一遇到挫败就想着别人该道歉的人，都是因为他觉得"你是在故意和我对着干，你有恶意"。

这种感知很容易导致冲突极端化，因为对方会觉得非常委屈："我哪里有恶意，哪里是故意和你对着干？再说，这是我的事啊，你管得着吗？"当对方不让步、不道歉时，这个人就会陷入偏执。

例如，一个女孩考研当天早上，父母吵架了，还动了手。她劝父亲不要动手，父亲暴怒，跳着脚指责她不孝顺。而刚刚被父亲扇了一个耳光的母亲也转过来逼着她向父亲道歉，不道歉就不让她出门。不得已，她道了歉，这才赶去考试。

你道歉，我就放过你，这其实还好了。更糟糕的是，你道了歉也不行。

在微博，有位网友分享了这样一件事：

班上有个男生，如果同学碰了他的身体、私人物品甚至桌椅，他就会立刻挥拳相向。询问原因，他说觉得自己的生命安全受到了威胁，需要立刻反击。问他是如何判断的，他说同学碰了他或他的物品后没有立刻道歉，但事实证明，即使同学道歉了，他一样会打人。

这个男生这是缺乏最基本的边界感，直接把"我对你的判断（推测）"，当成了"这就是你的事实"。接着，去攻击对方的身体，就好像他可以随意支配对方的身体一样。

讲到这儿，我们大致明白了，为什么有人一冲突就要逼着别人道歉。然而这样的人反过来会宁死也不道歉，因为他们不能承认，其实故意与别人对着干，产生浓浓恶意的是他们自己。

同样，在集体主义社会中，大多数人是没有形成个体化自我的。个体化自我，是抽象层面的"心理自我"。当形成这种自我时，你会感知到部分和整体有巨大的差别。也就是说，"这件事我做错了，我承认，我道歉，但我只是这件事做错了，这并不意味着整个的我都是错的"。

但是，没有形成抽象意义的个体化自我时，人的感知是，部分就是整体，每一件事都是我的意志的表达，等于完整的我。如果向别人道歉、认错，那我的感知就不是我在这件事上错了，而是整个的我都错了。这会导致"我"分崩离析，在心灵上带来强烈的震撼，常常像是地震般的感觉。

所以在我们社会，道歉的确很难，而有权力加持的，如父母对孩子、老师对学生、权力体系的人对平民，就会变得更难。而处于弱势的人在道歉时，也会觉得是被逼迫的、不情愿的。

关键是，这种逻辑是"你是故意的、恶意的"，如果道歉，就意味着坐实了自己的恶意。相反，如果看到很多时候就算是对方错了也可能是无心之失，或者就算是有意的，但那也是对方有自己的立场，没有充分理解别人所致。这样一来，道歉的压力就没那么大了。

并且，自己也不会纠结要不要道歉了。毕竟，如果你是你，我是我，你有你的立场，我有我的立场，这何错之有呢?

我最喜欢讲的一个例子是梅尔·吉布森演的电影《爱国者》。在这部影片中，吉布森饰演的男主角是反对战争的，他的挚友却决意发起对英国的独立战争。在最关键的会议上，男主角作为当地赫赫有名的传奇人物，公开表明了他反战的立场，然而这丝毫无损他们的友谊。

我见过太多人有浓浓的委屈感，简直觉得这辈子谁都对不起他们似的，特别是他们的伴侣。那是因为他们几乎彻底活在孤独的自恋维度，在任何时候，自己的意愿没有实现，他们都会觉得委屈。他们的心智没有发展到关系维度，因而头脑上知道有关系存在，其他人是其他人，可在体验上，他们理解不了为什么别人就是不配合自己。

相反，当心智水平发展到《爱国者》的男主角及其挚友的水准时，就会深刻地理解：你是你，我是我，虽然我们的立场不同，但仍然可以有深厚的情感在。

最后，我们再回到平顶山的这位母亲的故事上。如果你觉得自己是这样的心智水平，那么最好别去辅导孩子做功课。孩子在功课上彻底自生自灭，好处会远远多过你去教他。

· 第八章 ·

想象敌意游戏与绝对禁止

全能自恋的基本逻辑

全能自恋是全能感的第一个变化，是原生状态，而全能自恋受挫后，就会引出第二个变化——全能暴怒。

"全能暴怒"，是我对科胡特的理论做了一点术语上的修改。在科胡特的自恋理论体系中，它被称为"自恋性暴怒"。

网络流行语中有一个相对应的词语——无能狂怒。这个词语表达力更强一些，狂怒中的人是因为陷入了无能的境地。

如果你关注新闻，就很容易能闻到全能暴怒的味道，从太多恶性新闻事件中，你会感觉到——一点冲突就得死个人。意思是，你挑战了我的全能感，你该死！

例如，2015 年 5 月 3 日，成都发生一件"路怒"事件，一位男司机，失去控制地暴打了一位女司机。这一幕被路人拍了下来，男司机因为欺负女人，一时被全国人民声讨。但很快，舆论就逆转了，因为男司机的行车记录仪显示女司机多次突然变道，并且除了第一次是无视别人存在，之后的两次都是恶意别车。如果男司机的注意力不集中，那么在躲闪时一次会撞到一个骑自行车的人，一次会撞到一位路上的行人，她明显是故意选这个时机来别车的。

这位男司机也有责任，女司机第一次突然变道时，他被吓了一跳，处于愤怒状态，追上去别了女司机一次。他们在相互报复，但女司机有错在先，而且后来两次别车实在是太过分了。

路怒症事件每天都在发生，太多的路怒症是全能暴怒在发挥作用。很多恶性新闻也是全能暴怒所致。

2013年7月，北京大兴发生了一件可怕的事情，男子韩磊在停车时和推着婴儿车的孙女士发生了口角，韩磊竟然抓起婴儿车内的孩子狠狠摔在地上，致婴儿死亡。

全能暴怒如果只是表达情绪还好，但一旦变成行动，就会产生极大的破坏力。但相应地，它也很容易激起对方的暴怒，从而让事情一发不可收拾。

如果是婴儿处于全能自恋中，那么问题不大，因为婴儿没什么破坏力，而成年人如果常被全能自恋和全能暴怒支配，那一旦失控，他们就会释放出破坏力。

譬如韩磊，他杀害了一个婴儿，最终被判死刑。

绝不仅仅是这些恶性事件中的人才有全能暴怒，实际上，任何容易暴怒的人都必然是全能暴怒在控制着他。

全能暴怒的人沉溺于这样的逻辑：

1. 任何不如意都是在挑战我的自恋；
2. 任何不如意，不管是主观还是客观的，都有主观恶意动机在；
3. 有主观恶意动机者必须向我道歉；
4. 否则，我就灭了你，或者灭了我自己。

其中的恶意动机是关键，有时候它是真实的，有时候则仅仅是我们的自恋被挑战后的想象。在成都路怒症事件中，恶意动机是真实的。女司机别男司机的车，的确是有恶意动机在。

很多夫妻吵架，一吵就吵个天翻地覆，最后都必须以一方向另一方道歉来结束，也是这个逻辑在发挥作用。

当有人参与时，你容易觉得其中有主观恶意动机，有敌对力量亡我之心不死，但事情基本上只有客观因素在发挥作用时，这个逻辑就显得很荒诞。

一名年轻男子早上骑自行车去运动，骑到半路，自行车没气了。他第一时间就发怒了，想肯定是哪个兔崽子在路上撒了钉子害他，但下车检查后，却又找不到车胎被扎的痕迹。

那就去修车吧。可是他出来得太早，修自行车的店都还没开门，并且他的自行车是特别车型，一般修车店还修不了，他最好是找这个品牌的维修店。

于是，他打电话给维修店，但还是因为时间太早，没人接。

接连发生这么多小小的不顺，他突然间感觉自己心中涌起了一股非常暴烈的情绪。他想大吼，想破坏点什么，但大早上的很安静，如果这样吼会扰民，他也担心被别人用异样的眼光看待。

所以，他努力压下这股情绪，但这样做了以后，他突然间感觉到很绝望，觉得周围似乎有铜墙铁壁紧紧地困住了他，让他不能动弹。

他当时还隐隐有一种感觉，这本来是模模糊糊不容易觉知的。但在找我做咨询的过程中，他的这种感觉变得很清晰。当不顺接二连三地出现后，他忍不住想，似乎这些事情背后有一股恶的、强大的力量，这些不顺都是它故意来为难自己的。而且，这股力量极其强大，而他很渺小，对抗不了。这时，他就很想攻击自己，骂自己傻，怪自己为什么会选这个时候出来锻炼身体……

这是他那天早上思考的整个过程，其内在的逻辑是：

1. 任何不如意，都是在挑战我"世界应当按照我的意愿运转"的自恋。当这样想时，就没有小事了，所有的事都事关生死，都关乎"我是全能神还是无能渣渣"。

于是，哪怕再小的事都不会让步，再小的事也要争个头破血流。

2. 任何不如意，不管是主观还是客观的，都有主观恶意动机。

过去，每当他遇到挫败时，都会觉得外界有主观恶意动机。所谓主观恶意动机，就是没有什么不顺是客观因素导致的，都是有主观恶意在。

例如，他很怕当众演讲，因为一旦表达不畅，他就会觉得其他人都幸灾乐祸地看着他、嘲笑他。

但这一次，因为事件中没有涉及人，所以他找不到主观恶意动机，最初曾猜想是什么人在地上撒了钉子，但发现自己的车胎上没有被扎的痕迹，所以这个怀疑就不能成立了。

最后，他隐隐觉得，这几件不顺利的小事背后有一股强大的恶意力量，宛如魔鬼。这个魔鬼是他内心很深刻的部分。当演讲受挫时，他会觉得观众在嘲笑他，其实是他将这个内在的魔鬼投射给了观众。当有人可以怪罪时，这个魔鬼不容易看到，但这次谁都不好怪罪了，反而逼出了这个魔鬼。

3. 有主观恶意动机者，必须向我道歉。

其间，他想过，这个自行车品牌的维修店有问题。他一定要找到他们，让他们向他道歉。但他同时又知道这太无理了，因为他起来得实在太早了。

4. 否则，就是你死我活。

我是神，你有意冒犯了我，你必须道歉，道歉意味着承认你的主观恶意是错的。否则，就是你死我活。

这里所说的"你死我活"是非常真实的。当人处于全能暴怒时，确实很难抑制。对这个男子而言，他感觉到一股强大的恶意力量在针对他，他必须征服它、消灭它。否则，这股力量就会把他击败。他被击败时，就感觉到自己被镇压了，周围有铜墙铁壁困住自己，让自己不能动弹。

这还不算，他内心的狂怒还在，而狂怒不能指向外界，所以转而向内攻击他自己，于是他想弄死自己。

对于容易暴怒的人来说，关键在于他得看到其实通常并没有谁在恶意针对他，他的暴怒其实是神一般的自恋受到挑战而产生的。

以前，我认识一位高富帅，他常常打架时会失控。问他为什么总打架，他说每次都是有人看不起他。我惊讶地问："你条件这么好，出门都是豪车、名牌衣包，而且又高又帅，谁会看不起你？"对于我这个问题，他也说不出个所以然来。

当越来越懂全能暴怒后，我才突然明白：他的意思是，谁都得听他的、按他的来，否则就是看不起他。

有了这种视角后，很多事情都可以得到解释了。恶性的热点新闻发生后，常有人评论怎么一点点事就酿出这么可怕的结果，是不是有其他没有被报道出来的原因，例如是不是有重大利益？

想用利益去理解一切，这还是一种理性思维，认为人都是理性的，而如果用全能自恋和全能暴怒去理解，这样的事情就不难理解了。

认识敌意的想象游戏

上一节，我讲了全能暴怒的基本逻辑。这种解释相信大家已经非常熟悉了，因为我已经写了很多关于全能暴怒的典型现象。接下来，我会陆续讲一些微妙的现象，帮大家更详细、更全面地理解全能暴怒的各种表现。

我先讲讲"敌意的想象游戏"。所谓敌意的想象游戏，意思是有人对关系中的敌意非常敏感，总觉得别人对自己充满敌意，并因此产生暴怒情绪。这份暴怒一些人会展现出来，一些人会憋在心里，它貌似没有在关系中爆发出来，但一样会导致出现各种破坏性。

例如，在咨询中，我看到在人际关系中表现特别糟糕的人，常常就是因为他们沉溺于这种敌意的想象游戏，而且对此深信不疑。他们的心理逻辑是这样的：

1. 你要按我的来；

2. 否则我愤怒；

3. 我的愤怒攻击了你，而你必定会还击我、报复我；

4. 然后我发现，你的种种行为都是在攻击我；

5. 我很委屈，我没对你做什么啊，你为何这么凶，所以我更愤怒。并且，因为觉得自己是受害者，所以多了一份理直气壮。然后你一旦愤怒，这份愤怒就变得更可怕，从而导致的破坏性就更大。

这可以称为"敌意想象五部曲"，它是这些人的人际关系陷入严重困境的直接原因。

第一步是全能自恋导致的控制欲。

第二步是全能自恋瓦解后产生的全能暴怒。

这两步虽然是问题的源头，但接下来的第三步和第四步尤其关键。

在绝大多数情形下，第三步和第四步是他们的内在想象，而非外在现实。现实是，对方并没有还击，甚至都不知道他们愤怒了。

举个例子。一位男士想和一个同事说话，对方没注意到他，所以没有回应。他立即暴怒了，恨不得扇对方耳光。这整个过程全部发生在他内心，对方完全没注意到，然而他觉得对方看到了他的愤怒。

就好像是，他是透明的，而别人都有透视眼，轻易看透了他的恐怖内心，因此会报复他。例如，对他越来越冷漠，和别人说话时冷眼看他，甚至和别人说话时也可能是在说他坏话。

于是，他觉得这位同事的还击过头了。他有了委屈感，接着对那位同事产生了更强烈的愤怒。

然而，这整个过程，那位同事毫无觉察。不过，同事的确会觉得有些东西变得不对劲了，两个人的距离似乎莫名其妙地变远了。而他好像一副又脆弱又不好惹的样子，于是那位同事疏远了他。这让他更加确信这个过程是真实的。

可以说，在找我做咨询前，这位男士简直是彻底把自己的这个内在想象过程当成了外在真实发生的事情。这是很危险的，我们已经知道这意味着一个人缺乏现实检验能力，而这是精神疾病的一个关键症状。

不过，他还是有理性思维能力的，所以当我指出他把内在想象等同于外在现实时，他虽然抵触但还是接受了这个逻辑。

有敌意想象五部曲的人，内心只住着自己，没住进别人。所以，他内心想象的整个过程在旁观者看来都是想象，但他认定就是真的。

从最终结果来看，也有真实性，因为他一直在投射敌意，所以最终大家都会远离他，但每一个具体的过程基本上只是他自己的想象。

心中只住着自己的人会将世界划成两部分：他能控制的部分，就是善意的；他不能控制的部分，就是敌意的。所以，他不可避免地想控制别人，而一旦控制失败，他就会陷入恐慌与愤怒。敌意想象五部曲的前两部由此而来。

因为他的心中只住着自己，所以他看待别人时也只能从自己的角度出发。于是，他会形成这样的逻辑：我对你愤怒，你必会对我愤怒。其中的"你"不是真实的别人，而是他的一个镜像：当我对镜子愤怒时，镜子里自然会出现一个同样愤怒的人。这是第三步的逻辑根本。

这三步很难改变，即便通过咨询，也要花很长时间才能转变。而转变的原因是通过长时间咨询，心里真住进了别人，于是不再去控制，不再因控制失败而暴怒，也不再因自己愤怒而认为别人也会愤怒。

不过，不要因此而感到绝望。虽然这三步难以快速转变，但其实第四步才是伤害人际关系的关键，而对第四步的觉知可以带来很大转变。这里所说的觉知，解释起来很简单：你意识到你是完全活在想象中的，并拿你的想象投射到现实世界，但其实现实世界根本不是这样的。

举一个例子。

有一次开课，一个学员站在我旁边，希望问我一个问题。她是第二个来的，前面已经有一个学员在和我对话了。但和前面那个学员谈话结束后，第三个、第四个学员抢上来和我说话，而我完全没注意到她站在我旁边等我。最后，她陷入暴怒——那一刻她恨不得把我杀了。

接着，她离开了课堂。此后，她总觉得我看到了她对我起过杀意，所以我也会对她有敌意。但是还好，她想这可能只是她的想象，于是来找我沟通，这才发现我完全不知道这整个过程。

并且，作为老师，也作为武志红本人，我完全能理解并接受那一刻她有杀死我的念头。我对此没有感到受伤，也不会有愤怒。毕竟想法只是想法，不是真实的攻击性行为。

在和我澄清的过程中，她发现了自己的想象和投射，并看到了我作为另一个人的真实情形——我没愤怒且没有受伤。这样一来，在这一次具体的沟通中，我作为一个善意的存在就可以住进她心中，而她本来的逻辑——"我对别人有愤怒，别人也必愤怒"，就发生了一点改变。

如果这样的沟通和澄清多次发生，她的内在就可以发生真正的、踏实的转变。

这个过程，经常发生在孩子和父母的互动中，精神分析将其称为"去毒化"过程。

孩子本来因为有比较高的全能感，所以很容易愤怒，又会想象对方和自己一样有报复心。愤怒和报复心，作为充满敌意的攻击性，都算是"毒"，但父母没有报复他，甚至都没有从他的攻击中受伤，反而喜欢他的活力，并把这种感觉反馈给了他。于是，孩子的这个敌意想象过程就像是被净化了。

当然，这个过程是发生在比较成熟的父母与孩子之间的。如果父母也是像婴儿一样，一发现孩子对自己有敌意，就觉得孩子严重攻击了自己，就报复孩子，还逼孩子道歉，那么这个"去毒化"就不会发生，甚至变成了"增毒化"过程。

这样一来，孩子的敌意想象会越来越多，最终出现两种极端结果：第一种，敌意太重克制不住，于是脾气暴烈，到处攻击人；第二种，学会了压抑愤怒，但觉得愤怒是"毒"，所以压抑得太过于厉害，导致一个人失去了活力。

"去毒化"过程在现实中也会出现，如果你发现自己有严重的敌意想象游戏，而它又伤害了你的人际关系，那么要大胆地去与人沟通。这时要选择对象，先从你认为的善意、真诚且温暖的人开始，而不要找脆弱的、一样有敌意想象的人。否则，就算本来没有敌意，也可能创造出敌意来。

只需要有几次深刻的澄清，你就会知道，这第四步——别人已经看到你生气且各种举动都在对你生气——的确是想象。意识到这一点后，就意味着你对自己的敌意想象过程有了基本觉知，而这是你自我改变的重要基础。

如果敌意想象的程度很重，并且你不相信别人会说实话，那么只是偶尔找人澄清很难带来真正的觉知，而一旦受伤，对你冲击又太大。这时，找一个专业的心理咨询师就很有必要了。

这个专业人士要懂得和你澄清的重要性，会欢迎你和他做各种澄清，并且会主动和你探讨你和他的关系。

如果你一试着探讨你和你的心理咨询师的关系，探讨你对他的感知和想象，对方就立即处于防御状态，并一直回避谈你和他的关系、你和他之间发生的事情，那他就还称不上是专业人士。

若发现自己有敌意的想象，并且能承受各种澄清，就大胆地和各种人澄清吧。这意味着你将走出你的孤独想象世界，而进入真实的世界。

真实的世界，本身就是有疗愈性的。

转变你的敌意想象游戏

全能自恋在不同的人身上滞留的程度是不一样的，人性越是成熟的人，滞留在全能自恋中的程度就越轻。

同样，全能暴怒在不同的人身上也有着不同的滞留程度。当一个人总处在强烈的暴怒中时，这一节也许就并不适合他。而当一个人总是处在上一节讲的敌意想象游戏中时，这一节可能一样也不适合他。

但是，如果你发现你有时会陷入敌意想象游戏的陷阱中，但你一旦认识到这一点，就不会有理直气壮的愤怒甚至暴怒，也不会觉得自己满满的委屈感是正确的，那么这一节就比较适合你。

简单来说，就是你能清晰地区分自己的内在想象和外部现实，你知道你对别人的判断只是你的内在推理，并不等于对方的事实。当有了基本的现实检验能力后，你就有可能直接转变自己的敌意想象游戏，而不必非得等待一个更强大的人来给你做"去毒化"处理。

敌意，就像是我们内心的"毒"，它最初来自自恋受损。当我们的自我不够强大，或者对人性的黑暗与光明认识不够中正时，我们会到处甩我们内心中的"毒"。

如果碰到内心强大而善良的人，他们会帮我们"去毒化"。但经常是别人被我们甩出去的"毒"感染，反过来也甩"毒"给我们，从而导致了各种争战。

敌意会激起敌意，但同时善意也会激起善意。我见到很多人，他们出去旅游或做事，经常能化险为夷，遇见各种贵人，甚至很少有人想伤害他们。对此，我有唯心主义的看法。我认为，的确是因为他们内心散发着善意，而周围的人也回以他们善意。

"敌意激起敌意。"这句话说起来很简单，但这个过程常常非常微妙，我们并不容易觉知到。

我讲一个自己的例子吧。

有一次，我去北京为腾讯新闻录制一个节目，录制时间是下午两点。为了保险起见，我乘坐早上8点的飞机从广州起飞，这样11点就到了北京机场，然后不到 12 点就到了录制节目的影棚。

到了那儿，我有些傻眼。之前我和腾讯新闻合作过，知道他们录制节目的地方条件不错，我中午到了可以找个房间休息一会儿。

我是必须要午休的，否则下午会没精神。但这次的影棚是腾讯新闻刚选的，他们也是第一次使用这个影棚，并不了解情况。它比较简陋，根本没有可供休息的地方。

并且，我到的时候也没有工作人员接待我。他们问我需不需要安排旅馆的房间，我说不需要，所以这的确不能怪谁。

可是，我有了被怠慢的感觉。也就是说，我感到自己的自恋受损了。我认为腾讯新闻的工作人员至少应该对影棚的情况有所了解，而他们竟然不了解，害我早到瞎等。于是，我给负责接待我的工作人员打电话表达了不满。

接待人员是个女孩，还是我的粉丝，听到我表达不满有些慌。虽然我表达了我的不满也安抚她说"没事"，但她还是觉得很愧疚。然后，她迅速赶了过来。最后，我们找了一家很安静的咖啡馆，我吃了点东西、喝了杯咖啡后，坐在椅子上闭目养神，还小睡了一会儿。

坐在椅子上，保持身体的中正，感受身体，然后入睡，这是我的绝招。这是主动休息，而普通的睡觉就是被动休息，效果很不一样。通常，主动休息哪怕只有五分钟就可以起到很好的休息效果。

接待我的女孩很用心，我也不是难缠的客人，所以我们之间并没有什么不愉快延续。但是，接下来有一连串小小的不顺利的事情发生了。譬如打车困难，出租车司机认路出错，而这简直是不应该发生的……

不过，毕竟都是些小小的不顺利的事情，我也没当回事。直到录制节目前，终于出了一件比较大的事情。

当时，要换节目中使用的衣服，而衣服是新的。我穿裤子时，裤子上有一颗钉铭牌的钉子没取下来，我的手用力过猛，划到了这颗钉子上，一下子在手上划了一个大口子。刹那间，鲜血涌出。

看着鲜血涌出的那一刻，我突然间安静下来，清晰地感知到：虽然接待人员很用心，但整个过程我一直有强烈的不满。我表面上是个善解人意、好商量的人，实际上内心有着满满的不高兴。我相信，是我的这些不高兴中的敌意唤起了外界的敌意，结果一路上总是遇到各种小小的不顺利的事情。这个伤口看似纯客观事件，但也像外界对我的敌意的一种回应。

有了这份觉知后，在工作人员的帮助下，我迅速处理了伤口，然后闭上眼睛安静了一会儿，去觉知自己心中的敌意，并觉知到这份敌意让我的身体一直处于微微颤抖的状态，这就是所谓的气得发抖，很轻微。如果不是仔细感知，真会感受不到。

我仔细觉知情绪上的敌意、身体上的颤抖、脑海中觉得被怠慢的想法，而它们被觉知到后，就安静了下来。

然后，我感受双脚踩在大地上的感觉，感受坐在椅子上的感觉。这样做是为了让身体和大地、椅子这些中性的，也就是没有主观意志的事物建立起联系。

做这些工作，其实也就花了两三分钟。我感觉体内的一份暴躁的躁动消失了，接下来的事情就进行得很顺利，不再有小小的不顺的事情发生了。

从此以后，我有了明确的认知：如果接二连三不顺，不管是大的还是小的，都需要安静一下，看看自己是否内心有了敌意，然后去化解它。

讲课时，我会分享这个心得，很多学员反馈很管用，并且大家都反映之前的确没有觉知过，自己竟然这么容易不高兴，这么容易有敌意，而敌意的确唤起了外界的敌意。

其实，这次我之所以能意识到发生了什么，和一位来访者的咨询有很大关系。在本章的第一节中，我写了他的故事：他一早骑自行车去运动，结果自行车没气了，他想修自行车，但因为太早自行车修理店还没开门，他想找品牌维修店，但还是因为太早人家没开门……结果一系列的不顺接连发生后，最后他突然间有了被迫害的感觉，觉得所有这些不顺背后有一个大魔鬼在操纵着。这份魔幻的想象当时吓了他自己一大跳。

觉知能力像是一个放大镜，甚至是显微镜，可以照出你内心是怎么发展变化的。咨询的环境会大大提高来访者和心理咨询师的觉知力，所以可以照见在这件事中，自己内在的发展变化。发现这件看起来非常普通的事其实并不简单，自己外在看起来没多大反应，内心却翻江倒海，只是能否觉知到而已。

我常说一句话："意识层面微风吹过，潜意识层面波浪滔天。"

这就是一个例子，下面讲一个更夸张的例子。

当时，我去福建南禅寺接受内观训练，训练时间是十天。我们把手机等交给寺庙管理，每天早上 4:30 起床，晚上 10 点休息，其间就干一件事——打坐，感受自己的身体，从头到脚、从脚到头。在这种环境下，持续地这样练习，觉知力会拔到很高的地步。

一次闭目打坐时，我右侧的大腿疼了一下，像被什么刺了一下。如果放到平时，我就会很自然地去抓一下，但根据内观规定，这时身体要保持不动，继续打坐，感受身体，所以我克制了自己想去抓的举动。几乎同时，脑海里出现了一系列无比鲜明的画面：一只黄蜂叮了我的大腿一下，将卵注射进去，卵孵化成黄金色的虫子，虫子不断繁殖，我的大腿迅速腐烂……

这让我联想到，平时痒一下就去抓，可能是藏着这份无明的恐惧，但平时是没有能力觉知到这份恐惧的，只有在内观的环境下才能做到。

对于前面提到的那位来访者而言，如果没有咨询的环境，他也不会觉知到自行车坏了会带给他那么多敌意的想象。

不过，最后要强调一下，敌意会对关系构成伤害，然而解决办法绝不是压制敌意。除了澄清，坦然地表达敌意也很重要。

例如，一个女孩一直在极力掩饰强烈的嫉妒，但嫉妒还是时不时地冒出来，这造成很多问题。后来，她学会了去表达——我嫉妒你如何如何，但不再因嫉妒而羞愧。这时，她发现多数人对她的嫉妒很容易接受。这不难理解，毕竟谁心中没有嫉妒啊。

在亲子关系和伴侣关系中，坦然地表达和"去毒化"同样重要。

觉知自己的愤怒，大大方方地表达愤怒，同时又能包容别人、在沟通中转换敌意，能做到这些的话就太好了。一直喜欢美剧中常见的情况——犀利地向彼此表达愤怒，但彼此又都能承受、沟通和化解。

我们所说的"不打不相识"，也是愤怒在关系中流动后的自然结果吧。

绝对禁止性超我

在杂文《战士和苍蝇》中，鲁迅有这样一段经典的描绘：

战士战死了的时候，苍蝇们所首先发现的是他的缺点和伤痕，嘬着，营营地叫着，以为得意，以为比死了的战士更英雄。但是战士已经战死了，不再来挥去他们。于是乎苍蝇们即更其营营地叫，自以为倒是不朽的声音，因为它们的完全，远在战士之上。

的确的，谁也没有发见过苍蝇们的缺点和创伤。

然而，有缺点的战士终竟是战士，完美的苍蝇也终竟不过是苍蝇。

鲁迅这段文字非常有说服力，只怕会让很多人引以为戒，提醒自己宁愿做有缺点的战士，也别做只会挑剔、嗡嗡叫的苍蝇。

用本书中的语言来讲，就是别做只活在头脑想象层面的人，并拿自己看似高明的头脑去挑别人的毛病，而是勇敢地投入真实的关系世界，哪怕漏洞百出。

然而这并不容易，尤其是在我们的社会中。因为在我们的社会中，有很多谚语警告我们活得谨慎一点、小心一点，例如：

出头的椽子先烂；

枪打出头鸟；

木秀于林，风必摧之；

……

这些谚语很有道理。

普通的工作场合和家中也有一种常见的现象：鞭打快牛。意思是，不动弹的懒人可以偷懒，而能干的、负责的、勤劳的人，责任太多，干活太多，好处却不多。

总之就是，惰性的、冷漠的、不动弹的像得到了鼓励，而积极的、热情的、爱动弹的，却容易被百般挑剔。

我写本节内容时，微博上正在热议一件事，就是 Papi 酱的孩子跟了父亲的姓，于是无数所谓女权主义者群起而攻之，批评她既然支持女权，为何不让孩子跟自己的姓。

做一个醒目的人，就容易被攻击，关键是被无情地苛责，而你如果不呈现自己、表现自己，就可以免于攻击。

说说我自己的事吧。

我高中毕业时流行留言纪念本，就是弄一个本子，找每个同学给自己留言。女生们给我的留言，很多提到我在语文课上的发言很精彩。

当时，我有些震惊，问最好的哥们儿："我在语文课上发言很精彩吗？"他说："是啊，你经常语出惊人。有时，我想你小子是不是太爱表现，不过我了解你不是这样的人。"

的的确确，我从未想过要语出惊人。就是当语文老师提问时，我有想法就举手了，而且也只是如实、直接地表达自己的想法而已，没想过要给人留下深刻印象，甚至对老师和同学们怎么反应毫无期待、毫无想法。

大学毕业后，我进了《广州日报》工作。刚工作没几天，就有一次参加夜编中心定稿会的机会，就是决定今晚的报纸上什么稿件。我们新员工被请过去，其实只是列席，但当一位老总问到"你们有什么意见"时，我毫不犹豫地举了手，表达了自己的观点。

那一刻，我看到了老员工们异样的眼神。后来有人对我说，"你也太不知天高地厚了，这定稿会没你新员工说话的份儿"。

然而，我一直都没太压抑自己表达的欲望，所以才有了今天的成果——已经写了十多本书，而且还会不断写下去，简直是有无限的表达欲望，似乎有说不完的话。

为什么在高中的语文课上，大家都不愿意回答问题呢？

为什么在定稿会上，新员工就不能表达自己的想法呢？

为什么我们的社会随处可见"沉默的大多数"？

一位来访者的梦，我认为是极好的回答。

她多次梦见一个超大的房子里有一只航母般大的苍蝇，而她躺在地毯下将自己紧紧地裹住。那只苍蝇像是模型，又像是活物，站在她身上，盯着她的头。她一动都不敢动，觉得一动，苍蝇就会咬下她的头。

这个梦很可能是她婴儿时体验的直观表达。超大的房子、航母一样大的苍蝇，可能是婴儿对事物的感知，因为婴儿的时空感还没有很好地建立，会根据自己的感觉夸大空间感。

我们得知道，没有抚养者的帮助，早期的婴儿是什么都做不了的，这使他们很容易陷入可怕的无助感中。无助（他的需求满足不了），他对周围的事物也就没有丝毫影响力。

本是自己无助，但婴儿会将自己动弹不得以及对无助的愤怒投射成一样可怕的东西在镇压他，让他动弹不得。

可以设想，这位来访者在婴儿时期曾有很多事让她无助，吃喝拉撒睡这样的基本需求她自己都搞不定，外界又有事物侵扰她，可能有一只苍蝇曾不断骚扰她，而她对苍蝇无能为力。最终，种种无能为力的感觉集中体现到苍蝇这个活物上，就好像苍蝇是个巨大无比的恶魔，所有无助都是它攻击自己导致的。

当然，无助感不只是我们的专利，各种文化背景的人都可能有。譬如美国作家丹尼尔·华莱士写的一本小说《大鱼》中，一条狗守在镇子上，谁想离开，狗说了算。它如果反对，就咬下那个人的一根手指。这条狗的意象，在我看来或许和我这位来访者苍蝇的意象是一回事。

我觉得这位来访者的这个梦，像一个寓言一般，深刻刻画了一种现实：太控制性的家长、老师、老板、伴侣乃至权力体系，其实多是这样的苍蝇。他们联合在一起，就仿佛一个不断嗡嗡响的巨大苍蝇，不间断地盯着每一个个体的个人意志，说这也不行、那也不行。而无数人感觉到，若用自己的个性来行事会被挑剔死。

小说《一九八四》中的老大哥，以及《魔戒》中的魔眼，都是这样的。我把它称为"绝对禁止性超我"。

绝对禁止性超我从何而来？它有这样几个源头：

第一，婴儿都是全能自恋的，而这种能量一受阻，就立即会从全能神变成全能魔，从"我想为所欲为"变成"原来我什么都做不了"。

从这个意义上来说，这个绝对禁止性的超我可以由婴儿的全能自恋性本我直接转变而来。这可以解释，为什么很多人孤独长大，并没被父母或其他人严厉禁止过，却有一个绝对禁止性的超我。

第二，父母等权威受全能自恋的支配，要孩子完全听自己的，这就直接构成了孩子的绝对禁止性超我。

第三，社会历史文化的影响。这是我们的集体之心，活在这样的社会中，耳濡目染就会形成这样的绝对禁止性超我。

象征着绝对禁止性超我的意象实在是太多太多了。如佛祖的五指山、观音的紧箍、唐僧的咒语，它们三个一起构成了对齐天大圣孙悟空全能自恋能量的镇止。也许可以说，佛祖就是父亲，直接掌控着孩子的手脚；观音是母亲，控制着孩子的思想；而唐僧则是社会道德，不断重复观音早就给孙悟空制造的可怕束缚。

对于哪吒而言，父亲李靖是托塔天王，他手里的"塔"就构成了束缚。

"塔"的意象很有意思，白娘子作为蛇妖，也是先被法海的钵给控制，而后被镇压在雷峰塔下。

我们需要警惕，自己是不是被绝对禁止性超我限制了，也要警惕自己是不是对别人构成了绝对禁止性超我。

在我的微博上，总是能看到有人或善意或敌意地说，"你的专业是心理学，你就在这个领域说话得了，其他领域你别插足"。这种评论是让我最不舒服的，因为不管看似善意还是恶意，都是试图限制我的手脚。

围绕着苍蝇这一类似意象，分出两类极端的人：一类是被苍蝇（绝对禁止性超我）击败的人，一直活在一动都不能动的感觉中，任何规则都可以束缚住他；另一类是绝对抗争的人，不接受任何规则的限制。

再来说一说创造力。创造力来自自由，自由可导致活力的自然流动，那时手脚的随意伸展都可以有创造力。而当活在不能动弹的感觉中时，就别说会有什么创造力了。

不过，恢复创造力也不是一件多么难的事，因为这是人的天性，只要放开手脚就可以了。

愿我们也能改变，看到自己心中的"那只苍蝇"，并少对别人发出限制性的嗡嗡声吧。

作为一个被动封闭的宅男，有一天，我在思考自己的人生时感慨万端，觉得自己活得太萎缩了，由此冒出这样一句话："苍蝇在争论对错，而英雄一路前行。"觉得过去最愚蠢的地方，就是一直想做一个正确的人，结果总是待在原地不动。

必须正确了，才能前行。其意思是，必须得到自己心中的那个绝对禁止性超我的认可，才能前行。

我会在第三部分不断谈到"头脑暴政"。所谓头脑暴政，就是把自己的全能头脑当成主人＋评价者的时候，这个喋喋不休的头脑就是绝对禁止性的苍蝇。

神圣权威＝绝对禁止

上一节讲到"绝对禁止性超我"这个概念，现在我来解释一下这个概念是怎样明确提出的。

这个概念早就在我心里酝酿很久了。前文提到的来访者的那个关于苍蝇的梦，我有很大触动，这是一个重要的意象。到了2015年3月，我碰触到了心中的一个意象——一个黑色的、狰狞的、散发着金属光泽、有着似乎无穷力量的恶魔。这个意象在视觉上无比鲜明，也让我想起那位来访者的苍蝇梦。她梦中那只像航母一样大的苍蝇，也是纯黑的、散发着金属光泽，并且有着无穷的力量。

但"绝对禁止性超我"这个概念的明确形成是在2015年夏天。当时，我在伦敦的塔维斯托克学习精神分析课程。

塔维斯托克被誉为"精神分析的圣地"，是客体关系心理学的大本营。那里有来自世界各地的精神分析师，包括几位华人分析师。有一次，听一位从国内去的分析师讲他如何从一位精神科医生逐渐走上精神分析的道路，最终取得了国际精神分析师的资质。

就此讲一个现象，虽然精神分析老被诟病不科学，很多人认为药物最科学，但有不少精神科医生着迷于精神分析，最终成为精神分析师，例如曾奇峰老师。

这条路不容易走，特别是如果想获得国际精神分析师资质的话。这位国内去的精神科医生，是 40 岁后才获得这个资质的。并且，他讲述的整个过程有一种圣徒的感觉，不求物质，不求名利，纯粹醉心于纯粹的学术。说圣徒还不够，还得说是苦行僧一般，我真是觉得他太苦了。

然而让我震惊的是，等他讲完后，当时一起听课的十来位国内过去的同行，都对他这种苦行僧般的经历给予热烈的掌声。分享的时候可以看到，他们一样闻到了这份苦味，但他们深深地钦佩、认同这一点。

很早之前，我就认识到，人类常玩一种游戏：发现一点点真理，然后围绕着这个真理盖了越来越辉煌的圣殿。最后说，圣殿里的那些柱子和砖瓦都是神圣的。

神圣是什么意思？既有伟大、美好、正确之意，也有不得冒犯、违反之意。在这个精神分析的圣地，听着这种苦行僧般的历程，我想，精神分析也是这么回事。弗洛伊德以及诸位精神分析的大师，发现了一些真理，然而精神分析界围绕着这些真理盖了一座大厦，并想把整座大厦给神圣化。例如，现在精神分析治疗中的各种边边角角的规则，都成了神圣不可侵犯的了。

思考到这儿，"绝对禁止性超我"这个词就从我的脑海中冒了出来。然后自然而然，我开始进一步思考。

弗洛伊德有一个著名的人格结构理论，认为人的人格有三部分：本我、超我和自我。我分别给它们加上了一个前缀，即全能自恋性的本我、绝对禁止性的超我和软塌塌的自我。

心理发展比较好的人，会发展出弗洛伊德所说的本我、超我和自我。并且，弗洛伊德认为，其中的超我是一个讲究规则和秩序的真实父亲的内化。

然而，当一个人的人格结构是我说的全能自恋性的本我、绝对禁止性的超我和软塌塌的自我时，就意味着这个人的心灵的确没有完成对一个真实父亲的内化。这时，他的超我就是一个更加抽象的、严厉很多倍的东西。我觉得可以理解为我的来访者的苍蝇梦和我的恶魔意象中的那份黑色的、狰狞的力量。

我会不断就这种人格结构做一些诠释，现在先简单讲一讲。这是真实婴儿和成年婴儿（巨婴）的人格结构。

婴儿和巨婴的本我是全能自恋性的，渴望为所欲为，希望自己像神一样，念头一动，世界就得立即把这份念头变成现实。当他们想对别人玩全能自恋时，就构成了对别人的绝对禁止。当父母对幼小的孩子玩全能自恋，要求孩子绝对配合自己的意志时，他们的这份形象就会被孩子内化到心灵中，而化身为绝对禁止性的超我。

很多人会说，我真实的父母不是这样子的，但怎么我的心里也住着一个绝对禁止性的超我呢？出现这种情况很大的一种可能是婴儿天然会形成全能自恋性的本我和绝对禁止性的超我，他们实际上需要和真实的父母互动，来提升这种原始的心理矛盾，从而发展到普通级别的本我和超我。如果缺乏与真实父母或其他抚养者的互动，例如长时间地陷入没有回应的境地，那么婴儿的心智就会滞留在全能自恋性的本我和绝对禁止性的超我之中。

当一个人受绝对禁止性超我的支配时，容易感觉到自己的任何自发性都是错的，左也不对，右也不对，站在原地也不对。这个人的意志像是已经从自己的心灵世界被移除似的。那该怎么样？听话！只有听话才是对的。

再说说自我。自我本来是用来协调本我和超我的。如果本我和超我的冲突不是太激烈，那么自我也就还好。具体表现是，这个人外显的精神面貌和体态是比较协调自在的。但是，在全能自恋性的本我和绝对禁止性的超我的极度矛盾的夹击之下，就只能是软塌塌的自我。

很多人体验过这份矛盾。例如，有时你突然生出雄心壮志，目标定得高到吓人的地步，这就是全能自恋的本我在说话。

可是，你立即觉得这太不现实了，这根本就不可能，是绝对实现不了的。这是绝对禁止性的超我在说话。

然后，你感觉到你身上的一股劲一下子就没了，你的身体和意志都塌了下来。这就是软塌塌的自我了。

想了解软塌塌的自我是什么感觉，可以去看看岳敏君的画。他画的大笑的红人，是经典的软塌塌的形象。

精神分析的终极治疗目标，是一个人由衷地信任自己的自发性。这也是精神分析倡导的一种活法。

不过，要实现它并不容易，它讲的并不是一个人可以为所欲为，而是讲一个人原始的、带着攻击性的生命力，经由丰富的体验，最终得以人性化。然后，这个人深切地感知到，他不再惧怕自己的生命力（表达）被杀死，也不再担心自己的生命力会对别人构成伤害。这种时候，这份生命力才能自然生发，一个人才能做到由衷地信任自己的自发性。

东方社会讲究克己复礼，但这也意味着是对一个人的生命力的压制，这条路没法达到"由衷地信任自己的自发性"。

绝对禁止性的超我既在内心，也会外化到外在现实中。当一些事物和人被严重神圣化时，这些事物和人就变成了不能探讨的禁忌，就成了外化的绝对禁止性超我。

长期以来，我发现每当我在微博上谈论一些大人物，例如美国前总统特朗普和土耳其总统埃尔多安时，都会遭到很多人的抨击和嘲讽。

一开始，我会和他们辩论，其中一些还是我的铁粉。有一天，我突然明白，他们的逻辑可能是这样的：武老师你探讨心理学是可靠的，我接受，但像特朗普和埃尔多安都是元首啊，你一个小小的心理学者懂什么，你没资格去探讨。

这像是把特朗普和埃尔多安等领袖人物当成了绝对禁止性超我的化身，他们是神圣不可讨论的。

这让我想到一些人类学家的一个观察。他们发现，在一些原始部落，部落领袖被视为一种无比可怕的力量。人们希望他们保持一动不动，这种静止的形象赋予了他们一种绝对权威的形象。同时，他们用过的一切物品，就像是有了一份可怕的毒性似的，部落中的普通人不能使用，否则会遭到诅咒，会死。

这真的就像我那位来访者的苍蝇梦中的苍蝇，你在它面前要保持绝对的静止，不能动弹，否则它会把你的头一口咬掉。

如果常常处在这种一动不能动的状态里，你就可以推测这意味着你受到了绝对禁止性超我的支配。

也许没有什么事物可以神圣到不可以去认识。特别是，围绕着真理所盖的那座大厦，当边边角角都被神圣化时，那常常意味着，它对人和社会的生命力自发性地流动已经构成了巨大障碍。这时，这座圣殿就该被拆掉一次，那样真理之光就可以被释放出来了。

或者说，我们的生命力自身就是真理。它不能被严重压制，更不用说被绝对禁止。

两种考官

有一种非常常见的梦，我想你很可能做过。因为在我的来访者和家人、朋友中，但凡平时会记得自己的梦的，基本上都做过这种梦——那就是考试梦。

经典的考试梦是你去参加考试，结果发现要考的是你很不擅长的一个科目。你非常焦虑，甚至一道题都答不上来。醒来后，这份焦虑还在，但突然间你想起来这个科目最后好像考得还行。

例如我自己，过去常梦到的是要参加高中数学考试，严重时会从梦中惊醒。但醒过来后会想到，我高考时数学满分是 120 分，我考了 117 分，我这分数相当可以了。

可为什么我还是会梦见考数学，并为此焦虑不已呢？因为我是从高二下半年开始发力，整整学习了一年半的时间，最后高考前才把数学成绩给提上去。虽然最后高考的数学成绩不错，但是曾经在相当长的时间内，我遭受着这份焦虑的煎熬。

一般来讲，考试梦的寓意就是，你面临着一场考验，因而焦虑。这种考验有能力方面的考验，也有道德方面的考验。

关于考试梦，还有一点比较有意思。2015 年，我的思想体系初步形成后，最后做了一次考试梦。从梦中醒来后，我有一种感觉，这个梦以后可能再也不会做了。然后果真是，这种梦再没做过。

对此，我的理解是，1994 年我给自己提了一个大问题：人性到底是怎么回事？

2015 年，我初步形成了自己的思想体系，就是对这个问题的回答，这个答案过了我自己的关。

因此可以说，我是自己的考官，也是自己的考生，我自己在考自己。

这一点我们应该都一样吧。每个人，除了会有外在现实世界的考官，也有自己内在的考官。

考试是一个隐喻：你要伸展自己，你是否被允许伸展？你伸展到什么样的标准才会被认可？

考官则有两种：绝对否定性的死神和滋养性的生命之神。

如果你潜意识中觉得考官是前者，那么任何考试对你而言都可能变得极为艰难。

如果是后者，那么考试会变得容易很多，你会觉得考试只是对你能力伸展程度的一次检验。

我们社会常见的考官常是前者，是绝对禁止性的超我的化身。

这种考官设立了标准，但是这份标准喜怒无常、不可揣度，它简直就是来为难人的。为了传递权力感：一切都是我说了算，你必须围着我的意志转，而你的意志必须得被灭掉；你的能力（你在某方面的伸展程度）毫无意义，我毫不关心。

譬如有的考试题，会针对一些并不能证明对该学科掌握程度的犄角旮旯中的知识点出题。

我是 1992 年参加高考的，那几年的政治题中，多项选择题是让我们充满畏惧的部分，错一半甚至更多是很常见的。高考前最后一次模拟考试，满分 100 分，我考了 83 分，竟然已经是我所在的省重点高中八个班中的年级第一了。

我是经过顿悟，才解决了多项选择题的困难。我发现，我对考试有了严重的抵触情绪，好像无形中，我把考官放到了敌人的位置上，而把自己放到了脆弱的被审判的位置上，因此对考官有着满满的敌意。

觉知到这一点后，我问自己，为什么要把考官放在和自己敌对的方向和位置上呢？这种敌对的态度会有什么好处呢？没有！所以我要放下这份敌意。

因此，我发展出一个考试策略——站在考官的角度看问题。也就是说，想象如果我是考官会怎么出题。

当时，我这个考试策略发展到了一种可怕的地步——我拿到政治试卷，看了几道多项选择题后，仿佛就可以感觉到这个出题人是严厉的还是宽松的，以此来调整自己做多项选择题时的尺度。

不过，我这种考试策略本身也成了一种悲剧，这不是对我知识掌握程度的测试，而真的是来为难我，来考验我对出题人的心理揣测能力的。说白了，像是太监和大臣要揣摩皇帝的心思，也像是孩子要去揣摩专制型父母的心思。

所有孩子都渴望获得父母的认可，父母就是孩子最初的考官。并且，孩子会把父母的考官形象纳入自己的内心，成为他们的"内在考官"。父母是鼓励孩子伸展自己的，还是对孩子玩全能自恋而禁止孩子伸展的，这至关重要。前者是鼓励孩子做自己，后者是要孩子按照自己的意愿来。

我一直都是"考试机器"，每到大考试必然会超常发挥，这要感谢父母给了我相当的自由。从小到大，我在父母那儿没挨过打、没挨过骂，要 10 元钱给 12 元甚至 15 元，人生的大小选择基本也是我说了算，所以父母作为我生命最初的考官，在这些方面是祝福性的，而不是禁止性的。

多位来访者的学习能力极佳但考试能力极差，他们在考试中都有这样的时刻：突然间，觉得试卷上是满满的恶意，然后心生恐惧，就没法发挥了，感觉被"冻"住了。

例如一位女士，在一次职业技能考试中接连几道题答不出后，整个人马上就慌了。随即她发现，自己对整个考试失去了信心。这时，她心里冒出一句话："我认了，我输了！出题人，这次你赢了！"

还有两个人在这种时候禁不住想到父母凶狠的眼睛在盯着自己。其中一位女性甚至总结出，每当她考试成绩好时，父亲都会极不高兴，而她考砸了，父亲则幸灾乐祸。

这些家长都是绝对禁止性的考官。这种考官会传递出一个信息：无论你怎样，我都不认可你。

一位男性来访者说，他上小学时有一次考了 98 分，是班级第一名。他兴高采烈地给父亲看试卷上的成绩，结果父亲说，"你看你马虎的，如果那道题你认真点，就可以考 100 分了"。

他想想，是啊，父亲说得对！下次要认真！

下次，他果真考了 100 分回来，给父亲看。不料父亲却说："别骄傲！"这让他失望至极。

我们社会的很多考试，充满了绝对禁止的意味。

顺便也说一下我的一个焦虑。从 2005 年写心理专栏以来，我有相当一部分文章是分析新闻人物的，这引起了业内人士的一些不满，特别是我开始玩微博后，我的这些文章引起了一些业内人士的强烈抨击。为此，我多次和专业人士探讨，我分析新闻人物，这样做有没有违反心理咨询师的职业道德。最终，我们达成的共识是，这样做是有争议的，但没有违反职业伦理。

现在看，其中一些抨击，特别是带着强烈情绪色彩、恨不得将我从心理咨询界扫地出门的，真是透露着强烈的绝对禁止性的意味。本来合理的职业道德是 75 分，但他们恨不得把这个分数拔到 100 分。而这时，他们就觉得自己是高高在上的考官，可以给别人发道德禁令了。

我听说，一位咨询师给业内人士讲职业伦理课时，特别强调弗洛伊德违反了很多职业伦理，例如他在写作中透露了太多来访者的隐私。那个时代的职业伦理不完善，这就算了，但在这个时代，这是不对的。

这个说法让我哑然失笑，套用我前面关于真理和大厦的说法，那真可以说是，弗洛伊德先发现了一些真理，然后他自己和整个精神分析界不断围绕着这些真理建立了一座大厦。结果最后，有人拿这个大厦的边边角角去评判弗洛伊德这位创始人，说他是错的。

说回考试。谈一个小技巧。

如果作为考生，你太焦虑的话，那你可以试试想象一个考官，看看你自然而然想到的考官会是什么样的人，将他的形象具体化。

也许你会发现，他是绝对禁止性的，那么试着转变这个形象，想象这个人曾经给过你认可，特别是鼓励你自由伸展的那些时候。如果不行，就试着换掉这个考官，将一个给过你很多理解、接纳与支持的人变成你的考官，然后去感受面对这个考官时，你的感觉如何。

或者，你也可以向我学习，去深入认识你心中的考官。也许你会发现，你心中那个绝对禁止性的考官，真的苛刻、虚弱、荒唐且可笑。随着你对它的认识越来越深，它对你的支配可能就越来越弱。

· 第九章 ·

极端全能暴怒

嫉　恨

攻击性是精神分析的核心概念，我们可以把攻击性视为原始的生命力。很多人不喜欢"攻击性"这个词，觉得这个词偏负面，认为"生命力"或"活力"会更好一些，但做咨询越久，对人性的认识越深，特别是对自恋的认识越深，我就越觉得"攻击性"这个词更对。自恋的生命力向外伸展时，必然会呈现出攻击性。

不过，我们大致可以把攻击性视为中性的、灰色的原始生命力。它有两个发展方向：一个方向是生能量；另一个方向是死能量。

当攻击性得以人性化，或者说被看见、被照亮时，就会变成积极的、彩色乃至白色的活力（生能量），这个方向有创造性、热情和爱等。

当攻击性不被看见时，就会变成消极的、黑色的能量（死能量），这个方向上有愤怒、恨意、破坏、毁灭，乃至死亡等。

极致的全能暴怒，会是死能量的绝对化身，而程度不同的全能暴怒则是程度不同的死能量。在本章中，我来谈一谈比较极端的全能暴怒，先来谈谈嫉恨。

我这里说的嫉恨，对应的英文词是 envy。精神分析大家、客体关系理论的集大成者梅兰妮·克莱因对 envy 进行过深刻的探讨。国内学术界一般把 envy 翻译成"嫉羡"，此前我也一直使用这个术语，但我逐渐认为"嫉恨"一词，就是对 envy 的精准表达。

我们常说"羡慕嫉妒恨",这可以拆成"羡慕""嫉妒""嫉恨"这样三个词,并且它们之间有着巨大的差别。

羡慕的意思是,我承认你的好东西是你的,我也想要,但并不想抢你的。所以,羡慕的同时还是有一个基本的边界意识,知道什么是你的,什么是我的。

嫉妒就严重很多。嫉妒的意思是,你的好东西衬托了我的匮乏、自卑和虚弱,我想夺走你的好东西。

"贪婪""羡慕""嫉妒",这些词听上去够阴暗了,但它们还不是最糟糕的,因为它们都还有基本的信心在——我相信我还是可以占据一些好东西的。

相比之下,嫉恨就严重很多,它有了一个质的变化——我不相信我可以占据好东西、拥有好的品质。

概括一下,嫉恨心理有这样五部曲。

1. 我不相信好东西会属于我。

2. 看见别人有好东西我想抢。

3. 但抢了还是不相信它能属于我。

4. 我干脆毁了好东西,而且摧毁时有强烈的快感:这个折磨我、引诱我、削弱我的自恋感的好东西,就这样被我给杀了。哈哈,所以是我可以控制你,而不是你能控制我。

5. 最严重时,干脆同归于尽。好东西、创造好东西的你,和我一同毁于这股嫉恨之火中。

2017 年 6 月 22 日,杭州一小区发生了一起震惊一时的纵火案,一个叫莫焕晶的保姆在主人家纵火,导致女主人和三个孩子被烧死。

驱动这个保姆纵火的可能就是她的嫉恨心理。

被纵火的这个家庭,美好至极,像是具备一切理想条件的好人家。

男主人林某某帅、富有、仁义；

女主人美貌、善良；

三个孩子（两儿一女）漂亮而可爱；

一家人感情至深，他们做童装，而品牌就取自三个孩子的名字。

但这样一个理想的好人家，就被一个滥赌、偷窃的保姆莫焕晶给毁了。

莫焕晶来自东莞长安镇，因为欠下赌债，莫焕晶不敢在家里待着，而是四处做家政谋生。

林某某一家对莫焕晶非常好，给她的月薪是 7500 元。她要买房子，林某某一家借给她 10 万元。发现她偷了几十万的名表和财物后，林家人仍对她说："你别这样，缺钱可以跟我们说。"

你发现了毒蛇，却没有立即把毒蛇赶走或杀死，还让它和你待在一起，还继续对它施以善意……

这真是一个地道的善意被辜负的可怕故事，而且可怕得登峰造极。

莫焕晶为什么要纵火？看了各种报道后，我倾向于认为，她很可能是有意策划的，目的是毁掉这个让自己嫉恨的经典好人家。套用嫉恨心理的五部曲，她的心理或许是：

1. 我不相信我会有好生活。

2. 看到了别人的好生活，想抢，所以偷了主人价值 39 万元的名表等财物。

3. 偷了还是不相信能属于我，所以这块名表只典当了 2 万元。

4. 干脆毁了这个好家庭，摧毁时有强烈的快感：这个让我嫉恨的好人家，就这样被我毁了，到底是你们对我好、你们的地位高、你们控制着我，还是我控制着你们！

5. 虽然可以料到我最后也是死，但同归于尽的感觉胜过我一个人因为盗窃，无助而孤独地被关到监狱里。我们不如一起去地狱！

普通人的嫉恨非常常见，如各种损人不利己的行为。

你摧毁了你喜欢但不属于你的事物，谁都没有得到实际的好处，但嫉恨者在这么做时会有非常爽的心理快感。

嫉恨者特别容易忘恩负义，因为这些好东西是他想要但他又创造不了的。

并且，别人给自己时显得自己低、对方高，这都破坏了他的全能自恋。因此，他会产生全能暴怒，形成巨大的恨意，并指向那些给自己好东西的人。

所以，如果做慈善或帮助人，当发现对方嫉恨心理很重时，不直接馈赠是很睿智的选择。

如果不是一个具体的人在馈赠，而是一个体系、一个机构甚至整个社会在帮助，那受助者就可以避免自恋受损了。并且，这时就算他恨一个体系或一个机构，那也不容易造成杀伤力。

一些孤儿攻击甚至杀死养父母，也是因为嫉恨心理的驱使。

金庸的小说《天龙八部》中，有关于嫉恨的经典描绘。

丐帮副帮主马大元的老婆马夫人给情郎段正淳讲了她小时候的一个故事：邻居家的一个小姐姐过年穿着一件漂亮衣服，她羡慕得不得了。于是，她把衣服偷了过来，然后把这件衣服剪烂了。这样做的时候，她开心得不得了，远胜过拥有这件好衣服。

她对段正淳也想做同样的事：她给自己心爱的情郎下了迷药，让他失去抵抗能力，然后想一口口咬死他。还好段正淳最后被丐帮前帮主乔峰救了。

可乔峰作为《天龙八部》中的头号英雄，被马夫人设的连环计给毁了。

为什么要毁掉这个最具有男子气概的大英雄？

原因仅仅是，在洛阳牡丹节时的丐帮大会上，她是最出色的女子，所有男人都在向她行注目礼，哪怕是最讲道德的君子都忍不住色眯眯地看她，虽然谁都知道她是副帮主的老婆。

然而，作为最出色的男人——丐帮中的王，乔峰竟然都没正眼看过她一眼。所以，她恨极了他，发誓要毁掉他，并用自己的美色拉拢丐帮多个重要人物，最后得逞。

可以说，嫉恨与绝望是比较表面的东西，骨子里是一种自恋的极致：我想要你的时候，你没及时满足我，这严重伤害了我神一般的自恋，严重羞辱了我，让我感到了恨不得去死的羞耻感。

所以，我要摧毁你，以此来证明我的力量比你强！

嫉恨该如何被限制和疗愈？

首先是恐惧与理性。

如果完全不担心会被惩罚，那么整个世界都可能会变成 ISIS 一般的世界。

然而，因为有法律在，而别人也会报复自己，或者至少会远离自己，所以很多人即便有严重的嫉恨心理，也知道克制。

再就是界限。

当有清晰的"我的""你的"这种界限时，嫉恨者就会知道不能去掠夺并破坏别人。

并且，因为有界限在，他们的嫉恨唤起感也会低很多。

至于疗愈，我们先谈谈小婴儿的嫉恨如何被疗愈。

我们在前面谈到过，嫉恨的关键是"我不相信我能拥有好东西"。成年人的"好东西"五花八门，而小婴儿最初的好东西很简单，就是妈妈的乳汁。

当他确信自己能基本稳定地得到好乳汁时，嫉恨就没有了。这里所说的乳汁既是指乳汁本身，也是照料的一个比喻。

什么是好乳汁呢？

就是婴儿能得到及时的哺育和照料，而且哺育者是心甘情愿的——克莱因特别强调这一点。

如果严重缺乏照料，或照料者在照料婴儿时对婴儿表达憎恨与攻击，那就是毒乳汁了。

当婴儿确信好乳汁能流到自己的身体里，自己也因此能成为一个好婴儿时，紧张的贪婪就变成了放松的享受，嫉恨就变成了感恩。

享受与感恩的心理形成后，小婴儿就有了这种感觉：我确信可以吸收好东西来滋养我自己，我会因此变得更好。

一个人能否不断创造好事物，能否不断让自己变得更好，这是一个基础心理。

反社会人格

上一节，我讲了嫉恨，它就是传说中的"损人不利己"。这一节，我来谈一谈反社会人格，它的特点可以概括为"把自己的快乐建立在别人的痛苦之上"。

一谈到反社会人格，我就会想起一次经历。当时，我去广州市一所监狱讲课，听众有上千名犯人。他们坐得整整齐齐，显得非常有秩序。其间，每当我讲到一些悲惨的故事时，会场必然会有很多人发出开心的笑声。

那真是开心的笑声，我第一次听到时，甚至有点被感染。几次后，我发现这种笑声都是当我讲到悲惨情节时发出的。我才反应过来，这就是传说中的反社会人格吧？

作为心理咨询师，我在咨询室里基本上是不会接触到反社会人格的，因为他们对别人没有共情能力，对自己也没有反思能力。他们可以说是没有超我的，所以不大可能来到咨询室。如果来了，那也是被家人、公司或相关机构给逼着来的。

但在生活中，我觉得自己接触过一些反社会人格的人。真的像传说中那样，他们一开始魅力非凡。例如，一次我接触到一位外国男士，有点帅，情绪非常有感染力，极其会说话，简直迷倒了在场的所有人，我甚至都忍不住想用"完美"这个词来形容他。

但没几天，我听到他有严重的暴力倾向，堪称恐怖。

当你看到了 A，就意味着你看到了 -A。这是我的一个心理哲学观，在这位男士的身上又一次得到了验证。一个看似完美而迷人的人，有魔鬼般的另一面，而且后者更真实。

"反社会人格"是一个非常流行的词语，因为一碰到社会上爆发恶性新闻事件，那些可怕的新闻主角常常就是反社会人格，所以这个词大家很熟悉，不过我还是给它做一下界定吧。

所谓反社会，指的就是反社会规范，也就是以破坏社会规则为乐。而更为重要的是，他们的情绪情感有严重反人性的部分。他们伤害别人时会开心，因此可能会去无缘无故地主动伤害他人。

从诊断上讲，如果一个人具备以下 8 条中的 3 条，就可以诊断为反社会人格障碍。

1. 早年开始显露人格偏异，一般在青春期时明朗化。

2. 严重的人格障碍，性格的某些方面非常突出和过分畸形发展，不符合社会规范。

3. 人格偏异非常顽固，整个成年期都会延续，到晚年才可能渐趋缓和。药物治疗和一般教育措施收效甚微，矫正困难。

4. 社会和人际关系适应不良，常有较严重的反社会行为，屡教屡犯，并以损人不利己的结局告终。

5. 对自己的人格障碍缺乏"自知之明"，因此不能从失败的生活经验中吸取教训。有时虽能察觉自己的人格问题带来的困难，却始终不能以正确的认识来有效地改正。

6. 表现为持久的人格不协调，但是并未达到精神病或神经症的程度。

7. 智商和认知能力较好，无精神症状，主要以情感、意志和行为等人格严重偏离为特征。

8. 追求新奇和心理刺激，常是人格障碍患者的一种驱动力，也是经常导致其反社会行为的变态心理动因。

有学者将以上 8 条概括为"七无"，即无社会责任感、无道德观念、无恐惧心理、无罪恶感、无自制力、无真实或真正情感、无悔改心。

讲到这儿，我也说一句有点"反社会"的话。这 8 条诊断标准，听上去实在是正确而无趣。它符合学术规范，这也是一种社会规范，但不生动，不能令人立即就明白，所以我介绍另一种个性化的诊断标准，是美国精神病学家克莱克利（Cleckley）总结的 16 条标准：

1. 表面迷人和良好的智力。

2. 没有妄想或其他荒谬的思维障碍。

3. 没有其他精神病、神经症的症状。

4. 不可靠，没有责任感。

5. 不真实，不忠诚。

6. 没有悔过或自责的心理。

7. 反社会行为缺乏充分的动机。

8. 判断力差，不能从过去的经验中吸取教训。

9. 病理性自我中心与不能真正地爱和依恋别人。

10. 缺乏主要的情感反应。

11. 缺乏洞察力。

12. 在一般的人际关系中不协调。

13. 无论是否饮过酒，都出现古怪而令人讨厌的行为。

14. 很少有自杀行为。

15. 随意而不正当的性生活。

16. 对生活没有计划和长远打算。

这 16 条特征被称为"Cleckley 标准"。反社会人格的人，表达力和举手投足都有一种极致的流畅感，因此他们具有特殊的魅力。

在咨询中，我看到有的来访者非常排斥矛盾，他们难以处理自己心中同时有两股甚至多股力量，而且还是矛盾的。他们希望这些力量能统合到一起，成为一股不受阻碍的、无比流畅的能量。

在反社会人格这方面，他们简直是时时刻刻都很流畅，哪怕严重作恶如虐杀动物甚至杀人，他们也一样不犹豫。在你没有见到他们极端作恶，而只看到他们普通状态下的流畅时，你也许会羡慕，也容易被迷住，但当你看见他们作恶时的那份流畅，绝对会不寒而栗。

可以说，他们这时就像是被全能暴怒彻底支配的人。也可以说，他们这时宛如死神，彻底被毁灭性力量给占据了。

写这篇文章时，我看到更夸张的新闻，讲日本一名女子木岛佳苗一年内交往了30余位男子，敛财一亿日元，半年内谋杀了其中3位。同时，她还完成了烘焙培训大大小小的考试，更新了2000多条关于养狗和烘焙的博客。不仅如此，她被关进监狱后还恋爱、结婚了，而她的丈夫认定她是被冤枉的。

必须要说明的一点是，木岛佳苗长得既胖又丑，所以做到这一切，只得用魅惑力来形容了。

我推测木岛佳苗很可能是反社会人格。按说，交往30来名男士，还要骗他们的钱财，并害死了其中3位，这些事普通人没法做到，更不用说流畅地做到了。因为普通人有情感，但严重的反社会人格却无情。如果他们同时还有好的头脑，就可以流畅地去做这一切了。

为什么要把反社会人格和全能暴怒联系到一起呢？

这是因为，在我的理解中，反社会人格有超高的全能自恋和全能暴怒，同时无情且没有超我，这样他们在宣泄、释放全能暴怒的时候会非常容易，所以他们很有危险性。

他们很容易被得罪，也很容易进行报复。同时，因为他们把自己置于极高的自恋高位，而把别人视为非人，所以在报复时很容易失控。

你肯定不希望生活中遇到这样的人，更不希望和他们建立密切关系，那太容易成为你的噩梦了。但你可以通过电影、电视、小说和新闻采访了解这些人，很多影视作品中有对反社会人格的经典刻画。

例如电影《雷德怒潮》，讲的是一名老兵和一个不良少年的冲突。冲突的缘起，是老兵和不良少年相遇时，他们言语上有摩擦。老兵只是轻轻地嘲讽了不良少年一下，说"你的猎枪漏油了，我在一千米外就能闻到，更别说猎物了"。这种淡淡的嘲讽在生活中很常见，可以视为良师益友般的忠告，就算有冲突性，也可以成为人际关系的润滑剂。但对这个不良少年来讲，他感到被冒犯了。即他的全能神的感觉被冒犯了，所以他要发出雷霆之怒，当着老兵的面，开枪杀了老兵挚爱的狗。

之后，老兵虽然很痛苦，但只是想得到不良少年的道歉而已。结果，不良少年及其家人根本不这么做。冲突不断升级，最终老兵狠狠地惩罚了他们。

一个人能反思，能承认自己做错了，并因此进行真诚的道歉，这是健康人格的基本特征。假若一个人不能进行反思，永远不承认自己做错了，更不用说真诚地道歉，那就意味着这个人的人格结构中少了超我这一部分。

超我是用来压制本我的，一个人的内在需要有这样的心理结构来对自己进行管理。当没有内在的超我时，那就得有一个外在的超我来管制他，例如监狱。

当心灵严重地滞留在全能自恋中时，你容易感知到自己的内在有各种极端的矛盾在撕扯，你会很不舒服。这时，你可能会希望做一些极端的事，让自己感觉畅快一些。我前面提到过的一个说法也许可以有警醒作用：

当一个人严重地追求全能自恋，并想肆无忌惮地表达全能暴怒时，他的归宿很可能是监狱、医院和坟墓。

要么得有监狱这样的地方困住全能暴怒的力量，要么全能暴怒直接把自己给葬送了。

恶性自恋

如果一个人只是想活在超高自恋的感觉中还好，一旦他为了追求自己的超高自恋而频频去伤害别人，那就变成了恶性自恋。

反社会人格自然是一种恶性自恋，他们永远在追求"把自己的快乐建立在别人的痛苦之上"。

恶性自恋还有更广泛的范围，它甚至更容易发生在最亲近的关系中，例如亲密关系和亲子关系。在这样的关系中，当一个人为了维护自己的超高自恋而频频去伤害别人时，就变成了恶性自恋。这样的关系因为有一定的特殊性，所以它的恶性不容易被识别出来，特别是不容易被当事人识别出来。于是，作恶者理直气壮地作恶，而受害者也会越陷越深。

2019 年年底，我的母校北京大学爆出一件可怕的事情。女大学生包丽被男友牟林翰严重地 PUA，最终选择自杀。虽然当时被救，但进入脑死亡状态，半年后去世了。他们的聊天记录显示，牟林翰一直无情地批评、否定和攻击包丽，并且诱导她做各种自我伤害的事，以此来证明她对牟林翰的"爱"。

最令人发指的是，他让包丽为他怀孩子，然后把孩子打掉，留下病历作为证据和纪念。包丽不忍伤害孩子，牟林翰则表示"退让一步"，让包丽去做绝育手术。不仅要留下病历，还要留下切除的输卵管。

牟林翰的做法"渣"到天际。用"渣"来形容已远远不够，这妥妥是恶魔的行径。

这些做法中恶性自恋的意味非常重。他不断暗示包丽要"用尽一切力气"，为他"放下一切尊严""给出全部的爱"，他发脾气时，包丽要懂得服软，用一切办法让他相信包丽是爱他的……

牟林翰的这种逻辑在情感关系中非常常见，美国心理学家苏珊·福沃德将其称为"情感勒索"，就是用情感之名，索取自己想要的价值。

这些价值中有实际的价值，例如物质财富，也有自恋的价值，例如牟林翰要确保自己在关系中一直处于自恋的高位。

一个人如果常常令自己陷入被勒索的位置，那么他这一生会伤痕累累，可以说是不断切割自己的一生，代价惨重。

一个人如果总是对别人进行过度的情感勒索，而且常常不惜干出严重伤害别人的事情，那么这个人也容易变成"一身黑"，即自己越来越恶毒。但是，这些事情主要发生在私密关系中，所以没有被曝光时，他因为有超高自恋导致的自欺欺人，会觉得自己还挺好。然而一旦被曝光，他就会自我证明他有多可怕。

很有意思的是，处于这种局面时，最初选择曝光的往往是实施情感勒索的人。因为曝光也是他勒索对方的手段，对方的软弱、容易认错让他觉得这是可行的，同时因为自恋导致的自欺，他没有料到曝光会给他带来什么。

例如，2019 年爆出的韩国明星夫妇具惠善和安宰贤的离婚案，这件事长时间占据微博热搜第一名。这件事这么火的原因，不是他们有多出名，而是这件事太奇葩。

事情的基本脉络是安宰贤向具惠善提出离婚，这件事让具惠善非常受不了，她选择频繁向公众曝光安宰贤的丑事。说曝光都不准确，因为有些事情是她编造的，所以其实是在抹黑安宰贤。

譬如，她说安宰贤经常出轨，还对她说不喜欢她的乳头。这个小小的细节很吸大众的眼球，而安宰贤从此有了一个绰号——"乳头鉴定师"，公众形象遭到重创。

在具惠善的描述中，安宰贤像一个什么家务都不做、为所欲为、花样出轨的超级渣男。

最初，安宰贤保持沉默，后来实在受不了了，同时也是因为具惠善虚构的出轨关系伤害了其他明星，所以他开始反击。反击的方式很简单，就是曝光他们的聊天记录。

在现代社会，各种聊天记录太方便留存下来，同时有各种图像和视频。这些都是无比真实的东西，并且各方人士都有留存，所以一旦曝光，真实性一目了然，特别是当一方做事非常过分而奇葩时。

具惠善与安宰贤的聊天记录显示具惠善有可怕的控制欲，"具惠善控制欲"也从此替代他们的名字成为热搜的关键词。

除了控制欲，还有谎言。例如，具惠善把安宰贤说成不做家务的巨婴，但其实具惠善在这件事上有污点。有充分的证据显示，在恋爱期间，她骗安宰贤说自己会做家务，可实际上她不怎么做家务，这样说只是为了勾引到安宰贤。

至于出轨，没有任何证据显示安宰贤出轨。而且看聊天记录和照片，安宰贤像是一个老实得不得了的人。

可以说，具惠善与安宰贤的关系模式和牟林翰与包丽有点像，都是一方在严重控制、PUA另一方。只不过安宰贤受不了了，选择了分手，而包丽则一直陷在这个关系中，被以"爱情"之名给谋杀了。

包丽的悲剧让我感慨"自我，大于关系"，我希望这是新时代的新普世价值。一个关系如果让你非常不舒服，你就不必待在这个关系里。好的关系，该是滋养彼此的，而不是严重剥削你，让你难受的。

再使用"人性坐标体系"来诠释一下"情感勒索"。人性坐标体系的纵轴为自恋维度，也可称为"力量维度""权力维度"，横轴是关系维度，也可称为"情感维度""道德维度"。

人需要从自恋维度发展到关系维度。在关系维度非常单薄之前，人必然活在高自恋中。做事的时候，也许出发点是，"我是在追求情感、纯情与爱"，像是在寻找平等的关系维度的东西，可稍一受挫，就会诉诸自恋的逻辑。

什么是自恋的逻辑？情感维度是横轴，讲平等；自恋维度是纵轴，讲上下、高低与强弱。说白了，情感维度受伤而诉诸自恋维度，就是把别人踩在脚下。他要在高位，把对方变成低位。真这么做时，他其实就是在干伤害关系、伤害对方的坏事。

这时，他也会感知到自己干了不好的事——对此，我的假设是，人和生灵都有基本的良知，这一点我们不能左右。这种"我干了不好的事"会继续破坏他的自恋，因为除了力量维度的自恋，还有一个更大的自恋是"我是对的"。这个时候，要继续干点事来维护这种自恋，而办法就是抹黑对方，把对方说成是道德错误的。

可是，当你在肆意抹黑对方时，你又在伤害对方和关系，于是自己变得更"黑"了。如此循环下去，坏事就会干得越来越多。如果不能回头，就会变成恶性循环，最终做出严重违背伦理道德的事情。

并且，到了这种地步，如果对方一还击，自己真是会"瞬间瓦解"，因为实在太不占理了。

压抑的人和高自恋的人在一起，会产生这样的互动：压抑的人觉得事情中哪怕自己只有一分错误都要反思；相反，高自恋的人，哪怕觉得自己只有一分理、九分错，他们也会把这一分理严重放大。

高自恋的人还有一种本事——胡搅蛮缠，他们会把各种事搅到一起来说，事件一不占理，他们就赶紧换到事件二，再不行换到事件三，不行到事件四，事件四不行再回到事件一……他们这种胡搅蛮缠的策略，很容易让压抑的人认输。有时候认输是策略，因为没必要整天这么纠缠，有时候认输则是压抑的人真觉得自己错了。这两者都会增强高自恋的人"我有理"的感觉，而后者，即觉得自己也有错，特别容易破坏压抑的人的自恋。

私密关系因为容易是封闭的，所以会形成一个循环：明明无理的人，可以总觉得自己有理；本来有理的人，可以自卑到觉得自己哪儿哪儿都错了。

当把事情闹大，希望第三方来评理时：第三方如果彻底站在你的角度，那你就会赢；彻底站在对方的角度，对方就会赢；如果站在一个中立的立场，成为"基本公平的神圣第三方"，那就是，总搞破坏的那个人是作恶者。

现在的互联网，有时就像是"基本公平的神圣的第三方"，太自恋的人，选择在互联网上曝光别人时得先问问自己：我是不是其实已经"一身黑"了？

　　有人对第三方的评判极其敏感，但实际上，就算第三方或对方没评判你，你的内在一样会有感知。

　　所以，别随意做破坏性行为，更别做得太过分，做太多。

· 第十章 ·

懂事、脆弱与生命力缺失

全能自恋与彻底无助

全能自恋与彻底无助是婴儿早期的一对矛盾。如果需求被满足，婴儿就有无所不能的全能神感。如果没有得到满足，几乎彻底依赖抚养者的婴儿就会陷入彻底无助中。

这样一对矛盾心理在成年人的世界也很常见。如果一个人容易在全能自恋与彻底无助中不断转换，就会出现各种严重的心理问题。例如，边缘型人格障碍、躁狂抑郁症等。

特别是躁狂抑郁症，全能自恋和彻底无助这对矛盾表现得非常经典——躁狂时处在全能自恋中，觉得自己无所不能，抑郁时则处在彻底无助中。

躁狂抑郁症患者会非常喜欢自己躁狂的状态，但作为他们的家人会很担心。

例如，一位大企业家处在躁狂状态时，因为真觉得自己无所不能，所以会做很多重大的决定，例如一下子投资 10 亿元，从而导致过不少损失。

后来，他的家人学了一个办法。当他躁狂发作时，就带他到澳门赌场去赌博。那时，他仍觉得自己无所不能，可是输上一会儿，他就清醒了。这一会儿有时代价很大，但还是比动不动就在经营企业上做重大决定好。

说清醒其实也不对，因为赌输后，他会陷入彻底无助中，呈现出严重抑郁的样子。那时，他觉得自己什么都不对，什么都做不了，差劲至极。这种自我感知并非真相。

一种常被报道的现象"长途火车综合征",也有这种彻底无助的意味。例如,有一年春运期间,一男子坐火车 13 个小时后精神失常,有了暂时的被迫害妄想,觉得满车厢人都想害他。这是因为逼仄的空间让当事人感到一动都不能动的无助,长时间的彻底无助最终逼出了被害妄想。

无助感的对立面是掌控感。在宽敞的空间里,一个人可以控制自己和外部事物,就不容易有这种彻底无助感。

讲到这儿,我要强调一下,全能自恋、全能暴怒、彻底无助和被害妄想,这四者很容易连在一起,因为它们本来就是全能感的四种基本变化。

如果你的观察力足够好,就会发现这四个变化会同时在一个人身上看到。不过更容易看到的是,这些矛盾会表现在不同的人身上。例如,全能自恋和彻底无助这一对矛盾,常常可以在亲子关系和伴侣关系中看到。两个人构建了一个超自恋和一个超无助的关系,结果扮演自恋的越来越累,扮演无助的越来越无能,甚至出现了僵尸化。也就是说,全然陷入彻底无助中,一点活力都没有了。

讲几个故事吧。

故事一:一个女孩很希望考第一名,但她从来都没法做充分的准备。

希望考高分,这源自全能自恋。不能做充分的准备,是因为准备时遇到随便一个问题都会唤起她的彻底无助感。为了逃避无助,所以不能准备,结果只能想象自己会考高分了。

甚至她的考试办法也非常奇怪。譬如,做过去的试卷时,她会直接对着答案抄写。这样做的好处是满足了自恋——每道题都会,不必经历思考和挫败,坏处是留不下深刻印象,基本没用。

故事二：一个女高中生，每次成绩公布后的两三天，哪怕她考试的总成绩是第一，她也会陷入严重的抑郁中，想自杀。只有一种情形她才能满意：每门功课的成绩都是年级第一名。就是要绝对完美才行，否则她就会陷入彻底无助。

故事三：一名男士在准备一个资格考试，但考试资料看了没几页，他就困得不得了了。恍惚中，他看到一双巨手在帮他解决所有难题。

故事三中的这双巨手是全能妈妈的缩影，而他之所以被动，是因为很容易陷入婴儿式的彻底无助中。

这样的事在现实中真的发生过，网友"肇事辜儿"曾在我微博下讲述了自己的故事：

我哥上初二的时候，老师要求晚上在家自修到 10 点。他到点就困，于是想出一个招，在他睡着以后，由我妈拿着课本在他耳边念，这样他就能学习和休息两不误了。

故事四：一对夫妻，女人像是无所不能的，男人则被动、退缩。女人无所不能，是全能自恋；男人被动、退缩，是无助依赖。

在故事四中，一方面，男人扮婴儿依赖妈妈；另一方面，女人的全能感也在捍卫自己的自恋，且为了捍卫自恋会将无助投射给男人，例如攻击、贬低与否定男人。这是一个复杂的游戏，真不知道谁对谁错，谁占了谁便宜。

这些文字和故事"击中"了很多人，那么怎么破？

原则是觉知自己对全能自恋的渴求以及对彻底无助的恐惧与抵触，从力所能及的事开始，一步步做好自己该做的事，轻易不言退。不追求完美，也不被无助征服。最终，你会与事情建立深刻的联系，享受这个不完美的过程，并体验到真实自信。

当我这样讲时，有人问："难道这就是传说中的'有失败感时就去打扫房间'？"

这是很常见的办法，能起到一定效果。例如，有些母亲总在厨房待着，这是她的领地，不许任何人在这儿指手画脚，这让她躲避了在客厅的无助。

说到这儿，我想起一个经典的故事：一户人家，突然来了几个客人。男主人猛地奔向一条多年未修的凳子，修起凳子来。

这是因为面对客人，男主人感到无助，不知道怎么招待才好，但他可以修凳子。在修凳子时，他的控制感可以部分恢复。

彻底无助的心理可以解释一个常见的中国式育儿方式——过度保护。首先得强调一下，过度保护其实也是过度限制。

中国的大人，特别是隔代抚养孩子的老人，恨不得让孩子生活在能免除一切危险的真空中。

这是一种深刻的投射。这些大人或老人在婴儿时，会经常处在彻底无助的状态中。例如，有大人在但大人不管他们，他们处于孤独中，身边根本没有大人照顾。没有大人的照顾，婴儿解决不了自己的大多数正常需求，于是常陷入彻底无助中。

并且，本来是彻底无助——自己无力解决问题，但婴儿会将它投射成外界有一个大魔鬼在镇压自己，让自己动弹不得。因为当需求得不到回应时，婴儿会从全能自恋状态变成自恋暴怒状态，常常恨不得毁掉一切。这会吓到婴儿自己，于是婴儿会将这种毁灭欲投射出去，结果变成外界有一个魔鬼要来毁灭自己，于是婴儿吓得一动不动。

当婴儿感到彻底无助时，任何刺激对他而言都像是攻击，并且他会将所有外界的刺激都感知为是一个有敌意的大魔鬼派来的，所以都会吓到他。

对此，我多位来访者这样表达过类似的心理："我感觉自己是没有皮肤的，血和肉直接裸露在外，任何风吹过来，不管是冷、暖，抑或是恰恰好，我都会疼痛。"

那怎么办？真正的解决办法是，有一个大人很好地回应、照顾一个婴儿就可以了。但有些老人会这样想：最好把婴儿彻底关闭在一个真空中，不要对他有任何侵扰。

也就是说，这些老人在婴儿期可能太孤独了，这让他们形成了这种感知——任何刺激都是攻击，所以最好切断所有刺激。于是，他们这样对待自己的孙子或孙女。他们自己的内在婴儿是渴望避免一切刺激的，但投射到真实的婴儿身上就扼杀了婴儿的活力。

例如，他们不让小孩子玩水，不让孩子光脚在地上跑。这都是在说，小孩子是非常脆弱的，他们很容易被外界攻击而病倒，甚至死掉。

如果是妈妈的话，则容易极力想给孩子创造完美的养育环境。但我们仔细观察就会发现，这个完美的养育环境在剔除掉所有不利因素后，就很像是一个真空环境了。这样做的妈妈，她们在婴儿期要么是常被伤害，要么是严重被忽视。

一位网友分享了两个故事：

1. 我们小区有个奶奶，我带宝宝下去玩了一个小时，我听到她说了几十遍"不可以"和"危险"。哪怕是孩子摸一下健身器材，她都不允许，说危险。我看她那神神道道的样子，觉得她更像僵尸。

2. 有个朋友的妈妈就是这样。她的孩子对着电视里奥运会比赛的选手不停地说"别跑别跑，摔着"，跟他姥姥说他的语气一模一样。

当大人们这样做时，看起来是过度保护，但其实是过度限制，这也构成了对孩子活力的绝对禁止。孩子貌似被保护起来了，可同时，他们的一切活力都被禁止了。

梦魇是怎么回事

有一种彻底无助现象，我猜你应该遇到过，那就是梦魇，它也被称为"鬼压身"。

典型的梦魇，是你突然间从睡眠中惊醒时发现身体一动都不能动，心跳却非常之快。有时，你被惊醒前是有可怕的噩梦的，有时连梦都没有。你的心跳和呼吸显示你是遭遇了重度惊吓，然而更可怕的是，你的身体竟然一动都不能动，你连逃都不能逃。

噩梦和不能动弹还不是最可怕的。最可怕的是，这时有人会觉得周围有可怕的东西存在，例如鬼影，甚至是极为鲜明、真实的形象。记得一本小说中讲到一个人陷入梦魇时看到一个老头，在拿着一个瓶子往他脚上倒水。

你感到极度恐惧，有一个魔鬼般的东西被你看到了，可你的身体竟然动弹不得。这种体验在我看来就是彻底无助的核心体验。在平时，因为有头脑的防御机制在，你陷入严重无助时看不到这么极致的体验，但突然醒来时，头脑还没起作用，这份体验就会无比鲜明。你会清晰地感受到，所谓彻底无助是什么样的感觉。

我曾经有过三十来次的梦魇，大多是突然间醒来，连梦都没有，发现心脏在狂跳，身体完全不能动弹，就像被什么东西压住了一样。这真是很符合鬼压身的说法。

少数几次甚至觉得床都飘浮到半空中，而且在剧烈颠簸。

这些体验太可怕了，所以当身体能动弹时，我会赶紧打开灯，站起来走走，喝点水压压惊，并且要到阳台这样宽阔的地方去吸口新鲜空气。

经历过 30 来次的梦魇，我才终于有了梦境，这就相当于有了破案的线索。依靠这些线索和心理学知识，我很快发现，每次梦魇发生都是我想和当时的女友提分手的时候，但是我提不出来，甚至这种想法只是一闪念，都没明确地进入意识。

接着我理解到，和女友分手就相当于和妈妈分离，而这是我不允许自己意识到的。因为一旦产生这种意识，我就会有非常恐怖的体验发生，这种体验就变成了梦魇。

当认识到这些后，我就再也没有遭受过梦魇的袭击了。所以，梦魇真的不是心口压了一些东西这么简单。

前面我讲过梦魇的基本逻辑，现在我再概括一下：

小婴儿一发出能量，就是全能自恋级别的，当得到积极回应时，婴儿就会觉得自己像神一般厉害；

当这份能量没有得到积极回应时，就变成了全能暴怒，而陷入全能暴怒的"我"就如同魔鬼或死神一般。

谁都希望"我"是好人，"我"可不能这么恐怖，所以要把这份恐怖的黑暗力量从我身上去除，再投射到外部世界。于是，这时就像外部世界有一个魔鬼在压制自己，这是被害妄想。被压制的自己彻底不能动弹，所以是彻底无助。彻底无助的自己，至少是个好人。虽然有点无力，但至少还是个"人"。

基于这个逻辑，我有一个说法：不能让小婴儿常处于孤独中，因为这会让小婴儿觉得他如同身在地狱，周围是魔鬼环伺着。这太可怕了。

这个逻辑在成年人看来像是形容，但在婴儿的感知和想象中就像真的一样。

在前文中，我几次讲到一个关于苍蝇意象的案例。前文也讲到了，这就是一位来访者常做的梦：她梦到自己在一个无比巨大的房间里，她躺在地毯下，在她身上站着一只像航母一样大的苍蝇，她被吓得一动都不敢动，生怕一动，苍蝇就会一口把她的头咬下。

这个梦，我的分析是她婴儿时常处于孤独中，有了恐怖体验，而一次可能正好有一只苍蝇在骚扰她。这吓到了她，于是她把一切恐怖体验都聚焦在了苍蝇身上，就好像这只苍蝇是个无比恐怖的魔鬼，一切恐怖都是它制造的。

但其实，这些恐怖体验的源头是这个来访者自己的全能暴怒。

再讲一个案例吧。

一位女士，无助是她最基本的生命体验。每天，甚至是时时刻刻，她都可能感到无助。

她很容易进入彻底无助中。例如，一次她和自己的女儿还有很多行李挤在轿车的后排座上，这次行程有点长，她们就这样难受地坐了几个小时。突然间，她陷入彻底无助的可怕体验中，然后动弹不得，任由自己和孩子处在难受的状态中，无法做任何事来改善局面。

她也多次体验到梦魇。梦魇中，她总是看到一个鬼影在靠近自己，这让她无比恐惧。

有梦魇时，人是从睡梦中醒过来了，意识很清醒，这和梦中是不一样的，所以这时看到的鬼影也罢，鬼也罢，可怕的人也罢，在视觉上都是清晰可见的，这尤其可怕。这些其实都是幻觉，因为当身体能动弹后，这些可怕的形象就都不见了。

她一直认为这个鬼影和她无关，和她婴幼儿时遭遇的虐待有关。她通过一些迹象和证据推断，小时候，妈妈和奶奶对她很不好，有时会严重忽略她，逼迫她做一些不符合她年龄的动作，这构成了虐待。这些虐待体验可能是这个鬼影的来源，即当抚养者没有照顾好她，而是虐待她时，她觉得他们像鬼一样可怕。

这种推理很正常，精神分析也认为，人们心中的鬼的意象就是来自"坏妈妈"和"坏孩子"。

当抚养者能积极、及时地回应婴儿时，就是"好妈妈"，这时孩子就会是"好孩子"。当做不到这一点，甚至主动伤害婴儿时，抚养者就成了"坏妈妈"，孩子就变成了"坏孩子"。婴儿没法处理这种坏，就把它们从意识中彻底切掉，于是就变成了可怕的、非人的鬼。

这时，有一个重要的工作需要做，就是让这个在婴幼儿时被切掉的体验重新回到她的心灵中。于是，这位女士再次讲起梦魇。她讲起梦魇的鬼影时，我说，这个鬼影可能也是你自己。当时她刚好遇到挫折，所以她产生了巨大愤怒，但她只会无助，愤怒表达不出来。所以我对她说："这份表达不出来的愤怒，可能就是这个鬼影。它靠近你，也许是想和你重新融合到一起"。

这样的解释不要轻易做，因为当来访者严重防御某种体验时，咨询师要尊重这一点。要在适当的时候才去做这种解释，这样不至于引起来访者自我的崩塌。

这次就是一个例子。再次咨询时，她罕见地一开始不怎么说话，明显是对我不满。等开口讲话时，她就攻击我，说上次的那个解释对她有伤害，她接受不了。她不认为那个鬼影也可能是她自己，她认为那就是坏抚养者，很可能就是没照顾好她、脾气又特别坏的奶奶。

对我发了一通脾气后，她安静了一会儿，然后说，她其实也想到了，那个鬼影是自己的一部分，但是她实在不愿意接受这一点，所以有所抗拒。可实际上，当真的想到这个鬼影和自己合二为一时，她不仅觉得自己变坏了一些，也觉得自己更有力量了。

这种事情在咨询中常常可以遇到。例如，一位男士会在脑海里产生各种各样鬼的意象。找我咨询前，他对这些鬼的意象无比恐惧，但在咨询中，当他能拥抱这些鬼的意象，与它们合二为一时，他发现自己真变得更有力量了，脾气也大了。对此他的理解是，当需要发脾气时，他就想，不是我要发脾气，是我内在的那个"鬼"要发脾气，这是可以的。

一个太孤独或真受到太多虐待的婴儿，会滞留在高级别的全能感中，而其中的全能暴怒常常会吓到他。他既担心自己真可能像是全能的魔鬼，可以摧毁掉自己、所爱的人甚至世界，也觉得这个破坏性的全能魔鬼实在太坏、太邪恶了。他们不想接受这一点，认为这些因素是"非我"，所以要从自己身上切割、扔掉。

太相信这种逻辑时，必然会感到彻底无助。陷入彻底无助的人，虽然很无力，但觉得自己是好人。还因为如此无力，所以是缺乏威胁性的，也因此不容易遭到攻击。然而问题是，陷入彻底无助就意味着全能自恋和全能暴怒中藏着的力量也就消失了。

所以，彻底无助的人需要重新拥抱这些被切割了的力量，这也是我写这些文字的目的。

小偷意象

在咨询中，我听不少来访者讲到关于小偷的意象。在梦中、入睡前或孤独的时候，他们会觉得有一个小偷藏在自己身边，像是在寻找时机破门而入，攻击自己，而且自己不能对抗这个小偷，甚至即便周围有亲朋好友陪着，也仍然会觉得他们联手起来都打不过小偷。

在讲解小偷意象前，我先讲一个心理学的方法论，就是信任感觉加上容忍模糊。

人的内心是非常有意思的，它晦暗不明又无比复杂，有些东西看上去不是那么有逻辑，却让你非常有感觉。这种时候，要克制自己非要在逻辑上把它理顺，或者变得更积极、正确的努力。因为这意味着，你是在拿逻辑去套感受，或者说拿思维去套体验，这容易导致误解以及对感受的扭曲与切割。

小偷意象就是一个例子，特别是对我自己而言。

听到几位来访者讲到小偷意象时，我就觉得纳闷。这哪里是小偷啊，分明就是蛮不讲理的恐怖强盗啊！小偷是偷偷摸摸的，而小偷意象中的小偷虽然在躲藏，但它如此凶悍有力，强盗的部分远胜偷窃。

不过，我自己一直遵循着"容忍模糊、不急着给予理性解释"的原则，所以没在自己的意识上把小偷意象修改为强盗意象。

现在，随着对人性的了解越来越多，我才对这个小偷意象有了越来越多的理解。的的确确，它的关键就在于"偷"。

我们已经知道，婴儿与母亲的关系存在着严重的剥削与被剥削。当一个人的心灵严重滞留在婴儿早期的状态，受严重的全能自恋心理驱使时，他会觉得自己挣钱养活自己是无比悲惨的事情，必须去拿别人的才对。

婴儿认为这才是正常的。毕竟，整个世界都是"我"的，我自然可以随意支配和使用一切。咋了，你们竟然不赞同，这样竟然不允许？好，那我就去偷，悄悄地把属于你们的东西夺过来据为己有。

但是，人毕竟会长大。别说成年人，一个大孩子都会知道这是在偷别人的东西，是不合理的，正常社会是不能接受的。于是，一个人意识上会向成年人的心智发展，希望自己讲道理、讲规则，自己养活自己。

这样一来，就把"偷别人的东西据为己有"的原始心理给压抑到潜意识里了。当它从潜意识中冒出来时，就变成了小偷意象。

当严重地受到小偷意象驱使时，人就会觉得自己挣钱养活自己太苦了，简直悲惨至极，但如果是拿别人的东西，感觉才对、才爽。

在正常社会中，偷窃、抢夺别人的财物是不被允许的。如果一个人非要在正常社会偷别人的东西，还不加掩饰，就显得非常不对了。

2020 年 4 月，一位广西男子周某出狱了，他的雷人言论和此前的雷人行为立即引爆网络，让他红极一时。

他是因为偷东西而屡屡入狱的，在一次接受采访时，他说了一句很雷人的话："打工不可能打工的，这辈子都不可能打工的。"

不打工怎么办？那就去偷。他执着地去偷，也不怕为此进监狱，因为进监狱就像回家一样，监狱比家好。

普通人说这种话应该至少是感到不好意思的，但周某极为坦荡，因此像是有了一种魅力，加上外貌有点像切·格瓦拉，因此被戏称为"窃·格瓦拉"。

窃·格瓦拉一度爆红，传说有经纪公司用 1500 万元和他签约，后来该经纪公司和追捧周某的自媒体受到有关部门的管制。看起来这对周某起到了治疗作用，他幡然醒悟，说了一番很平实、很感人的话：

以前做过很多不好的事情，偷过别人的东西，在这里跟大家道个歉，对不起了。
在网上看到有人在说我、骂我，有些年轻人在模仿我。你们不用模仿我，做好你们自
己的事情，好好生活。我就想做个普通人，在家种地，照顾父母，在家里养一些鸡呀，
鸭呀，让家里的生活过得好一些。

周某的这种转变像是婴幼儿的一个成长过程。一方面，发现继续偷会被惩
罚；另一方面，自己的能力越来越强，能基本自立了。两个因素综合到一起，
让周某从窃·格瓦拉变成了普通人。

我们得知道，婴儿有一个致命的矛盾：一方面，婴儿活在全能自恋中，觉
得自己的一切需求都可以被一个全能母亲满足；另一方面，早期婴儿几乎活在
彻底无助之中，任何刺激对他们来讲，如果没有抚养者帮助都是过度的，超出
了他们的自我发展水平。

这种矛盾也会延伸到一些成年人身上。他们不去积极努力，因为心中幻想
着自己只是高高在上地发出需求，就可以立即、完美地得到无条件的满足。同
时，当他们真去努力时，就发现自己好像什么都做不了，而其实是因为他们的
要求太高。

这样的成年人会像周某一样，不愿意打工，因为打工有一种卑微感，毕竟
还有领导管着。同时，打工也太辛苦了，会破坏"念头一动就被无限满足"的
婴儿式期待。

并且，宁愿偷，也不愿自己去争取，也是因为婴儿觉得自己不能创造也不
愿创造，而创造物完全在母亲身上，自己什么都创造不了。

小偷意象中的一个关键因素是"戏弄"，更深层次的含义是，你能创造又有
什么了不起呢？你辛辛苦苦地去创造，花了很大力气，可你一不小心，我就可
以把你创造的东西偷过来。哈哈哈，看你这个自大的家伙，现在傻眼了吧？！

一位男性来访者说，他小时候听父母老夸奖一个邻居家的孩子，说那个孩子懂事，成绩又好。有一次，父母又在这样做时，他有些恼怒，但突然间有了一个想象：这孩子样样都好，可突然间暴病身亡了，啊哈哈哈，这太讽刺、太搞笑了。这个想象让他乐不可支，他笑得死去活来，而父母被他笑傻了，不知道他在干吗。

这是普通生活中的一个细节，而打砸抢在我看来也是出于同样的心理。不仅是偷，还要去毁灭。不仅是因为自己缺、自己需要这些东西，也是因为拿了、毁了别人的创造物，就羞辱了那些辛辛苦苦的家伙。爽！

在这个维度上，还有更严重的事情。例如，项羽火烧阿房宫，也是在表达对这个辉煌之物的创造者的羞辱、蔑视和戏弄。

这样的戏弄是会带来一些快感，但同时，在普通状态下，他们也惧怕自己的这种破坏性。例如前面讲到的那位男性来访者，他对自己的这种心理感到非常恐惧，觉得自己是个怪物。

并且，他们都有很强的自卑感。哪怕是到了周某这种级别，也一样会有这种自卑感。如果真让他去创造，他会觉得自己什么都创造不了。这也是嫉恨心理的核心——觉得自己什么好东西都拥有不了。

这必然是受全能感支配的结果：他们会希望一出手就非凡，一动念头就能得到完美回应。他们不仅渴望外部世界这样满足自己，同时也这样要求自己。

最严重的时候，他们会觉得只有 100 分才是对的，99 分都不合心意。当拿到 99 分时，他们会生出全能暴怒，想去毁灭。这是他们拥有不了、创造不了东西的重要原因。

可以说，小偷意象中一个关键词是"匮乏感"，即深刻地觉得自己什么都拥有不了、创造不了，所以只能去"偷"。

但是，当人基本能满足自己，对生活也有基本掌控时，就会发现其实 60 分已经非常好了。这个时候，全能感会被驯服很多，小偷意象也会得到转化。

尸体意象：没有生命力的情感

"恋尸癖"是一个有点惊悚的词语。它狭义的解释是，有一些心理过于病态的人只能和尸体发生关系。尸体的特点，并非死亡，而是彻底不能动弹，彻底任人摆布。

严格意义上的恋尸癖自然不多见，而宽泛意义上的恋尸癖很常见，即希望在关系中自己是绝对的掌控者，对方是绝对的被掌控者，任自己摆布。

"恋尸癖"这个词太难听了，相信很多人难以接受自己会有这个倾向。同样，已沦为精神尸体的人也难以面对这个现实。但这个逻辑不妨听听："恋尸癖"这种惊悚的词语，也可以帮助自己"醒"过来。

用我们课程的术语，则可以说，有恋尸癖的人是想在关系中寻找彻彻底底的全能自恋，而当这一点实现时，对方就陷入彻底无助状态，因此失去了生命力。

讲一个故事吧，一个很普通的故事，是一位妈妈讲给我的。

她的儿子要读小学一年级了，开学前有一个体验日，她带着儿子和比儿子大 3 岁的女儿一起去了学校。

到了学校后，她发现儿子很胆怯。他看到一个邻居家的小女孩，想和她打招呼，用手碰她，但她一回头，他立即就退后了两步，说不出话来。

因为这种胆怯，他想黏着妈妈，而妈妈则希望儿子能独立，能承受这点小小的挫折，所以半鼓励、半逼迫儿子找小伙伴去玩。

离开妈妈后，他很茫然，然后看到了姐姐。姐姐很放松、很潇洒地和几个小伙伴一起玩，于是他找到姐姐，要黏着她。

姐姐一开始很乐意带弟弟，但不久后有些不耐烦，想把他推开。这时，弟弟就嘴一撇，要哭，于是她只好允许弟弟黏她。

这时，妈妈发现儿子没那么茫然了，但他开始有些霸道，对和姐姐一起玩的小伙伴有些敌意，排斥他们接近姐姐和他。

她讲完这个故事，我感慨道："你看，这也是你和你丈夫的关系。"

她是一个女强人，非常能干，而丈夫则有些无能和懦弱。她很多次想和丈夫离婚，但一直没下定决心，不过越看丈夫越不顺眼，实在不明白丈夫对她来讲有什么意义。

她女儿对她儿子的意义，就是她丈夫对她的意义。

说好听一点，这个意义是陪伴。

说难听一点，这个意义是陪衬。

将这两点联系到一起，她若有所悟，然后说，特别是事业早期，要谈生意的话，她不能一个人去，因为会很慌，必须拉着丈夫一起去。丈夫虽然不能在谈生意上发挥什么作用，但只要他在，她就可以心安很多，就能有较好的状态面对生意伙伴。

谈生意只是一个缩影、一个隐喻，也是他们 20 多年婚姻的缩影。

也就是说，在他们 20 多年的婚姻中，她丈夫一直在扮演这种角色——她的陪衬。

用最简单的术语讲，丈夫满足了她对安全感的需求。

用稍复杂一点的术语讲，丈夫给她提供了控制感。

独自一个人的时候，面对外部世界，她会慌张，有失控感、无力感，不知怎样去掌控外部世界，但对丈夫，她有绝对的掌控感，这部分是现实。她主要是要面对自己的想象，但想象的掌控感也能带给她很多力量，所以当有失控感和无力感出现时，看到丈夫这个稳定而可控的客体在自己身边，她就心安了。

只是，她的心安同时伴随着丈夫的不耐烦和丈夫的失去自我。

在这样一个过程中，她的能力和自我不断被激发、被滋养，而丈夫因只是她的陪衬，却越来越萎缩。

很多中国人的婚姻就是这样的搭配。一个人，只是另一个人的陪衬，这个陪衬很难被看到、被尊重，相反，会被蔑视，而另一方很难意识到这个陪衬究竟有何意义。

当然，陪衬也有他们自身的问题。他们通常会是比较封闭的那一个，缺乏足够的动力冲向外部世界。于是，有一部分借助伴侣的动力，多少打开了一些，但从整体上来看，他们会越来越失去自我，越来越封闭。

这种婚姻从表面上看，做陪衬的那个人是婚姻的拖累者，他看起来该为家庭的很多问题负责。不过从深层来看，做陪衬的这个人很惨，因为他失去了自己。而那个掌控者，是很累、很委屈，但他发展了自己，这是巨大的好处。

人们本能上知道这是好处，并且是很大的好处，所以会去做这种看起来不够合理的选择。

这位女士的条件一直很好，当初不乏优秀的追求者。她之所以选择丈夫这样的男人，有一种感觉极为关键。她说，当时觉得他好安全、好可靠啊，他的人生一眼就能望到头。

第一次听到有人讲这种择偶原因时，我很震惊，但后来发现，竟然有非常多的人是出于这个原因而选择了伴侣。并且，多位女性说了和这位女士一模一样的话——他的人生一眼就能望到头。

男人做类似选择时常常使用的语言是：她很单纯、很听话、很乖。

如果你是因这样的心声而选择伴侣，那意味着你的安全感很低，你很惧怕失控，所以要找一个像惰性气体一样的伴侣。他的不活跃，让你觉得好控制，给了你一种稳定感。

的确，他们中的很多人说，他们同时有更喜欢的对象可以选择。相比起伴侣来，他们更喜欢的对象更有激情，但也更难把控。一位女士就此说："你真没法预料，和这个男人在一起第二天会发生什么。"

这一逻辑开始是这样的，以后也会延续。做了这种选择的人，势必会倾向于压制伴侣的自由选择。伴侣的选择只要和你想象的不同，你就会不安，甚至因失控而导致出现崩溃感。

可是，和他们在一起，你可能又会觉得乏味，于是抱怨对方没活力。你必须清楚你做了什么选择。

这种逻辑发展到最严重的地步，就是所谓恋尸癖。它的核心逻辑是：你必须和我想象的样子完全一致，有任何不一致，我都会暴怒。如果持有这一逻辑，最后你会发现，只有把对方弄成僵尸一般的存在，才能符合你的要求。

恋尸癖，在超级强人身上最容易见到。这是由权力的属性所决定的。权力是什么？著名小说《一九八四》中，审判官对男主角说，权力就是我可以将脚踩你的脸上，而你不能反抗。

像希特勒这样的大独裁者，他希望，在他的世界里，只有他一个人是人，其他人都是他实现目标或欲望的对象与工具。他会幻想，在他能控制的世界里，其他人都会百分之百地、不折不扣地执行他的意志。

这就好比他是一个下棋的人，其他人都是棋子，他命令棋子怎么动，棋子就怎么动。如果棋子忽然自己动了一下，他就会暴跳如雷，哪怕这个棋子走的这一步是正确的。

心理学家弗洛姆认为，希特勒等纳粹高层有"恋尸癖"，他们对健康的、有同情心的、积极乐观的、热情开朗的"人"不感兴趣。他们希望人像尸体一样，不怕疼痛，百分之百服从命令，并且在被指挥送死的时候一点都不害怕，一点都不犹豫。

正是因为是这种人格，希特勒在众多追求他的女子中选择了爱娃。一个熟知希特勒与爱娃关系内幕的人说："对于他来说，爱娃不过是个可爱的小玩意。她缺乏逻辑性，头脑愚笨，只是长得漂亮而已，但是或许正因如此，希特勒才能在她身上找到一直以来都在追寻的宁静与放松。"

希特勒在追寻什么样的宁静和放松呢？我认为，就是在私密的世界里，仍然是只有他一个人具备意志，而他最亲密的女人只是一个没有意志的棋子，必须是他让她动，她才动。如果这个女人的个性独立，知道自己要什么，会不懈地追求，那么希特勒就会失去他追寻的宁静和放松。要找到这种宁静和放松，就只有去找爱娃这种极其依赖他、极其没有主见的女人。爱娃不是以她的魅力战胜了其他竞争者，而是她的依赖个性对希特勒有"致命的诱惑"。

控制欲极强的人极少喜欢和他有同样个性的人，哪怕那个人是最亲密的人。政坛上有能力的人如此，生活中的强者也是如此。我知道的一个港资公司的高层经理，他最讨厌下属主动提建议。如果有人这样做，就会被开除，不管建议多么合理。

因为是这种个性，强者认识现实的能力被打了大折扣。德国一位心理学家将强者形容为"穴居人"。他认为，强者的控制范围像是一个洞穴。在这个洞穴里，完全是他说了算，他运筹帷幄、算无遗策，他的臣民没有一点机会表达自己的意志。

但是，他的洞见力仅限于这个洞穴。对于洞穴外的世界，他只能看到被洞穴限制住的有限天空，所以一旦要和洞穴外面的世界建立联系，他就会犯晕。

最严重的恋尸癖，估计心理治疗师也没辙。一般意义上的，即在关系中过于控制对方的人，得知道自己是在干什么。

重要的是要尊重对方本来的样子，并且鼓励对方做自己，同时收敛自己意志的过度扩张。

若做不到，找咨询师帮忙吧。

千人一面

彻底无助，相当于一个人精神生命的死亡，只是肉身生命还活着。这是极端的状态，而无助则是一个谱系。

或者说，无助是自恋维度上的表现，可以视为低自恋状态。所以，尽管我老讲自恋，看似很多问题都和高自恋联系在一起，但并不是想说自恋是坏的。毕竟对个体而言，无助的低自恋状态可能还是比自大的高自恋状态杀伤力要更大一些。

在无助这个谱系上，我谈一谈一种现象——千人一面。

在现代社会，这种现象要好多了，但在过去的很多时候，我们社会有严重的千人一面现象——就是大家的精神面貌差不多，穿的衣服很像，想法也像是被高度统一了。

在千人一面的社会，人容易变成这样：我不知道我想要什么，即便知道也不敢去要，而是大家要什么，我也要什么；大家什么样，我也什么样，于是大家活成了一个样；最好在该结婚的时候结婚，不能离婚；该要孩子的时候要孩子，不能丁克……

同时，我们又想攀比，于是变成"我要的要比别人多一点，以此来证明自己卓越"。可这种卓越缺乏个性，又是同质化的渴望，于是大家都挤在一条路上，构成了各种独木桥，如高考独木桥。

在这个逻辑下，人会惧怕个性化的追求，因为它意味着你成为自己，意味着脱离集体，这会给你带来很深的恐惧。

集体主义自然有它的价值在，然而同时我们也得知道，当一个人丧失了他的个性时，也是在相当程度上减损了自己的精神生命，这是巨大的损失。

这个逻辑的一个深层原因，是活在一元世界里的巨婴只能接受和自己一样的人，谁和自己的声音不一致，谁就是非我，就是异类，甚至是恶魔，就该去死。似乎和别人不一样是一种罪过。

我一个好友在该结婚的时候结婚了，该生孩子的时候生了孩子，他建议我也这么做。我问他为什么非得这么过呢？他说，因为大家都这么过啊。对于他的这个回答，我一直难以理解。

做了咨询师后，我才真正理解。很多来访者说过，离婚对他们而言就是一种失败，就意味着他们和别人不一样了，他们不正常了，因此面对别的正常人时，就觉得低人一等，无比羞耻，并且觉得别人在嘲笑自己。实际上，现在社会宽容了很多，而且离婚是很常见的现象。这种嘲笑即便有也不会太多，所以这主要是他们的内部感知。

这种心理的核心是怕被抛弃。群体是一个样子的，如果自己和群体不一样，他们就会认为自己融不进群体是因为自己是特别的，于是特别就成了一种羞耻，而不是酷。

一位女士考上了MBA，班上的同学多数比她年轻，她融不进年轻同学的圈子。她随即有了羞耻感，觉得是自己年龄太大了，这个外在条件导致她融不进群体，而处于可怕的孤独中。其实她孤独的原因是她一直都是孤独的，当年轻的同学们邀请她时，她总是抗拒，但这种微妙的内在心理不容易觉知，而年龄大是很容易归罪的。

孤独的婴儿都是破碎的，他们都想融到关系、人群中，其实就是想找到和他们共生的妈妈，而共生心理又会让他们想，"我要和你们一样，你们也要和我一个样"，这样关系才能建立。而如果谁有了个性，共生就被破坏了。所以要枪打出头鸟，谁特别想抢风头，就灭了谁。

这种心理导致我们很容易跟风。

小时候，我一直纳闷，为什么我老家卖西瓜的一定是赚一年，然后赔一年，总是这个规律：卖西瓜赚了，大家都去种西瓜，结果西瓜多了，就赔了；赔了，大多数人不种了，结果种西瓜的成了少数，于是赚了；赚了，大家又去跟风，然后又赔了……

先是种西瓜，而后是养殖业，如养鸡、养猪等，跟风就变得更可怕一些。

城市里的跟风也比比皆是，像香港的大黄鸭轰动一时后，全国各地都在复制大黄鸭，结果这事儿就不特别了。大黄鸭的创作者不解，也愤怒，觉得他的版权没有得到尊重。

盛行个人主义的社会会鄙视这种跟风，但在千人一面的社会，跟风像是一种必然。

共生心理是导致千人一面的一个关键原因，而另外一个关键原因是原始嫉妒。

一般意义上的嫉妒是出现在男女关系中的，而原始嫉妒（独占心理），也就是我们常说的红眼病，它的真实心理是——我要占有一切好，谁任何一点比我好，我都眼红，羡慕嫉妒恨。

在电视剧《花千骨》热播时，我看了开头几集，又看了结尾几集，中间脑补了一下。觉得这部电视剧制作精良，演员的情感表达也不错，但受不了国产剧中常见的一种逻辑——所有男人都爱女主角，所有女人都爱男主角。说所有过分了一点，但差不多是这种感觉。我还是喜欢电视剧《权力的游戏》中那种复杂的情感世界，没有谁是绝对的中心。

"所有男人都爱我，所有女人都嫉妒我，我是这么纯洁、善良。"《花千骨》整个剧讲的就是这么一句话。前半句是原始嫉妒心理——我独占所有的好，每一方面都胜于他人。这种心理忌讳直接表达，你想独占一切，这自然会招致普遍反感。例如，花千骨的一个敌人霓漫天直接表达想要什么，于是招致所有人反感她。花千骨则是，我不争，你看我善良到极致，自动就成了世界的中心，这条善良地成为世界中心的路就安全了很多。

这个路数失败后，花千骨本色暴露，成为为所欲为又无所不能的妖神，原始占有欲远胜过霓漫天。

原始嫉妒在母婴共同体中也有微妙的表达，婴儿觉得母婴共同体中所有的好都要归于他。譬如花千骨，一出生母亲就死了，她还长得这么好，那自然归功于她的天命，而不是归功于她平庸的父亲。

继续说说嫉妒，常见的嫉妒可分为三种：

第一种，三角关系中的性嫉妒。

第二种，原始嫉妒。

第三种，我不能好，你也不能好的嫉妒，我压抑了自己不去争抢，而你竟然去大胆地竞争、去追求，我恨死你了，也恨自己为什么不去竞争！

第三种嫉妒，在我看来，是千人一面和枪打出头鸟的深层原因，并且也是由原始嫉妒演化而来的。

有原始嫉妒的人，别人比自己好，就会恨不得对方去死。这种心理投射到别人身上，就变成了——"如果我比别人好，别人会恨不得我死，所以我出于恐惧不能去竞争，怕被别人恨"。但同理，你也不能竞争，否则我恨死你。

第三种嫉妒导致我们压抑地活着，克制着自己的竞争欲望，伸展不开手脚，也看不得别人好。相当于阉割了自己，自然也忍不住想去阉割别人，所以有了这样的哲学——木秀于林，风必摧之。我们只接受一个人无私地去竞争，所以我们社会常见这种逻辑：要竞争时，伪装成是为别人服务的。

每个人犹如一个能量泡，它要伸展自己，而竞争就是最自然的伸展。所以，解决第三种嫉妒的方法是，好好发展自己，大胆地追求自己想要的，让自己的生命充分伸展，同时祝福别人的发展。不敢伸展又暗地里竞争，这会显得非常猥琐。

有位来访者是企业家，他就想独占所有的好，恨不得公司里的每一方面都是他最强，但同时，他又是一个严重压缩自己的人。当他逐渐品尝到伸展开手脚的美妙后，他的原始嫉妒轻了很多，可以由衷地去祝福别人了。

一位妈妈说，她6岁的女儿告诉她："我小时候觉得我是最好的，别人比我好，我会哭的。但现在，别人比我好，我不会哭了，因为我觉得我就是最好的。"

这是一条真理，你真觉得自己是好的，之后你就能接受别人的好了。

第三种嫉妒会引出"谁穷谁正确，谁弱谁有理"的逻辑：我不发展自己，把自己弄在一个很低的弱势位置上，但处在这个位置上反而有了道德优越感，然后就可以看一切都不顺眼了。毕竟，我压抑了自己，不出风头，成了一个高尚的人，你看你们那些白富美、高富帅，都是些自私、占有欲强的坏人。

这也是我们文化的一个特点，我们尽管也崇拜强者，但普遍认为他们是坏人，是掠夺了别人资源才能成为强者的。至于弱势者，因为压缩了自己的能量，显示了自己的无私，就可以因此鄙视所有人了。

弄明白这些后，不知道你会不会出一身冷汗。毕竟，先阉割自己，然后因此有了道德感，再去阉割别人，弄得大家都是毫无特色的千人一面，这个游戏多么低劣啊。

懂事，可能是深度无助

我们社会所赞许的"懂事"，可能是一种陷阱——一种让人主动灭掉自己活力的陷阱。当真是这种情况时，这种懂事就会是一种深度无助。

2015 年，我看到这样一则新闻：河北保定的李老汉推着一辆推车，载着偏瘫的老伴徒步去海南，日前已抵达武汉。

保定到武汉的直线距离，大约 1000 千米。

去海南，是李老汉要为老伴圆梦——她想去海南看看。

他们有两个女儿，但老汉不想麻烦女儿。他说，孩子都有自己的生活，不想麻烦她们。

并且，为了不被外界干扰，老人没有买手机。他们与女儿的约定是，只要不打电话，那就是平安。

这个故事仔细看，能看到老人的自立与爱，但我怎么看都看到了一种极致的辛酸，所以在微博上，我发了这样一段感慨：

好惨烈的孤独。将尽可能不去打搅别人表达到了极致。在这份极致中，透露着极致的辛酸与孤寂。

老人的自立精神也正好呼应了我的另一条微博：

努力才能成功！这句话听着没错，但这句话中有时会有这样的逻辑：一切极致，都必须是我努力得来的，这些都是我挣来的。这种逻辑中有深深的自恋。其实，世上的确有掉下来砸到你头上的好处。更重要的是，很多好处可以通过和人建立关系合作而来。闷头努力的人，需要看看自己是否活得又苦又自闭。

老人的准备很齐全，行李中洗漱用品、防潮布、铺盖等一应俱全，他很有决心，也很细心。但从他的故事中，闻到了苦涩味的不止我一人。

这让我想起我多位来访者的故事。他们的外在条件，如相貌和智力、家庭背景、学历与工作能力等都相当好，甚至有的人条件极好，他们的人生却总是透露着"我很可怜"的味道。并且，他们有一个特点：永远都在孤独地努力中。

努力、孤独和苦，结合在一起，就有了一种特殊的味道。这种味道在我的老家农村总是能闻到，在我父母、哥哥姐姐的身上能闻到，在我自己的身上一样也能闻到。

我想，无数中国人也会在自己的家乡、自己的父母，乃至自己的身上，闻到这种味道。

这种味道，可以称为"苦情"，说得好听一点，叫"懂事"。

在生活中，我算是一个超懂事的人。记得汶川地震后，我去灾区做援助。一次在一所学校，一个中学生对我说："老师，我发现你是一个超级小心的人。"我问他是怎么发现的。他说："你块头不小，在教室里走路还挺快，可是你什么都不会碰到。你肯定在使劲控制自己，并且这么自然，这是你的风格了。"

这个中学生真是人性观察的高手。

我这种深入血肉的超级小心，是从小形成的。小时候，我总是被夸懂事，算是乖孩子。乖孩子，是不能提要求、不能发出声音的，但是健康的孩子必然是有活力的，而活力的展现方式就是发出他高兴与不高兴的声音，提出他合理或不合理的要求。

不过，我这种乖并不是被父母意识上要求的结果。我没挨过一次打骂，也不被要求听话，可我仍然发展成了一个乖孩子，这是怎么回事呢？

妈妈说，我很小的时候总是哭，一哭就必须让人抱，一放下就哭，哭到一岁四个月，突然就不哭了，以后再没怎么哭过。相对应的是我记事很早，最早的记忆只有约 1 岁大，但从记事起就一直是小大人，偶尔才有做小孩的感觉。

我原来一直不明白，按说我得到的照顾还可以啊。因为爷爷奶奶死活都不给我家带孩子，我出生后，妈妈干脆不挣工分了，做起了全职妈妈。这在农村是绝无仅有的事。

再加上我没挨过打骂，没被否定过，好像是我得到了基本的爱与自由，但怎么就那么乖呢？

直到 2012 年的一天，我做了三个很有深意的梦，才明白是怎么回事。原来的哭，是对妈妈喊"看着我，关注我"，和我呼应。妈妈虽然尽全力想照顾好我，可是她有严重的抑郁症，没法做到这一点。

一岁四个月时，我突然不哭了，是绝望了，再也不发出这个意愿了。从此而形成的小大人风格中的懂事，是来自这样一种很深的绝望。

初恋的时候，有三年，我每天晚上都做噩梦。梦里在找女友，但永远也找不到。这一千多个噩梦，就是要发出爱的意愿却觉得不可能的绝望的体现，可见绝望有多深。但应该不是最深的那种绝望，毕竟我一直敢追求，没被绝望击倒，对爱一直有渴望。我听到太多人说，绝对不要和最爱的人结婚，甚至不和他们恋爱，看看就行了。这是被绝望击倒了，在这方面陷入彻底无助了。

在一次课程上，我明白了妈妈是怎么回事。她有严重的抑郁症，原因是被爷爷奶奶（主要是奶奶）攻击，被村里人扣上了不孝的帽子，被歧视。父亲和她都不能抗争，最终她几乎失去了活下去的动力。她是挣扎地活着，挣扎着照顾我们。在这种情形下，她没把气发到孩子身上已很伟大，更何况把我照顾得还可以。因此，我对妈妈没有怨气，但爱与流动，或者说活力，的确没得到。

精神分析说，抑郁症常是向外的愤怒转成了向内攻击自己。对我妈妈来说的确如此。每次一出事，她都是气得躺在炕上不能动弹，这是陷入彻底无助的表现。我爸爸的反应也很严重，他30岁时，因和爷爷奶奶发生冲突，气只能吞着，结果满口牙全掉了。每想起这件事，我就想哭，这真是"打落牙齿和血吞"。

我父亲的家族很变态：大伯父早夭，大伯娘被奶奶折磨死，现在家族根本不谈他们一家人；二伯父被送人了；我爸爸是老三，遭到严重歧视。幸好我们家族没住在一个大院里，否则妈妈真可能也被折磨死。叔叔和姑姑却受到爷爷奶奶的溺爱。

我名字中的"红"，是因为我出生前后，爸爸梦见他在地里捡了一块红宝石。他们觉得意头特别好，就起了这个名字。我出生后，家境的确开始好转，所以父母一直对我怀有感激，觉得好家境是我带来的，其实是他们拼命努力，终于有了家底。

下面说说在我在课上讲的那个练习"成为你的父母"。我在其他文章中讲过这个练习，在开课时也常使用这个练习。它非常有力量，堪称"可怕"的练习。多数人能在这个练习中迅速体验到父母的一些核心体验，因此对父母有了更深入的理解。

练习的方法简单讲就是找一个安静的地方，让自己闭上眼睛，安静下来，想象母亲出现在自己身体左侧一步远的距离，尊重第一时间呈现的样子，然后让画面越来越清晰。接着，左跨一步，想象自己进入母亲的身体，成为母亲。再睁开眼睛，用她说话的方式说话，用她走路的方式走路……

如果是父亲，就变成想象父亲在自己身体右侧一步远，接下来也是右跨一步进入父亲的身体。其他人也一样。

这个练习让我无比直观、真切地体验到了父母的体验，我立即发现，我的父母也都是挣扎着活着的，没有活力，不敢有奢望，对我完全没有期望，我的一切对他们来说都是一个又一个惊喜。

也不是完全没期望，偶尔他们会对我说，而我的潜意识也很深地捕捉到了他们内心的这句话——"别出事，别惹事"。原因是，被扣上不孝的帽子，并被村里大喇叭广播过的他们，觉得出了事没法摆平，甚至出了事会导致自己活不下去，这是被无助感给彻底控制了。

这句话很深地影响到我，我总处在一种淡淡的、莫名的恐惧中，但幸好这不是全部。并且，父母没对我进行过任何惩罚，所以我还是有一种反抗精神。这种反抗精神，对准的是影响中国几千年的孝道。

我是要为父母讨回公道。

假若完全不能明白这一点，我或许会成为反孝道的哲学家，还好心理学之路让我逐渐变得平和一些。

孝道这件事会把父母弄到全能自恋的位置，而父母真无情地对待孩子时，孩子就会沦落到彻底无助的位置。

后来，我越来越深地去理解了我家族的这个故事。最终明白，我父母最大的错误可能就是冒犯了奶奶的自恋，而她为了捍卫自己的神级自恋，就对自己的孩子发起了毁灭性攻击。

如果我父母至少有一个人是高自恋的，那情况也许就会不一样，但我父母本来都是懂事的孩子。本来我姥姥姥爷的家庭算是比较健康的，我母亲的懂事级别本来还好，但是作为懂事的好人，当面对我奶奶的凶猛攻击时，她没法进行有效的自我保护，没法狠起来，只能使用好人的逻辑，结果让事态越来越失衡。

所以教育孩子时，得让孩子学会尊重自己的自恋，首先照顾好自己，而不是变得太懂事，以至于总是围着别人的感觉转。总是懂别人，却不尊重自己了。

作为成年人，我们也得知道，总懂别人的事，总为别人考虑，这也不是什么好事情，因为这可能意味着我们有了一个巨大的丧失——我们丢失了自己。

平息众怒与鞭打快牛

我们在前文讲失控与归罪时，讲的主要是个体会使用的逻辑，本节我讲一下在大的群体中会发生的类似的事情。

先讲一个在《三国演义》中的情节。

曹操率军和孙策、刘备一起攻打称帝的袁术，但粮草不够了，本来预计吃十天的军粮只能吃三天了。粮草官过来问曹操该怎么办，曹操说，那就大斛改小斛。

粮草官说，这不是克扣军粮吗？士兵吃不饱，岂不是怨声载道？曹操说，我有解决的办法。

果真，几天后士兵怨气冲天，有骚乱的迹象。这时，粮草官过来问计。曹操说，"计策就是借你的人头一用，至于你的老婆和孩子，放心，我会好好补偿的"。然后立即斩下粮草官的人头示众，并说是粮草官克扣了军粮，害大家饿肚子。

军队的骚乱情绪被安抚了，然后士兵带着怒火迅速攻下了袁术的城池。

曹操是地道的奸雄，深通人心。不能撤军，仗必须要打下去，粮食只有这些了，必须减少每顿饭的量才能坚持下去。这时，军队有不满是必然的。不仅是饿肚子，也是失控，所以这时就必须找一个外在的"魔鬼"去归罪。这样就可以平息众怒，安抚人心。

平息众怒，安抚人心。这是常见的权力手腕。群情激愤往往意味着一个群体处于失控状态，这时整个群体的破坏力会很强，并且他们必然会将内心的魔鬼投射到外部世界，所以找一个"替罪羊"让群体去归罪、去恨，是一种很有效的策略。

和个体一样，群体也有整体心理发展水平的问题。巨婴越多，这种归罪的倾向越强，就会越急不可耐，因为巨婴的时间感和空间感比较差。一旦失控，他们就希望立即找到一个外在的魔鬼去归罪。

在我们的社会中，不仅个体会这样，体系也容易使用这种策略。所以，碰到问题，一种中国式的智慧是躲一下，别惹上身。如果你和这个大问题有关了，你就很可能会成为被怪罪的对象。

倒地老人讹诈扶助者，只是这一逻辑的一种表现而已。我们类似的表现非常之多，比方官僚作风重的企业，"老油条"们都会懂得"事不关己高高挂起""不求有功但求无过"，不要总想着去冲杀、去解决问题、去当英雄。因为你越是这么做，越容易成为领导和群众的替罪羔羊。

回顾一下自恋性暴怒的四部曲，只是当主语是群体时，"我"就变成了"我们"：

1. 任何不如意，都是在挑战我（我们）的自恋。

2. 任何不如意，不管是主观还是客观的，都有主观恶意动机在。

3. 有主观恶意动机者，必须向我（我们）道歉。

4. 否则，我（我们）就灭了你（本来这应该还有一句话——"或者灭了我自己"，但当群体处于暴怒时，群体不会去想"灭了我们自己"）。

所以关键是，当发生骚动时，群体会认为有"一个有主观恶意动机的魔鬼"在。这个魔鬼就像死神，来要自己的命，我们必须找到它、归罪它，甚至杀掉它，这样就可以免受它继续侵袭了。

因此，曹操推出粮草官，就可以让士兵们怪罪粮草官，认为他是让自己饿肚子的恶魔。杀了他，士兵们失控带来的恐惧、愤怒与无助就可以平息了。

在类似的逻辑下，还会导致一个现象，就是鞭打快牛。问题出现时，要找能干的人负责解决问题，而当出现问题时，也会牺牲他们。

这是因为能干的人通常心理发展水平也高，所以当局面失控时，他们能更好地解决问题。不仅如此，当要启动归罪逻辑时，他们就算被归罪也仍然因为人格成熟和考虑太多而倾向于去承受。但人格不成熟的巨婴，你如果要归罪于他们，他们会爆发出更严重的破坏性。

这是医闹一度盛行的重要原因。不仅是医闹的人不成熟、偏执，社会体系也有意无意地在偏袒闹事的人，而过于苛责医护人员这些社会中坚力量。

此外，这一逻辑也延伸到社会很多地方，例如鼓励举报，于是变成偏执的举报者和体系一起，对学校、媒体和商家进行联合"绞杀"。

具体表现就是，一有偏执的举报者，相关机构就要找被举报者的责任。而且，不分青红皂白，让被举报者想办法安抚举报者。这种现象背后的逻辑是：社会要和谐、稳定，就得找中坚力量来背锅。

这种做法有现实上的合理性，很多举报者都是一副死猪不怕开水烫的架势，他们有偏执的个性，而且非常善于战斗，不达目的不罢休，甚至还有一副"哪怕世界毁灭了也得按我的来"的架势，所以真是不好对付。

但被举报者常常是比较理性的，他们考虑得相对周全，所以可以用"压制"被举报者的利益的方法安抚偏执的举报者。

然而，被举报者常常是社会的中坚力量，偶尔这么做还好，一旦成为一个社会常见的逻辑就非常可怕。这一点目前最集中的表现就是医闹。

医闹有各种复杂的原因，所以医闹刚一发生时，医院方和相关部门竟然一直不去保护医护人员的安全和利益，而是容易偏袒和纵容闹事的偏执狂。

这个逻辑的形成不只是社会体系的问题，很多人都有责任。2020 年元旦期间，我和几个老传媒人聊天，大家一致认为，在相当长一段时间里，我们都错了。那时，但凡发生医闹、校闹，或其他类似事件，媒体就明显有一种倾向——庞大的医疗机构或相关机构在伤害弱势群体。我们反思，这种倾向鼓励了医闹。

平息众怒和鞭打快牛在短期内很好使，但也很容易收获恶果。例如，摔倒的老人讹诈扶助者，会导致社会道德严重滑坡，并且我们也可以看到，当不再一味偏袒老人时，这种事情就明显减少了。然而，在医闹这个问题上，这个逻辑仍然存在，这也导致医闹发生非常频繁。

广东佛山一名男子杀死多个家人。被抓后，他透露说，他之所以杀死哥哥等人，是因为父亲病逝前，他们没有对父亲尽心尽力，所以他恨他们。他讲了很多细节，似乎这个说法真可以成立似的。

只是我在咨询中也听了太多类似的故事，最终发现他们这样做的基本逻辑是失控后要怪罪别人的逻辑：失控，特别是可怕的失控，一定是有一个恶意力量在作祟，必须找到它、干掉它，否则它还会如死神一样继续发起攻击。

但这个死神其实是由他们自己的全能自恋转变而成的。全能自恋让他们想彻底控制事情。而当失控发生后，这份全能感受到挫败，特别是亲人死亡，再也没法挽回了，这是对全能感摧毁性的打击，所以要找到到底是谁干的。

倒地老人最容易怪罪的是事发时离他最近的人。同样，亲人离世后，最容易被怪罪的，恰恰是照顾亲人最多的那个人。

这也是医闹的逻辑。这个逻辑也是觉得医疗中各种失控都有主观恶意力量在和自己作对，而医疗产业化和相对恶劣的医患关系，让病人与家属很容易责怪医生，特别是第一线的医生和护士。

所以，和容易暴怒、自我破碎的人打交道确实不容易，你很容易被他们怪罪。

在写本节的内容期间，我休息时做了一个梦。我在梦中说出了这样一句话："你是好人，那么你得让着我，让我吃一口；你是坏人，你这么可怕，我吃了你！"

这是对极端巨婴心理的总结，碰见好人，他们想去剥削。而剥削被拒时，他们就想报复和破坏。个体的这种逻辑很难避免，但社会体系应该在这种时候秉持基本公平、正义的原则，不能为了安抚巨婴而牺牲中坚力量，否则就是在鼓励逆向淘汰。

警惕"张献忠崇拜"

博主"押沙龙"曾写过一篇文章《〈水浒传〉：中国文化的一场噩梦》。这篇文章主要讲的是，在《水浒传》这本"中国四大名著"之一的小说里，充满了毫无人性的残酷虐杀，而且干这些事的，就是梁山泊108条好汉。

例如杨雄杀妻，还有李逵凌迟黄文炳。这两个情节，好歹还有敌对关系，但其他一些情节真是令人难以接受了。

例如，梁山好汉设计逼霹雳火秦明入伙的故事。宋江策划了连环毒计，派人化装成秦明，带军队去杀人放火，"杀死的男子妇人，不计其数"。官府真以为是秦明干的，于是下令杀了他全家。秦明还不知情，等回到城门口一看，迎接他的是妻子的头颅，被士兵高高挑在城头上。

这种灭门大恨，宋江竟然轻松就承认了，而秦明也只是抱怨了几句。接着，宋江为秦明安排了一门亲事，做主把花荣的妹妹许配给了他，还称"甚是贤惠"。自此，秦明开心地归顺了。在全家被杀的第二天，他就帮宋江攻打了清风寨。

还有一个残酷的例子。也是为了逼另一位好汉朱仝入伙，李逵将朱仝带的小衙内——我记得是朱仝长官家的儿子，朱仝非常喜爱的——一斧子劈下去，"头劈成两半个"。后来还骗朱仝说，他只是给小衙内喂了麻药，让他晕过去了。

关于李逵的变态情节非常之多。说实话，我以前只留意了李逵如此变态，而忽略了梁山好汉除了鲁智深外的集体变态。

押沙龙说，作者施耐庵是写作的天才。他把故事写得如此血腥、如此变态，还细致入微，明显是他喜欢这么写，然而读者竟然就像失去了判断力一样，跟着他的写作读下去，竟然还对梁山好汉满怀喜爱。

押沙龙的这篇文章让我羞愧，我禁不住想，以前我是怎么读这本书的？我是怎么把做出这些变态行为的屠夫当作好汉甚至英雄的？

我把这篇文章转到了朋友圈，并和精神分析师张沛超做了简单的探讨。

张沛超有一个术语"兵马俑人格"，类似"僵尸人格"，而他认为是比"僵尸人格"更可怕的变态人格。

他说，这些好汉是"清一色的人格障碍"，并且多数是反社会人格。我则引申说，可能这是僵尸人格在刚醒过来时，先变成了反社会人格。

有恋尸癖，想把别人弄成尸体。也有人是僵尸人格，即看似是自己主动变成了没有活力的活死人。在我看来，这是彻底无助的一个表现。

当僵尸人格太多时，他们会崇拜大开杀戒的反社会人格。我将此称之为"张献忠崇拜"。

之所以称为"张献忠崇拜"，是因为我看了几本关于张献忠的文献后，觉得他的反社会到了登峰造极的地步。他只想搞破坏，还特别善于搞破坏，而且把屠杀弄得花样百出，堪称反社会人格中的王。因此我想，对反社会人格的崇拜不如就叫"张献忠崇拜"。

拿这个理论一套自己，我先要汗颜。我小时候是看了几遍《水浒传》的，竟然完全没觉得梁山好汉们变态，还真对他们有崇拜。那是不是可以说，我也有这种"张献忠崇拜"呢？

也许你会觉得自己没有，但抱歉，我得说还真未必。

我拿一件事来做个测试吧。

2019 年 5 月，江西上饶市五小发生了一起惨案。一名男子王某建，认为自己读小学三年级的女儿被同班一个小男孩欺负，冲进女儿的教室，当着全班学生的面捅死了那个小男孩。

惨案发生后，传出消息说这个小男孩是校园一霸，他霸凌小女孩至少一年了。校园霸凌案是社会的一个伤疤，不但因为容易发生，而且《未成年人保护法》变成了"未成年犯罪保护法"。这保护不了被霸凌的孩子，相反，倒是可以保护霸凌者免受刑事惩罚。可能是有这个大背景的原因，于是这起惨案发生后，凶手王某建竟然在网上得到了一致同情，我认识的不少大 V，他们平时以有判断力和良心著称，此时也一样对他表达了同情和支持。

这种声音逐渐成了主流，虽然我第一时间持相反的意见，可我其实是胆小的人，不敢把自己的意见发出来，怕被围攻。但随着得到的信息越来越多，显示王某建可能精神有问题，小男孩霸凌小女孩一事未必成立。例如，一个确定无疑的事实是，两个孩子 2019 年 3 月才成为同桌，怎么能霸凌一年呢？

此外，各方面信息都显示，在惨案发生的前一天，小男孩的父母和老师们才从王某建那里得到信息说两个孩子之间有冲突。

这件事的结果就是王某建杀人罪名成立，半年后被执行死刑。

这件事我相信很多人当时关注过，那我要问一句："事情刚发生时，你是站到王某建这一边吗？"如果是，那真可以反思一下，你有没有"张献忠崇拜"。

再谈谈反社会人格的心理逻辑。

对有反社会人格的人而言，世界分为两部分——"我"和"非我"。要么，你属于"我"，你是我自己人；要么，你就是"非我"，也就是"非人"——我完全感受不到你和我是同样的生灵。相反，我觉得你是我的敌人，并且既然你是"非人"，那我攻击你时就毫无心理障碍。

这也有不同的发展程度。

你可以有一个范围很大的共同体，如我们都是中国人，都是炎黄子孙。

你可以有一个小范围的共同体，如我们是家人，我们是同学。

但反社会人格的人就只有一个简单的划分：你听我的，就是我的人，我就对你好点；你不听我的，就是"非我"，就是"非人"，就是敌人，我灭掉你就没有一点内疚。

2013 年，厦门男子陈水总在当地制造公交车纵火案，烧死 47 人，重伤几十人。然而，仅仅因为有报道称，陈水总多次找相关部门但遇到阻碍，于是网上竟然对他一片同情之声，甚至把他视为英雄。

这件事使我非常震惊，让我彻底醒过来，"张献忠崇拜"这个概念的雏形，就是这样诞生的。

这太可怕了！他在公交车上纵火，受害者全是无辜民众，他怎么会得到同情和崇拜？

可能太多人觉得自己也是社会权力体系的受害者，是无助者，所以对陈水总有了怪异的同情。但是，陈水总的心理令人纳闷，既然他对权力部门不满，为何不将愤怒对准它们，反而对准公众？

从综合报道中可看出，他不仅找权力部门的碴儿，也找身边人的碴儿，他和周围的人都格格不入。作为很可能的反社会人格障碍，他是一种典型：他还没能力分化出善与恶，只能区分出"我"与"非我"，他是将"非我"之外的整个外部世界视为敌人，所以其行为也是恨不得毁了整个世界。

也就是说，在他眼里，公交车上的乘客和有关部门那些所谓为难过他的人是一回事，都是"非我"。

其实，陈水总连仇恨有关部门的理由都没有。他多次领低保，生活无忧，他肇事的由头是有关部门拒绝修改他身份证上的年龄，而他这样做是为了立即拿到一份一年后就可拿到的养老保险。

有人以为权力体系迫害了他，其实陈水总仇恨的是整个外部世界，包括你在内。

这是一种纯内在的病态，外在世界就算再好，例如有极度发达的福利，都不能避免陈水总的破坏行为。因为他要的不只是低保和养老金，而是希望世界按照他的意愿运转。

社会权力体系的公信力容易有问题，民间的社会想象系统也有问题——总有强烈的被迫害感，有任何悲剧发生，最容易让人接受的解释就是，这是权贵干的。意思是一个掌控一切的迫害性系统制造了一切问题，而受害者都很可怜、很正确。发生陈水总这种事件后，只要你在网络上持有这种观点，就很容易赢得一片赞同声。这种集体无意识同样可怕。

陈水总是反社会人格，张献忠、李自成也是，《水浒传》里那 108 将中的多数人也是。把公交纵火案、上饶五小案美化，最终就可能引出对张献忠与李自成的大屠杀的支持。

概括来说，"张献忠崇拜"出现的原因，是太多人是沉默的大多数。太多人觉得自己陷入严重的无助中，甚至沦为僵尸人格，处在自恋维度的最低位。这时，当发现有人走向无助的相反一面，就是毁灭性的全能暴怒时，觉得这个人处在自恋维度的高位，因此对他有了认同，甚至崇拜。

然而，你怎么能崇拜一个没有人性的反社会者呢？

你得警惕这一点。

脆弱的真相是暴怒

接下来，我们来谈一谈脆弱。"脆弱"和"无助"是近义词，当人处在脆弱中时，容易认定有一个力量攻击了自己，让自己变得脆弱。

但是，如果你在人际交往中非常脆弱，那么仔细观察你自己，会发现隐藏着暴怒的逻辑：

1. 我对你表达了渴望，如果你满足了我的渴望，这很好。

2. 如果没有满足，我的渴望立即就变成了激烈的暴怒。

3. 激烈的暴怒向外表达，就变成了显而易见的破坏力，即暴脾气。

4. 作为脆弱的人，我不敢向外对你表达我的暴怒，于是暴怒的能量变成向内攻击自己——看你这个傻子（屄货或蠢货，或不知天高地厚等），你怎么这么不要脸！

所以，暴怒，准确地说是全能暴怒，才是脆弱的真实表达。暴怒指向外界，就变成了坏脾气；指向内在，就变成了对自己的破坏，也即脆弱。

一位女性来访者在一次咨询中看到一个意象—— 一个被割了很多伤口、鲜血淋漓的婴儿。在现实生活中，她是一个很脆弱的人。

脆弱的人，容易看上去脾气很好，其实只是太脆弱而已，他们和坏脾气的人的内在逻辑是一样的。

譬如这位女性在咨询中向我提出一个请求，我没有答应她的请求，她的内心立即就生出狂怒，但她怕这份狂怒破坏关系，所以立即压抑了下去，但转而变成对她自身的猛烈攻击——她开始恨自己为什么向我提出这个请求。

她从记事起，要么是孤独没人理，要么是被大人训斥。被大人训斥，就像被砍一刀似的，但比这个给她更多伤害的，是她向外界发出请求但没人回应。这些请求的能量都变成了暴怒，转过来进行自我攻击，所以她感觉满身都是伤口。

从小到大都孤独的人，都内伤满满。

可以说暴怒的人和脆弱的人都是一根筋。他们发出渴望时的能量，只能走一条非常狭窄的独木桥。要么立即被实现，这时就体验到了生命力；要么被拒绝，这时就变成死亡的力量，即破坏欲或毁灭欲——世界必须按照我的意愿运转。否则，去死！

我们的高考独木桥也来自这种焦虑：我（或我的孩子）付出了努力，就必须得有效果——最好是上清华、北大，否则，就有毁灭欲（死亡能量）出来，但高考失败看起来主要是考生自己的事，没有一个明显的敌人可以去恨、去攻击，毁灭欲难以向外，考生只好反过来攻击自身。高考失败后的自我憎恶乃至自杀，多是由此而来。

很多父母虽然知道孩子高考失败需要安抚，但他们做不到，就是控制不住地要攻击孩子，也是因为他们安抚不了自己的毁灭欲。

想毁灭自己的考生、想毁灭孩子的父母，都是巨婴。

婴儿的世界，一发出需求就渴求立即实现，否则婴儿就失控，并体验到彻底无助。好在婴儿的主要需求是吃喝拉撒睡玩，如果有一个敏感的好妈妈及时回应婴儿，那么婴儿可以得到基本满足。

但对大孩子以及成年人来说，任何重要需求的满足其实都需要时间和空间，以及努力才能得到满足。如果一个人逐渐体验到他的世界基本是可以掌控的，他的愿望基本是可以实现的，这就意味着他的生本能战胜了死本能。

脆弱的人和暴怒的人，他们的世界都是缺乏这种基本掌控感的，他们的渴望一旦得不到回应，代表生能量的渴望就会变成代表死能量的绝望与暴怒。他们没法安抚这份死能量。

一男子想达到一个目标，失败了，绝望之际，他感觉周围的世界有铜墙铁壁在阻拦他，且铜墙铁壁后有一个恶意的力量（死神）在和他作对，他愤怒地拿头撞墙。这样做的隐喻是，我要把这个和我作对的死神给撞死。

这就是一个直线式的能量，要么实现从而生，要么受阻从而死。不能绕弯，不能掉头。

但有一次，他撞墙时大哭，哭泣中，他突然明白，他可以绕过铜墙铁壁，用其他办法实现他的目标，只是需要更多时间、更多努力。从那以后，他的这种暴怒与自伤就好了很多，并且这份暴怒中藏着的能量因此理顺后，变成了极其饱满的热情。

前面谈了脆弱，接着我来谈一谈"强烈的指责"。在不少家庭里，或者说在亲子关系和两性关系中，很容易见到强烈的指责。当哪怕只有一个人陷入强烈的指责，他就变得很难与别人沟通，于是关系中的双方就可能会沟通得越来越少。

喜欢强烈指责别人的人，有人是在家庭内和家庭外都是这样，但我见到的太多人，是在家庭外的社会关系中非常好说话，但回到家里就变得非常喜欢强力指责家人。其中的部分重要原因是，在社会上，这样的人知道自己没法占据自恋维度的高位，于是甘于处在低位，就变得好商量甚至好欺负。但是，等回到家后，面对伴侣和孩子，他们的高自恋渴望就涌出来了，他们变得很不好说话，并且很容易进行强烈的指责。

指责、批评和攻击，容易给人一种感觉——"你看，我是强有力的"，这常常是为了避免自己陷入无助中。

对于强烈的指责，我们也是可以分析的，它藏着如下逻辑链条：

1. 你本来的状态 A 是不对的。

2. 你应该进入状态 B 中。

3. 你进入状态 B，我认为是很容易的。

4. 可你就是不进入状态 B，你故意在状态 A 待着，所以你是存心和我对着干。

5. 所以你对我是有故意的，我因此要指责你。

6. 你必须道歉，不能辩解，所有辩解都是狡辩。

7. 如果你不道歉、不改变，咱们就没完。

当一个人进入这个逻辑链条时，就看不到以下几点事实了：

1. 任何人本来的状态 A 都非常有道理。

2. 任何人从他本来熟悉的状态 A，进入不熟悉的状态 B，都不容易。

3. 别人待在自己的状态里，并不是要和你对着干。

强烈指责，本质上是一个人活在一元世界里，只能看到自己，难以看到别人逻辑的合理性。他也难以看到别人做什么常常和他无关，并不是针对他才做什么或不做什么的。并且，他改变自己有多难，别人改变自己也就有多难，而如果他希望别人改变，那就是难上加难。

例如，一对情侣，男方常常不能第一时间给予女方热烈的回应，但偶尔能做到。

女方因此对男方有意见，多次激烈地指责他，认为男方明明有时能做到，为什么那么多时候没有去做！她认为男方是故意的，至少潜意识里是故意的。女方有强大的分析能力，总能分析出男方这次没有热情回应她可能是因为某一次不爽，所以这次故意报复她、冷落她。

本质上，这种逻辑可以回到全能自恋、全能暴怒、彻底无助和被害妄想的四个变化上。我希望你热情满满地回应我，这是全能自恋。当没有实现，就有了全能暴怒。有了全能暴怒必须得表达，一表达就成了强烈指责，但如果不表达就成了彻底无助。并且，我会认为没得到积极的回应是因为对方有主观恶意动机。

我们得知道，强烈指责是一个"找魔鬼"或"找死神"的游戏。我的挫败是谁导致的？是谁破坏的？但是，当自己对别人进行强烈指责时，其实"我"就是那个破坏者，因为否定对方的本来状态，就是在杀死对方的本来状态。

一个人不能把自己举到空中，也不能通过自己的努力就化解全能感导致的这个逻辑链条。所有活在一元世界（自恋维度上）里的人，都需要进化自己的心灵，发展到二元世界。

在一元世界时，当有让人挫败的事发生，就容易有失控，然后弄出一堆想象，但是当进入二元世界时，就会真切地感知到，"噢，原来我是我，别人是别人，别人怎么做，有他自己的道理，并不是在和我对着干"。这时，强烈指责就会自动化解。

脆弱也是。脆弱的一个重要原因是活在一元世界里很容易产生各种负面情绪，特别是暴怒，当暴怒向内时就导致了脆弱。但是，当进入二元世界，能对别人乃至整个世界的运行逻辑有接纳和理解时，暴怒就会不翼而飞，暴怒引起的脆弱也就自然而然地消失了。

所以，关键是心灵的进化，而不是找到一个又一个解决问题的具体方法。

· 第十一章 ·

被害妄想

被害感

被迫害妄想，是一种经典的精神疾病的症状，它的具体表现是，一个人觉得自己的一切不幸都是由一个人或一个强力机构系统迫害所造成的。系统性是这个症状的关键，也就是说，这个人或机构构建了一个迫害系统，可以导致我生命中的所有不幸。

当一个人陷入被迫害妄想，又没有自知力和现实检验能力时，心理咨询对他就没有帮助了，必须要借助药物治疗，而且一般也需要住院治疗。现实检验能力，就是要知道自己的这些妄想是内在想象，不等于外部现实。所谓自知力，就是知道"我"有了问题。

作为咨询师，我很少在咨询室内遇到有被迫害妄想的来访者。因为他们既然缺乏自知力，就不会主动来找咨询师。当然，如果真来了，我也很难帮上忙。不过，我也遇到过少数有被迫害妄想的来访者，他们都是由家人带他们来的。

例如，一个小伙子被他的家人带来做咨询。第一眼看到他，我就警觉到他的问题可能很重，因为他看上去有些怪异。怪异，是精神疾病患者的一个常见表现。

咨询开始后，他不怎么愿意讲话。我问他是怎么想到来找我的，他说是家人要他来的，他并不想来，他认为自己很好。

我问他："你觉得自己的好，可以达到多少分？"

他不假思索地说："可以到 99 分。"

我回应他说："既然你给自己的状况打这么高的分数，那你应该是认为，自己不需要找咨询师，也不需要改变了。但是，你既然来了，愿意谈谈那不怎么好的 1 分吗？"

他犹豫了一下说，"好吧"，然后讲了他的一些情况。整体上来说，我觉得他讲的逻辑性还蛮强的，有一定说服力，好像他的确过得还可以。然而，他脸上偶尔会展露出那种怪异的表情，还是让我有所警觉。

后来，他讲到一件事。他说，一次回家，他打开冰箱想喝水，有一瓶矿泉水是他早就打开过的，所以他拿出这瓶水想喝，但他觉得，好像现在这瓶水的水线和他记忆中的不一样。不过他只是犹豫了一下，还是喝了一口，可是觉得水的味道隐隐有点不对，于是就不再喝了。

这是一件很小的事情，但他讲述的方式让我推测这可能是被迫害妄想。他怀疑有人打开过他的水，而且给水里撒了什么东西，所以有了怪味。他可能很严重地怀疑是这样，但我是陌生人，他对我也有怀疑——怀疑我是迫害系统中的一员，所以不会向我袒露他的想法。

和他谈完后，我和他的家人聊了一会儿。我问他们，他是不是去医院做过诊断。我也讲了他喝水这件事，说他可能有被迫害妄想。他的家人说，是的，他们带他去过医院，被诊断为偏执型精神分裂症，但他们不愿意相信，所以带他到了我这里，希望我能有其他判断。

我向他们坦然相告，这不是我能解决的，他们还是应该带他去医院接受精神科的治疗。

这是我在咨询中遇到的被迫害妄想的个案。相比在咨询室中，我反而在生活中见到过更多这样的个案。并且，我也见到尽管有人有被迫害妄想和幻觉，但因为有现实检验能力，即知道这是想象，不是真的，同时也有自知力，然后在医院精神科同时接受药物治疗和心理咨询，很快恢复了正常。

尽管我在咨询中很少遇到狭义的被迫害妄想，但是在长程咨询中，太多来访者呈现出程度不一的被害感，有时也像是有了短暂的被迫害妄想，这就相当常见了。同时观察我自己，会看到我心中也有被害感。

被害感，或者说被害妄想，很容易跟彻底无助连在一起，这两者往往是成正比的。一个人越是无助，他的被害感就越强。这个逻辑我们不难理解，一个彻底无助的人，觉得他掌控不了自己的人生，而是由一个外在的力量在掌控着他。并且，既然他过得这么不顺，那自然这个外在掌控性的力量就是充满敌意的了。当觉得一个有敌意的力量在掌控着自己的事情，并带给自己种种不顺时，就是被害感或被害妄想了。

这是特别需要注意的一点。如果你看到一个非常无助的人，就基本可以推断他必然会有被害妄想。所以，当这个人向你讲述一个坏人怎样伤害他时，你得有警惕心。这当然有可能是真的，但也有可能是他想象的，有时这两者同时存在。

例如，一位女士在咨询中说她非常不喜欢自己的工作，想动用自己的一切资源去换个工作。

首先得说一下，她现在的工作相当不错，属于被人羡慕的那种。那么发生了什么事情，让她想换掉工作呢？

原因是，她觉得她的直属领导太过分了，总是针对她、打压她、无情地让她工作，不体恤也不夸奖她，她受不了了。

然而与她仔细一聊就会发现，首先，这位领导是一视同仁，就是他对所有人都是一样的，并没有针对她。并且，因为领导知道她有些脆弱，所以实际上在布置任务的时候，还特意给她加了帮手。

但是，她尽管是一个小领导，可一直无助的她指挥不了下属，所以这些帮手对她帮助不大，她要一个人做至少两个人的工作。然而，这毕竟不是直属领导的错误，而是她的问题。

接着就会发现，她一开始谈领导时，好像领导就是一个彻底大权在握、站在权力金字塔顶端的人，也即一个全能神般的人。这也不是事实。她的直系领导也只是一个中层领导，要接受上级领导的指挥，也有很多无奈。

更重要的一点是，除了面对下属她有权力，面对客户时，她其实也是有非常大的权力的，因为她所在的机构相当强势，但是她面对客户时会觉得自己尤其无助。

总之，在工作中，她有太多无助，于是相对应地，她有了强烈的被害感。而她把这份被害感投射到了直属领导身上，就好像他是一个恐怖的魔鬼，而她完全应对不了，所以想逃走，想换一个工作。

但是，当看清楚这些具体的因素，即她的领导也有领导，她的领导对所有人一视同仁，而且还考虑到她的脆弱给她加派了帮手，同时她自己不能对下属和客户合理使用自己的权力时，她的被害感消失了大半，于是她不再想换工作了。

接下来，她试着对下属和客户凶了一些。这样做后，她发现工作并不太难。这时，她对领导的抵触乃至恨意就彻底消散了。

说到对下属和客户"凶了一些"，做到这一点其实非常不易。经过相当长时间的咨询后，她才逐渐能做到这一点。

这位女士的故事中的逻辑我在咨询和生活中见了太多，觉得可以总结成几条规律：

一个人越是无助，就越容易有被害感；

一个人越是有掌控感，就越不容易有被害感；

一个无助而封闭的人，因为封闭，让自己躲开了很多刺激，所以这些被害感也不容易见到，但是无助而封闭的人刚走向开放时，会产生各种被害感；

还有一点很重要，就是当产生被害感时，一个人会变得非常愤怒，非常没有耐心，会想着立即去做一些强有力的事情，攻击伤害他的力量。

最后这一条，我要多做一点解释。很多人有浓得化不开的恨意，就是因为把自己放到了被害者的位置上。

首先，被害者的位置给了这样的人一种强烈的羞耻感，就是"我怎么这么差啊，我竟然听任别人凌辱我"，因此有强烈的恨意，还想复仇。

其次，被害感也给了被害者一种道德感，"我是受伤害的那个，所以我是有道德的、对的"，因为这种道德感会让自己表达恨意时更加坚决。

然而，当被害者作为旁观者去审视时，会发现很可能这个逻辑中的基本点并不成立——"我是无助的受害者，有一个强大的加害者在迫害我"。就像我前面举的这位女士的例子，关键是她自己太无助了，于是很容易投射出一个迫害者来。

当然，这世界上的确存在各种迫害，但通常被害感或被害妄想是彻底无助的一种必然展现，它们简直就像是双胞胎。

如果你常陷入无助，常感到失控，那么你需要提醒自己，你的被害感很可能是你自己内心的事情。当你能走出无助，基本掌控自己的人生时，你的被害感会消失大半，你看待世界的角度也会变得很不同。

成功中的阴谋论

所谓成功阴谋论，就是你认为成功人士的成功都是阴谋筹划的结果，都是骗来的。

这种阴谋论，对个人发展来讲有很大的危害性。当你真认为成功都是成功人士阴谋筹划的、骗来的，那就意味着，成功是黑暗的、邪恶的。那么，你还敢走向成功吗？

也许你会说："这是我还没有走向成功时，出于对成功人士的羡慕嫉妒恨而自欺欺人，编织的一种自我安慰的说法。等我成功了，我就会放弃这种说法。"

然而，很可能这种逻辑本身就会严重阻碍你走向成功。

作为心理学界收入最高的人之一，我常常听到关于我的一种说法：武志红特别善于营销，特别善于"找角度"，并且写文章时语不惊人死不休……

甚至有人分析我，认为我从一开始就找到了两个写作的角度：一个是成为你自己，另一个是原生家庭论。然后，我就持之以恒地从这两个角度入手写了几百万字。

我要真是这样写作的，估计早被累死了。

因为在我写作时，必须有一种写作的快感。这份写作的快感，只有忠于我内心、忠于我的感觉时才会产生。这种时候，写作会变得容易很多。哪怕一天都在码字，因为有这种内在的享受，所以一天结束时，我也会有一种很饱满的感觉，像是得到滋养一样。

如果真像有人猜测的那样，我是先算计好方向，预料到"成为你自己"和"原生家庭论"这两个点会"收割"一大批粉丝，然后绞尽脑汁去思考、去写，那么这件事就算带来巨大的收益，我也不会开心。

当然，更重要的是，这样做极有可能带来不了收益。

这么多年来，我见过形形色色的人，有很多人真的是绞尽脑汁地在寻找成功的道路，可始终不得法。

现在想来，可能他们真的是想错了，他们认为重要的是找到成功的道路，但更重要的其实是找到自己热爱的事物并投入其中，与这个事物建立起深度关系。深度关系会让你进入很不一样的境界，然后加上长年累月的积累，最终自然收获了所谓成功。

2008 年，我有一个重要的领悟。当时，我在广州日报社主持心理专栏已有三年，《为何家会伤人》一书已经一炮走红，算是累积了一些名气。那时，有各种各样的人找到我，想和我合作，我也开始思考怎样能更好。

当时，我上了一个心理学的课程。在课上，通过一个练习，我领悟到利益和所谓成功都是我专业能力的副产品，所以最重要的是继续提升我的专业能力。那样的话，成功和利益会继续自然而然地涌来。

对我而言，我的专业能力有三点：心理咨询、写作和思考。我做好这三点就可以了。

有了这个领悟后，我更加专注在我的核心专业能力上。果不其然，利益和成功也不断累积，并且有时会呈现爆炸般增长的态势。

有了一些影响力后，我也得以见到各行各业的精英人士，特别是企业家。然后，我逐渐总结出一个规律：他们普遍非常真诚，对自己所属行业有非凡的热情和洞察力，说起话来也多是开门见山。

为什么会这样？因为他们普遍意识到最宝贵的是时间，所以不要浪费时间绕圈子，真诚和开门见山最好。和他们谈话时，我也觉得很爽，因为可以不用担心会伤害他们，所以我的感知和分析能力也会拔高到一个比较高的水准。

时间是他们能意识到的重要因素，而我能观察到的，是他们的"真"和非凡的热情。这意味着他们在自己所擅长的领域是拿出了真实自我的。所谓真实自我，就是发自内心的、带着体验和情绪情感的那个自我，而不仅仅是头脑层面的自我，仅仅是头脑层面的自我的话，那可以称为"虚假自我"。

可以说，他们成功的关键在于真实。真实意味着他们的真实自我与他们所投入的领域建立了深度关系，于是有了非凡的成果，成就和利益这些副产品自然而然就会涌来。当然，他们当中有人是非常精明的。他们对自己所做的事情既有真实投入和热爱，同时看到自己所做的事情会带来巨大利益。

罗伊·马丁纳在《改变，从心开始》一书中讲了一个很有意思的观点：当你的个人潜意识和集体潜意识合二为一时，成功就可以容易很多。

这个观点我蛮赞同，特别是在我这里这是成立的。我父母深受不孝之名的折磨，所以我有要解构孝道的潜意识。而这也正好是目前我们这个文化的集体潜意识，所以我越是深入自己的内心，也就越能碰触到集体潜意识。我越是深入认识这个集体潜意识，也就越能认识自己的内心。

但要做到这一点，首先得真实。不真实，就不能进入自己的潜意识，也就不能撬动集体潜意识了。

深入了解这些精英人士后，还可以看到他们的人生和他们的事业呈现一种演化的态势。他们抓住了一些本质，深入其中，然后和这个事物的关系不断深化。同时，各种资源也汇入其中，他们投入的事业就像一个复杂的生态系统一样在成长、在演化。

这不是一种简单的增长，而会是一种超级有生命力和韧劲的状态，整个过程中也必然会出现各种爆炸性增长。依照前面提到的马丁纳的那个说法，这应该是集体潜意识被撬动后，集体的力量在汇入的结果。

在不断见识这些精英人士的同时，我也不断遇到想走套路追求成功的人，其中不少人想和我合作。有些时候，他们简直是一拨一拨地涌来。他们说自己掌握了一套成功的方法，例如怎么让我的自媒体爆发性发展。其中很多人提到了病毒式营销。

其中少数几位偶尔会打动我，但多数时候我对他们出于本能地抗拒，因为他们有一个显而易见的漏洞。我问他们："你们认为自己掌握了这个套路，可你们有成功经验吗？你们为什么不拿这一套东西先帮助自己成功呢？为什么想和我合作？"这几个问题问倒了不少人，也有人会给出一番解释，但明显缺乏逻辑性和说服力。

现在，我可以总结，营销是重要的，但绝对是次要的，特别是假如你想获得一种能持续很长时间乃至一生的成功时，那根本没有套路可言。如果有，那就是投入真心，构建深度关系。

蛮有意思的一点是，我说的这些精英，如果你在知乎上搜索他们的名字，会看到上面对他们基本上是骂声一片。其中一致的腔调是，这些人都不过如此，他们的成功是钻了空子、善于营销的结果。

这样的腔调本身也是一种自恋。"你们成功人士有什么了不起，我看你们的时候，可以有俯视的姿态，而且我怀疑你们都是骗子。"经过这么一番自欺欺人的工作，可以让自己任何时候都保持一种优越感了。

生命是用来体验的。真要活好自己，就要拿出真实的肉身和真我，去和世界碰撞。碰撞太深的人，会有一种骄傲的坦荡和深厚的谦虚。

但是，这会是一个自恋不断破损的过程，太多人为了维护自恋不敢投入真实关系中，而是停留在头脑想象中。然后看世界的时候，有一种俯视一切的视角，这种感觉好爽。然而，一进入真实生活就会陷入无能。

在真实世界中感觉到无能，又想安抚自己的时候，就容易衍生出这样一套逻辑：

一切成功与强大，都是因为阴谋；

阴谋家在控制着这个世界，甚至我的普通人生；

我虽然无能，可我善良；

阴谋家虽然能力强，可他们都是害人精，都是魔鬼；

所以，谁弱谁有理，谁穷谁正确；

相反，强就是恶，强就是错；

……

这些逻辑十足危险，也有害，它会把你自己"钉"在虚弱的位置上，让你不能伸展自己。

我们得警惕这些逻辑。

戏剧三角：加害者、受害者和拯救者

当人有被害感的时候，就意味着他觉得自己陷入了受害的位置，有人、机构或某种力量在迫害自己。并且，如果这个人觉得自己非常无力——陷入彻底无助中，那他就会渴望一个拯救者帮助自己。

这样一来，这个人的心灵世界中就有了三种角色：迫害者、受害者和拯救者。

"迫害者"这个词有点特殊，它可以换成"加害者"，这样含义就普通一些，涵盖范围也更广泛一些。

心理学家卡普曼对加害者、受害者和拯救者的三角关系模式进行了系统性的探讨，因此人们把这个模式称为"卡普曼戏剧三角"。

加害者会贬低别人，把别人看得比较低下。也就是说，自己只想占据自恋的高位，而试图把别人弄到自恋的低位，还会去掠夺、剥削别人。

拯救者，也会把别人看得低下，但是自己会去帮助弱者，并且敢于和加害者作战。

受害者，自己认为自己的能力低，习惯了处在自恋的低位，有时寻求自己被迫害，有时则寻求被拯救。

在人际关系中，我们很容易看到不同的人在扮演不同的角色。同时，我们也可以看到，加害者、受害者和拯救者这三个角色可以存在于一个人的内在心灵中。于是，一个人在不同的处境中，就有可能会转变成不同的角色。

卡普曼戏剧三角，不仅可以帮助我们理解普通的人际关系，也可以帮助戏剧创造者去安排角色。一般而言，在一个戏剧中，总是有这三个角色。

面具化的戏剧容易把这三个角色固定下来，例如拯救者就是高大上、完美无缺的，受害者就是弱小无助的，而加害者就是彻底黑暗、没有一点好的。

但是，一个复杂的、好的戏剧，则会让观众看到人是在这三个角色中不断变换的。

例如，在诺兰执导的《蝙蝠侠：黑暗骑士》中，哥谭市的检察官哈维·登特和蝙蝠侠是城市的拯救者，黑帮分子和小丑是加害者，而民众是受害者。这是故事一开始的局面。

随着剧情的进展，事情变得复杂起来。小丑发动各种恐怖袭击，一个目的是要逼蝙蝠侠现身，而民众竟然也有人想牺牲蝙蝠侠。这个时候，自以为是受害者的民众，就直接变身为加害者了。

后来，哈维·登特深爱的女人瑞秋遇害后，这位光明骑士立即就从拯救者的角色滑落到受害者的角色，而他彻底不能接受这个转变。于是，他变成了加害者，开始对各种人发起攻击，也包括蝙蝠侠。

如果故事只是这样发展，那么从来不杀一个人、无私、无畏的蝙蝠侠，就成了高大上的英雄，也就是纯粹拯救者的角色了。但是，这只是事情的表层，在蝙蝠侠的内心世界也住着一个黑暗的形象。

例如，在"蝙蝠侠"三部曲的第一部中，诺兰勾画了一个经典的俄狄浦斯情结的故事情节。

蝙蝠侠本名叫布鲁斯·韦恩，他和瑞秋是青梅竹马的朋友。两个人五六岁时，在韦恩家的豪宅里玩耍，瑞秋找到了一个长矛的矛头，布鲁斯把它抢了过来，然后两个人追逐嬉戏。突然间，布鲁斯掉进一个隐蔽的深洞里，这个洞里有很多黑色的蝙蝠飞出。布鲁斯的父亲作为哥谭市的首富，堪称一位模范父亲。他把儿子救了出来，还非常会安抚儿子。

当天，他们去看了一场戏剧，戏剧中有蝙蝠的形象。布鲁斯不舒服，被父亲看到了。父亲没说儿子不舒服，而是对妻子说自己不舒服，他想回家。

结果，在剧院门口，他们遇到抢劫。布鲁斯的父母被一个流浪汉枪杀，布鲁斯目睹了这可怕的一幕。

在这样的故事情节中，布鲁斯看上去是纯粹的受害者。后来，他也多次有噩梦和幻觉，但如果你看他的那些噩梦和幻觉就会发现，那个杀害他父母的流浪汉的形象竟然从未出现在他的幻梦中，只有蝙蝠在翻飞，而蝙蝠不就是布鲁斯后来选择的形象吗？

对此，你可以理解为，布鲁斯想用这种方式来战胜对流浪汉、蝙蝠所代表的黑暗意象，但布鲁斯这像是一种深深的认同，就像是他内心中住着黑暗的蝙蝠，这才是他最难以面对的部分。

诺兰系统地学过精神分析，在我看来，这是诺兰有意设计的一个俄狄浦斯情结的故事。最初找到的矛头，象征着雄性的生殖器，也象征着攻击性，而布鲁斯掉进的深洞（潜意识），那些飞出的蝙蝠，象征着蝙蝠侠潜意识深处的黑暗。

什么样的黑暗呢？就是布鲁斯作为一个男孩，他有弗洛伊德所说的俄狄浦斯情结，也就是恋母弑父的想象。这是他自己内心的黑暗。所以可以说，蝙蝠侠后来想战胜的，不是外在的敌人，而是他自己内心的黑暗。他看似一个受害者，而他知道自己内心深处有加害者的部分，也许它更为根本。而布鲁斯窥见到了这个部分，并想驯服它。

在加害者、受害者和拯救者这个三个角色中，我们更容易喜欢哪个角色，而更容易抵触哪个角色？拯救者看起来是最容易被喜欢的，因为善良又有力量。那么加害者和受害者如果要二选一的话，你更愿意选哪个角色？

首先，虽然看起来大家更愿意选择拯救者，但真去做拯救者的时候，你可能会发现，这太累了，太难了。并且，如果你这辈子一直都扮演某种拯救者角色的话，你会发现，也许你在深深地抵触它，因为它好像占据了你自己，让你的自我像是消失了。

例如，一个女孩是重点大学毕业生，各方面条件也不错，但是她竟然工作几年后还只做着一个月 3000 元收入的工作。在咨询中，我发现，她非常恐惧成为家族的拯救者。

她的父亲是超级巨婴，总是在肆无忌惮、理直气壮地索取，母亲则是超级圣母，干枯、疲累至极。她有哥哥姐姐，而父母一再对他们说，"将来你们谁最有出息，这个家就靠谁了"。这句话非常可怕，意味着这个家庭谁最有出息，谁就得做整个家庭的拯救者，不仅要把父母背上，还要背上兄弟姐妹，太沉重了。

这是一种很深的动力，束缚着他们的几个孩子。结果，哥哥姐姐读书和工作都非常一般，唯独她考上了重点大学。这让她一直恐惧，害怕背上全家人这个重担，所以毕业后，她一直不能发展自己，毕业几年后还做着一个月 3000 元收入的工作，只能勉强养活自己。她甚至把自己都弄到了无助受害的位置上，等着别人来拯救自己。

所以，拯救者这个角色尽管看似善良又有力量，相当于在自恋维度和关系维度上都占据了正向、光明的那一边，但是这很可能会意味着失去了自己。

那么加害者和受害者的两个位置，哪个更好？

受害者的位置看起来很不好，毕竟处在自恋维度的低位，而且还是被索取、掠夺的那一个，但是受害者可以有一种安慰——"我是好人"。不仅他们会觉得自己是好人，旁观者也会这么看。

此外，在自恋维度上占据高位，例如有权力、有力量或有成就，都是不容易的，但是把自己弄到自恋维度的低位，再加上一副受害者的样子，这样就可以抢占道德的高位了。虽然失去了力量优势，却具有了道德优势，而且这一招谁都可以掌握。

至于加害者，加害者占据了力量上的好处，还可以去剥削别人，好处自然很多，但是他们不仅会被旁观者视为坏人，自己也会良心不安。于是，他们很容易使劲在道德上、说法上下功夫，自欺欺人地说自己是好人，甚至是受害者。

记得最初看犯罪心理学的书时，一个说法让我感到震撼：一位采访了很多无比凶残、作恶多端的罪犯的记者说，所有旁观者眼里的坏人，都认为自己是好人。

在生活中，我见过很多从不吃亏的人，显而易见，他们是卡普曼戏剧三角中的加害者，但是他们常有超级理直气壮的感觉。在发起攻击、剥削行为之前，他们会有一套逻辑，让他们觉得自己其实是受害者。

然而，你真和他们聊下去，就会发现他们当然知道自己在攻击、掠夺和剥削别人，但他们需要一套自欺欺人的说法来骗自己，让他们觉得自己是好人。

在各种自恋中，一种基本自恋是"我觉得我是好的"，但是在真正意义上做到好人非常不易，因为它有点违背自恋维度的自恋。实际上，人们更容易去维护自恋维度的自恋。即，当被置于自恋低位时，会感到羞耻和愤怒，并会做各种事情，以把自恋受损的感觉转嫁出去。

但是，当一个人真这么做时，很容易发展出恶行。

替死鬼心理

"替死鬼心理"，是我提出的一个说法。现在大家应该都习惯了，我在不断制造一些不严谨但又非常好理解的术语。

替死鬼心理来自我们文化中关于替死鬼的传说。

依照我们的传说，因为上吊、溺水、中毒、难产而死的人，他们的鬼魂会驻留在人间，必须找一个替死者，让对方以同样的方式死亡，自己的灵魂才能超生。

这种传说中藏着一个深层的逻辑——"我必须把我所承受的苦难传递给另一个人，让那个人和我遭受一模一样的苦，那样我才能得以安宁"。这种心理，就可以称为"替死鬼心理"。

最初提出替死鬼心理的概念，是直接受到两起凶案的影响。

这两起凶案都发生在 2006 年。先讲一个当时轰动一时的凶案。黑龙江佳木斯男子宫润伯，在一年多时间里，诱骗、猥亵 11 名儿童，并把其中 6 名儿童杀死肢解。

在宫润伯的案件曝光前不久，我一位做司法鉴定的朋友找我，给我讲了一起他们觉得难以理解的凶案：一位 30 多岁的男子杀了工友的妻子后自首。

他先是想自杀，但不想孤独地死去，于是决定在临死前找一个垫背的。

这种想法是很多绝望凶徒的逻辑。从关系维度去理解，他们不想孤独地死去。从自恋维度去理解，他们自己也觉得这样自杀是虚弱的行为，是低自恋的表现，这会让他们感到自己处在自恋维度最低的位置，因此有羞耻感，所以要杀死其他人，以此证明自己并不是最虚弱无助的那一个，还有人在自己的脚底下。

在这种心理的驱使下，他们会无差别地去杀人，而且会选最方便也最容易去伤害的对象，例如一些成年凶徒选择对幼儿园的孩子下手。

这位 30 多岁的凶徒选择的是趁一位工友不在家时去了他家，在看电视的时候，随便找了一个借口和工友的妻子吵起架来，借着怒气把她杀死。

这是值得分析的细节。既然想无差别杀人，那么为什么不直接动手，还要找个借口吵架？找个借口，是为了给自己一个安慰："是她不对，她惹了我，所以我才动手的。"这是为了维护"我是对的、我是好的"的自恋感。

杀了工友的妻子后，这个凶徒把工友家的现金搜罗一空，去了桑拿中心蒸桑拿。享受得差不多了，他心满意足地打电话自首，并对警察说，不要随便开一辆破车过来，要来就开本田轿车来。

警方满足了他的要求，开着本田轿车来到桑拿中心，他束手就擒。

他的行为令警方不解，因此给他安排了司法鉴定，结果显示他作案时精神正常，是完全行为责任人。

以上的行为让人难以理解了，而他还有更令人不解的部分。这位男子有一个小他十几岁的女友，他很爱她。他每个月有 2000 元左右的收入，自己只留100 元，其他的全给了女友。

决定杀人前，他还特地去了女友在外地的老家，把自己所有存款和现金给了她，然后返回广州，闯进工友家，制造了这起惨案。

随便找一个理由杀死一个和自己无冤无仇的女人，又极大地自我牺牲，去供养另一个女人，他这是在干什么？

用卡普曼戏剧三角来分析，可以说：面对小女友时，他想做拯救者；在面对工友无辜的妻子时，他成了加害者。而他之所以做加害者，是因为他的人生过得非常无力而失败，他觉得自己是受害者。

还可以做进一步具体分析。

这名男子很小的时候，他父亲就因病去世了。此后，母亲改嫁了三次，而他和三任继父的关系都很一般。这样的成长背景让他很渴望建立自己的小家庭，但结婚几年后，他患上肾病，因而性无能，妻子因此向他提出了离婚。

离婚发生在他杀人前一年，这一打击令他对生活彻底失去了信心。他经常会有自杀的念头，也经常会在心中掀起强烈的暴力欲望。可以推理出：他潜意识中暴力欲望的对象是前妻和母亲，但这太容易破坏自己的道德自恋了，显得自己是个彻底的坏人。于是，他去寻找了母亲和前妻的替身——另一个女人，也就是工友的妻子。

再回到一开始提到的宫润伯的案例上来。宫润伯也是在找垫背的，只是他的目标是那些无辜的孩子。这两个凶徒的选择不同，是因为他们有不同的人生背景。

据报道，宫润伯曾入狱多年，在监狱中屡屡被同监的犯人性侵犯，这给他带来了很大的心理创伤。

显然，他对 11 名儿童进行性侵犯，这就是"替死鬼心理"在作祟——"我要将我所承受的同样的苦难传递给别人，这样我就好受多了"。

我看过一些关于美国连环杀手的研究，一些连环杀手会明确说出，他们这样做，就是为了让别人品尝他们曾遭遇过的痛苦。那些可怕的痛苦，他们要将它们从自己身上分裂切割出去，而切割的方式就是自己变身为加害者，而让受害者尝到和自己一模一样的痛苦味道。

相比西方社会，当我们受到伤害时，似乎更少有人直接还击加害者，更常见的选择是加害比自己更弱小的人。尽管冤冤相报不值得提倡，但起码冤冤相报是将仇恨限制在加害者和受害者之间。相比之下，替死鬼心理所带来的危害就大多了，因为这种心理会导致仇恨向外扩散。假若替死鬼心理非常流行，那很小的罪恶就会导致对社会极大的冲击。

例如，如果宫润伯是直接报复强暴他的人，那么仇恨就会限于他和加害者之间，而不会伤及无辜，造成整个佳木斯城的普遍恐慌。

替死鬼心理之所以盛行，还可能是因为对强者的崇拜，即相比对加害者的愤怒，受害者可能更痛恨自己的弱小。相比要还击加害者的欲望，他更渴望成为一个和加害者一模一样的强者。要实现这一点，他更想做的是像伤害他的人那样去伤害更弱者。

这种心理被称为"向强者认同"，同时还有"向弱者转嫁"。

一个家族的暴力史之所以会不断延续，便是因为这种心理。父亲对儿子施加暴力，儿子反而会认同父亲，并渴望比父亲更暴力，于是家族暴力不断延续下去。

这也是社会暴力不断传播并延续的重要原因。例如，我们会看到，那些制造了最多杀戮的人，反而普遍会被当作英雄来崇拜。

替死鬼心理很常见，我前面讲了两个很极端的凶案，还可以讲一些非常普通的例子。

想象一个糟糕的、充满家暴的家庭，其中的父亲，看到儿子不爽时就有暴力倾向，而他对儿子的暴力行为是用脚踹儿子。他就是对脚踹很有感觉，而很少会使用其他暴力方式，如扇耳光。

相反，他的太太也对儿子有暴力倾向，但不会脚踹，而总是扇耳光。

他们为什么要这么做？为什么会固执地使用特定的方式施展暴力？因为他们在自己小时候，遭受过同样的暴力对待。这位父亲在原生家庭中，总是被自己的父亲用脚踹，而这位母亲则常被自己的父母扇耳光。

人都是活在体验和感觉之中的，也会一再去构建重要体验的重复，这被称为"强迫性重复"，所以强迫性重复就如同命运一般。

这位父亲一再重复"父亲踹儿子"的行为，和这位母亲一再重复"父母扇孩子耳光"的行为，都是强迫性重复。这种重复，他们都是在玩替死鬼心理的游戏，自己父母怎么伤害自己，他们就怎么去伤害自己的孩子。通过这么做，他们觉得自己是强者，是在自恋维度的高位，而自己孩子则被置于低位。

当人去追求"向强者认同"和"向弱者转嫁"的游戏时，自己就变成了黑暗力量的传递者和制造者了。美国心理学家斯考特·派克在他的《邪恶人性》这本书中论述说，"转嫁痛苦"就是邪恶最常见的源头。

彻底无助和被害妄想，是让人很难面对的东西。当我们不想去深入面对它们时，就会让它们沉入潜意识，于是容易被这些黑暗所支配。相反，当我们深入认识它们、直面它们时，就有可能化解它们了。

捉住重要关系中的"鬼"

还有另一种心理，当在关系中感受到对方制造的黑暗时，有人会自欺欺人地忽略这些黑暗，从而让自己沉溺在黑暗中。

在普通的人际关系中还好，但在像亲子、两性和好友等重要关系中，很容易出现这种情况：当对方制造了人格上的碾压时，自己意识不到，而是把这份体验压抑到潜意识中，于是有了一些莫名其妙的恐惧，还会进入梦中，成为梦中鬼的意象。

鬼，常是不能意识到的坏客体与坏自体的映射。坏客体，如坏父母（准确意思是父母身上坏的部分）、坏恋人。坏自体，即坏自我。

并且，鬼有可怕的攻击性，那就意味着，所谓的坏客体之鬼，就是坏客体对我们的攻击性。坏自体之鬼，即我们自己对别人的攻击性。

直面这些鬼意象，意识到重要关系中客体和自体中的坏，会帮助我们看清楚真相。

过去，我曾多次开"自我觉醒之路"的工作坊。每次上课，我都会布置一个作业：梦见一个鬼，醒来后，如果没有被吓崩溃，就试着保持身体不动，直面这个鬼，进行自由联想，看看这个鬼会让你想到什么。

部分学员会顺利地完成这个作业。有一次，一女学员说，她梦见一个女鬼。这个女鬼是谁？她第一时间联想到的竟是一位密友。这位密友最近和她接触很多，想和她构建更密切的关系，但她总觉得哪里不对劲，而梦清晰地揭示了答案：这位密友在嫉恨她！

实际上，这位学员已经知道这个密友在嫉恨她，但她是一个脾气特别特别好的女人，好到有点像僵尸的感觉了。她严重屏蔽了自己的攻击性，也屏蔽了对攻击性的觉知，结果导致她一直忽视这个基本事实——这个密友在交往中大量地攻击她。

另一名女学员梦见父母去世了，心痛至极，但突然惊觉家里像是在闹鬼，一幕幕惊心动魄，最后她发现，父母都在世，父母和其他家人一起演了一出戏骗她。

从这个梦中醒来，她大哭。和我聊这个梦时，我能清晰地感觉到她身上的那份痛楚。

让她进行自由联想，她立即想到，这个梦可能和两件事有关。

第一件事，她最亲的姥姥去世，父母瞒了她几个月。她是跟姥姥长大的，所以和姥姥的感情很深。姥姥的身体每况愈下，她担心姥姥不和她打招呼就走了，所以叮嘱过父母，要是姥姥情况不对，必须给她打电话。虽然她在国外工作，但只要一有消息，可以立即飞回家。

父母都知道她多么看重姥姥，就满口答应了她的这一要求，但是他们做了相反的事——隐瞒了姥姥去世这件事，这是欺骗。

第二件事，她出国时本可以将一只心爱的小狗带走，但还是把它留下来了。这是为了让小狗多陪父母散步，因为如果没有遛狗的必要，他们可以一天不出门。

每次打电话回家，她都会问狗狗好不好，父母都说很好。直到有一天，她哥哥接了电话，愤怒地说，我实在受不了了，我必须告诉你真相，狗狗几个月前就死了。

父母为什么骗她？她说，父母的理由是为她好，这是真诚的，但她感觉父母已像是没有心的人，不能体会到姥姥和小狗在她情感中的重要性，而且他们认为他们知道怎么做对女儿好，所以随意处置了这样的信息。

"父母是没有心的人。"这句话，用纯感觉性的语言来讲，可以这样说——父母虽然活着，但部分已死去，他们是活死人、是僵尸，是半活着的鬼魂。

所以，我忍不住对她感慨道："你的父母就是像僵尸鬼一样，在你的生活中出没。他们虽然活着，但像已经死去的鬼魂。"

僵尸与坟墓是梦中很常见的意象，它们可以非常直接地理解为，你周围的人如同僵尸，你的家庭如同坟墓。

例如，一位来访者梦见一个墓地，有十来个坟墓，每个坟墓里都有一个小小的炉子，炉子里有熔岩一样的东西，炉子和炉子间有通道，但是被切断了。看着这个通道，她在梦中想，如果能把它们打通，让炉子和炉子之间的熔岩流动起来，这些坟墓就会活起来，这块墓地就会充满生机。

醒来后，她很快想到，这就是她对自己家族的感觉。家族里的每个家庭都死气沉沉的，只有一点点热乎劲，而这点热乎劲都是由孩子提供的。过去，她的确想过，如果这些孩子之间多一些联系，也许家族间的热乎劲就会多一些，但是孩子们之间的联系也逐渐变得越来越少了。

有时候，我们会通过观察外部事物来反观自己。在咨询和课上，我常问："你这辈子记忆最深刻的几个细节是怎样的？特别是，如果有一个最触动你，那么这个细节是怎样的？"

每个人记忆最深刻的画面，都会是这个人一生的隐喻。所以，仔细去觉知这些画面，对于认识自己会很有帮助。

女子M，一次看电视节目，其中一个镜头让她有了触电般的感觉。这个镜头是一条鱼躲在珊瑚礁里。它已在这里躲了很多年，估计是受到了什么惊吓，永远处于发抖的状态，节目戏称这条鱼为"发抖鱼"。

为什么会被触动？她说，那一刻，像照镜子一样，她看着那条永远在瑟瑟发抖的鱼，立即明白，她就是这样一条鱼。30多年的人生里，她一直都处于瑟瑟发抖的状态，甚至没有停歇过片刻。

她的人生是怎样的？她为什么总是处于发抖中？原因很简单，她的妈妈一直在极力地贬低她、攻击她。小时候，妈妈每天都会找她谈话，深挖她不道德的地方。长大后变成就算妈妈不找她谈话，她也会天天去找妈妈谈话。而妈妈一如既往地攻击她、贬低她，她则为自己辩解。

妈妈就是在攻击她，并且充满恶意，而她过去一直劝自己说，妈妈都是为了她好才这么做。这样一来，她就忽视了自己人生最基本的一个事实。然后，通过看"发抖鱼"的镜头，她一下子明白，这就是她的人生。由此，她抓到了一个"鬼"——妈妈一直在锲而不舍地攻击、贬低她。

虽然妈妈的攻击如此强烈而可怕，但是私人领域的情感关系和社会领域的权力关系不同，后者可以有赤裸裸的、意识上的欺骗、剥削和碾压，只要自己不笨，这部分就容易认识到。但前者中出现的碾压，常常不是物质利益上的，而是心理能量上的，是为了捍卫自己人格的完整，于是需要将自己的"鬼"甩到亲人身上。

有时候，鬼就是你自身。

无数人做过被追杀的梦，一个人、兽、怪物或其他可怕的东西，在极力追赶自己，自己怎么逃都逃不过，并且跑得很无力，而追杀者越来越近……

我小时候做过这样的梦，印象特别深。追杀者就要抓到我了，我突然想，这是梦啊，我怕什么。但这样的梦常见的结果是被吓醒。

这种梦有什么寓意？

追杀梦的核心结构就是追杀者和被追杀者，也可以说是迫害者和被迫害者、攻击者和被攻击者。梦中的所有部分都是自己，所以被追杀者、被迫害者与被攻击者是自己，追杀者、迫害者与攻击者也是自己。

但在梦中，我们觉得被攻击的是自己，而发起攻击的则是敌人或怪物。这是因为做被害者是会有道德优越感的，虽然这时的自己像是虚弱的，却是道德正确的好人。至于迫害者，看似有力量，但它是坏的、道德不正确的。

如果常做这样的梦，那就意味着，你严重压抑了自己的攻击性。

什么是攻击性？我在前面多次谈到，生命力是天然带着攻击性的。如果你严重压抑了自己的攻击性，那就意味着，你的生命力是严重萎缩的。

追杀梦中，追杀者一直在追赶被追杀者，而作为被追杀者的自己，一直在苦苦奔逃。也许，梦中的追杀者想呼喊的是，"别跑了，请回头看看我，抱抱我，我就是你啊"！

在讲全能暴怒、彻底无助和被害妄想时，我们讲到太多黑暗，可能会给大家一种感觉：这些人性中的黑暗太糟糕、太可怕了，该把它们清除掉。但其实它们就是生命力自身，就是活力、热情和爱恨的源头，我们既不可能灭掉它们，也不能去灭掉它们。因为这样做时，它们只会进一步藏身于潜意识的黑暗中而已。

我们真正要做的，是理解、接纳并转化它们，让它们从孤独想象走出来，而这需要我们活在关系的现实世界中。

· 第十二章 ·
失控、归罪和归因的分析

失控与归罪

本章主题"失控与归罪"，可以视为弱一点的彻底无助和被害妄想。失控即"我"控制不了自己的事情了，归罪即"你"这个坏人导致了这一切。

当使用归罪逻辑时，"我"还是好的、有力量的，而坏的是"你"，就算没力量，也是"你"导致的。这种逻辑就保护了失控发生时"我"的自恋。

讲一些现象吧。

在一次咨询中，一位来访者说，她爸爸永远都在怪罪别人，也就是她和她妈妈。例如，一次她爸爸饭没做好，却怪罪她说："谁让你在这儿碍手碍脚，害我饭都做不好！"

这个说法我觉得很奇葩，影视编剧们都未必能想到，于是就此发了一条微博，询问大家遭遇过的奇葩归罪事件，结果引起很多人吐槽，多数是说被归罪的，也有勇敢的网友说自己是如何归罪别人的。

例子很多，列举一些让我印象深的吧。

1. 前男友英语四级没过，他父母打电话骂了我一通。

2. 哈哈，早就发现我妈是这样。她从厨房端菜到客厅，如果洒了一点汤，她就说"都是你站在这里，挤得我过不去"，实际上我站在窗户边上，离她还有好远呢。

3. 我妈还有更奇葩的，比如她永远是用什么找不到什么，然后她就催我帮她找，但是她找过的地方绝对不许我再找，否则就暴跳如雷，意思是我再找一遍就是怀疑她的能力，就是不尊重她。可很多时候明明那个东西就在她找过的地方，比如包里。可她就是不许我在包里找，而且还必须把东西赶紧找到。

比如有一次登机行李过安检的时候，她说她找不到行李箱的钥匙了。明明就放在手包里的。我跟她说肯定还在手包里，再仔细找找。她就"爆"了，大吵大闹说我明明找过了，你凭什么质疑我。我想拿过来帮她找，她也不给，最后还是安检员说拿手包来，我帮你用 X 射线扫扫吧，结果人家扫了一下说就在包里。我妈这才没话说。

4. 老公说：都是因为你不独立，让我不能安心在外面打拼，害得我们开不上豪车，住不上别墅。

5. 小时候我家不见了只鸡、鸭、狗等其他东西，我爸都归罪于我妈，会用那么晚不回笼、不放好、找不到等各种理由。我越长大越发现老爸是个"老小孩""老巨婴"，但也是个很感性、有义气、有责任感的爸爸，人无完人。现在家里一开始吵架，我们孩子就打哈哈，我妈就懒得理我爸，我爸发完脾气又来哈哈笑，挺逗的。

6. 我家这样的事比较多，最为奇葩的是我 12 岁生日那天，我妈吃饭时给我做"开示"，我爸停在走廊里的自行车被偷，外面下大雨，谁也没看到或听到动静。于是他就怪我，说："今天生日就是晦气！都怪你，不然车怎么会被偷？"于是我被打骂了一顿……现在想想，好可笑！

7. 一次在城际列车上，一个奶奶弄撒了一包花生米，然后就骂小孙子："不让你买这个，非得买……"然后气急败坏地走掉，也不收拾了，孩子妈妈赶紧安慰吓哭的孩子。

8. 好多啊，时常发生。我妈晨跑因为太冷，回来气得摔了全家的盘子，说是因为气我八点还没起床。自己没给手机充电，说"要你有啥用！不帮我盯着！"而且每次都特生气，崩溃说脏话的那种。

9. 小时候父母爱打麻将，周末他们去打麻将的时候我就去书店。他们那天输了的话就说因为我去"输"店了。

10. 有一次我吃饭时筷子掉了，我妈说，看你这么毛手毛脚的，难怪数学学不好。问题是，我数学挺好的。

11. 我的背上长了一个大包，里面像是有脓，给妈妈看，她不知道是什么，就骂我良心不好，才会长这种东西。

12. 我是为了你才不离婚，不然我早就过上了……的生活。多年后她似乎忏悔低语：是因为我害怕，因为我胆小，才不离婚的。

也有人坦然讲述自己的归罪心理的：

1. 我是这样一个自我破碎的人，比如英语考试我没考过，同学考过了，我会埋怨同学们太吵，搞得我没法安静学习。其实是我自己不够努力，却把我做不好事的原因归罪他人。以前我基本上把我犯的错误都归罪于外在事物，我也应该为自己犯的错负责。

2. 我不小心撞到柜子，就把柜子"打了一顿"。

这些归罪别人的例子，都有这样的共同点：自己遭遇了或大或小的挫败，立即找一个身边人去怪罪，觉得挫败是这个身边人所导致的。

为什么会这样？什么样的人容易这样做？

在我的理解中，有完整自我的人很少或不会这么做，而自我未成形或自我破碎的人，势必会这么做。

所谓"自我完整"的人，是不管遇到什么挫败都能维持一种感觉——"我"在这儿。也就是说，自我基本上能一直存在，而不会被挫败所瓦解。

这样的人，相信自己有能力面对生活的挑战。如果出现挫折，也能客观对待，既不容易归罪别人，也不容易怪罪自己，并且懂得安抚自己的挫败感，同时会去寻找资源帮助自己。

所谓"自我未成形或自我破碎"的人，他们一遇到挫败就会觉得"我"被

"瓦解"了，也就是被"杀死"了。这时的挫败感太强，所以要甩出去。

同时，巨婴有着婴儿的原始心理。

婴儿，必须和妈妈等抚养者共生在一起，事情得由抚养者替他们解决，因此他们也必然会产生这样的心理：事情都是抚养者导致的。巨婴也一样。

并且，婴儿或巨婴，因受全能自恋的支配，会追求每一件事情都必须符合他们的想象，这样他们才有掌控感，而一旦事情不符合想象，他们就会有崩溃感。这种崩溃感会引起不完整自我的瓦解。为了避免自我瓦解，他们会把引发自己崩溃的责任推卸到外部世界。

这些例子中，重要的不仅仅是怪罪，而是任何一件小事他们都要去怪罪，他们下意识认为，每一件小事都应该符合他们的想法，也就是意志。如果不符合就有崩溃感，要去怪罪。

所以，自我未成形或自我破碎之人是不可能真正认错的，他们必须将任何挫败都归罪于人，否则会导致自我崩塌与粉碎。这是很多人要面子的关键原因。

所谓"面子"，就是不管发生什么事情，你都不能说我不好。这背后也是全能自恋的基本逻辑——"我"是可以全知全能、全好不坏的，一点点挫败都会破坏这种绝对完美的感觉。

再说说归罪与归因。归因是我抱着一种基本中立客观的态度，去反思挫败产生的逻辑，我可能会错，你也可能会错，也可能只是意外。并且，我只是在找原因，而不是去找出罪人。

归罪则是首先找出罪人。如果罪人是自己，那自己罪该万死，如果是别人，那他罪大恶极！所以归罪不仅要找出罪人，还要狠狠惩罚罪人。

为什么要找罪人？罪人的底层逻辑是什么？罪人的意思是，他是有主观恶意动机的。

这个主观恶意动机有时也的确存在，它来自全能暴怒。全能暴怒是主观恶意动机的根本所在，当把这一点投射给别人，也会觉得别人和自己一样有这份破坏欲。

面对任何大大小小的失控，自我未成形或破碎的巨婴，都会下意识地认定，其背后必定有一个主观恶意对抗自己的力量，必须找到它，去归罪、去攻击，否则寝食难安。你可以想象，如果你身边有一个魔鬼出没，而你没找到它，是很恐怖的。

因此，东西丢了找不到，是巨婴们最恐惧的事情之一。他们必须找到那个"魔鬼"，而孩子是他们此时最容易认定的贼，所以很多人童年时遭遇过可怕的被冤枉的经历：大人丢了钱，认定是你偷的，你不承认，他们就往死里打骂你，你惧怕，承认了，他们或者收手或者更狠地打你，然后这点钱在别的地方找到了。

必须找一个对象去归罪，这是巨婴心中婴儿的一面，但他们也有成年人的一面，他们头脑中知道不是谁都能被归罪的，强有力的不能去惹，于是好脾气的伴侣、孩子与下属最容易被归罪。

归罪事件中，众所周知的典型事件应该就是频繁发生的老人讹诈扶助者事件。

倒地老人为何讹诈扶助者

从"南京彭宇案"开始，倒地老人讹诈扶助者事件成了我们社会的一道道德伤疤。

这类事件中，最惨的是湖南鱼贩王培军和广东河源的吴先生，他们都因扶助倒地老人被讹诈几十万元，最终自杀。

老人讹诈扶助者的事件在全国各地时有发生。他们到底是怎么了？

最流行的解释是"不是老人变坏了，而是坏人变老了"，意思是这些老人原来就品行不佳，老了亦然。

对这一说法我不以为然。"不是老人变坏了，而是坏人变老了"，这个最流行的解释是急于给这种不可思议的道德伤疤找到一个最明显的解释。

在思考这类事件的心理逻辑时，我是循序渐进的。最初我也觉得这些事件可能是经济讹诈，后来还有过一个有点复杂的观点，但我渐渐认为这是老人们在失控时启动了归罪逻辑，谁靠他们最近，他们就会本能地第一时间去怪谁。

在这个思考过程中，我家加菲猫阿白的故事对我有一定的启发。

我养过多只加菲猫，最初是两只，阿白和蓝蓝，都是母猫，都生过小猫。

一天，阿白带着它的一窝小猫在书房门口玩，突然来了一阵风，风吹动书房的门，门夹住了一只小猫，小猫惨叫，蓝蓝恰好路过，小猫的妈妈阿白冲出去，对着蓝蓝狂追猛打，刹那间猫毛飞散，战况相当激烈。

接下来，阿白死死守住门口，蓝蓝只要一接近，它就冲上去打它。必须说明一下，平时它俩追着玩，阿白从来都是被蓝蓝欺负的。

或许，阿白认为猫应该为发生的一切负责，它不知是风惹了这一切，也不怪人类——它怪不起。它只能怪它多少能怪得起的。

在我看来，那些老人和他们的家人，与加菲猫阿白的思维水平相当，他们也认为老人摔倒时谁最靠近老人，谁就该为此负责。

这些事件中，有些确实是经济讹诈，但相当一部分事件中，老人们是真这么认为的。记得在两起类似的事件中，老人醒来后第一时间就是怪身边的人：你怎么撞我呢！其中一个是警察，恰好有视频做证，才洗清了冤屈。

这种加菲猫水平的思维，其实就是婴儿水准的思维。婴儿的世界出现失控时，他们第一时间会去责怪父母等养育者，特别是妈妈。

一个网友在我微博上讲了她家孩子的故事：

我娃也这样，自己打翻牛奶，必定发火。虽然再帮她加到快溢出来了，她依然哭号着怪大人加得不够。我对她说"知道你是打翻牛奶心里才难过"，她马上安静了，点头。我拥抱她表示大人打翻东西也会难受，她难受很正常，但发火没用，我们努力补救加牛奶就好了。

小婴儿和成年巨婴的这种心理，概括起来就是要为自己世界的失控找一个看得见的可控原因，然后攻击对方，以为他们改变了，自己就好了。这不仅是倒地老人讹诈扶助者的心理原因，也是很多家庭中亲人相残的重要原因。

我见过很多这类事，有家人意外去世了，接下来整个家庭会发起乱战，彼此怪罪，要对方为这位亲人的意外离世负责，可是在旁观者看来，事情明显是意外，谁都怪不得。这些活着的家属，有人意识上也明白这一点，但他们会想起过去很多冲突，于是就去怪罪彼此。

父母虐待孩子，妻子侮辱丈夫，丈夫羞辱妻子，常常也可从中看到这一逻辑：不是我控制不了的命运让我受伤，而是你这个我能控制、我的头脑能理解、我能怪罪的家伙让我受伤。

对于婴儿水准的心理发展水平，最可怕的是失控，失控会让他们立即陷入未知，且未知中他们会隐隐感觉到攻击性的"魔鬼"在身边出没，于是立即找到一个可归罪的对象，那样一来，世界就好像恢复了秩序。

相反，容忍模糊与未知，最终找到一个逻辑上和证据上都成立的原因，这是高级心理发展水平，"彭宇案"中的法官甚至都不具备这一思维水平。具体请看该法官的判词：

> 如果被告是见义勇为做好事，更符合实际的做法应是抓住撞倒原告的人，而不仅仅是好心相扶；如果被告是做好事，根据社会情理，在原告的家人到达后，其完全可以言明事实经过并让原告的家人将原告送往医院，然后自行离开，但被告未做此等选择，其行为显然与情理相悖。
>
> 根据日常生活经验，原、被告素不相识，一般不会贸然借款……

"彭宇案"引发很多波澜，而关于其真相如何，媒体报道也是一波三折，最终能基本确定的是，彭宇的确和老人发生了碰撞。这样看来，从事实角度来讲，法官判案问题不大，但法官的判词水平实在太低，这是引爆舆论反转的一个关键点。

北京发生的一起人伦惨案中，因 13 岁女儿赌气说明星就是比父母好，父亲将女儿砍死。这起惨案中有一个细节，女儿说铅笔刀找不到了，她必须找到才去上学，但就是找不到，结果她生气地摔了一地的东西。铅笔刀找不到了，这么一个小小的意外，其实已让这个心理脆弱的女孩崩溃了。

我在咨询和生活中听几个人说过这种事。我的一个朋友，她的任何一个物品如果突然找不到，她会花很大力气去找，若找不到就觉得整个世界崩溃了。

一位网友在我的博客上留言，详细讲述了她类似的故事：

> 毕业前我在家做毕设（毕业论文设计），憋了一个星期，每天只睡两三个小时，也不出去，也不按时吃饭……精神状态特别不好，就想着出去转转，然后那天下雨了。
>
> 我想出去，但是因为我好长时间没有在家生活过了，不知道我妈把伞放在哪儿了，找不到，不知道咋了，就崩溃了，在家大哭呀，我家的狗都从睡梦中惊醒了，跑出来看我在干啥。
>
> 后来老妈下班回来，看见我抱着包坐在饭厅大哭，再加上我找不到伞，给我妈打了 20 多个电话，把她吓坏了，以为我被抢劫了，问了半天，才知道我根本就没有出去，对此表示万分困惑以及无语。
>
> 现在想想也觉得有点好笑，但是那个当下真心哭得天崩地裂呀。

太容易崩溃的人很容易找个人去归罪，因为一旦归罪于这个人，自己的世界似乎就可以恢复秩序了。

那些丢几角钱就可以把孩子往死里打的大人，关键并不在于钱的多少，而是这个意外让他们心理崩溃了，他们要立即找一个人去怪罪，而孩子力气小、各方面都依赖大人，是最可以被怪罪的。

倒地老人讹诈扶助者这类事件，我们容易视为道德问题，但真相或许是社会中"成年婴儿"太多了。

如果这个推论成立，那么遇到这类事时，将这一点向对方指出很重要，而不是立刻将对方视为讹诈并反击。可以坚定地告诉对方：我知道你遇到了不幸，你有失控的感觉，你很愤怒，你想立即找到人为此事负责，可我们必须讲证据是不是？

国内知名的心理学家朱建军讲了一个有意思的故事：

有一次，有辆小巴车被剐了。肇事车跑了。小巴车司机追拦下我的车，说是我剐的。我的车上刚好有处陈旧破损、位置接近的刮痕。当时还有路人证明，说就是我，我百口莫辩，但我还是心平气和地说明情况。对方则不依不饶，情绪激烈。

我想他是误会了，所以努力说明，但他不给我机会说话，强调他穷，修车要花钱。我说我能理解你的沮丧、无助，也知道你生活不易，但是我们还是要看看证据。他大吼。

我只好不说话，打电话请交警。交警来了，他仍旧怒气冲冲的。交警用技术手段测量，结果排除了我的嫌疑。我以为他会很不满，但他一下子平和下来，并对我说："我知道可能不是你，但我追不上别的车了。"

朱建军遭遇的这件事就有了双重含义：既有通过怪罪一个人而处理失控感的心理成分，也因他是有意的而有讹诈成分。

老人讹诈扶助者也一样吧，这两个成分或许都有。社会上的很多冲突中，也有这种双重因素，这时特别重要的是作为裁判的司法体系怎么做。如果是"和稀泥""葫芦僧判葫芦案"，那就很糟糕，而如果能遵照清晰的法律，那就很不一样了。

在老人讹诈扶助者这类事件中，当事人是婴儿心理发展水平，这不是大问题，真正糟糕的是大家都是糨糊逻辑，当事人是，家人是，法官是，警察也是。

因此，决不能用所谓的常理来判决这类官司，必须用法律，但法律也得是成熟的。例如，机动车撞了严重违章的行人也要为行人负责的法律，也算是这种婴儿思维的延伸吧。

倒地老人讹诈扶助者的事件，我感觉当下真的比较少见了，即使发生，警察和法官最终也能还扶助者清白。这是很好的变化，全社会的大讨论促成了这种变化。

失控中的魔鬼

生活中你可能见过这样一类人，他们几乎从不喝酒，表面上像是因为健康问题，仔细一聊会发现，他们非常讨厌一种感觉，就是喝酒后的那种失控感，哪怕仅仅是微醺的感觉。

要回答这个问题，我得讲一个小视频。

那是关于一条小狗的视频，狗非常小，感觉刚睁开眼没多久。视频中，它打了两次嗝，然后它开始叫，叫的样子像是它觉得周围有个敌人，它是在对着那个敌人叫。

这是怎么回事呢？我的推测是，小狗先打了一次嗝，这是个意外，它感到失控，于是想控制这件事，但接着又打了一次嗝，这破坏了它的控制努力。既然"我"控制不了打嗝，那就应该是"我"之外的另一个力量在控制"我"，让"我"打嗝，所以它是在朝着那个力量吠叫。并且，因为打嗝这件事是有点不舒服的，所以控制这件事的那个力量是恶意的。

当然，这只是我的推断。做出这样的推断也得益于咨询。在咨询中，从一些心理发展水平不够高的来访者身上可以看到这样的逻辑。

非常有意思的是，视频最后，小狗转过身像是想去咬自己的尾巴。似乎它开始怀疑也许这另一个力量就在它的体内，比方说它的尾巴。虽然尾巴是它身体的一部分，但是因为尾巴在身体末端，所以它在试着把这条尾巴切割到"我"

的范畴之外，它怀疑尾巴是失控的恶意的源头。

如果你观察小狗、小猫和小婴儿，会发现这种事很常见。

控制和失控还和善恶联系在一起。最初，我看善恶就是从普通意义上去理解，但随着对控制和失控的理解越来越多，某一天我想到，对一个生命来讲，善和恶会有这样一种逻辑：我能控制的范围就是善，我不能控制的范围就是恶。

比如打嗝这件事，如果我能控制住它，那这就是一个有趣的、好玩的、善良的事情，但当我不能控制它时，它就变成一种恶意的事情。并且，接下来这个小婴儿或者小动物就会使用分裂（或叫切割）的心理机制，既然"我不能控制打嗝这件事情"，那就应该是有另外一个力量在控制它，这时分裂就发生了。

最初小狗的分裂是"在我身体之外的一个敌意的力量在和我作对"，或者说分裂成"我和我不能控制的另外一部分"，而且"另外一部分"是恶意的，是坏的。

当打嗝继续，无法控制的时候，分裂变得更严重，它开始去看是不是自己的尾巴、自己的身体在导致这样的事情发生，这就意味着它把自己的尾巴也要切割到"我"之外。并且，因为它觉得自己被攻击了，必须找到这个攻击它的力量，和它作战。

因为小婴儿不能表达，也不能够怎么样，所以我们未必能很清晰地去理解到底发生了什么，但在大一些的孩子身上就比较清晰。

比如说前面提到的有一个网友曾经留言说她的孩子把牛奶打翻了，结果反而过来攻击她。

孩子觉得，本来我应该能控制倒牛奶这件事情。最初受全能自恋支配时，人会认为自己能控制一切，更何况只是倒牛奶这件小事。但他控制不住，而且在他的世界里就只有他和妈妈两个人，既然他控制不住倒牛奶这件事情，那就应该是妈妈在控制着这件事情了。牛奶被打翻了，失控发生了，他就会认为妈妈变成坏的了，相当于坏妈妈打翻了这个牛奶，所以他要去攻击他的妈妈。

小孩子把妈妈视为坏人，看起来这是一件不好的事情，但对一个孩子来讲，这其实是好事，因为他归罪于妈妈要胜过他归罪于一个不可知的力量，如在控制着他的魔鬼。

如果婴儿觉得是"坏妈妈"导致了失控，那意味着一种修复的可能。当这件事情修复后，他会觉得"我是好的""妈妈是好的"。这样一来，这个孩子的世界就发生了重要的转化。

婴儿的世界很简单，主要是吃喝拉撒睡玩，如果妈妈很用心的话，可以在很大程度上帮助孩子实现对这些事情的基本掌控。

但如果是一个成年人，父母控制不了，也满足不了他，因为涉及结婚、生孩子、找工作等各种各样的事情。实际上，即便只是学习这件事情，父母就已经没办法帮孩子去完成了。

这时候要引申一下我前面讲的善恶观。当婴儿的世界处在一种基本可控的状态之内，他会觉得自己活在一个善意满满的世界里，也因此对世界有基本的信任和依恋。

如果婴儿的世界接二连三地失控，那么他必然会觉得有一个世界从他这里切割出去了，而且这个切割出去的世界是由一个"魔鬼"导致的。这时他们会怕黑、怕鬼。

比如说，我的一个朋友在她的孩子1岁半之前连着几次搬家，结果她发现她的孩子开始害怕黑影了。

这可以理解为，连着几次搬家对小孩子来讲刺激太大了，他经常处在失控当中，他也像前面我讲的那只小狗一样，在寻找到底是什么样的敌人导致这些失控发生。黑暗像是一个看不清、摸不着的力量，而且黑暗之中似乎藏着他看不见的东西，所以他会觉得有一个鬼藏在黑暗中，导致失控。他没办法理解是因为搬家导致了这一系列失控，所以他要去归罪于一个鬼。

成年人怕鬼实际上也是这样形成的，我们可以用怕鬼的程度来衡量一个成年人在小时候面临的失控有多少。

不要让幼小的孩子总处在失控中，因为他会将太多的事情切割到"我"之外。最严重的是孩子处在一种全然的封闭状态，好像对一切都没有兴趣，这是将世界都切割到"我"之外了，即他觉得整个世界都像魔鬼一样。

对于全然封闭的孩子来讲，任何事情侵扰到他，他都可能会发狂，因为他会觉得任何事情都是他控制不了的，所以任何事情对他而言都是一种入侵，都是一种充满敌意的力量。

反过来就可以看到，养育者把孩子养育得多好，意味着婴儿可以在多大程度上把养育者纳入"我"之内、"好"或"善"之内。一个健康的孩子是充满活力的，他会对周围世界充满好奇和探索欲望，因为之前他的吃喝拉撒睡玩被照顾得很好，所以他会觉得虽然有些事情暂时处于失控中，但是经过努力，这个事情就会重新恢复到控制之中。

同样地，对一个相对封闭的孩子来讲，他可能只会对很少的事情感兴趣，其实这意味着只有很少的事情他才能控制。

对孩子来讲，他越小，对他的照顾就越重要，因为他的吃喝拉撒睡玩的需求都有赖于一个成年养育者的陪伴。对他来讲，所谓的控制就是妈妈或者其他养育者把他照顾得非常好，及时地回应他。及时的回应非常重要，你回应得越快，就意味着他在越快的时间之内解决失控的这件事情，让他的世界重新恢复控制。

随着孩子逐渐长大，另外一件事情就变得很重要，他要尝试用他自己的力量去完成一些事情，因为他已经明白，妈妈是妈妈，他是他，他需要"品尝"自己的力量。

这时他逐渐会觉得"我完成了这件事情""我可以控制这件事情"，这被称为"自我效能感"，这种感觉对孩子来讲是非常宝贵的。

我们再做一下引申：一个被照顾得很好的孩子，会觉得自己活在善意满满的世界里；一个被照顾得很不好的孩子，会觉得自己活在一个恶意满满的世界里。前一种孩子会觉得他活在"天使环绕"的世界里，而后一种孩子会觉得他活在"魔鬼环绕"的世界里。这不是比喻,而是幼小的孩子的感知和想象。

所以我们要知道,在孩子越小、越容易失控的时候,成年人对他的照顾和帮助非常重要。以前我们讲失控与归罪的时候,主要使用的是成年人的例子,基本逻辑是失控会让一个人陷入彻底无助的状态,这是非常糟糕的体验,所以要通过怪罪别人,把无助感甩出去,也让自己获得一点控制感。

现在我们知道,一失控就归罪的成年人,其实是因为心理发展水平还处在婴儿水平,一陷入失控就会觉得这是一个魔鬼般的恶意力量导致了失控,所以要去和这个恶意力量作战。

关于幼小的孩子的失控我先分析到这里。接下来,我会继续阐述一下类似的心理在成年人身上的展现。成年人能用语言清晰地表达出来在他身上发生了什么、他是怎么想的。当我们用成年人的语言来解释时,就会更加清晰地理解一个人面临失控时到底发生了什么。

魔鬼在自己心中

我讲一个一位成年来访者的故事,暂且称他为周先生。

一天晚上,为了提神,他喝了两杯很浓的咖啡,结果睡不着了。当凌晨一点多还无法入睡时,他心中出现了一种深深的懊恼和自我攻击,怪自己为什么蠢到要喝咖啡,还喝两杯。因为第二天他有重要的事情,照以往的经验,如果晚上睡不好的话,他会头疼头晕,第二天的状态会很糟糕,重要的事情就处理不好。他很担心,所以开始尝试各种办法,想让自己睡着。

结果他发现自己的努力都失败了,两点多钟还是睡不着,三点多钟还是睡不着,到了四点钟他还睡不着的时候,他就出现了强烈的自我攻击、自我诅咒。

他对自己说:"看,你连睡觉都管理不好,你明知道自己的身体很敏感,你还喝了两杯浓咖啡,结果搞得一晚上这个样子,你管理不好喝咖啡,管理不好睡眠,你的自我管理能力真是太差了，你活该有很多事情做不好，你非常非常糟糕，非常非常差劲。"

同时，他还自怨自艾："为什么只有我这么倒霉！这个世界上现在只有我睡不着，正常人都在安然入睡，进入甜美的梦乡。为什么只有我这么差劲？！"

在这种自我攻击和自我诅咒的状态下，一直到五点多钟他才终于入睡。

周先生失眠的事情和上一节里讲的小狗不能控制自己打嗝的事情存在类似的逻辑。

对那只小狗来讲，它发现控制不了自己打嗝，就把打嗝视为一个糟糕的事情，并认为有一个敌意的力量在控制自己的打嗝，所以要对着外部世界狂吠，似乎它要攻击或威胁这个外部世界。

周先生发现自己控制不了睡眠，处在失眠的状态下，他生出很深的自我攻击，即"失眠是很坏的，而控制不了失眠的自己也是很坏的"，最严重的时候他恨不得把自己杀了。

这两种心理是有不同的，因为这只小狗或者是有类似心理的婴儿，他们是在怪罪外部世界，而周先生是怪罪自己，这当然是一个巨大的进步。因为当你怪罪外部世界时，通常意味着你认为这件事是你无论如何都控制不了的。

比如说，很多人认为是因为自己命太差了，才会导致一些糟糕的事情发生。

当你这样想时，不可避免地会产生一定程度的自暴自弃。因为你认为这是外在的、坏的命运之神导致坏事发生，这当然是"我"控制不了的事情，既然"我"根本控制不了这件事情，那么做任何努力都是没有意义的，"我"就顺从好了，于是就产生出一种自暴自弃。

相反，如果你认为"这是我控制不了的事情""这是我暂时控制不了的事情"，这时虽然你会自我攻击、自我谴责、自我诅咒，但你给自己留了一个空间，会想去做做尝试，试图改变这件事情。

自我攻击、自我诅咒同时意味着一种可能性，你可以重新驯服这件事情。比如对周先生来讲，他本来把不能控制睡眠的自己视为不可饶恕的坏自我，接下来，他试着重新驯服它，把它纳入自我。

假如他驯服了睡眠，他会彻底明白这个失控不再是外部的一部分，而是自我的一部分，最终将这部分失控的坏事重新纳入自我，意味着一次整合发生了。

不过有意思的是，在这个过程中，它的关键不是征服，而是接纳。如果你抱着战斗的姿态，你觉得失眠是一件很坏的事情——它在攻击我，我一定要战斗到底，我一定要把它彻底驯服。当你这样做的时候，有可能会奏效，但更可能是无效的。

相反，如果你接纳了失眠，不和它较劲，允许它发生，同时做一些有效的事情，这个时候失眠就会被驯服。

有一个疗法叫森田疗法，它的核心理念是"顺其自然，为所当为"。当有一些坏事发生时，你的所谓的情绪、情感或者生理状态有些失控时，该怎么办？

你"顺其自然"，同时"为所当为"。就是说让所谓坏的、失控的情绪或者生理过程去进行，然后你去做那些你可以做的事情，比如说该工作就工作、该吃饭就吃饭，经常这样去执行就会奏效。

与森田疗法相对应的其实是这样的想法：我可以控制我自己。这种想法我认为是从全能自恋中来，在没有经过反思时它是无意识的，让我们自动认为"这是我的身体，我可以控制我的身体""那是我的想法，我可以控制我的想法"。

婴儿有无边无际的全能自恋的想象，会觉得"我可以控制整个世界""我可以控制别人"。这显而易见是不可能的，我们知道这是一种妄想。

但让很多成年人难以想象的是，连控制自己的身体、控制自己的头脑也是不可能的想象。

真正控制我们身体的，比如说控制肠胃蠕动的是植物性神经系统，而我们的意识很难直接有效地去影响我们的植物性神经系统。

关于想法，其实任何一个念头都是一个独立生命，它的出生、发展、衰老和死亡会有一个过程，如果你认为"我可以控制我的想法"，那就大错特错。相反，当你试图控制你的想法时，意味着你给这个生命注入了更多能量，它会更加茁壮。

我们不要小瞧"接纳"这个词。接纳意味着你接受这件不如意的事情发生，不再把它视为一个充满恶意的和自己对着干的魔鬼，你可以把它视为一个中性的甚至好的东西，让它发生就好了。这意味着一种整合正在发生。

在周先生失眠的故事里，他有一个想象"正常人都可以享受甜美的睡眠，为什么我就不行"，当他发现"我连正常人都不如"时，他就恨不得杀了自己。

首先，所谓"正常人都有甜美的睡眠"，其实是一个错误的观念，事实是大多数人都有各种各样的睡眠问题，能够经常享受到甜美睡眠的人是少数，所以这个所谓"正常人的标准"实际上是一个很高的标准。

在周先生的这种心理中，我们可以看到全能自恋的完整逻辑。婴儿认为"我"发出一个指令、一个想法，周围世界、别人、我的身体、我的脑袋应该立即达到这样的状态，当不能实现时，全能自恋的能量变成了全能暴怒，他恨不得毁了这个世界，包括自己。

这时"神"就变成了"魔"，"魔"想把世界给毁了，或者毁了自己。各种各样的"鬼"就是这样诞生的。真正的鬼与魔，不是别人，而是自己。

周先生小学和中学时曾独自睡一个房间，每天晚上睡觉对他而言都是种折磨，他会看看床底下，看看周围那些黑暗的地方，他很害怕熄灯。

他觉得在床底下可能有魔，在黑暗处可能有鬼，所以他要先去侦察一下是否真的有鬼存在，他必须确认是安全的才能入睡。

他讲到这儿的时候，我说："周先生，这个鬼是什么呢？其实就是你自己啊。你是一个这么容易暴怒的人，当世界不能按照你的意愿运转的时候，你想把世界给毁了，或者想把自己给毁了。这个最具破坏性的力量不是外部世界的恶魔，而是你自己啊。"

他听到这个解释后，一下子安静下来。他发现过去一直被他视为外部世界的"鬼"，原来是他自身的一部分，这个时候，所谓的外在的"鬼"就好像重新回到他身上。

从根本上来讲，成长就是这样一个历程：最初因为能力的限制、思维的限制，人不断地使用分裂和切割的机制，把身上各种各样不舒服的东西、控制不了的事情，都切割成外部世界的、坏的、邪恶的，但随着成长，你逐渐发现原来这些看似是外在世界的邪恶、黑暗、失控，其实是你自身的一部分。

最初你会认为失控是恶的，控制失控的力量是恶的，而且在你身体之外。但随着你的了解越来越深，就会发现原来没有这个所谓的恶，它其实就是你自身切割出去的一个东西。

这意味着光明重新照到了失控的黑暗力量之上，最终，你可能会觉知到外部世界的恶其实就是内心切割和分裂的结果，是内在的恶向外投射的结果。

在这样的认识的过程之中，我们的内心不断地从分裂走向整合，最终我们会知道外部世界和内在世界是一回事。

不管我们是否意识到，我们其实都走在这条路上。

走出归罪的泥潭

心智不成熟的人比比皆是，包括我们自己。失控也很容易发生，因此归罪也很常见。

我们需要注意到归罪的逻辑，同时学习不去真的怪罪别人，而当被严重怪罪时，自己也能看透这一点，然后走出来。

讲一个我印象深刻的故事。

一位女士，在一次分手后陷入痛不欲生的状态中，严重失眠，得服用药物才能入睡，有自杀倾向，有时也会去找前男友闹个天翻地覆。

她的状态相当严重，但和她的咨询却像是有了奇效。她的情况迅速得到改善，精神状态很快恢复了，生活重新有了基本掌控感。

当咨询要结束时，我问她，咨询中什么地方帮到了她。

她说，分手虽然难受，但更严重的是前男友强大的语言能力让她相信，在这段恋爱关系中他是好男人，而她是坏女人，都是她的贪得无厌破坏了这段关系。她也觉得自己在恋爱中的确是索求无度，有些过分。

然而咨询帮助她认识到他们都有责任，而且他们的确不合适，她看到了自己的问题，也更懂得前男友是怎么回事。这些理解让她放下了对自己的过度怪罪，然后她的状态就得以恢复了。

类似的逻辑在分手中很常见。例如，一位女士离婚后非常痛苦，在咨询中显示出，她的核心逻辑是："我觉得我是非常好的女人，怎么就遭遇了离婚这么丢脸的事呢？我这么好的女人，他怎么会想离开我？"

不过，这位女士最初状态尚可，因为她启用了怪罪对方的策略，这在一定程度上保护了自己的自恋。

离婚后，最怕的是丢人，这种逻辑在生活中也很常见。我看到太多朋友离婚后不愿意让别人知道。这本来没什么，但他们竟然可以把这件事瞒上几年甚至十多年，周围的人都不知道他们离婚了，连孩子都不知道。这严重影响了他们重新建构生活，因为他们花了太大的精力去隐瞒这个事实。

他们不愿意让别人知道的原因很简单，就是认为离婚是一件丢脸的事，不能让其他人知道，看自己笑话。

所谓的丢脸，就是破坏了自恋。

活在自恋维度的人，必然会遇到一种局面，就是自恋太容易被打击，这个时候，人就容易启动归罪的逻辑。尽管归罪于别人很常见，但归罪于自己一样常见。当归罪于自己时，就构成了自我攻击。

在咨询中可以看到一个规律：痛苦最强的来访者都伴有严重的自我攻击。这时，咨询最容易奏效的一步是让来访者看到自我攻击并非真理。一旦停止

"一切都是我带来的"这种自恋性的自我攻击，来访者的痛苦就可能有很大减轻。理解别人和自己也可减轻自我攻击。

很多人失眠是因为晚上头脑会特别清醒，会想很多事。这种情形下，最常想的是某某事没做好是因为我有多不好，为什么我这么不好，我好一点，事情就不一样了……这些想法就是自我攻击。

在第三部分"头脑暴政"中，我会讲到，这种自我攻击是全能头脑作为发令官在攻击作为执行者的体验者。因为一旦人将头脑等同为自我，就会觉得做到完美是可以的，然后一看那个身体力行的自己，就觉得太差了，因此会发起抨击，希望体验自我能做到头脑自我的那些要求。

全能头脑认为"我"应该是完美的、全能的、不会错的、不会犯傻的……并拿这些标准去要求自己。

当我们能看到这个逻辑时，就可以明白完美、全能是不可能的，而真实的自己，竟然是缺点满满、错误满满，有时还是愚蠢的。这才是事实。请看到这个事实。然后，就像好父母看着蹒跚学步的孩子一样，不仅接纳孩子会犯错，而且还觉得这很可爱。当孩子陷入自我攻击中时，还要去安抚孩子。要用这样的态度对待自己，做自己的"好父母"，给自己好的养育。

相反，糟糕的父母总是在无情地打击孩子，他们很容易使用对孩子而言最有杀伤力的一句话——"就是因为你不好！"

孩子本来就是自恋的，会认为一切好事自己负责，一切坏事也都是自己招来的。如果孩子遇到挫败和伤害，例如，失恋、被老师冤枉、被霸凌、被性骚扰甚至侵犯等，父母却说，就是因为你不好，才招致了这一切。这种说法会严重加深孩子的自我攻击，甚至会构成摧毁性的影响。

再说说道歉。太容易道歉的人要问问自己，你的道歉是不是一种太轻易使用的自我攻击？

《自控力》这本书中讲到，有人遇到挫败后能很快恢复自控力，有人则不行，一个关键差别是自控力高的人会自我安抚。

我在咨询中也会看到，很多人遇到挫败后会对自己进行无情的抨击。有时候这能感知到，有时候是无意识的。尽管你意识不到，这份暗暗进行的自我攻击仍然会导致你变得有些瘫软无力，因此难以行动。

同时，你也要警惕总是被归罪。很多人在亲密关系中呈现一种矛盾：对另一个人抨击、鄙视、看不起，但就是离不开对方。因为对方有一个巨大的价值——可以被归罪。想想也蛮可悲的，所谓的"亲密关系"，竟然最重要的一个功能是一个人去承载另一个人的归罪，以这种方式滋养了另一个人的自恋。

前文提到过归因和归罪。它们看起来有点像，却是两种截然不同的逻辑。归因是一个人能跳出只有"我"的一元世界，也能跳出只有"我"和"你"的二元世界，而能以中立客观的第三者视角，从事情的"它"这个角度看问题。

这样一来，一个进行归因的人，就能如实地看到自己、对方以及事情本身，因此可以做到以事实为中心。

归罪则是活在自恋中，还是从自己出发去看自己、对方和事情，乃至一切。当自恋得到满足时会有正面情绪产生，但自恋被挫伤时，就会有负面情绪产生。并且，自恋被挫伤时，就要去寻找那个导致了挫败的敌意力量，这就是归罪，也就是寻找罪人并破坏、灭掉它。当这个罪人是他人时，就会想去攻击他人；当这个罪人是自己时，就会产生自我攻击。

不管是归罪他人，还是归罪自己，归罪都是为了要一个结果——自恋，即"当阻碍我的敌意力量被揪出并灭掉后，事情可以重新按照我的意志来运转"。

归因的逻辑很不同。做了归因后，有时会发现事情需要改变，于是去改变；有时发现事情这样进行就挺好，那就尊重它；它不符合我的意愿，那我就去改变我的意愿。并且，进行归因的人不会沉溺于过去，不会纠结在已经改变不了的事情上。

总之，进行归因时会对"我""你"和事情的"它"运行的逻辑给予接纳和尊重，而不是苛求一切都得按照自己的意愿来。

归因和归罪是心灵不同发展层级的表现，相差很远，太容易归罪的人，甚至都难以理解归因的逻辑到底是怎么回事。

我们还可以看到，太容易归罪的人往往缺乏智慧，因为他们不能进行客观、中立的观察和反思。如果事情紧急，那他们就会赶紧找到一个罪人，攻击甚至灭掉它，然而这时做的归罪常常是错的。例如我们前面讲的，摔倒的老人讹诈扶助者，丢了钱的大人去归罪孩子，都是缺乏智慧的体现。

一个人能观察和自我反思，其实是因为内化了一面镜子，而这个内化的镜子，是最初能向他提供善意或至少中立观察的人。

孩子，特别是婴儿的世界很容易"坍塌"。这时父母的共情很重要，有时只要说出孩子的所感所想，孩子就会平静下来。同样重要的是父母的情绪包容力，即父母不会跟着孩子的崩溃而崩溃，并要求或攻击孩子，要孩子自己稳定下来，而是父母要一直稳稳地陪在孩子身边。当父母能做到这些时，他们就是我说的这面镜子，当孩子内化进去后，就会归因了。

从根本上讲，不能归因而总是去归罪的人，是很容易被死亡感侵袭的。当失控发生，他们会觉得"我"要死了，于是，他们就要赶紧去找到那个攻击"我"的敌意力量，控制并灭掉它。但是，当一个人的自我能稳稳地存在时，就有了一个可以归因的空间。

第二部分

人性坐标体系

引 言

拥抱想象，进入真实

第二部分要讲一个看起来很大的词——"人性坐标体系"，它可以非常直观地用一个坐标图来显示，这个坐标图的纵轴为自恋维度，横轴为关系维度。

纵轴的自恋维度，还可以称为"力量维度"或"权力维度"。

横轴的关系维度，还可以称为"情感维度"或"道德维度"。

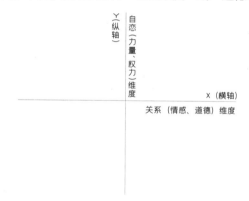

这个"人性坐标体系"是我在思考自恋维度与关系维度时形成的一个形象化的、直观的思考。这个形象化的思考非常有用，能够解释很多细腻的现象。

试举一例。我现在住的房子在比较高的楼层，而且视野非常开阔，当我第一次给我的精神分析师说到我的这个公寓时，他说：嗯，你喜欢俯视一切的感觉，处在高位，让你有些兴奋，而你抗拒处在低位的感觉。

当时听到他这么说，我心想，这是什么生硬、牵强的解释。虽然我的公寓面积不小，不过我当然更想住别墅啊，可是买不起呀！

可当这样反驳他时，我心中另一份真实的感觉出来了：的的确确，如果完全可以自由选择的话，我的梦想之地是在城市的最高层，最好是有天台的，能看东南西北方向所有风景，而且还可以种树……

随着时间的推移，我越来越理解他这个解释的意思。

此外，他还常做的一个解释是：处在被分析的位置上，你有一种羞耻感，因为我作为精神分析师像是高高在上，而被分析的你是处在低位的。

我最初也抵触他的这个解释，但后来逐渐发现，我真的对关系中的位置高低非常敏感，和我在房子上的选择一样。

如果你在谈话中有显现出一点"杠精"的品质，喜欢据理力争，那么你也可以反思，可能你也对关系中的位置高低非常敏感。

概括来说，自恋维度作为纵轴，它的基本特征就是高低，由此还引出强弱这个品质。高低对应的是权力，而强弱对应的是力量。如果你的心灵对权力的高低、力量的强弱高度敏感，那就可以说这是自恋维度的特征。

关系维度作为横轴，基本特征是道德的善恶、情感的爱恨，同时特别根本的是，横轴是平等的。当你能充分活在关系中，你会真切体验到平等，真正接受平等的观念。

平等感如同大地一般，当你有深切的平等感时，就不再惧怕从高处往低处的坠落了，因为你知道，你将坠落在宽广的大地上。

· 第一章 ·
人性坐标体系

只有第一名才有意义吗？

在讲有点复杂的理论之前，我先讲一个故事。

有一次在老家，一位男子带着他家两个孩子来见我，一个孙女、一个外孙，说要沾沾我这个"文曲星"的光，其实是想让我教育一下他的这两个小辈，让他们好好学习。

在我的粉丝中，没有什么人抱着这种动机来找我，但在老家抱着这种动机来找我的家长不少，无一例外，谈话最后会变成对他们的剖析，有时也变成像是对他们的批评和建议。因为时间短，讲话得有点效率。

他带来的这两个孩子都在读小学，男孩的学习很有问题，在班里一直排倒数，还多次考倒数第一名。但在女孩这儿，有一个非常明显而诡异的矛盾：女孩的成绩非常好，一直在班里是前五名，前不久刚考了第二名，可是爷爷对她仍然非常不满，批评她不是第一。

这位爷爷在村里是能人，很能挣钱，也很会为人处事，按说是一个很明事理的人，他怎么能抱着这么不合理的信念呢？虽然他没什么文化，但总知道第一名只有一个，前几名成绩都是很不错的吧。

一开始我和他就这一点展开了争论。他说，他的确认为只有第一名才值得被认可，第二名都没有意义。他举例说，你看村里考出去的大学生不少，但只有你过得最好，因为你是第一名。

我反驳说，首先据我了解，村里考出去的大学生过得好的为数不少，再说我在小学时平时一样是前五名，最差的一次还考过第 14 名，到最后才考了班里第一名。

他立即抓住我这句话说：你看，就是因为你是第一名呀！

作为咨询师，我一般不让自己陷入这种无效的"针尖对麦芒"的争论中，当出现这种明显荒谬，但对方又挺有辩论能力的情况时，我会跳出来寻找一下别的方向。

我看到女孩的神情都有些不忿，于是和女孩聊了一会儿，发现她并不接受爷爷的观点，认为不合理。

她能有这样的认识很好，不过我接着又问她一句：你虽然觉得爷爷的这个观点不合理，但爷爷强烈坚持这个观点时，你会受到影响吗？

看到她点头，我问了她一个开放性问题：你以后可以想想，既然爷爷的这种观点有点极端，不合理，那么你可以怎样少受爷爷的影响呢？

她的爷爷态度比较好，我和他的孙女这样讲话，他倒没情绪。

接着我和他的外孙聊了一会儿，再加上爷爷的补充，我发现这个男孩有自暴自弃的逻辑。

他的成绩一直很差，但有过明显的进步，例如，有一次考了班里倒数二十多名，他觉得自己进步不小，还有点开心，可回到家里，仍然被父母和爷爷一顿痛批。

这是大人们非常糟糕的做法。合理的做法是，看到孩子有巨大的进步，由衷地认可孩子的进步，这样孩子也会感到自己被认可了，才有更大的动力去积极学习。

但是，看来他们真的深信"只有第一名才有意义"。当持有这个逻辑时，倒数二十几名和倒数第一名，意义是一样的，毕竟都离第一名太远，像是有着遥不可及的距离一般。

他们好像都不知道进步需要台阶，需要一个台阶一个台阶地走一样，而是认为人可以一步走到第一名的位置。

我跟这个孩子说，你可能陷入了自暴自弃，我给你讲讲这是怎么回事。自暴自弃的逻辑就是，我考 10 分你们骂我，考 60 分你们还骂我，考 90 分你们继续骂我，可是，100 分太难达到，那么 10 分、60 分和 90 分都没意义，我不如考零分！

这个道理不难懂，我看男孩像是接受了，就此我也怀疑，这个男孩可能知道自己持有这一逻辑。我接着对他说，你怎么样他们都不满意，但你应该知道，分数越高，你自己越开心啊！你可以为自己考试。

和他们的谈话就到了这里，也没指望会发生什么。不过几个月后，我听说男孩的成绩竟然提高到班里前几名。这太夸张了，既说明他的内心发生了改变，也可能验证了他以前考倒数第一名，特别是有时考零分，就是故意气家长的，他本来的学习能力也没那么差。

后来我不断想起这个故事。一个重要原因是我对这位乡邻很有敬意，知道他是一个能人，并且带动自己整个家族过得很好，属于非常有头脑的人，怎么就持有那么一个绝对的看法——"只有第一名才有意义"。并且我觉得这是他的一个信念，他是真这么想的，不是随便说的。

当"人性坐标体系"这张图在我头脑中形成后，有一天，我想到他的故事，突然产生本质性的理解，脑海里还跳出一句话：

任何一个维度上都可以挤满所有天使，如果你发现这个维度是递进的。

简单解释就是，哪怕只是从 0 到 1，从数学上也是可以无限切割的。

接下来的一句话是跟进性的思考：

但是，如果一个维度上只有 0 分和 100 分，那就意味着这个维度上只有两个位置。

　　我老家的这位能人，他看来就有这样的心智，觉得在学习成绩这件事上只有 0 分和 100 分，或者说只有窝囊废和第一名，除了第一名都是窝囊废。

　　这是全能自恋的心理在作祟，受全能自恋的心理控制，你会觉得要么完美如神，要么什么都不是；要么满分，要么零分。只有这两种可能，没有什么中间位置。

　　用人性坐标体系的图来解释，就是说关系维度的空间彻底没展开，只有自恋维度存在。当只有自恋维度存在时，心灵的衡量标准就变了，虽然头脑中你会知道有中间的分数和位置存在，但在你的感知中，只有占据着最高位置的第一名才有意义，其他都没有意义。

　　听上去有点难以理解是吗？毕竟依照数学并不是这样啊。

　　但我们思考一个社会现象就可以理解这一点。自恋维度也是权力维度，而权力体系中，第一名即皇帝，他可以控制整个体系，可以决定其他任何人的生死。

　　当明白这一点时，我恍然大悟，明白了我老家的这位能人内心深处其实藏着"皇帝梦"以及由此而生的焦虑。他潜意识深处的意思是：只有第一名的"皇帝位"才能支配一切，其他不管多高的位置都被第一名支配，所以只有第一名才有意义。

　　可以说，当人的心灵只能感知到自恋维度时，必然会对力量强弱和权力高低极度敏感，这份敏感的背后是生死焦虑。最深的含义是，只有第一名才可以把握自己的生死，同时第一名可以支配其他人的生死。

　　要是真这样也好，但其实这会引发一个严重的问题：大家都想去争夺第一名的位置，这个位置是可以换人的，于是坐在这个位置上的人一样会有严重的死亡焦虑。

　　这份感知不仅仅是最典型的权力体系才会有，它会延伸到所有竞争中，只要关系维度没展开，自恋维度的竞争就会导致这份巨大的焦虑。

具体到学习中，就会变成如果你觉得只有零分和满分这两个位置，你会既想要第一名的位置，但又惧怕这个位置。

因为你必然常常品尝到零分位置的感觉，这时你会产生强烈的羞耻感。羞耻感的基本意思是"我以为自己该是全能的，可实际上我怎么这么差，然后这么差的我，竟然还幻想自己是无比厉害的，哇，真是不知天高地厚！"

严重的羞耻感会让一个人恨不得杀死自己，这体现为苛刻的自我抨击。

同时，看着那个在满分位置的人，你会羡慕嫉妒恨，本来恨不得杀死自己的心理变成了恨死他。当这份体验刻骨铭心时，你会惧怕第一名的位置，因为怕被嫉恨。

这时，本来的零分和满分这两个位置也不存在了。你感觉哪个位置都不能占。这会带来严重的内耗。

我见过太多这样的人，他们表面上自我贬低，还很坦然，但仔细聊下去会发现，他们无比渴望比谁都强、比谁都厉害，却不敢暴露这一点，不敢坦坦荡荡地追求强大，甚至连努力都不敢。

当然，任何一个群体也总是会有一个"老大"的，有时候这非常简单，例如一个小家庭，或一个大家族。

这就引出一个根本性的质疑：

我老家这位能人以及类似的家长真希望孩子能考第一名吗？当孩子考第一名时，他们会不会觉得孩子胜过了自己，而他在家庭乃至家族里的"老大"的位置，就被孩子破坏了？

很多父母或老人，总是批评攻击孩子，就有这样的隐喻。当我批评你时，就是在告诉你，我位置比你高，力量比你大，我比你完美。相反，当夸奖孩子时，他们会觉得，孩子被捧高了，位置甚至高过了自己，因此不舒服。

你也可以问问自己，你敢品尝第一名的感觉吗？你在家里有过度地去追求"老大"的位置吗？你能允许比你弱的孩子或其他家人处在这个位置吗？

何谓人性坐标体系

在本章第一节中，我先讲了一个故事，而没有先讲人性坐标体系的理论，因为理论是晦涩的，容易被抗拒。

为什么理论容易被抗拒，哪怕这个理论已经非常直观了？

因为讲理论时容易唤起自恋维度的体验。讲理论的人像是处于高高在上的位置，而听理论的人像是处在低位。理论的晦涩也会唤起这种感觉，讲理论的那么厉害、有力量，而我竟然听不懂，这也唤起了"我很虚弱"的感知。

如果理论讲得非常透彻清晰，也可能会引起一种不安：哇，你太厉害了，你怎么会想到这个，我，我想不到啊。哎呀，我真是不如你。

这份"我不如你"的羞耻感很不好，并且容易转成"嗯，你看你讲的，是什么玩意儿，根本就是混乱的好吧！"有了这样的念头，就更容易听不懂了。

相反，如果是讲故事，再偶尔讲一下道理，就会好很多。这时很多人会有这样的反馈：哇，武老师想的和我想的是一样的！这样就是引起共鸣，而不会产生自恋受损了。

不知这样的解释能否卸下你的一些防御，让你更愿意听听理论。

先继续细化"人性坐标体系"。

发展出这个坐标图是因为我希望根据这个图来标记人具体的行为、心灵与人格状态，或一份关系的性质。

纵轴的自恋维度处在上半部分时，是高位的、强大的；处在下半部分时，是低位的、虚弱的。

横轴的关系维度处在右侧时是善良的，有爱意；处在左侧时是凶恶的，有恨意。

由此我们还可以区分四个象限：

处在第一象限时，是既强大，又有善意和爱意；

处在第二象限时，是强大的，但有恶意和恨意；

处在第三象限时，是既虚弱，又有恶意和恨意；

处在第四象限时，是虚弱的，但有善意和爱意。

人性非常难以量化，而且人非常复杂，并不容易精准地把一个人标记在坐标体系的某个位置，但我们可以借助这个坐标体系，试着对具体的行为、一个人的人格乃至关系做大概的区分和认识。

不过，这并非这部分的重点，这部分的重点是我试图讲清楚自恋维度和关系维度的主要区别，并试着去探讨人该如何从孤独的自恋维度进入情感的关系维度。

这就引出一个关键问题——心灵空间。

要特别说明一下，虽然我使用了"恶意""恨意"这样的字眼，但并不是在说这个坐标体系的某些位置是好的、对的、应该存在的，某些位置乃至象限是坏的、错的、不该存在的。人性的圆满要比人性的好坏更重要，我个人认为，人要试图拥抱人性坐标体系的所有位置。

说到这儿，我还要做一个假设：假设坐标体系的正负分的满分都是100分，那么这个坐标体系的范围其实达不到"100、100"这样的位置。人性所能达到的位置，是以坐标体系的中心，半径为100分所画的一个圆，人性的极致只能达到圆的边缘，而不能超出。

这背后的假设是，人在某一个方向能伸展的程度是有限的。当一个人自恋程度达到满分，权力在最高位或者能力最强时，那他的情感和道德就会是零分。相反，一个极度重感情的人，能力发展也会受损。

我继续做一些基本的解释和引申吧。

第一，一个人的心灵发展空间是其自恋维度和关系维度撑开的程度。

第二，对关系过于敏感，并在关系上花了太多精力的人，可能会损害自己的自恋维度，具体表现就是能力、力量和权力受损。

第三，天才们必然是伸展开了自恋维度，但如果关系维度上伸展程度太差的话，就容易是变态或浑蛋。

第四，极端情况下，关系维度完全没撑开，变成零分，这时自恋维度就变成绝对的陡峭，这时他的感知是，他在任何关系中都只有高低、强弱这种自恋的东西，并且力量强的、权力大的可以左右低位者的生死，于是能力强弱就变成了生死问题。

我举一个例子。一位女士在公司会议上批评了一位领导，程度并不严重，对方也接纳，她却病了一场。类似情况在她身上屡屡发生，根本上是担心自己会被领导即高位的人报复乃至"杀死"，同时担心自己的批评会导致对方"死亡"。

第五，想象一个人对自恋维度的感知发展到了80分，而对关系维度的感知发展到了10分，这时他的心灵空间仍非常陡峭，但已经有了空间，他的自由度会大很多，焦虑程度也会降低。

第六，想象完美情形出现，一个人完整感知过，自恋维度达到满分，而关系维度的感知也达到满分，这时他的心灵空间就构成了一个完美的圆形，这就是荣格所说的一种曼陀罗吧。这就有了最大的心灵空间。

第七，在普通关系里，我们容易找心灵空间和自己接近的人，在恋爱时却容易选择在自己对立面的人。即，设想你的基本人格状态在某一个位置上，那么由这个位置拉一条通过零坐标的直线，相对应的那个位置的人就是最容易吸引你的人，和这样一个人相处，你痛苦，但会特别有感觉。有感觉意味着你们构成了某种圆满。

以上这些讲的是我认为可能的规律。

接下来要澄清的一点是，自恋维度是天然就有的，而关系维度是孩童时期得到比较好的照料和有品质的情感才可以进入的。有高自恋的成年人也可能进入深度关系，但难度会比孩童大很多。

没有在孩童时期充分进入关系维度的人，心灵就主要停留在自恋维度上，而对情感维度的感知没有很好地发展起来。

表现在这个坐标体系上，就是这样的人对力量强弱和权力地位的高低非常敏感。当处在高位时就感觉到高人一等，同时又会担心处在低位的人对自己的羡慕嫉妒恨。相反，当处在低位时，一方面避开了嫉妒，甚至因此会产生一些虚假的道德感；另一方面会因为自己低人一等而产生深深的羞耻，羞耻感来自"我怎么这么差劲"。

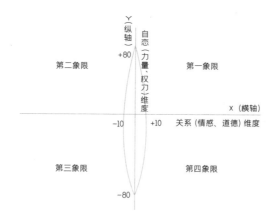

为什么说是虚假的道德感？因为真正的道德感来自真切的情感，是横轴的关系维度上才能体验到的东西。太多人无法进入这种境界，于是产生"我不和你争，所以我有道德"的感觉。

这是道德感的一种幻觉，可以称之为"道德陷阱"或者"道德幻觉"，有时我也会称为"道德游戏"。它的核心是，你以为自己追求的是关系维度上的爱恨与道德，但其实你玩的还是权力游戏，即给自己积攒道德资本，以试图拥有更大的权力。

道德陷阱无法带来真正的道德，无法滋养彼此，还会导致一个恶果——让自己主动变得虚弱。

关系维度和自恋维度的得失会产生两类不同的感受。

自恋维度上，当自恋被满足时，你会体验到兴奋、刺激和自大；当自恋受损时，你会体验到羞耻。并且，自恋维度上不管是满足还是不满足，都会有焦虑感。

关系维度上，当情感被满足时，你会感到深深的满足和幸福；当情感被破坏时，你体验到的是悲伤。

你可以拿这一点来衡量自己的心灵或一份关系。

如果你一生中总是在体验自大与羞耻，那就意味着你还严重停留在自恋维度。如果你的体验中很多是幸福与悲伤，那就意味着你在相当程度上进入了关系维度。

当一份情感关系建立时，如果你体验到的主要是兴奋和刺激，那满足的也是你的自恋；如果你的体验主要是幸福，那满足的就是你对情感的渴求。

这个道理可以继续延伸。如果一份亲密关系失去时，你体验到的是羞耻，是面子受损，怕别人议论，那也是自恋维度的东西；如果你体验到的是深深的悲伤，那就是关系维度的表现。

亲子之间也一样，如果讲的是爱与平等，这就是情感；如果强调的是

"顺"，是孩子得听父母的话，帮父母完成自己的心愿，这就是自恋的逻辑。

的确，太多时候，重要关系不等于情感关系；太多时候，我们构建关系，是为了自恋。

当然，特别重要的一点是，如果你的心灵主要就在自恋维度上，那也别批评、谴责自己，就从这里出发就好。

心灵空间的层级

本章的一个重点是心灵空间。第一节中，我讲到一些家长对孩子的极度苛刻，认为孩子必须是第一名才行。当家长强烈地把这种观念灌输给孩子，会导致孩子在亲子关系中觉得严重没有空间，如果孩子认同了这种极度苛刻的观点，自己的心灵也会变得严重没有空间。

"只有第一名才配活着"，这是苛刻要求，也可以说是绝对化要求，是严重的没有空间。

不过这并不是最严重的，在这个故事中更糟糕的一种状态是：你必须成为第一名，可实际上我并不是真的希望你是第一名，因为我才是那个永远占据第一名的人。

这种矛盾会给孩子带来混乱，孩子意识上听到的家长的意思是——你必须成为第一名，可潜意识中接收到的意思却是——我并不想你卓越。

这种矛盾，英国心理学家格雷戈里·贝特森称之为"双重束缚"，他认为这是导致精神分裂症的一个重要原因。对于这一点，现在学术界有不同看法，并没有成为共识，但贝特森提出的"双重束缚"成为了一个广为人知的概念。

双重束缚可以由非常复杂的逻辑来诠释，但也可以是非常简单的逻辑：你不可以是 A，也不可以是 -A。

在亲子关系和情侣关系等重要关系中，当一个人持续地向另一个人传递一种"你不可以是 A"的信息时，如果对方很在乎这段关系，会在相当程度上尊重这个信息。

但是，如果这个人同时扔过来另一个信息——"你也不可以是 -A"，就会让对方非常抓狂。用"心灵空间"这个概念来诠释，意思就是：你既不可以在 A 的位置或方向上待着，也不可以在 -A 的位置或方向上待着。

这样我们就看到了心灵空间的两种层级：

1. 苛刻要求：你必须是 A；
2. 双重束缚：你既不能是 A，又不能是 -A。

双重束缚很常见。例如，春节回家前，你给父母打电话，问他们有什么想让你带的。你不差钱，又特别有孝心，可又怕买错了东西，而且由衷地希望能买到父母喜欢的。

但是，父母会说"我们什么都不需要，你别带东西回来"。可如果你真信了这句话，没带什么东西回去，父母可能会非常失望。

所以你看，这就是一个双重束缚的例子。但实际上父母想要什么？他们通常还是希望你能带不错的礼物回去，可他们不能说出来。

类似的情况，我在马伊琍上《圆桌派》的那期节目中看到一个典型表现。她说自己小时候总是不高兴，父母说她太倔。一个例子是，父母和她商量好了要去买皮鞋。在一家鞋店，父母不断问她，这个好看吗，那个好看吗，她明明喜欢上了其中一双，可就是不说，只是摇头。

然后，他们就离开这家店去了下一家店。这个时候她已经不开心了——你们怎么没猜出我想要哪双鞋？

到了下一家店，也有类似款式，可她还是不说，只是摇头，结果最后什么都没买就回去了。同时，她的这份不开心越来越重，最后感染得大家都不开心。

她到底想要什么？她希望怎样？

节目中的另一位嘉宾、大收藏家马未都情商很高，他猜出了马伊琍希望怎样。他说：就算你猜出来也没用，她还是会否认。

这句话说中了马伊琍的心思，她回应说：我希望他们把那双鞋子买下来，硬塞到我手里，这样我虽然表面上不情愿，可心里特开心。

这是个典型的例子。这种例子在亲子关系中也许不如在情侣关系中那么常见。很多男人觉得苦恼，因为太难猜中女人的心思。

我更不是此中高手，或者说，在这方面我的水平很低，但我能分析这种故事中的逻辑：

1. 我有需要，希望被你满足，而且最好是我不用说，你就能满足我，这样我和你的关系是完美的、符合全能自恋的；

2. 如果是我表达出来，我就处于自恋维度中的低位了，就是我在求你了，如果还被你拒绝，那我会觉得羞耻至极，所以我不能说；

3. 如果是你猜到我的需要，主动满足我，我不仅需求被满足，同时是你求我接受礼物，所以我的道德资本没受损，在自恋维度中也还在高位。

总之，当事情这样发展时，我不仅得到了实际好处，我的自恋也没有受损。

自恋是双重束缚的关键，发出双重束缚信息的人，既想得到实际好处又想维护自恋。也许你会有疑问：想要得到实际好处会和维护自恋有冲突吗？

当你有这个疑问时，说明你的自恋程度还没那么高，所以对此不敏感。但我向你要好处，这本身就构成了多重自恋受损：

第一，我不完美了，我竟然还需要向外要东西。

第二，我竟然得向你要东西，你给了我，我岂不是会欠你的？

这个心理问题该怎么解决？最好的解决办法是一个人在需求最少的婴幼儿

时期得到了这种感觉：抚养者心甘情愿地照顾、满足他，还从这种照顾、满足中得到了快乐。

这可能会让一些人感到绝望，毕竟我不是婴幼儿了，那我该怎么办？或者我身边有一个这样的人，但我真的很爱他，想对他好，想帮他从里面走出来，那该怎么办？

原理其实是一样的。我虽然做不到既满足你的实际好处，又照顾你的自恋需求，但我本质上是心甘情愿地想对你好，而且这样做时我很开心。

还有一种情形比双重束缚更严重，就是你怎么做都不对——意思是你不能在任何一个位置上。

要讲清楚这一点，我们得明白一个根本问题：绝对完美只存在于你彻底不动时。

用人性坐标体系来讲，就是你待在中心的原点上永远一动不动，这才是绝对完美。只要你动了就必然会有矛盾和残缺发生。当你向左走时，不平衡就发生了，这时候右边会有一个反作用力产生。当你向上走时，就会有向下的力量产生。

这是抽象的表达，具体的表达是：你绝不可能同时拥有所有好处。但是，严重滞留在全能自恋中的人会有一种幻想，甚至都不叫幻想，而是一种深深的、自己从来没有质疑过的信念——"我可以同时拥有所有好处"。

例如，一位男士患上了严重的抑郁，需要请假，而他所在的单位绝对会批他的假。可他迟迟不请假，因为他担心自己一请假，同事和领导会不高兴，会认为他不是一个好员工。

这样听着他应该是一个勤奋工作的员工，但其实不是。他在工作中并不投入，因为他觉得投入没有用，他们是事业单位，投入了拿到的工资也不多。可他又对自己不投入很生气，因此看不起自己……

听他讲这件事时，我有一会儿简直是头疼欲裂，最终梳理出的答案是：他想同时拥有所有好处，但是你向这边走，会得到这边的好处，同时会失去那边的好处，所以这是不可能的。同时得到所有好处的最合理做法就是你一动不动地待在原地，可是这个时候，你向左向右看，向上向下看，又觉得自己有各种问题，所以不满会更多。

正常情况下，一个人会发展出自己的各种倾向。所谓"倾向"，就是心理动力指向的方向，你做了选择，也学会接受相应的损失。你越是行动派就越是懂得，你必须选定方向，而没有通过丰富行动充分进入现实世界的人，会受全能自恋的想象控制，而想得到各种好处。最严重的就是想同时拥有所有好处。

这一点在我身上也有展现。长期以来，我主要是个宅男作家，到了最近几年才开始做各种事情，公司也越做越大。一次，我做了个梦，我竟然从老家县城里东、南、西、北角的四个村庄同时出发。从梦中醒来后我不禁感慨，这可真是妄想症啊！

之所以这样，是因为宅男作家是通过头脑和想象工作，而做生意开公司对我来讲是新事物。因此在最初开始投入做这些事情时，我这方面的全能自恋被启动，而幻想可以同时拥有开公司的所有好处。

人生必然是有得就有失。这句大道理我们得尊重。

和双重束缚相对应的疗愈性状态是"你既可以是 A，也可以是 -A"。

这看起来和"同时拥有所有好处"有点像，但其实不同，因为"同时拥有所有好处"是内在的一种想象性信念，真正持有这种信念的人，真实感知是"我不能待在任何一个位置上"。

或者说这两者的关键区别是时间概念。当有时间概念时，你可以有"我既可以在这时待在 A 的位置，也可以在那时待在 -A 的位置"这种合理的信念。相反，当彻底没有时间概念时，你就会妄想"我同时待在所有位置，同时拥有所有好处"。

最后总结一下，我们这篇文章谈了心灵空间的四种层级：

1.你不能待在任何位置；

2. 你既不能是 A，也不能是 -A；

3. 你必须是 A；

4. 你既可以是 A，也可以是 -A。

愿你可以不断升级你的心灵空间，活得越来越自在。

· 第二章 ·

情感勒索

警惕情感勒索

人的心智需要从自恋维度发展到关系维度，从只能感知到自己发展到能很好地感知到别人，从只在乎力量的强弱、权力的高低发展到真正在乎情感，并体验到情感的基本特质——平等。

注意，我强调了一下"真正在乎情感"。因为，一个人即便心智没有很好地发展到关系维度，也一样可以极度在乎关系，并且觉得自己是性情中人，甚至可以为情感而生生死死。但这时他的一切表现其实还是在追求自恋，并因此具有巨大的迷惑性。

这是生而为人的悲哀之处。你并不能因为想爱就能去爱，你的心智得从自恋维度进化到关系维度，这样你才能体验到爱，进而明白什么是情感，才能真正活在其中。

在此之前，我们需要警惕这一点，概括来说就是一个人把本来是自恋维度的心灵内容当成了关系维度的东西，结果就变成以关系维度之名，行自恋维度之实。

美国心理学家苏珊·福沃德提出了"情感勒索"的概念，这和我想表达的是同一个意思，即用情感之名勒索好处，或是实际的好处，或是自恋意义上的好处。

自恋是人的根本属性。因此，人很容易去维护自恋，而排斥损害自恋的信息。

人性非常复杂，但有些东西理解起来可以很简单。例如，人要排斥的损害自恋的信息无非就两种：我不行，我不好。

用"人性坐标体系"的示意图来理解，"我不行"就是纵轴的自恋维度的表达，即权力维度和力量维度的表达。当在这个维度上得分太低，一个人就会有"我不行"的感知。相应地，"我不好"就是横轴的关系维度的表达，即道德维度和情感维度的表达。当你做了破坏关系的事，就会有"我不好"的感知。

这个逻辑反推一下，就可以看到自恋也无非就两种——"我是行的""我是好的"，或者说是"我很行""我很好"。

自恋是一个人得以成长的原始推动力，但同时成长又是反自恋的。你越成熟，就越不那么执着于自恋，也就越容易接受你有"不行""不好"的时候。

相反，如果一个人没有成长好，特别是抽象意义上的自我没有形成的话，那么这个人就会特别维护自己的自恋，因此会严重排斥"我不行""我不好"这两种信息。

并且，这种排斥不只发生在自己内部，也必然会展现到关系中。这个人会把自己不想要的这两种损害自恋的信息投射到别人身上，把"我不行""我不好"的感知变成"你不行""你不好"。

举个例子。有一次和一对夫妻见面，妻子极其自信，丈夫极其谦逊。极其自信的人是在享受"我很行"的力量自恋，而极其谦逊的人是在追求"我很好"的道德自恋。

从一开始，这位妻子就一直在纠正丈夫几乎所有的细节，例如，你坐姿不端正、你对武老师热情点、你看你筷子放的地方都不好……

我说得一点都不夸张，她真的是在纠正丈夫的几乎所有的细节，好像丈夫不是一个成年人，而是一个孩子。当然，即便对孩子，大人也不该这么做，因为这意味着对孩子的共生绞杀，而且是密不透风的级别。

丈夫的这些细节真的需要纠正吗？仔细追究的话，他的这些细节可能是有点小问题，例如，不够优雅。但首先，这是他自己的事情。其次，这些也都是无所谓的细节。换成别人，比如换成我，肯定会拒绝这位女士的控制，但她丈夫好像非常习惯了，虽然也会有反对，但程度都很轻，并且只是偶尔才表达一下。于是，这位妻子一直理直气壮、极度自信地管教着丈夫。

通过这样一个过程，这位女士持续地在这个关系里享受着"我很行"的力量自恋，同时持续对丈夫说着"你真差，你样样都差"，而丈夫也明显被这些信息给洗脑了，觉得自己的确不怎么样，大小毛病哪儿哪儿都是。

很多时候，我们管教别人就是在玩这个游戏，把"我不行"的信息扔到别人身上，变成"你不行"。理解了这一点你就会看到，这样的妻子尽管对这样的丈夫百般不满，但她离不开这样的男人，因为她得有这样一个人去承载她投射的"你不行"的信息。但凡对方比较自恋，在乎自己的尊严，她的这个投射就进行不下去了。

不仅如此，当这位妻子这样做时，旁观者很容易对她产生反感，因为看到她在苛刻地攻击她的丈夫。实际上，她也知道在攻击丈夫。这意味着她在破坏对方，在破坏关系，所以她很容易就有了"我不好"的感觉。

这种感觉她一样也会拒绝接受。并且她也会在关系中不断地把这个信息扔出去，即把"我不好"变成"你不好""你不仅能力差，品德也不好"，但这一点就很难做到了。例如，对这位女士而言，她也会由衷地承认丈夫是个好人。

享受着"我很行，你不行"感觉的人，通常就没法很好地去享受"我很好，你很坏"的感觉了。鱼和熊掌不可兼得。

当然，有很多人想要这两种好处都占，那就会导致很严重的后果。要么会严重破坏关系，要么自己得心理变态，因为你必须把太多伤害自恋的信息屏蔽，这会严重破坏你心灵的完整性。

在热点新闻事件中，我们很容易看到这类事情。有人明明在关系中是深度的剥削者，占尽了自恋维度上的好处，也包括现实中的好处，但当对方做了令他们不满的事情后，他们反而会倒打一耙，在互联网上攻击对方，并且造谣对方是坏人。

但现代社会太容易留下各种证据，当对方选择反击，可以轻松证明他们是何等不堪。于是，最初被他们欺骗的公众转而站到了他们的对立面。更重要的是，一旦诉诸法律这个基本公平的神圣第三方规则，他们就会大败亏输。

这个时候，他们如果受不了自恋全面受损，就可能会做出严重的自伤行为，甚至是自杀，以此来显示他们是多想做一个好人。

有两起类似事件使我印象深刻。一起是武汉市一所中专的一位男生偷拍女厕所被发现，被叫去谈话后自杀了。更轰动的类似事件是韩国首尔市前市长，卷入性骚扰丑闻后，他选择了自杀。

偷拍和性骚扰可以理解为男性在对女性玩自恋的游戏，然而当这个破坏关系的行为要被曝光时，他们通过自杀来证明他们是想做一个好人的。

到底是"我不好"的坏人滋味更难受，还是"我不行"的弱者滋味更难受呢？

这真的很难说。相对而言，应该是"我不行"更难以承受。因为纵轴的自恋维度其实是关于生死的。关系维度基本没展开的人，会形成一个非常陡峭的心灵状态。他们会觉得，力量强的在自恋维度上处于高位，而处于自恋维度低位的自己被对方掌握着生死。因为他们会对自己处于低位的"我不行"的感觉产生深深的羞耻感，这时他们就会有一种底层逻辑——"你力量比我强，你掌握着我的生死，我怎么这么虚弱呢！我真差劲！"

为了把"我不行"带来的羞耻感扔出去，他们可能会去攻击对方，以此显示"我比你有力量"。一旦这么做，真正伤害对方的核心自恋利益或现实利益时，关系就被破坏了。与此同时，作为一个破坏者，在这样做的时候，必然要承受"我不好"的不道德感。

经常发起破坏行为的人深知这一点。所以，他们容易一开始就去攻击对方的道德，试图将对方描绘成"你不好"。

这种"抹黑行为"也许会奏效，特别是在一开始的时候。但是，当自己做得太过分时，自己的破坏性一目了然时，这种行为就无法奏效了。

总之，你为了占据"我很行"的力量自恋感而攻击破坏别人时，就不要指望还能轻易占据"我很好"的道德自恋感了。

不道德不仅仅是一种评价，还是不可避免的事。就算对方不评价你，公众不评判你，你内心深处仍然有感知——你干了一件坏事。

不过，太自恋而本质脆弱的人，可能为了排斥"我不好"的感觉，而持续做出更严重的破坏性行为，即更严重地抹黑对方。结果，"我不好"的感知越来越严重，关系也容易走到不可收拾的地步。

所以，人要少做真正的破坏性行为，少作恶。

接纳自恋与自私

既然自恋是人的根本属性，它也很容易衍生出自私来，那么我们就得尊重这个事实。

我在咨询和生活中，总会看到有人纳闷为什么自己总是对人性理解得不够、不充分？仔细一聊就会发现，很多人在考量自己和别人的人性时，把自恋维度的内容给屏蔽了，试图想象单个人以及人和人之间的关系都是只有关系维度的东西，并且只有关系维度的正向内容，例如，只有爱没有恨。

当这样想时，就意味着一个人严重地活在想象中，而没有清醒地活在现实世界里。要想活得清楚明白，就需要充分地把自恋乃至自私计算进来。

说到自私，先讲一个反例。

我在大学时认识一个很聪明的人，他对哲学上了瘾，大二大三时就觉得自己洞见了人性的根本——人是自私的。围绕着这一点，他形成了自己的一套世界观。首先，他要身体力行地追求自私，要毫不犹豫地、无情地利用、剥削别人。

这样做就显得太幼稚。毕竟，你不仅深信自私论，还公然叫嚣，要去剥削、利用别人，那别人自然会对你心生警惕，这不是把自己置于危险之中了吗？

果然，毕业后没几年，据说他做生意也是公然宣称"自私论"。最初还好，但后来被一位农民骗了很多钱，他此后一蹶不振，开始遁世了。

他这是把人性理解得太简单了，并且这份理解还迅速形成了一套哲学观，同时他又是名牌大学毕业，智商颇高，可能因此他觉得自己在自私自利的无情世界中能占据上风。然而，如此自恋的他，竟然被农民给骗了，这严重破坏了他的自恋，于是遁世，躲到一个人的小世界中，继续以此维系自恋了。

这个故事说到这儿，我再从另一个方向讲讲关于自恋自私的故事。

我曾经在微博上看到过一个很火的视频，讲的是一位离乡五年、身价上亿的集团公司老总，故意装成乞丐回到故乡。面对这位乞丐，亲友们冷嘲热讽。后来他重新打扮，显示了自己富豪的身份后，亲友们对他变得热情亲近起来。这位老板制作这个视频是想嘲弄嫌贫爱富的人性。

我看了这个视频后，讲了我的观点——"别和人性较劲"。

我讲了孟尝君的故事。孟尝君是"战国四公子"之一。他是齐国的贵族，曾为齐国的宰相，并有三千门客。国君罢免了他的相位后，三千门客散尽，只剩下冯谖等少数几位门客留下。后来，经过冯谖的谋划，孟尝君的相位得以恢复，门客们又纷纷来投靠。孟尝君想羞辱他们，冯谖劝他说：天下熙熙，皆为利来；天下攘攘，皆为利往。富贵多士，贫贱寡友，这是规律，尊重它，别和它较劲。

尊重规律，而不是活在自恋想象中，这就是智慧。

我在咨询中会见到一些活得极其痛苦的来访者，后来发现他们之所以活得如此痛苦，是因为他们对自己和他人的人性抱着一种理想化的期待，就是我前面讲的那种——希望自己和他人只有人性的光明面，没有黑暗面。结果，当黑暗面呈现时，他们就会痛苦不堪。

当他们拿这一点要求自己时，就构成了对自己的一种"暴政"，这本身就会导致自我否认，这是一种痛苦。

当他们拿这一点去要求别人时，别人也感觉到这要求太高、太苛刻，于是想远离他们。他们因此陷入孤独，这会导致一系列的痛苦。

要想免于这些痛苦，他们就必须学习，看到他人，特别是自己身上的自恋自私之处，从而活在现实中，而不是自恋想象中，因此变得清醒，同时因此变得宽容很多。

当我们对人性抱有太理想化的期待时，有一种理解可以来打破这份期待：太理想化必然意味着你期待关系中的一方去做"圣母"，而发出这种期待的人其实是"巨婴"。也就是说，对人性抱以太理想化的期待，其实是全能自恋的婴儿渴望找到绝对完美而无私的、永不干涸的"超级乳房"。

当你把这份期待放到自己身上，就是在要求自己做超级圣母，这是把自己置于被剥削的位置。这对自己不公平，也意味着否认了自己的自恋自私。

当你把这份期待放到别人身上，就是在要求别人做超级圣母，把别人置于被剥削的位置。这对对方不公平，意味着否认了他的自恋自私，或者说否认了他这个人。

这种感觉我非常熟悉。我常遇到一些人，上来就对我夸赞不已，这时我会很不自在，因为我能分明感觉到他们夸赞的是他们想象中的一个人，而不是我。这种夸赞一般倾向于把"武志红"描绘得能力超强、人品超好，即"你很行""你很好"。

的的确确，我也希望自己是一个很行、很好的人。特别是我意识上虽然抵触，但潜意识中在努力追求"我很好"，所以尽管不自在，但在早些年，对于这些夸赞，我会感觉到难以推开。之后，他们中的一些人向我提一些要求时，我感觉一样是难以推开了。

刚开始有些名气时，这种事我基本上都推不开。后来逐渐意识到这样不行，于是靠头脑层面的思考逼迫自己推开这些东西。一直到现在，我才终于能心安理得地推开这些东西。

在人性坐标体系上，自恋维度有正向和负向，关系维度也是。但人不仅要接受"我很好""我很行"，也要接受"我不好""我不行"的一面，这才意味着人性的完整、圆满和自由。

允许"我不好"，就是允许自己在关系维度中去表达恨和攻击性，也包括去捍卫自己；允许"我不行"，就是允许自己承认自己的有限性，允许自己散漫和偷懒等。

这些道理看起来很简单，但对于一些活在过度理想化中的人而言，刚开始这样做时会有"山崩地裂"的感觉。

例如，一位一直对工作抱有高度热情的女士，她尽自己所能把她带领的团队弄得像家一样，她也绝对地掏心掏肺，把属下当作家人对待。她就这样在一家公司待了十几年。

然而，某一天她突然发现，自己团队中有属下对自己不满，而老板也没有像她想象中的那样重视她，只不过是会说话，在言语上表达了重视，但在行为上并未把她的团队视为公司的关键性力量。这让她十分崩溃。

不仅如此，她很快发现，团队中对她不满的人好像占了多数。这个发现让她进一步崩溃，感觉自己要疯了，她接受不了这个事实，而且对自己竟然才发现这个事实也产生了深深的羞耻感，觉得自己太愚蠢了。

经过咨询，她很快接受了这个事实，也从严重的自我攻击中走了出来。然后她发现，现在的这种感觉简直不要太爽了。以前，把下属当家人对待时，她在投入超级热情的同时其实非常操劳、非常辛苦，神经永远绷得很紧。现在，不再把下属当家人，不再把公司当家，充分计算了每个人的自私自恋，也包括自己的各种利益，这样的适度无情，是最舒服的工作状态。她发现自己的头脑变得非常清楚，观察力也上升了至少两个档次。

她的经历和几个类似的故事让我不禁感慨：一个成熟的个体，必须把利益、自私和自恋充分地计算进去，这样人的头脑才能清楚；相反，当考虑的都是所谓的情怀时，其实很容易活在自恋想象中，并且容易有激烈、激奋的情绪。因为期待太高，一旦落空就相当于从陡峭的悬崖上跌落，会产生强烈的失望、愤怒乃至破坏欲。

当一个人彻底自私、动不动就暴怒时，就是活在自我中心的自恋中。这种时候，他首先没有计算别人的自私，也没有观察到自己的自私，就是强行要求世界配合自己的自私。

当有了情怀时，的确是脱离了这种原始的自恋自私。然而，你以为情怀是关系维度的表达，是爱，甚至大爱，但事实上，情怀是心智主要停留在自恋维度的产物，还是在追求自恋维度的"高大上"，并以此去抢占关系中的制高点。

当人既能活在关系维度，又能充分看到自恋维度，就能计算自己和别人在自恋维度上的追求，就有可能同时尊重自己、他人和社会的利益了，从而可以清醒地活在现实世界中。

平等感

平等不能是自恋、权力和力量维度上的平等，而是关系、情感和道德维度上的平等。

以我提出的人性坐标体系来讲，这一点一目了然。纵轴的自恋、权力和力量维度天然就是有高低、强弱之分的，这是它的特性，而横轴的关系、情感和道德维度天然就是平等的。

平等是人类的一种根本性的诉求。但是，不能把对平等的追求变成自恋维度的平等。在自恋维度上追求平等，就违反了自恋维度的天然属性，它导致的结果就是一个集体乃至整个社会中的人平庸化。一个集体和社会该鼓励人们在自恋维度上的竞争和参差多态，每个人都可以肆意伸展自己的个性、特点和能力，当然，要有一个前提——在没有主动伤害别人的情形下。

平等是关系、情感维度的平等。好的关系或者说好的情感，是救赎。当你真正体验到关系层面的情感时，会深深地感知到人和人是平等的，进入深度关系中的我、你和他是平等的。

当自恋维度的肆意伸展和情感维度的平等感结合到一起时，人和人就会变得非常不同、差异巨大，但每个人对自己都会接纳，都有充分的自尊。

用这个逻辑来看一下"均贫富"，可以看出，这种理想主义是想在自恋维度上强行平均，让每个人的力量、权力都是一样的，是一种不可能的理想主义。当真在一定时间内实现时，一个社会会被剪得光秃秃的，人不仅会失去自己的个性，也会失去能力和活力。

刚才讲的是集体层面的差异与平等，接着讲讲个体上的。

一个人的心智如果主要停留在自恋维度，而关系维度没有展开，会导致这个人产生一种感知——陡峭感。这一点我前面讲过几次了。即，这个人会觉得自己像是在悬崖上，甚至是在钢丝绳上，一不小心就会跌入万丈深渊。

这是因为这个人的心智空间中的自恋维度有了伸展，他强烈地在追求卓越的同时又无比担心卑微，他在自恋维度上的感知范围是很高的正分和很低的负分，例如，是正 80 分和负 80 分，但是他在关系维度的感知没有伸展开；例如，他的感知只有正 10 分和负 10 分。这就构成了一个非常狭窄而陡峭的心智空间。

这样讲也许你会觉得有些抽象，甚至觉得和自己无关，但我讲一些常见的梦，可能你就会看到自己也是这样的状态。

有两种梦是很对立的，即飞翔梦和坠落梦。有人常做飞翔梦，梦中的自己很轻松惬意地飞，快落地时轻轻在地上一使劲，就会再次高高地飞起来，甚至，当身体快落在地上时，自己可以摆动身体，可以飞起来，像鸟一样。

飞翔梦，可以理解为一个人允许自己追求自恋维度的高位，而且还相当成功，可以很自然地伸展自己的自恋、权力和力量，这是向上的力量，这种感觉进入梦中，就变成了飞翔。

坠落梦则相反。经典的坠落梦是你不能表达自恋、伸展力量和追求权力的高位，并且一表达就会受挫，例如，做不成事或被惩罚。于是，你的体验会是你一离开原地就会坠落，并且会坠入无底深渊。

自恋维度中，除了力量的强弱和权力的高低，还有一个隐藏的感知，就是生死感。当自恋得以伸展时，你不仅感觉良好，还觉得"我"存在着，"我"活着；当自恋不能伸展时，你感觉到"我"被憋死了，甚至被杀死了，所以坠入无底深渊，简直就等同于死亡。

不过，严格来讲，并非彻底是死亡，它主要是黑暗。当觉知无底深渊时，你会发现黑暗的深渊中藏着各种奇形怪状、丑陋的东西。例如，有人会觉得这样的自己像是在下水道、污水沟里，无比肮脏丑陋。

以上可以总结为：当人能坦然追求自恋的高位时，就容易有飞翔梦；当人不敢追求自恋的高位时，就容易有坠落梦。

并且我们必须理解一个前提：这一切其实都是先发生在关系里，例如，最初必然要发生在亲子关系之中。所以，一个人能坦然追求自恋的高位，是因为父母等抚养者允许、鼓励你这么做；一个人总是伸展自恋失败，是因为抚养者反对甚至禁止、惩罚你这么做。

基本健康的亲子关系会是一个巨大的馈赠。当父母对孩子充满情感时，他们和孩子之间会自然而然地形成平等感，既不会在孩子面前太追求权力感，例如要求孩子必须听话，也不会把孩子纵容到无法无天的地步，这是父母把自己放在了自恋的低位，而把孩子放到了自恋的高位。

如果一个人的心智空间非常陡峭，那会导致一种情形：一个人不管是处在自恋的高位还是低位，不管是总做飞翔梦还是总做坠落梦，都会活得很累。

因为，陡峭的心智空间犹如陡峭的山峰，你就算爬到高位也会担心掉下去，因此不仅要使劲向上爬，也要防止掉下去，还要提防别人超越自己；而处在深渊中的人，其实也会不甘心，时刻会渴望着向上爬，不然就想把这座陡峭的山峰给毁了——我不能向上爬，你也别想着安享高位。

由此可以说，情感是救赎，关系维度就是大地。当一个人活在深切的情感中，那就意味着这个人不会太担心从高峰跌落，因为即使跌落，他也会感知到下面有一个宽广、厚实、可靠的大地在承接着自己。

有一个故事我曾多次提到。

我的一位来访者做了一个融和了坠落和飞翔的梦，那个梦被她称之为"粉红色的天鹅梦"。

她梦见自己是一只鸟，但不会飞，和很多同类挤在一块岩石上，双爪拼命地抓紧岩石，生怕被挤下去。然而，她被挤到了边缘，越来越难抓住，突然间，她被挤了下去，从高高的岩石上坠落。

坠落中，她一开始无比恐惧，但突然间她想到自己是有翅膀的啊。于是，她试着展翅飞翔，试了一会儿后，她果真飞了起来。那块岩石本来在一个洞穴里，她冲出洞穴，外面是湖泊，湖泊外是大地，这时有阳光照耀在她身上，她发现自己是一只粉红色的天鹅……

这个梦实在是令人印象深刻，也给了她非常大的启迪和勇气。后来，当生命陷入黑暗无助时，她就会想起这个梦。

这个梦也给了我启迪。之后我在讲课和咨询时，开始使用这样一个比喻：我们的自我有时会失效，这时我们会无比恐惧，会担心失控，因为担心失控后自己会自由落体，会坠入无限深渊，但是当你允许自己坠落时，你会坠落在宽广的大地上。

这个比喻我使用了一段时间后就放下了，因为我逐渐明白，能允许甚至享受坠落，要建立在一个前提上——一个人的心智能充分感受到情感的存在。我现在明确认识到，一个人的心智得在关系维度上伸展开，关系维度的情感才是这样的大地。

当我们的心灵主要停留在自恋维度时，怎么做都不对，怎么做都不可能是答案。我们的心灵必须进化，进入关系维度，体验到什么是情感，这样才能得到救赎。所以，这也是为什么我在前面写全能自恋的四种变化时，很少讲该如何做才能解决问题。

有一个说法是：这一个维度产生的问题，并不能在这个维度得到解决，你必须升维，更高一个维度的东西才是答案。

关系维度就是自恋维度的答案。

这可能就是为什么人类的想象多是围绕着关系和情感，特别是几乎所有小说、戏剧和影视都得讲讲爱情。

不过，人的心智很容易从关系维度中后退，想退回孤独的自恋想象中，想在那里寻求答案。

例如，人们容易觉得一切都是能力问题。所以情感上一受伤，就会说"别人靠不住，只能靠自己"，然后使劲提升能力。

可能你会说我就是活在关系中啊，我就是在追求情感啊！的确，人们都是活在关系中，但你的心智未必发展到了关系维度。

又如，当你渴望的关系结束时，如果你体验到的是羞耻，那意味着你的心智其实是在自恋维度。如果你体验到的是悲伤，是思念，那意味着你的心智是在关系维度。你可以根据你的体验中的羞耻和悲伤的成分，去观察自己的心智主要是在什么层面，也可以以此去观察其他人。

同时，如果关系中好的感觉是刺激、兴奋和骄傲，这就意味着你进入关系追求的是自恋。当你体验到的是满足、喜悦和平静时，才是在关系维度。

关系维度是救赎，是答案，但对大多数人而言，它不那么容易找到。

道德资本

顾名思义，道德资本就是一个人不断去干一些看起来很有道德的事情，为自己积攒道德资本，然后以此换取权力，让自己处在道德优越的位置上。

如果你对人性坐标体系越来越熟悉，那么看到这样一番话，你可能立即会意识到，道德资本也是在做"以关系维度之名，追求自恋维度之实"的事情。

不过，典型的积攒道德资本的游戏会比较复杂。首先是一个人不断自我牺牲，因此觉得自己在积攒道德资本。所谓"自我牺牲"，就是一个人放弃对力量、权力和自恋的高位追求，而让自己主动处于自恋维度的低位，并且的的确确损失了现实意义的好处或自恋意义上的好处。

这里面隐藏的逻辑是：既然人天性都是追求自恋高位的，而我主动追求自恋维度的低位，这种做法我认为是善良的、有道德的。

也就是说，这个人本来在做自恋维度的事情——自我牺牲，却因此觉得自己是个好人，是善良的、有道德的、有情感的。

然而他的心智仍然主要是自恋维度上的。当他通过自我牺牲积攒了相当的道德资本后，就有了道德优越感，觉得自己高人一等了。

当一个人有了这种道德资本时，对于在乎他的人就构成了一种巨大的压力。面对这样一个人，别人容易产生内疚感，觉得亏欠了他似的。

可是，这种道德资本对于不够在乎他，或尽管和他很亲近但其实没有什么共情能力的人，就可能不仅起不到效果，还会起反效果，让他们更不愿意靠近他。

讲了一些基本观点后，再来讲一个故事吧。

一次，一位朋友找我，想让我推荐咨询师，因为她觉得她的妈妈得了严重的抑郁症，她认为咨询能帮到她妈妈。

我问她，你妈妈愿意找咨询师吗？她说不愿意，并且她一给妈妈提要找咨询师的事，妈妈就会很生气。

我请她简单讲讲她妈妈的故事。她说，她妈妈主要是对她爸爸有怨气。她妈妈认为自己一生忠诚、勤俭、任劳任怨，她爸爸却多次出轨，简直狼心狗肺，辜负了自己这辈子的付出。妈妈后悔这样做，很恨爸爸。

然而在我这位朋友看来，妈妈这样做都是自愿的，别人没有逼她，而且很多人都曾劝她不要对老公那么好，但她没有改变，就这样过了一生。

现在，她爸妈都70多岁了，一见面要么彼此不理会，要么像仇人一样，当然主要是妈妈恨爸爸。

听她简单讲完她妈妈的故事后，我对她说：你还是放弃为妈妈找咨询师的想法吧。

为什么？她有些惊讶地问道。

我回答说：首先，根据经验，年纪太大的老人咨询效果普遍不好，因为老人的观念容易固化。

其次，也是更重要的，咨询是让一个人来面对自己的，它建立在一个前提之上——一个人愿意承认"我"有问题，"我"愿意改变。可是，你的妈妈已经70多岁了，一直以来，她的生命逻辑就是恨你父亲，认为"他"有问题，"他"应该改变。在这种情况下，如果咨询让你妈最终看到"我"有问题，这该是何等残酷的事，并且她都70多岁了，如果在生命的这个阶段改变自己重大的认识，对她而言太难、太冲击了。此外，你父亲的确出轨多次，你妈妈的恨意也是他应该承受的。

她听了后觉得很有道理，放弃了要为妈妈找心理咨询师的想法。

差不多在同时期，我的一位男性朋友找我聊天，说他过得太憋屈、太痛苦。他是我所说的那种最典型的"中国式好男人"，一生都在为别人考虑，而不能坚持去做自己想做的事情。

他先是为了父母而结婚，妻子是自己不喜欢也不合适的。结婚时懵懵懂懂，婚后不久深刻意识到彼此不合适，给双方都带来了巨大痛苦。于是他就想离婚，但妻子不愿意。最初，妻子不同意的程度不算太高，他如果坚决一点还是可以离的，然而妻子这种程度的不愿意都让他打消了念头。

这是好人的一个常见逻辑：如果坚持做我想做的事，对别人，特别是对亲近的人造成伤害，那就不能做，因为伤害别人意味着我是坏人，好人特有的那种道德资本就受损了。

当这段婚姻继续凑合着过下去时，他变得越来越痛苦，离婚的意愿也越来越强。这时他发现，原本比较好说话的妻子，反对离婚的意愿也变强了，逐渐开始用自我伤害的行为威胁他不要离婚，最后甚至用自杀和孩子来威胁他。

他这个婚就一直没离成。

在这个过程中，他变得日益消瘦，精神面貌和身体都越来越差，最后觉得自己犹如生活在地狱里。

这是我比较好的朋友，所以我很早就推荐他去找咨询师，后来也多次向他推荐咨询师。然而我也发现，他对找咨询师的抵触越来越强。

后来，我终于意识到，对于滥好人而言，随着年龄的增长会出现一个问题：滥好人不断累积出越来越高的道德资本，可是，这个道德资本是通过自我牺牲、自虐换来的，它没有任何实际好处。因此，他变得越来越难以直面这件事情。拒绝做心理咨询，就是难以直面这件事的一个表现。

因为他们丧失了很多东西，这些重大损失最终只换到一个光秃秃的道德资本。这是唯一的好处。当然，这是自恋意义上的好处。这个好处是他们可以因此去怪别人，认为是别人毁掉了自己的人生。

如果深入咨询，不仅要接受咨询的基本前提，自己也会逐渐认识到——的确，自己的人生，特别是成年后的人生，首先得自己负责。他的外在剧情只是自己内心戏的外化。

他们的基本感知是：我这么好，而你辜负了我，你这个坏人，你要为我的人生不幸负责！越是滥好人，年龄越大，累积的道德资本和道德资本的必然副产品——怨气，也就越多。如果没有反思，道德资本就给了自己的怨气一个出口，而且表达宣泄怨气时可以理直气壮。

如果这个心理游戏被戳破，道德资本就被证实是一场虚无，除了能自我安慰外，其他什么好处都没有，还会惹得别人想远离自己，这也是导致自虐的关键。

这两个故事让我形成一个观点：如果以好人自居的人有意做咨询，那得早一点开始，40 岁之前开始是有必要的，二三十岁开始更好。如果等到五六十岁甚至年纪更大时，人就宁愿理直气壮地去恨别人，而不愿意直面内心的真相了。

如果家里有一位老人，年龄七八十岁了，活得很痛苦，而且一生都在奉献、付出和牺牲，就不要非把他们推到心理咨询师这里了。他们不愿意去是有道理的。

虽然说"朝闻道，夕死可矣"，但一个自虐的游戏玩了一辈子，最终要把它给剖开，又已经没有时间去修正，真相只能留给自己，这实在太痛苦了。

所以如果真有轮回的话，轮回可以是一个很好的安慰。这辈子没玩好，下辈子可以重来。

如果你还年轻，得警惕攒道德资本这种游戏。这个游戏不仅会把你的生命力困住，本身也很无聊。想象一下，最终你丧失一切，只得到道德资本这么一个好处，何等可悲！

从理论上讲，我们也可以先意识到，这个游戏披着追求情感的外衣，表现得非常在乎别人，但其实还是自恋维度的孤独游戏，通过自毁、自伤、自我贬低而换来的道德资本，不是情感，也不能滋养关系。

这个游戏中，你之所以自毁、自伤、自我贬低，是因为你的心智停留在自恋维度上。"既然大家都抢自恋维度的高位，那我干脆主动去追求自恋的低位不就好了。""我虽然伤害了自己，但让你舒服了呀，你看我多么爱你，多么有爱心。"

这种做法是会暂时让对方舒服，但无论你是牺牲自恋，还是纵容对方陷入自恋，这都是一个孤独的游戏。真正的关系是两个人都存在着，在真实地互动。而道德游戏，是一个人消失了，以此去衬托、满足另一个人的自恋，而那个人还是会感到孤独。

处理好关系不容易，所以很多人会通过追求道德感来维护关系，但这会引出关于道德的各种误区，接下来我会集中谈谈这个问题。

最后必须澄清一下，这里讲的道德游戏、道德资本，都不是关系维度上的道德。我们自以为是"道德"，甚至以为是"情感"，但其实不是，还是自恋维度的游戏。

苦情戏

2020 年 7 月，长江中下游持续的暴雨令人揪心。在关于抗洪的报道中我看到一个改变。新闻媒体在宣传解放军战士抗洪精神时，除了报道强调艰苦的画面，还多了很多有趣、舒心的部分。

例如，新闻中有几个给战士们过生日的画面，有些准备了生日蛋糕，而其中有一个"蛋糕"是用泥做的，但后者也并不艰涩，而是显露出生动和可爱。

又如，江西九江给 800 多名抗洪战士提供的饮食很不错，有三菜两主食，热气腾腾，荤素搭配，战士们吃得有滋有味。有熟悉这方面情况的博主说，其实在 1998 年以后，我们部队的抢险救灾行动饮食保障是很好的，就是在宣传时容易走"苦情戏"路线，显得战士们不仅处境危险，生活和饮食保障也很艰苦。

对此，我觉得是我们身边的"苦情文化"所致。不光主流宣传中容易使用"苦情戏"，我们周边，包括我们自己，是不是也深陷各种"苦情戏"呢？

苦情，或者说卖惨，是我们身边很常见的一种现象。我们比较少讲幸福快乐，而是不断地强调，某个人很努力、很付出、很无我、很苦。

一个女孩发现丈夫特别喜欢说"老婆，你看我多可怜"，他甚至动不动会把自己饿着冻着，这个时候他要的就是自己的可怜和惨被看到，而如果他的妻子为他做点什么，提前把他的可怜给满足了，他会不高兴。

不少来访者发现自己的某个家人有强烈的卖惨倾向。他们热衷付出，不为自己花钱，但正如上一节所说，他们用这种主动追求自恋低位的表现来换取道德资本。

还可以总结为有人追求"我比你强",有人则追求"我比你好"。人们自然主动地做任何事情都是在追求好处,苦情戏或卖惨,追求的好处是"我这么好"。

这么好的"我"有了道德资本后,你得回报我一些东西,例如亲近、认可,至少请不要攻击、否定我。他们渴望的回报中糟糕的是别人得听他们的话,更糟糕的是他们变成了"好人",并且传递了一种感觉——"我这么好,所以我没问题,我们关系中的一切问题,都是因为你这个有欲望、会享受的坏人"。

经常"上演"苦情戏的人,很容易就和幸福快乐无缘。

理解苦情戏的时候,不要只看到卖惨的那一方。我们可以从关系的角度去看这件事。当一个人演苦情戏时,不只是演给自己和对方的,也是演给第三方观众的。我们是集体主义社会,当一个人真心实意地演苦情戏时,是在通过灭掉自己的欲求来向集体和大家长这两种观众显示——"我"没有私心,"我"是安全无害的。

当然,也有很多人是有意识地在演苦情戏。例如,不少公仆表现得艰苦朴素,实际上财富累积如山。不过,记得一个科长级的巨贪贪了几个亿,但钱舍不得花,这也算是一种苦情吧。

自己追求苦情是一回事,而逼迫别人去演苦情就是另一回事了。

我信奉的一个哲学是:只要一个人没有主动伤害别人,他就拥有自由。这句话的对立面即苦情文化:只要一个人没主动伤害自己,他就不是可被称道的好人。

所以"过度牺牲"这个词都不够准确,更准确的表达是,你要主动"虐待"自己。

明明可以活得更好,但不行,这证明不了你的诚意,你必须亲手毁掉你的好生活,让自己活得苦不堪言,还要说你甘愿如此,乐在其中。

物质和身体上受苦，同时嘴上承认自己乐在其中，这些做法混合在一起，是要通过自我伤害去表达忠诚或某种誓言般的东西——我不会让自己强大，不会让自己好过。

自恋是人的天然本性，当主动消除自恋，转而去追求苦难时，这既像巨婴在对圣母说"我要求不高，很好养"，也像是圣母对巨婴说"我一点自私都没有，我的眼里只有你的需求"。

进一步要说的是：自己追求苦情戏是自虐，而给别人制造苦情戏陷阱，就是施虐。

在制造苦情戏陷阱时，里面藏着这样一种逻辑：我照顾不好你，无意照顾你，甚至还想虐待你。可这显得我很不好啊，那么我去宣扬一种苦情戏，诱导你自虐，并让你认为事情就该这样。这时就不是我照顾不好你，不是我无意照顾你，不是我虐待你，而是你主动寻求的。

在社会层面，当苦情文化被视为真理时，那些本来该担负责任的一方，就可以免责了。

我们文化中太多地方隐藏着严重的等级观念——有些人就应该无条件处在自恋维度的高位，有些人就应该处在自恋维度的低位。这集中表现在传统观念的亲子关系中，例如，孩子就得听父母的话，就算父母虐待过你，让你陷入痛苦与匮乏，你也得回报他们以孝敬，并且最好你还得弄点苦情戏，以此来显示你的诚意。

2019年有部热播剧《都挺好》，电视剧修改了原著小说的结局。原著中，女主角苏明玉放下了某种执着，不再纠缠与患了阿尔茨海默病的父亲的关系，而选择与父亲拉开距离，比如过年时分开过。

但在电视剧中，结局变成从小被忽视、虐待的小女儿苏明玉承担了给父亲养老的责任，还是以过度牺牲的方式。她这么富有，明明可以请护工，却辞掉了工作，自己专门照顾患病的父亲。以这种方式表达对父亲的爱以及对父亲的原谅，这就变成了自虐。

曾奇峰老师说过一句经典的话：常常不是金钱污染了感情，而是感情污染了金钱。这个逻辑套到这个结局中，就可以说是这种苦情戏的亲情污染了常识，污染了基本逻辑。

与自虐和受虐对应的，是爱，是用心。

疫情期间，贵州政府做得特别好。贵州医疗队出发前会收到政府精心准备的暖心包。一个暖心包是一个精致的旅行箱，有30多斤重，箱子上贴着性别和尺码的标识，里面装着电热毯、热水袋、保温杯和保暖内衣等各种"暖"设备，还有牙刷、牙膏、洗发水、沐浴露等日常用品。特别贴心的是，还有女性用品、成人纸尿裤、吹风机、指甲钳等小物件以及一双棉拖鞋和洗漱用拖鞋。

这样的准备和抗洪战士得到比较好的照顾，都令人安心。

我们也不要只盯着社会系统，也要反过来看看自己。你照顾自己所爱的人了吗？特别是，你照顾好自己了吗？

虽然自恋会带出来很多问题，但是，自恋是生命力得以生发的自然方向，如果你一直都在排斥这个方向，很容易让自己活得很苦，而且是没必要的苦。

说"苦"这个字可能不足以令我们警醒。那你可以记住：这是自虐，这是在制造死能量。

也许这样的说法会让陷入苦情戏的人清醒一点。

泛道德化

读研究生时，我初步形成了这样一些认识：

1. 每个人的世界都可以分成私人领域和社会领域。私人领域的核心是亲密关系，如亲子关系和情感关系；社会领域的核心是工作关系。

2. 私人领域的规则是珍惜，社会领域的规则是权力。

3.珍惜规则是：我如此深爱你，我爱着你本来的样子，如你所是，因此不愿把我的意愿加在你的身上，去改造你，变成如我所愿。

4.权力规则是：你要按照我的意愿来。

5.私人领域太多使用权力规则，或社会领域过度强调珍惜规则，都是一种"污染"，会让这个领域的事情变得混乱。

现在看，我是根据直觉形成了这样一个简单的思想，而它后来不断发展，最终就变成了现在的自恋维度和关系维度的人性坐标体系。

人性坐标体系是这个思考的一个最终产物，在这个过程中，我又想到一个规则——道德规则。

本来，道德规则应该可以等同为情感规则，但随着思考越来越多，我发现围绕着道德有越来越多的陷阱。因此，我觉得道德规则是一个虚假的死胡同，个人、集体和社会太容易被引诱进这个死胡同，而刚进去的时候，还会觉得是一条金光闪闪的康庄大道呢。

现在该给道德陷阱或道德规则下一个简单的定义了。前面两节谈的其实也是道德陷阱。道德的本意有利他之意，而道德陷阱或我在这里所说的道德规则，就是以利他之名去争夺权力。

可以说，道德规则就是披着珍惜规则的外衣，而行使追求权力之实。

真正的权力规则和珍惜规则实践起来都很不容易。要想掌握权力上的制高点，一个人就需要发展自己，哪怕成为权谋高手，也是很难的事情。至于珍惜规则，只有在一个人的心智发展到关系维度后才可以具备，自然也不容易，而且真正去处理好自己在乎的关系，在哪里都是一个难题。

但是，实践道德规则就可以非常容易。如果一个人既不知道如何爱别人，如何维护关系，又觉得发展不了自己的能力和权谋，那么他其实是有一个办法去抢占关系中的制高点的，那就是去诉诸道德。

例如，通过自我牺牲去积攒道德资本。还有特别简便的一个方式是去抓别人的道德漏洞，攻击别人"不道德"。

当道德规则在一个领域或社会中广泛展开时，就会出现一个现象——泛道德化。就是大家言必称道德，但集体的氛围变得越来越紧张，相互抹黑和攻击越来越严重。于是，一个整天讲道德的领域或社会，反而呈现出争斗的局面，甚至还朝失控的方向发展。

发展到特别严重的情形时，就变成这个领域或社会像是有了一个绝对禁止性的超我，它犹如电影《指环王》中刻画的那个魔眼一样，盯着每一个人，而大家都感觉自己好像被禁锢住了，怎么做都不对。

欧美社会现在就进入了这种状态，他们在严格地追求政治正确。所谓"政治正确"，就是道德的一个表达，它要求容纳一切，不得有任何歧视。如果你表达了某种歧视，哪怕它很轻微，你也可能会遭受严重的惩罚。

社交媒体上也存在这种倾向，太多人盯着别人的生活，特别是名人，拿道德放大镜去巡视、侦查、批判，还要举报。

我们得认识到，日益发达的互联网改变了很多力量对比，过去的一些制度、道德乃至正义逻辑，也许都要重新思考一下。

以前的社会严重体系化，大平台、超级个体拥有巨大影响力，与普通人构成鲜明对比，所以一旦发生冲突，相关力量在做裁判时，向普通人倾斜是一种很好的制衡。

但现在，互联网高度发达，普通人可以迅速聚集在一起，对超级个体乃至大平台构成强大冲击，力量对比因此发生巨大变化。第三方力量再做裁判时，尺度得有所改变。

政治正确在西方之所以日益严重，在我看来是拜互联网所赐，普通人可以使用"嘴炮"上的超级道德感，在互联网的空间内迅速获得权力，而且可以"征伐"其他人。于是，政治正确越来越成为攻击和打压别人的新权力。

目前，我们的社会还没发展到政治正确上，但我们有自己的集体正确。靠着这些集体正确的逻辑，普通人聚集起来在互联网上攻击别人，也可以非常容易。例如，这几年因为私生活不检点而被严重攻击的人，实在太多了。

当今社会太容易盯着一个人的私生活，而且有一个基本假设：一个人的私生活不道德，这个人就该被狠狠谴责、狠狠惩罚，在其他方面也得付出代价。

这就是泛道德化的逻辑，意思是：你不道德，所以你是彻底的坏人。

某女演员也曾遭到普通网友围攻。最初发起攻击的网友用恶毒的语言攻击她穿衣服不检点，而当她忍不住反击后，竟然遭到数以万计的网友围攻。

在这件事上，单个攻击她的网友与她相比，力量当然严重不对等，但当攻击她的网友数以万计时，这种积聚的力量远胜过她个人。所以在这件事中，我认为不能再使用以前的逻辑——公众人物遭舆论围攻时，裁判的尺度会向普通人严重倾斜。

泛道德化的含义要比我前面论述得更广泛。

例如，我认为在心理咨询领域，现在也有泛道德化的倾向。各种各样约束咨询师的规则不断被拔高，而关于咨询伦理的探讨也越来越多，逐渐有了这样的言论：弗洛伊德如果生活在现在，那么他很多地方违反了心理咨询的伦理，例如写作上不够保密。

一位知名精神分析师写过一句非常绝对而富有道德的话：作为精神分析师，除了你的来访者，不能分析任何一个活着的人。这句话很煽情，也得到很多认同。我则多次和同行探讨这一点，我们都觉得这句话太过了。

这位知名分析师是我很钦佩的人，不过我个人认为，泛道德化很容易是平庸的人追求的东西。前面我一再论述，在自恋维度上发展力量和权力不易，发展出关系维度的珍惜也不易，但谁都可以很容易地去讲道德。最容易的是拿着道德放大镜去看别人。

活力的流动是一切事物美好的源头，切断活力的各种过分做法都是美好的敌人，泛道德化会切断活力。法律作为人的底线已经很可以了。如果不够，还可以继续发展完善。

法律是清晰的，而道德是模糊的。如果在法律之外，还要弄出各种各样的道德规条，而且谁没做到就去惩罚他，这就相当于编织了一道又一道的绳索，最终会绑住人性，切断活力。

哈耶克有一句名言："通往地狱的道路，通常是由人们善良的意愿铺就的。"泛道德化，就是这样一种存在。

· 第三章 ·

走出孤独

走出心灵僻径

我们来谈谈孤独。围绕孤独有很多话题，而我特别想说的，也是我在签名时常写的一句话——孤独不是生命的初衷。

在讲心灵僻径之前，我想到美国神话学家约瑟夫·坎贝尔的一段话：

人类思想上对于生命的期待，很少符合生命的现实。我们不愿承认，那冲撞的、自我保护的、有恶臭的、肉食的和淫荡的疯狂，正是有机体的本质。相反，我们倾向于掩饰、漂白和重新解读，把所有软膏里的苍蝇和菜汤里的头发，都想象成某个令人不悦的家伙的过错。

坎贝尔这段话的意思其实非常清晰，但有些朋友可能还是觉得难以理解，那我可以说一下反例。

我在咨询和生活中见过这样一类人，男女都有，但相对而言，女孩要多一些。他们的眼神纯净而梦幻，如果正好还长得好看，那真是具有一种杀伤力。

然而，深度咨询中会发现，他们真的是活在梦幻中，没进入现实。他们梦幻着的世界是纯净的，没有杂质的。

可是，杂质是什么？杂质其实就是真实的生命力，如自恋、性和攻击性。

当把生命力本身视为杂质而剔除时，他们也就变得虚弱了。

年轻的时候，他们的这种特质很吸引人，但随着时间的推移，当他们到了三四十岁，甚至年纪更大时，他们的这种梦幻而纯净的特质，就会和现实越来越格格不入，他们会变得焦躁、失落起来，因此会对现实日益不满，认为现实怎么这么龌龊。

说到这儿，也许你可以多理解一些坎贝尔的意思了，或许还可以进一步理解引言标题中的那句话："拥抱想象，进入真实。"

当一个人执着地活在自己的想象中，并且要把自己对他人和世界的想象当成外部世界的真实，就意味着他们陷入了偏执状态。

你能活在现实世界还是活在想象世界，这是衡量心理健康的一个重要标准。这方面的专业词汇是"现实检验能力"。简单来讲，就是能区分自己的内在想象和外在现实。

如果说，偏执于自己的意愿是活在想象中的话，那么，还有一种更为严重的活在想象中的情形——心灵僻径。

心灵僻径的常见表现是：你追求纯心灵的生活，而排斥世俗中的一切。例如交际，因你受不了酒肉朋友，你也受不了关系中的相互利用。又如欲望，你视自己的一切欲望为敌人，你觉得性是肮脏的，拒绝别人是恶的，向别人提任何请求都非常困难。

又比方说身体，你也会忽视身体，譬如不怎么锻炼身体，而宁愿将时间都花在增强你的大脑上，如学习和思考。

"心灵僻径"这个词复杂了一点，它还可以换成另一个常用的词，即"孤僻"。不过"心灵僻径"这个词确实很形象——你孤独地走在追求纯心灵需求的僻径上。

心灵僻径是欧洲一位心理学家提出的词汇，我觉得走在这条路上的中国青少年尤其多。

前面我们谈到，走在这条小路上的典型表现是，你似乎只剩下纯心灵的需求，而很不在乎人际交往和身体欲望的需求。

心灵可以非常迷人，所以如果你爱读书又爱思考，你可能会收获很多心灵上的知识，于是心灵僻径也变得看上去不错，甚至远胜于平常路。

但是，如果你走在这条路上，我相信你应该深有体会，你并不会很享受。

也许身体上的需求，如吃喝玩乐，你还能屏蔽，貌似真不在乎，但人际关系上的需求你会深切感受到，你无法不需要它。你可以自欺欺人地说，我享受孤独，我不需要朋友和恋爱，我一个人待着就挺好，但孤寂的滋味，在很多时候简直可以杀死你一般。

为什么会这样？所谓圣贤不都是鄙视世俗欲求、追求心灵的吗？

要回答这个问题，我们需要谈谈心灵僻径是如何形成的。

幼小的孩子，例如婴儿，他的需求无非是吃喝拉撒睡玩，而他自己不能满足自己这些需求，他需要养育者，特别是妈妈的细心照顾，这些需求才能得到充分的满足。养育者在照顾幼小的孩子时，构成了两个因素：

1. 孩子的各种普通需求被满足，于是孩子觉得这些需求是对的，是可以存在、可以被满足的，而且被满足的感觉非常好。

2. 养育者在照料孩子时，构成了最初的人际关系，这种人际关系上的需求被满足，其实是和吃喝拉撒睡玩这些实际需求被满足同等重要的。我们会感觉到有人一直陪伴在自己身边，他如此重视自己，会无条件、及时地满足自己……这种被爱的感觉非常美妙。

也就是说，如生命初期那样，如果我们得到的照料比较好，就会深切体验到普通需求和人际需求被满足是非常棒的事情。于是，我们会自然而然重视自己的这两种需求。

但是，如果在生命初期这两种需求总是得不到满足，我们就会常常处于失望中，失望太多就会变成绝望。绝望的滋味很不好受，于是我们干脆灭掉自己的渴望，这样我们就会好受一些。

灭掉了自己的普通需求与人际需求的孩子，心里会有这样的逻辑：这些需求是不好的，也是低俗的，所以我要追求高大上的心灵需求。由此，就形成了心灵僻径。

心灵需求当然是非常棒的东西，但它最好是和普通需求与人际需求结合在一起，即这三者我们都要追求，这样才是饱满的生活。

如果将心灵需求与普通需求和人际需求割裂开来，视后两者为低俗，而只追求心灵需求，就很容易导致你活在孤独的想象世界中。

你对人、世界和你自己有各种认识，但这些认识都没有经过现实的检验，于是，它们主要就是纯想象性的。你势必还会试着将这些想象带到现实世界中，这时你就会屡屡受挫。

受挫是一个机会，可以帮助你认识到你的想象世界可能是有问题的。受挫可以让你警醒，帮助你转而走出心灵僻径，去深入认识现实世界。

然后，如果你还是非常重视你的心灵需求，你可以将你对现实世界的深刻体验作为素材，重新思考心灵是怎么回事。这时，你的思考素材就是真实不虚的，它更有穿透力，甚至真正有价值。而缺乏对现实世界深刻体验的思考，很可能是幻梦一场，甚至毫无价值。

不仅走在心灵僻径中的人需要从想象世界中走出，投入真实的现实世界中，其他所谓的正常人一样需要将自己的心展现到现实世界中，拿自己的心在现实世界中淬炼。

当我们这样做时，我们需要有点偏执狂的感觉，同时又要懂得放弃。

人生就是这样：我们从自己的心出发，发出属于自己意志的意愿，带着点偏执劲儿去追求，轻易不放弃。你越是在一个事物上花费时间与精力，你就越能与这个事物建立深切的关系，所谓成功与幸福也就自然到来；但当自己的意愿受到重挫时，我们需要衡量，看看继续下去是否值得，如果不值得，则需要学习放弃，放弃这个意愿后，我们再发起新的意愿。

由此，我们的心就不断地展现到现实世界中，而我们又把现实世界中学到的东西重新吸纳到心中。通过这样的过程，我们得以改变世界，我们的心也被世界改变。

关于这一点，我一言以蔽之："以征服之心开始，以皈依之心结束。"你一开始带着满满的自恋，把你的生命力和内在想象展开在外部世界之中，勇敢地去深度碰撞，然后逐渐发现，除了你的内在想象，还有外部世界存在。

一开始你带着满满的骄傲，觉得"我"是多么了不起的存在，"我"拥有世界上最好的灵魂，"我"如何如何……但随着对外部世界的了解越来越多，你和外部世界的关系也越来越深，你会深深地碰触到存在本身，那时你会发现，它好像远远超越你的"我"，那时你会对这份存在臣服，产生皈依感。

要走完这趟旅程，就要走上心灵的开阔大道，而不是一直徘徊在孤独的心灵僻径中。

人类最本质的需求

我们公司有一个品牌叫"看见心理"，这个名字来自我的一个观点：人类最本质的需求是被看见。

这句话可以有很诗意的表达。例如，我最喜爱的诗人鲁米一再说，世间万事万物互为镜子，例如下面这段诗句：

> 每一秒钟，他都会对着镜子鞠躬。
> 如果有一秒钟，他能从镜子中看出
> 里面有什么，
> 那他将会爆炸。
> 他的想象，他的所有知识，乃至他自己，
> 都将消失。他将会新生。

这几句诗有着深刻的意思。在我的理解中，它是在说一个人和整个世界都是互为镜子的。这个意思太深邃，在此不再展开论述，而"人类最本质的需求是被看见"这句话还可以有一些非常普通、非常生活化的表达。

例如，没有人能真正守住一个秘密。因为，既然最本质的需求是被看见，那么，如果一个秘密只属于我自己，就意味着它彻底不被看见了。这违反了"最本质的需求"，所以人做不到。

任何人做了一件惊天动地的事情后，都会渴望别人知道是自己干的，如果没有人能猜到，就会非常难受。

美国一个连环杀手第一次作案后，第二天读报纸时发现没有对这件事的报道，他大失所望。于是，再次作案后他会给媒体写信或打电话，用隐秘的方式给记者们提供线索。他还会在现场主动留下线索，好让"愚蠢的警察"多少能有一点破案的希望。当警察查看他的作案现场时，他甚至会躲在附近观看，那时杀人所带来的快感会达到最高峰。

并且，这不是某个连环杀手的独特做法，而是大多数连环杀手的共同做法。

在看电视和电影时，我们也常会看到一种画面：蒙面杀手在将一个人彻底杀死之前，会把面具摘下，让对方看到是"我"杀死了你。

不过，也有不少蒙面杀手不会这么干。其中的区别是，后一种蒙面杀手是在替别人杀人，前一种蒙面杀手是为了复仇。

替别人杀人，要么是听命于某个人，要么是为了从某个人那里挣钱，那么这个蒙面杀手有一个必然的交代对象，他的行为自然会有人知道，所以就不必摘下面具给遇害者看了。

但复仇不同，复仇行为既是做给自己人看的，也是做给对手看的，如果对手还不知道是谁干的就死了，复仇行为就失去了一半的意义。所以，复仇的蒙面杀手一定会有极强烈的冲动要把面具摘下给对手看。

想到这一点后，我问自己：你究竟能独自保住任何一个秘密吗？

答案是：不能！我经过长长的反思后，发现我几乎所有隐秘的事都至少与一个人分享过，而那些最隐秘的事情，即便还没有和谁分享，我却常有遏制不住的冲动，想说给某个特定的人或随便哪个人听。

一切都是关系，关系就是一切。这句话的意思是，我们的一切行为都必须放到一个关系中去理解，没有所谓的"绝对孤独"这回事。

我们常说"享受孤独"，但这永远只是一个片段。有时，我们会在孤独中沉思，在孤独中汲取力量，在孤独中成长，但最后，我们必然会渴望将自己在孤独中所获得的一切说给别人听。

电影《花样年华》中，周慕云一直对他与苏丽珍的婚外情守口如瓶，但最终他还是将这个故事倾诉给了吴哥窟的一个树洞。

或许，倾诉是人类的一个根本特质。

因而，听故事者一直是人类的一个特殊职业，可以说神父、巫师乃至现在的心理医生都是靠人类的倾诉本能维生的。

不过，越想倾诉，越渴望倾听自己倾诉的人保密。

小说《牛虻》中，那个把牛虻倾诉出的革命秘密告诉政府的神父便成了被唾弃的对象，而保密也成了心理医生最重要的职业道德。

然而，大多数心理医生都有感觉，当心中郁积了太多秘密后，就会涌动着一种特殊的烦躁。这时，心理学界惯常的说法是"职业枯竭"。对于心理医生的这种"职业枯竭"，比较容易的理解是，心理医生心中有了太多的心理"垃圾"，这严重影响了他们内心的和谐。

但是，在真正深通人性的心理医生那里，或许是不存在什么"垃圾"的。因而，"职业枯竭"更本质的道理或许是，即便心理医生也做不到绝对保密，他必须把他所听到的故事至少找一个人倾诉。

所以，心理医生会有自己的心理医生，也会有水平更高的导师专门给自己督导。至于那些水平最高、声誉最隆的导师，其实也会通过授课、写书等途径，将自己心中隐藏的秘密提炼、升华后再巧妙地诉说出去。

你也可以问问自己，你曾独自保住过任何一个秘密吗？

人类最本质的需求是被看见，这句话还可以引出这样一个观点：我渴望我的痛苦被你看见，可你就是看不见，于是我把我的痛苦放大 N 倍，这样你就可以看见了吧！

我见过不少这样的故事。例如，一位女士在结婚几年后感觉越来越无聊和痛苦，觉得她老公人虽然很好，但实在是缺少生机。她把这种感觉告诉她妈妈，她妈妈说：你老公有什么不好？你就是没事找事，你这叫什么痛苦！

按说，她是可以和老公商议离婚的，老公不会为难她，她却奇怪地做不出这种选择，于是和老公越过越痛苦，然后一次又一次去找妈妈诉说，希望妈妈看到自己的痛苦。

听她讲这些故事时，我问她，你为什么非得和你妈妈诉说？你就不能干脆地把婚离了？

这个看似简单的问题让她愣住了，她想了一会儿后说，她觉得自己从小就一直渴望被妈妈看见，而妈妈总是看不见她。她的婚姻痛苦，是她生命中最重要的感受了，她尤其希望妈妈能看见，可妈妈还是看不见。于是她有一种冲动，想把自己的痛苦放大很多倍，觉得这样妈妈总该看到了吧。

然而不幸的是，妈妈似乎对她就是没有看见的能力或意愿。

这是一位做事比较干脆利落的女士，当意识到自己这种注定得不到的被妈妈看见的悲剧性渴求后，她放下了这份渴求。过了一段时间后，她终于离婚了。

但这并不意味着她不再渴望被看见了，毕竟，她的这个需求被我看到了，而她也有了一个人生智慧：不要非执着在无望的妈妈身上，虽然这是最原始的渴望——每个孩子都渴望被妈妈看见，但她可以去找能看见她的人。

关系，就是一切

关于关系，我多次说过这样一句煽情的话：关系就是一切，一切都是为了关系。

我讲几个我和我的咨询师之间发生的故事，来阐述一下关系的意义。

2016 年，在一次咨询中，我和我的咨询师谈到了我在社交中的紧张。谈的内容平淡无奇——我在社交中的紧张是因为觉得别人不喜欢自己，而之所以这样，其实是我自己不喜欢自己。

但谈着谈着，我出现了一个特别的体验：我的身体在消融，世界在消融，而咨询师在视频画面中也在消融，最后只剩下一张非常模糊的脸的轮廓，而且还是变形的。

我把这个体验告诉咨询师。他解释说：你的自我消失了，你觉得我们融合在一起了。

不，我说，不是这样，是我觉得我确定你在，我确定你对我感兴趣，我确定你是用心地理解我，哪怕你的理解并不准确，但我越来越确定了这一点。因为确定了你和我在一起，所以我终于可以在你面前一点劲都不使了。

一点劲都不使的结果是身体全然放松。

在讲睡眠与头脑暴政时，我讲过，如果身体和头脑都一点劲都不使，那么放松就可以发生，睡眠才可以变得很深。如果身体和头脑都在使劲，那么很难进入深度睡眠，严重的话会失眠。

至于我自己，虽然很少失眠，但睡眠比较浅，于是每天早上醒来都记得昨晚做过的梦。

记住做过的梦有各种好处，但我还是希望自己能进入深度睡眠，可它并没有非常好地发生。

以前脑袋里知道，现在体验上知道，我缺的就是这种感觉：有一个人确定地在我旁边，他基本上是善意的，他基本上是有力量的。

有了这份感觉，我才能卸下自我防御，而将自我保护意识变成交由对方保护自己，睡眠才能变得很深。确实我有这样的体验，当和喜欢的人共度一段很棒的时间后，可以头一挨枕头就睡着，一觉到天亮，而且少梦。

很多西方哲学家说过类似这样的一句话：你在，所以我存在。其中的"你"本来指的是上帝，但心理学认为这句话可以放到关系中。

所以，不要以为你可以独自存在。孤独，会制造最大的黑暗。

在和我的咨询师进行咨询的过程中，有很多印象无比鲜明的治疗时刻，最清晰的是这样一个故事。

一次，为了开我的工作坊，需要取消一次咨询。我提前一天给我的咨询师发了邮件，但他没看到我的邮件，结果在我的工作坊课间，他拨通了我的视频电话，我没接，而是挂掉了他的电话，然后发了消息说：这次咨询取消了，我昨天给您发了邮件。

因是在课间，没干扰到我的工作坊，所以我觉得我一点情绪都没有。

到了下一次咨询时，我又有一件事，想取消但又犹豫，结果直到最后时刻，我还是没通知他，而他按时拨通我的视频电话后，我才突然回过神来，告诉他这次咨询取消了。

再下一次咨询，我们谈到了这两次咨询取消，特别是第二次取消咨询和第一次的事件有没有关系。这是咨询中的一个套路：一切行为都有原因，譬如可能是我第一次有情绪升起，比如愤怒，导致我第二次又通过临时取消咨询表达愤怒。

谈到这儿时，我体会了一下说，这应该没关系吧，第一次咨询取消，你虽然没看到我的邮件，但给我拨视频时正好是课间，没对我造成影响，所以我没有情绪。再说，我本来就是一个容易理解别人的人。

在视频中，我的咨询师盯着我的眼睛，安静而定定地说："的确，你看上去像是一个善解人意的人，但也许，你对我很愤怒，你会怪我为什么没看到你的邮件。"

听他这么说，我的体内腾地升起一股巨大的怒火，这绝非暗示的结果，这股怒火好像在我体内已储存了太多年。带着这股怒火，我看着他说：

"是，我很愤怒！你 ×× 的就不能让我省省心，先看到我的邮件，让我不做无用功！"

这是我在咨询中第一次对他爆粗口，一句粗口说得很爽，但其实仍然有克制，彻底不压抑的表达该是这样：

"你 ×× 的就不能让老子省省心，老子的邮件你不该看不到，白白浪费了老子的努力。"

我爆粗口时，他的表情没有任何变化，还是一如既往地看着我。

这时，我突然像出现幻觉一般，觉得体内出现了一头黑色的豹子，它先是在我体内咆哮、奔走，接着冲出我的身体，在我书房的地板、书桌和天花板上咆哮、奔走……

与此同时，我的体内有一股强大的能量升起，我的各种感官的感觉能力仿佛一下子被拔高了很多倍，世界变得清晰无比，我也无比清晰地感觉到，我在这儿，我活着，我存在着。

这种敏锐的感官和清晰无比的存在感持续了四五天，真的是非常美好的体验。

很多精神分析学家都说：攻击性即生命力。当我们能在关系中展现自己的攻击性时，生命力就可以流动起来。

譬如温尼科特说，好的养育是需要一个不报复的人，因此可以滋养出"世界准备好接纳我的本能排山倒海涌出"的感觉。

这种养育并不容易，我们在婴幼儿时，很容易得到相反的两种感觉：

1. 如果你表达攻击性，你会被报复、被惩罚，作为一个脆弱的婴幼儿，你会担心自己轻易被摧毁。

2. 如果你表达攻击性，你会伤害到你所爱的人，他承受不起。

在我的这次咨询中，我表现了攻击性，而咨询师既没报复我，也没有被我摧毁，他仍是定定地和我在一起，这两点确定后，我的带着攻击性的原始生命力猛烈地喷涌而出，化为了这头黑色的豹子。

明白这一点之后，你就可以理解为什么我们在关系中各种"作"，特别是在亲密关系中，因为我们本能上都在寻求这种感觉——可以在一个关系中表达自己的攻击性。这样一来，你才是真实的自己，然后关系才可能是真实的。

另一个我想分享的故事是这样的。

一天上午，我要去和一个朋友谈合作，这已经是第三次谈了。结果，前一天晚上我严重失眠，只在起床前睡了一两个小时。

失眠时，我开始盘点自己的人生，盘点所有重要关系，然后我发现，在所有关系中，我都不尊重自己的价值。例如，我似乎没有一点要维护自己名声的想法，有时随意地被别人"使用"，结果导致一些粉丝受伤。在商业合作中，大家都是冲着我的影响力而来，但我下意识地不把自己的影响力当回事，在合作中会忽略它的价值。

总结到最后，我基本决定，这个合作可以取消了。

在去谈合作的路上，我给另一个伙伴打了一个攻击力十足的电话，毫不客气地讲了对他的各种不满，并对其劣势进行了全面剖析。当攻击力自然流淌时，智商也会被拔到很高的地步，所以会极具说服力。

我讲完后，他明显有点难受，但他说："武老师，你就该这样讲话啊，这样我们才能合作。"

他是真诚的，而他虽然这样认可了我，我却仍然有一丝不安。意识上，我觉得这份不安是因为攻击了他而内疚，或担心被报复。

当天下午，和我的咨询师谈话时我谈到了这份不安，他试着对我的这份不安进行各种诠释。

在听我的咨询师做诠释，并和他就此探讨时，我的脑海里不断浮现出另一件事。我决定把这件事告诉我的治疗师。

我一直觉得那是我这辈子干过的最牛的事，它发生在我小学四年级升五年级时，当时我 11 岁，为了保护一下其他当事人，我就不详细讲了。这件事中我表现出超高的情商和智商，堪称果断而坚决。

然而很有意思的是，这份果断、坚决以及高情商，并没有成为我性格中的稳定特质，它只是在这个时候出现过一次。后来，当遇到紧急情况时，它也会出现一下，但后来的几次，远没有那一次表现得这么好，那一次堪称完美。

在把这个故事讲给我的治疗师时，我一直在反思：为什么会这样？

这时我心里自动冒出一句话："我的光辉，必须经由你的看见，才能存在于我身。"

做那件事之前，我没有和父母商量，做之后也没有告诉他们。因为我的父母都算是胆小怕事的人，我做的事情算是在惹事，他们肯定会担心、不高兴，甚至加以阻拦。

结果，因为没有在关系中被父母看见，这件事中的那份果断坚决的品质，就没有长久存在于我身上。

关系，真是非常奥妙的事情。我的很多文章都在讲关系，而我所有的文章都在阐述一件事：

我们需要借助关系来活出自己。

当然，同时我们也得懂得，那些对我们至关重要的人，也需要通过和我们的关系而活出他们自己。

你在，所以我存在。

孤独会制造最大的黑暗

一切美好事物都是深度关系的产物。这是我很喜欢的一句话。

这句话中的"深度关系"指的是一切关系。例如，我喜欢摄影，如果能和摄影器材建立深度关系，也能和我要拍摄的对象（如风景）产生深度关系，那么我会成为很好的摄影师，会拍出一些杰作。当然目前我还不是，目前我只是摄影器材发烧友，对器材的掌握也还停留在表面。

深度关系如果指的是人际关系，那么就可以说，高质量的深度关系是人获得幸福感最重要的源泉。很多人指出了这一点，很多研究也证实了这一点。例如，哈佛大学一项跨度长达 75 年的跟踪研究证实，孤独寂寞是有害的，良好的人际关系能让人更快乐和健康，而最关键的是那些最重要的关系，特别是伴侣关系，它的质量决定了幸福感、健康乃至记忆力。

为什么人际关系特别是亲密关系如此重要？

因为人类最本质的需求是被看见。原始的生命力可以视为中性的、灰色的，当被看见后，就意味着被照亮了，变成了白色的、彩色多姿的活力；当不被看见时，就会成为黑色的、死寂的东西。

被看见是如此重要，所以我们都需要深度关系来看见彼此。

那么，孝顺能不能达到这一点？密切的亲子关系能不能达到这一点？一切良好的人际关系都可以发挥这一点，但在我看来，无论是我们和父母的，还是我们作为父母和孩子的亲子关系，都不如伴侣关系。因为伴侣关系是一生的，也是平等的。至于亲子关系，很容易停留在自恋维度上，而我们的孝道文化还严重强化了这一点。

接下来，我从另一个方向来谈谈这个观点。如果一个人陷入严重的孤独，他的心灵就容易进入黑暗。孤独程度越重，黑暗程度就越重。最孤独的人有最黑暗的内心世界。

每当我谈到人际关系的重要性时，会有不少人说损耗性的关系不要也罢，要远离有毒的关系，去构建滋养性的关系。

这当然是真理，但前提是，你得能做到。一般来说，如果你能构建滋养性的关系，自然而然就会远离损耗性的关系。

鄙视损耗性的关系，这无可厚非，但要警惕这样一种观点：哪怕孤独，也胜过损耗性关系。这是对孤独的美化，而且事情也并非如此。对此，精神分析中有一个常见的说法：有毒的关系也胜过没有关系。

做咨询久了以后，我总结来访者们的个案，的确会看到一个规律：最难疗愈的，是严重缺乏基本的人际关系，甚至干脆彻底孤独的人；其次是有一些关系，但主要是损耗性关系的人；最后是普通人，拥有正常的人际关系，有滋养性的关系，也有损耗性的关系，当你拥有这样的关系场时，咨询就比较容易发挥作用。

当来访者缺乏基本的人际关系时，很容易把咨询关系看得无比重要，甚至咨询关系成了他生命中唯一重要的关系，这时咨询的难度会大很多。

当然最好的是来访者的关系场中多是滋养性关系，而损耗性关系很少甚至没有。

为什么会这样？难道不是与其拥有损耗性关系不如孤独吗？自己待着至少没有伤害烦扰自己呀！为什么彻底孤独的人成了最难疗愈的？

原因我们前面讲了，彻底孤独的人意味着不可能被看见，因此他的内心基本上是被黑暗人性给充满的。这时，他们意识上再努力，潜意识中都是充满了黑暗的。

我们必须明白一个规律：一个人所构建的人际关系的品质，是和这个人内心中的黑暗与光明的比例基本匹配的。

人之所以陷入彻底孤独，是因为你感知到，如果构建关系，你只能构建彻底黑暗的关系，所以干脆不去构建了。具体来说，就是你担心别人会在关系中彻底破坏你，或者你会彻底破坏对方，总之是你死我活的结局。

如果你去构建关系，你就通过关系构建了一个交互系统，你借此把你内在的光明与黑暗投射出去，再把外部世界的光明和黑暗内摄回来。这样一来，你的内在就有了被外在照亮的机会。

如果你彻底孤独，就意味着你把生命力彻底扼杀了。这时，你可以在头脑层面去想象光明，但体验层面的真实自体就会坠入黑暗，而且因为处在彻底孤独中，你失去了在关系中互动的机会。

无回应之地即绝境。彻底孤独自然就是这种绝境，你新生发的生命动力因为同样不可能得到回应，所以也会继续变成黑色能量。于是，在孤独中，不仅是光明增加不了，黑暗能量也会越来越多。

所以，哪怕再难，也要试着走出去。偶尔孤独可以，但如果一直孤独，时间一长，你会发现这个困局越来越难。

很多人觉得，外部世界比自己内心更黑暗，甚至会有这种感觉——自己内心善良光明，但外部世界丑陋黑暗。我大学时就是这么觉得，那时还和朋友说，要是社会上的人都和我们一样高素质就好了。

这是自恋导致的分裂，自己占据着"好"和光明的部分，而觉得外部世界是"坏"和黑暗的。这绝对是自欺欺人，当你逐渐深入外部世界，同时对你的内在世界越来越了解时，你会看到外部现实世界是有疗愈性的，而且光明程度要胜过你的内在。

简单总结就是，太孤独的人，不要轻易说"人际关系让我失望，因为都是损耗性的，我要自己待着"。

前面讲的是比较抽象的说法，现在我说一个直观的。我在很多场合说过，如果30岁前你还没有真正谈过恋爱，即充满了真实亲密接触的恋爱关系，那你就需要去做咨询，不能再晚了。30岁时，可能你会觉得孤独好像还可以接受呀，但时间和年龄是残酷的东西，等你拖到40岁甚至更晚才去面对，就太难了。

太孤独的人，咨询效果之所以普遍会差一些，除了他缺乏人际关系网络所带来的支持以及他内心的黑暗比较多之外，还有一个原因是太孤独的来访者和咨询师构建关系并不容易，就像他们和其他人构建关系不容易一样。

其中一个重要的原因是，太孤独的人，对自己的内在和外部世界有太多自恋性的想象，甚至还认为这些都是真的、对的，而他们对外部世界的排斥在咨询中也会展现出来。具体表现为咨询师讲的话很难进入他们的心，甚至很难进入他们的头脑。他们的头脑中只有自己的想象，他们的心中只有自己。

例如，一位男士在找我咨询前读过我的书，也一直关注我的社交媒体，对自己的全能自恋、全能暴怒和敌意想象相当熟悉，他也能用这些理论分析自己，但咨询很长时间后，他敏感易怒的特质简直一点都没改变。我指出这一点并和他深入探讨时认识到，他虽然在头脑上接受了这些理论，但他内心中并不相信这些东西，他还是认为他对世界的感知是对的。

认识到这一点后，他有点崩溃，因为他的确很想改变，不然太痛苦了。不过好在他还是构建了基本的关系场，他结婚了，有老婆有孩子，和原生家庭的联系也还可以，虽然他很讨厌同事关系，但也不得不参与。这些关系，加上咨询，最终还是让他逐渐走出了孤独的想象，开始真正在心中有别人。

我一直在讲自恋和关系的问题。的确，关系中有利用、诱骗、私心和嫉妒，但当关系能真正建立时，人性的光明，即爱与善就会产生了。

关系，拓宽心灵的尺度

我先讲一点抽象的东西。请大家继续想一下人性坐标体系。它的纵轴为自恋维度，横轴为关系维度，而两条维度的交叉点为零点。

设想一下极端情况，就是一个人的心智既没有在自恋维度上展开，也没有在关系维度上展开，而是停留在零点附近，那会如何？

这时会出现的情况就是，这个人的意志或心念会只停留在头脑中，而没有进入现实世界，它基本上没有时间感，也没有空间感，如同浮尘，瞬息万变，一瞬间就要生灭无数次。

可以说，一个彻底孤独、缩在精神世界中的人，没有自体、没有客体、没有时间感、没有空间感，他的意志生存长度，简直就像是零。

咨询中，我看到一些来访者，他们的思虑非常多，仔细看的话，一秒钟内就好像有很多个，但又很难抓住这些思虑。这样的来访者，他们进入现实世界有些困难，主要停留在孤独的自恋想象中，因此他们的思虑就像可以翻筋斗云的孙悟空，可以变幻莫测、速度很快，然而总是处在空虚和焦虑中。

当有了自体和客体，也就看到了物质世界，这时一个人就有了时间感和空间感。可以推断：自体和客体的关系深度成了这个人意志生存的新长度。

也就是说，自体和客体的关系深度拓展了原本彻底孤独之人的意志空间。

例如，一个彻底不允许孩子伸展自己意志的家庭，孩子感知到的自己的意志生存空间就非常短，而一个对孩子的意志非常宽容的家庭，孩子感知到的自己的意志生存长度就会很长。

亲子关系的深度由此拓宽了一个孩子的意志生存长度。

这个逻辑可以延伸到各种关系中。一个关系究竟是在压缩你的意志生存长度，还是在拓宽你的意志生存长度，是一个根本问题。

例如，一个女孩，她想用自己的方式做一件事，比如喝水，她启动了一个喝水的念头，然后选择用什么杯子，以什么样的方式倒水与喝水……这整个过程有她的意志在。如果喝水这件事顺利实现了，就意味着她的意志得以生存，活了下来。

如果她这么做时被父母破坏了，父母非得让她按照他们的方式去做这件事，这就意味着这个女孩的意志"死"了一次，而父母借助控制孩子，让他们自己的意志越界活了一次。

父母与孩子处在复杂的互动中，父母有时会破坏孩子的意志，反过来也会被孩子破坏自己的意志，这很正常。但如果父母破坏孩子的意志成为一种惯常，那这就意味着孩子不断体验到自己的意志被"杀死"。

于是，孩子就难以投入了。因为过往经验说明，他的意志总是会被"杀死"。因此可以说，不能投入，是恐惧死亡。

这就构成了一个三角关系。孩子是"我"，父母为"你"，事情为"它"。孩子能专心于事，得有一种基本感知，"我"与"它"的关系，是不会动不动就被"你"破坏。相反，是会得到"你"的鼓励和支持的。

更原始的关系，则是"我"与"你"的关系，即孩子生命最初，与第一个最重要的养育者的关系。将这位养育者——常是妈妈——视为"你"，那么投入意味着"我"可以真切地感知到，我的生命力是可以延伸到"你"那里，是被"你"所接纳和欢迎的，也是可以给"你"带来荣耀，带来快乐和滋养的。

当有这份基本感知时，一个孩子就可以专注地投入原初的关系，而后也会被这种感觉带到其他各种关系中。因此可以说，原初的母婴关系犹如命运的雏形。

当然，"你"其实是整个世界。如果在和妈妈的关系中这份感觉没有充分"活"出来，孩子还是有可能在其他的关系中寻找到能接纳自己的"你"。

但是，如果父母"锲而不舍、持之以恒"地不断去破坏孩子的各种关系，那么孩子的一切自发努力基本上都会被破坏掉，导致的恶果将是孩子可能无法投入到任何事情中。

我们不能把一切责任都推给父母等养育者，但在我看来，投入与专注这样的品质，的确是从关系的这份隐喻中而来的。

你是专注于一个关系，还是不断在寻求刺激？能专注于关系，就意味着会不断深入关系，体会到关系演化带来的享受，而且深信这个关系中的生能量是可以不断积聚的。

如果一个人不能专注于关系，就会不断从关系中跳出来，然后会想去寻求刺激，不断去制造一件又一件事，体会短暂地拥有一个又一个"它"的感知，觉得这可以增强自己的生能量，但必然会发现，这种快感只会是短短一会儿。

以我为例，我现在买了很多摄影器材，就是无形中幻想着我的摄影能力因为有了各种顶级器材可以自动获得巨大提升。其实这是幻想，摄影能力真正的提升在于我和这些器材建立关系的深度，说白了就是——我掌握它们了吗？我被它们掌握了吗？

最有深度的摄影绝不只是"我"的想法加于"你"，也是"你"的生命流动到了"我"这里。

最初是"我"得到了"你"的接纳与许可，但终究是"我"也能容纳"你"的一切信息与生命力、破坏，乃至巨大的死能量。

如果只有"我"，那就是孤独的幻想。沉浸在幻想中，往往因为"我"觉得不能把动力延伸到"你"那里。当我感知不到你，而又想把我的幻想强加到你身上，必然会构成暴力。

严重的单相思就是这种情况。

养孩子要给孩子这种感觉：爸爸妈妈欢迎你把你的动力延伸到我这里。同时父母也会有一些动力，通常是善意、爱意的动力，延伸到你那里。

孩子用什么方式在传递他的动力？并不是那些伟大的东西，而是藏在吃喝拉撒睡玩等各种琐屑的事情中，特别是肌肤接触，眼神接触。

当孩子获得这种基本感觉：父母欢迎他的本能喷涌而出。那孩子就有了茁壮的生命力。

如果父母一直拒绝孩子的动力延伸，甚至也压制孩子在其他事物上的动力延伸，那他们就成了扼杀孩子精神的刽子手——这并非形容，而是事实。

上述做法如果太严重，孩子将可能成为废物。

不过，一般而言，父母就算控制欲再绵密，他们的注意力总有缺口，这个时候孩子就可能由此落荒而逃。

同时，就算父母做得再差，他们也总有接住孩子动力的时候。此外，即便他们对孩子过于野蛮，把他们的动力强行延伸到孩子身上，也可能会让孩子发现自己的意志竟然没被杀死，自己没那么脆弱。由此，孩子有了与外界建立浅关系的学习。虽然这有些恶劣和肤浅，还满是创伤，但你我之间的通道总归还是打开了一些。

所以再强调一下：最可怕的是致命的孤独。如果彻底没人理孩子，那么孩子的体验会是：他的动力被外部世界之化身的"你"彻底拒绝了，于是他什么都伸展不出去，也没有机会学习、接受、处理"你"传来的动力——哪怕这是创伤。这样的孩子会彻底封闭或"死掉"。

一个彻底孤独又活下来的孩子，他是根本无法伸展他的动力的，在他难以意识到的想象中，他是这样想的：我是魔，我的动力即攻击性一伸展，"你"就会毁灭；你也是魔，你的动力一向我伸展，"我"也会毁灭。所以最好是彻底谁也不理谁。

人生的一个定律是：必须保持一定量的社会关系，必须投身于自己热爱的事，这不仅是为了追求所谓的成就，更是在修炼自己的动力，或叫生命力，准确来讲则叫攻击性。

一位来访者形容说，她的内在世界是一块玉米地。然而，她的父母以及家人闯入她的玉米地时会残酷地毁掉一切。同时，他们的玉米地却严重封闭着，不让她进入，若进入只能以奴隶的感觉进入。

你可以问问自己，你内在的田野，通常别人是如何进入的，他们会在那里留下什么；别人的田野，你是否能比较自如地进入，当然，常常是需要征得主人的同意，而后你们就可以在那里舞蹈、歌唱，甚至小小地搞点破坏。

无论如何，不要忘记，每个人都有一片肥沃的内在田野，它经由觉知可以有近乎无限的潜力。

感情寂灭的一代宗师

本节来讲讲王家卫的电影《一代宗师》。

写这部分时，我突然想起一位来访者的故事。他当年有一个疑问，而我们当时都找不到答案，现在觉得终于找到这个答案了。

他先是讲了自己的一个问题：从来不能专注做任何事。例如读书，他的注意力最多只能集中两分钟，然后必然走神。

这是为什么呢？我先是请他沉浸在这种状态里，然后展开自由联想，结果很快找到了一个答案。他感觉自己变成一个很小的孩子，正在非常专注地玩耍，突然一转身，发现妈妈不见了。他号啕大哭，无比恐惧和痛苦。

这个联想真的是一个经典的答案。幼儿时期的孩子的确需要一个这样的养育画面：他在专注地玩耍，而周围有一个可以看得见的抚养者，这个看得见且让他信得过的抚养者就像是一座安全岛，有安全岛在，孩子才能专注地玩耍。孩子有时会和抚养者分享，有时遇到困难则需要找到抚养者，更多时候，抚养者的存在就会让孩子安心。

这还可以理解为安全感与激情这对矛盾的由来，一个人之所以能热情满满地去探索世界，是因为心中有一个内化了的安全岛。

以上都是经典的解释，所以这位来访者的这个联想不难理解，但他讲完这个联想后说：武老师，如果我全神贯注地玩耍，一转身却发现妈妈不在了，这太悲惨了，太悲惨了！

他说的"太悲惨了"到底是什么意思？我们几次探讨过这个话题，但都没有进一步的答案。

用《一代宗师》这部电影也许可以解释这份悲惨感。成为一代宗师，是探索世界的一份极致，然而真的成为一代宗师时，却陷入孤寂，这果真是一种悲惨。

记得我第一次看完《一代宗师》后，陷入一种抑郁的情绪，这种感觉过了好半天才消失。

因为这份抑郁感，让我对王家卫的电影有了更多思考。他的电影看似很有小资情调，其实都是压抑的情感，只是压抑得唯美，压抑得默契。电影中处处弥散着绝望，但绝望都非常感性地用中国元素来表达，这给他的影片增加了一种很独特的味道。

虽然有绝望，但不是彻底的绝望。绝望中还总藏着那么一条细线。这根细线就是王家卫电影中男女主人公对爱情的渴望程度，也是相信的程度。有了这根细线，才更能品出绝望的味道来。

因为把围绕着这条细线的情感和味道表达得如此之好，王家卫的电影成了中国影视作品中现象级的存在。

我能品出这份感觉，并用"细线"来形容，得益于我的一位来访者。她40来岁，说自己每年回家时都会做一件徒劳无功的事情，就是费尽一切力气，把总是在厨房里忙碌的妈妈拉到客厅里来，然而，要么根本没用，要么是妈妈只待一会儿就又回厨房了。

一个春节前，当她再次谈到自己的这一举动时，她说，这次她发誓再也不做这件没有意义的事情了。再说，何苦这样去逼迫妈妈。

可是等回到家后，她发现自己又控制不住地这样做。现在她的方法多了很多，软硬兼施，的确有几次把妈妈拉到了客厅里，但妈妈最多也就待上一会儿，就又去厨房了。

最后一次这样尝试时，是当妈妈走回厨房后，她感到无比难过，深深陷入这份难过中。突然间，她脑海里生出一个画面：她的心中伸出一条细线，像蜘蛛丝一样细、一样弱，红色的，弯弯曲曲，绕过障碍，转到厨房里，和妈妈连到了一起……

这条细弱的红线让她明白，它就是她和妈妈之间的情感联结的程度。它不是完全没有，只是真的很细弱，但它不能断，断了，她觉得自己的心就会死亡。

这也是我前面提到的那位男性来访者所说的"这太悲惨了"的意思。如果专心去玩耍、去做事，一转身发现妈妈不见了，意味着这份联结就彻底断了，这就太悲惨了，而这时的自己会感觉到心的死亡。

关系就是一切，一切都是为了关系。换成我的另一句话就是：自体永远在寻找客体，"我"一直都在寻找"你"。所谓心的死亡，就是这份寻找不在了，你不再去寻找一个完整的爱的对象，转身去寻找对事情的关注，而这是存在本身的一个残缺的表达。

用人性坐标体系来讲就是：你断掉了自己在关系维度上的努力，而彻底停留在自恋、力量和权力维度之中。

王家卫的电影中，那些男男女女一直执着而含蓄地抓着这条细线，可终究再没有前进一步。

其实，也是不想前进，最好就是如章子怡扮演的宫二所说的那样——"就让你我的恩怨像一盘棋一样，保留在那儿"。

就停在那儿，不再前进一步。结果，纵然说"世间所有的相遇，都是久别重逢"，可一次次重逢，硬是没有把爱活出来。

忘记了这条细线的人，成了鄙俗之人，就只是追求自恋维度的东西，不敢追求关系维度的情感，却还以为自己是多么在乎关系的人。

相反，记得这条细线，但又懂得了绝望味道的人，就成了"一代宗师"。不懂的人们，拼命学武，想成为武林高手乃至世界之王。

电影最后，叶问的武馆开张，开拳、比武，弟子们不亦乐乎，唯独叶问安坐着。外面的喧嚣更衬托了叶问的寂寞。能与这寂寞相处了，就进入了化境。

那些吼叫着的小年轻，还有那红着眼睛不断猛攻的对手，他们还试图在这种体力的击打中找到存在的价值。可只有品味到感情寂灭的人才知道，能与这种寂灭在一起，你才真正碰触到了存在。

看《一代宗师》时，我的脑海里老闪烁着一个看似没那么有道理的画面：

《指环王：王者无敌》中，魔眼已毁，弗罗多醒了过来，发现自己已经在故乡夏尔，阿拉贡、甘道夫、金雳等人逐一出现，两个霍比特人兴奋地跳到床上，拥抱弗罗多。

最后，一直与弗罗多生死与共的山姆出现。看到山姆的那一刻，弗罗多仿佛忘记了一切，只是专注地看着山姆，山姆也看着他。他们没有说话，没有行动，却从眼睛、从心，看见了彼此的一切。

从《一代宗师》谈到《指环王》像是无厘头。不过，王家卫的电影如果不是沉到感觉里，也像是无厘头。他的电影玩的是味儿，是感觉，画面的逻辑不在头脑的逻辑中，而是在感觉中。

我想我也一样。弗罗多与山姆对望的那一幕，与叶问和宫二最后对望的那一幕形成了对比。我被王家卫拉到一种寂灭中，但心中却跳出这个画面对我说，这世间还有另外一种味道——那种味道清新、简洁，有力且光明。

这种对比不断地在我心中翻腾，形成一句话：一个人对感情的信心，就是对整个世界的信心。

《指环王》三部曲讲的是如何不被魔眼统治世界，讲的是一个又一个人的英雄之旅。我们看他们拯救世界，其实也是在拯救自己内在对情感的信心。

为何我们的电影中没有《指环王》的那种味道？

美国神话学家约瑟夫·坎贝尔认为，欧洲最伟大的传统不是基督教，也不是古希腊，而是从 12 世纪开始的对爱情的传唱。或许，《指环王》的味道也是从那时开始的，他们的故事中，在拯救世界的同时，从不忘对爱情进行歌颂。

电影《英雄》中却安排了这样的结局：让神仙侠侣主动求死，只是为了维护能带来统一的帝王的面子上的秩序。

爱情与拯救世界成为敌人，最终就是爱情永远为各种各样看似正确的事物让步。所以，我们的爱情故事都是浅尝辄止，只在不断重复的品味中留下一条细线，而这已经够惊天动地了。

《一代宗师》中，叶问和宫二对打，两人的鼻尖在一线间擦过，那一瞬间，世界安静下来，两人之间产生了感情。

轻轻掠过的肌肤之亲，我们称之为含蓄，含蓄是东方之美的精髓。

但看完《一代宗师》，一遍遍地回味王家卫所有电影中的那种味道，我突然明白，所谓含蓄，就是对感情寂灭的美感的表达吧。

表达得再怎么入味儿，骨子里还是无望。

· 第四章 ·

依恋与自恋

依恋的达成

感觉到焦虑失控的时候，就去做做家务。这是一个常见的心理自助方法，虽然听上去像是段子手写的，但其实很有道理，也很有用。

疫情期间，我出去讲课的时候，但凡讲到疫情下的心理调控，我都会说：照顾好你自己的日常生活，保持正常的生活节奏，这会很有用。疫情带来太多焦虑，当焦虑把你淹没时，你就会感到失控，而照顾好自己的日常生活并保持正常的生活节奏，会让你感觉到你的生活在可控的状态中。

不要小看这些看起来很平常的做法。实际上，在婴幼儿时期，吃喝拉撒睡玩能被满足已非常不易，婴幼儿自己是做不到这一点的，必须得到抚养者的良好照顾才行。即便抚养者意识上很愿意照顾好孩子，这里还是有一个难题——婴幼儿的语言能力很差，而婴儿几乎没有语言表达能力，所以太多抚养者不知道孩子在要什么，即便很想去照顾他们也做不到。

然而，当这一点能做到时，婴幼儿就会第一次形成掌控感。

焦虑和掌控感是一对矛盾。从深处讲，所有的焦虑都是死亡焦虑。比如疫情期间我们如此焦虑，就是担心疫情带来的死亡和破坏波及自己。掌控感则是自己的各种生命动力基本都伸展出来，这些动力可以活在这个世界上，"我"可以存活在这个世界上。

成年人可以照顾好自己，从而获得对日常生活的掌控感；婴幼儿则需要抚养者的照顾。从这一点上看，成年人有巨大的优势。

但是，与成年人相比，婴幼儿其实也有他们的一个巨大优势。在通过抚养者的照顾实现对生活的基本掌控时，婴幼儿也可以借此实现对抚养者的依恋。

"依恋"这个词，我也不想给出学术性的定义，因为我觉得它一目了然。相信大家也对依恋有了不少了解。

一个人会在童年时形成自己的依恋模式，这个模式会延伸到成年，特别会体现在一个人的情感关系中。

儿童的依恋模式分为四种：安全型依恋、回避型依恋、矛盾型依恋和紊乱型依恋。

想象一下，幼儿园放学了，妈妈们去接孩子，你会观察到孩子的三种反应模式：

一看到妈妈，就会放下手里的事情开心地跑过去，扑在妈妈怀里，毫无顾虑地、热情地抱住妈妈。这是安全型依恋；

看到妈妈后，继续做自己手里的事情，对妈妈有点冷漠。这是回避型依恋；

看到妈妈时，表现得有些矛盾，一会儿偷偷看看妈妈，一会儿又继续做自己的事情。这是矛盾型依恋。

所谓紊乱型依恋，就是孩子没形成稳定的依恋模式，会在三种依恋模式中无规律地换来换去。

就心理健康程度而言，自然是安全型依恋最好，紊乱型依恋最糟糕，回避型依恋和矛盾型依恋纵然有一定的问题，但形成了一个相对稳定的风格，可以让一个人的自我处在基本可控之中。

安全型依恋怎样才可以形成？有以下几个条件：

1. 自己的动力能延伸到对方那里；

2. 愿意在对方面前放下自恋，也就是愿意处于自恋的低位；

3. 处在低位时不是因为被征服，而是因为信任对方是爱自己的，对自己是有基本善意的。

在婴幼儿时期，让孩子形成安全型依恋比较简单，只要抚养者能把孩子照顾好就可以了，但成年人就不同了。我们可以比较一下。

首先，婴幼儿自己照顾不了自己，必须被照顾，所以他们天然地需要把动力伸展出去，不然就无法生存。

但是，一个正常的成年人，有能力照顾好自己，并且他还可以缩减自己的需求，压制自己的情感，把生命动力憋在自己的内在世界里，不伸展出去。

其次，婴幼儿纵然还处在严重的全能自恋中，觉得自己是神，但等他们具备基本正常的感知后，就会看到自己根本不是神，自己虚弱至极，这时自恋会受到巨大打击。但是他们会把全能自恋投射出去，将那个能把自己照顾好的抚养者，比如妈妈，视为全能的神。

如果这个神是善意的，那么人在善意的神面前低下头，处在自恋的低位，就不会有严重的羞耻感了。相反，如果这个神是恶意的、敌意的，就是在和自己玩权力游戏，并且一定要占据自恋的高位。那么，孩子也可以被征服，从而表现得愿意处在自恋的低位，但这是屈从，不会让孩子形成依恋，依恋是"我"主动、自愿地依靠"你"、信赖"你"。

到了成年人这儿，虽然成年人有了相对正常的自我感知，不容易处在严重的全能自恋中了，但成年人的自恋更难放下了，原因也显而易见——自己能照顾自己，那么我凭什么向你低头？

并且，如果一个成年人的内心世界中有太多黑暗，也很容易把这份黑暗投射出去，觉得外部世界是不可信任的，哪怕在最亲近的恋人或亲人之间，也觉得低头像是在向魔鬼认输，从而感觉到极度的羞耻。

有些人，即便在亲密关系中也要永远都是自己说了算，时时刻刻要抢占关系的制高点，于是，他们在亲密关系中也主要是在玩自恋维度的游戏。这样下去，也许终其一生都不知道情感为何物。

说到低头，如果你养宠物，很容易看到宠物是怎么用"低头"来表达依恋的。如果你养猫，猫过来找你亲近，它们一个常见的动作就是把头低下来去拱你，让你摸摸。

这么多年来，我的思考和认识越来越多，而在依恋这个问题上，也越来越返璞归真，又回到"照顾好彼此的需求"这么简单的事情上了。

对婴幼儿而言，当被养育者照顾得很好时，这不仅意味着物质性的需求得到满足，也借助这一点让他们感知到自己的各种动力可以伸展出去，并因此形成对养育者情感上的依恋。

在成年人的身上，一样可以借鉴这一点。在重要的关系中，不要鄙视自己和对方的物质性或生理性需求，试着去照顾好自己，照顾好对方，然后你们会看到，你们的精神性的情感关系，在这种物质性的彼此照顾中变得越来越深厚。

特别重要的一点是，在成年人的关系中，在彼此照顾需求这一点上得是相互的，如果变成一方照顾另一方，形成了一种稳定的风格，那就变成了圣母和巨婴的关系，很容易出问题。所以，你也得问问自己，在情感关系中，你的基本需求得到满足了吗？

还有，能表达依恋是构建情感关系的基本点，而被依恋也会带来满满的幸福感。很多人爱养宠物，一个重要原因就是宠物在表达依恋上要比人类直接、自然很多。

有一次，我打车时和一位司机聊天。他也才 30 来岁的样子，但已经有了 3个孩子，妻子做着收入很低的工作，这就意味着整个家庭主要靠他一个人的收入支撑。

我问他累不累，他说累。但接着又说，你知不知道，当你回到家，被孩子冲过来抱住的感觉有多好？那一刻，所有的疲惫感都会瞬间消失，你会真心觉得这一切都是值得的。

鲁米有一段很美的诗句：

让自己成为一个不名誉的人，
饮下你所有的激情。
闭起眼睛，以第三只眼睛观物，
伸出双臂，要是你希望被拥抱的话。

当人变得越来越蜷缩，最终都不敢伸出双臂寻求拥抱了，这真是一种可悲的长大，然而这种长大又太常见了。

所以我们要珍惜孩子身上的这种追寻，他们天然能张开双臂寻求拥抱，这种对依恋的渴求并不只是虚弱与依赖，也是信任和爱。

关系越深厚，情感联结越深，人也越容易得到疗愈。相反，太孤独的人，容易有无法疗愈的疲惫。疲惫时，他们想到的办法是休息，并且要孤独地、不被打搅地休息。然而，他们会发现这种休息好像没有用。

因为太孤独的人，不管你头脑上如何努力，在体验上你都是在追求自恋维度的东西。就像是攀岩，到了高峰你会恐惧跌落，到了低谷你会有羞耻感。总之，怎样都不对，难以得到放松和休息。

情感才是像大地一样具有宽厚的治愈能力的东西，你的情感进入得越深，就越容易体验到这份疗愈。

自体客体与客体使用

依恋的达成，是一个人的心灵成长史上了不起的大事，因为这意味着一个人的心灵从只有一个自恋维度，发展到同时拥有自恋维度和关系维度，他的心灵可以向两个维度展开，于是一个人的心智空间就被撑开了。

"依恋"这个词很普通，前文表达得也不晦涩，相信大家应该觉得不难理解。

现在我用比较晦涩的术语继续讲解，所谓依恋的达成是怎么回事。

这个术语就是"自体客体"。自体客体是科胡特提出的一个重要概念，他认为，最初人都活在自恋之中，而要借助自体客体这个东西把活力伸展出去，从而从孤独自恋的状态进入关系。

什么是自体客体呢？这就要先讲讲自体和客体。所谓自体，就是 self，可以直译为"自我"；所谓客体，就是 object，也可以理解为"他者"。你还可以直观地理解为：在每个人的世界里，只有一个自体，即自己，而万事万物都是客体。

自体是自我，客体是他者，而自体客体是这样一种存在：它明明是客体，但被"我"感知为像是我自身的一部分，所以叫"自体客体"。

我认为一个人的心灵还可以分为这样三个层级：一元世界、二元世界和三元世界。

一元世界，就是一个人只能感知到这世界上只有一个中心，即自己；二元世界，就是一个人能感知到在关系中有了两个中心，其他人和自己是同样平等的存在。

一元世界是一个人感知到"我"是好的；二元世界是一个人感知到"我"和"你"都是好的，但我和你之外的"他"是坏的；三元世界，则是一个人感知到"我""你"和"他"都是好的。

婴儿最初是活在彻底的一元世界之中，他们觉得"我就是你，你就是我；我就是万物，万物都是我；我和整个世界浑然一体，世上只有一个中心——'我'"。

这很容易陷入孤独的想象之中，而要走出这份自恋，婴儿需要把"我"延伸到抚养者那里，要做到这一点，就需要抚养者成为婴儿的自体客体。即，婴儿觉得抚养者——特别是妈妈，就是自身的一部分。

"我"一动念头，作为抚养者的"你"就会满足我，这时我会觉得我们是合一的。但其实是："你"是"我"自身的一部分，"你"在"我"之内。

这是一种想象，但通过这个想象，婴儿就把自己的动力伸展了出去。

要做到这一点，抚养者得愿意去倾听婴儿的声音，及时回应婴儿，把婴儿照顾好。

通过回应和照顾孩子，抚养者成为孩子的自体客体，于是，孩子最初活在这样一份错觉中——我和你是一体的。

后来，随着认知的发展，孩子逐渐认识到，原来你是你，我是我，我们是两个独立的个体，但我们之间可以建立起联系，我不是孤独一人活在这个世界上的。

实际上，不只是孩子与母亲之间的关系是这样，成年人的情感世界也是这样的。两个巨婴谈恋爱时，不能总是因为把对方视为巨婴而给予无情批评，这样的话，关系永远建立不起来。相反，需要彼此谅解，向对方伸展动力，并相互满足，这样才能建立起两个巨婴之间的情感关系，然后心灵通过滋养而成长。

自体客体这个概念后来不断发展，逐渐变成——任何能让你延伸自我的客体都是自体客体。

在家庭中，这也导致了一种亲子关系的倒置。本来应该是强大的父母去做孩子的自体客体，帮助弱小的孩子伸展自我，但当父母的心灵基本停留在自恋维度时，那很容易变成——父母把孩子变成了自己的自体客体，通过让孩子听自己的话，而感觉自己把生命动力伸展了出去。

很多父母不接受与已经成年的孩子的分离，说自己太爱孩子了，但其实深层原因是：他们在其他关系中的自我是蜷缩的、憋屈的，而在和孩子的关系中，却可以把自我伸展出去，这让他们在一定程度上走出了孤独。

同时，如果他们把关系主要感知为自恋维度的权力关系，那也意味着，他们在家庭以外不容易占据自恋维度的高位，在孩子这里却可以做到这一点。因此，他们更加离不开孩子了。

"自体客体"这个词可能还是会让一些朋友感到拗口，那可以使用另一个简单的术语——"客体使用"。即，作为父母，作为抚养者，要允许孩子"使用"自己。孩子通过使用抚养者这个最重要的客体而伸展自己的自我。

孩子最初会觉得，父母是整个世界，所以，当父母允许孩子"使用"自己时，会让孩子在生命最初就形成一份基本感知——"我可以自由地使用这个世界"。

你可以在社交场合看到，有些人自在、自如，这意味着他们在自由地伸展着自己，同时能自由地使用别人。相反，你会看到另一些人，他们过度客气，手脚像是被绑住了，甚至像被捂住了嘴巴一样，说话吞吞吐吐，这意味着他们在伸展自体和使用客体时都有困难。

我的来访者中多位是回避型人格，大致可以理解为——他们是严重的回避型依恋。在咨询过程中听他们讲自己的情感故事时，我有一次感叹道："他们的情感表达，只能抵达距离自己胸口一厘米远的位置。"

当孩子能开口讲话时，事情会变得容易一些，只需要父母配合孩子、满足孩子就可以了。

不过这一点往往也不容易做到。对于很多父母而言，如果自己小时候活在严重的匮乏中，不知道被爱、被照顾好是什么滋味，那么即便他们意识上想对孩子好，感受上仍然容易停留在自恋维度上。

例如，我的一位来访者读过我几乎所有的文章，知道孩子吐奶有时是在表达对妈妈的愤怒，但是，当她发现女儿在使劲吐奶时，仍然怒不可遏。她觉得自己的心血被糟蹋了，而且觉得女儿是在故意挑战自己。她很想做一个好妈妈，但在强烈愤怒的驱动下，还是攻击了女儿。

做父母的必然会犯一些错误，但只要愿意照顾好孩子，愿意被孩子合理使用，那这些都是可以理解的。

那不会讲话的婴儿该怎么办？抚养者怎么能读懂婴儿发出的呼声呢？

在这一点上，妈妈有天然的优势。我在社交媒体上做过相关调查，结果有很多妈妈说，孩子出生后，他们的哭声是什么意思，自己清清楚楚，就是天然地知道，就像是妈妈的本能一样。

这一点，温尼克特称之为"原始母爱灌注"。不过，他认为，这一般也就持续几周或几个月时间，他甚至把这个称为"病态的"，不过并不是说这不好，而是认为这是一种非常特别的状态，不是所有母亲都会有，而且持续时间也短。

我在社交媒体上的调查中发现，这一点和哺乳联系在一起。很多妈妈说，在她们给孩子哺乳期间，这种心灵感应比一般的联结明显强很多，而一断奶，这份联结就奇迹般地消失了。

人容易去寻求高度精神化的东西，而且认为越是摆脱了俗物就越可贵，但太多事情显示，高度精神性、情感性的东西的产生，恰恰是和物质、生理性的东西联系在一起的。

因为母子本来就是一体的——孩子最初都在妈妈的肚子里，加上还有哺乳等行为，所以母子间更容易达成联结，母亲更容易成为孩子的自体客体。

不过，并不是只有母亲才能做到这一点，其他抚养者也可以做到，只是难度要大一些。办法说起来也很简单，就是全神贯注。当抚养者全神贯注地照顾婴儿，和婴儿互动时，你会发现，你读懂婴儿的能力强了很多。有时是生活经验的总结，有时则像是有了心灵感应一般。

科技或许也能发挥作用。曾有一个合作方跟我说他们在生产一种智能音响，能分辨孩子的哭声是什么意思，并且说孩子的哭声表达的无非就是四五个意思，他们的大数据和人工智能能识别出来。

如果智能音响能做到这一点，那就太厉害了，绝对会大受欢迎。不过，目前我还没听说有这么神奇的音响热销。

最后我想说的是，"自体客体"和"客体使用"这两个术语，也许可以用到作为成年人的你的身上。如果你发现自己活得太不自在了，好像总是收拢着手脚似的，那么试试去寻找你的自体客体——也就是愿意配合你、满足你的人。

溺爱的幌子

"溺爱"是一个常见的词汇，然而，认清这个常见词汇中的逻辑并不容易。接下来，说说我对这个词，或者这个说法的认识上的转变。

2005 年，我刚开始在《广州日报》主持心理专栏时，对于溺爱的认识和大众没什么两样，认为太溺爱孩子真的会导致孩子出问题。

那时，我将溺爱分成两个类别——包办型溺爱和放纵型溺爱。所谓包办型溺爱，就是抚养者替孩子做各种事情，包括替孩子做选择，甚至把自己的意愿强加在孩子身上；所谓放纵型溺爱，就是把孩子当作"小皇帝"来养，无条件地纵容孩子。

在我心里，包办型溺爱是把控制当成了爱，其实孩子苦不堪言。至于放纵型溺爱，我认为才是所谓的溺爱，就是什么都随孩子的意，而且容易过度满足孩子欲求。

逻辑上像是这么回事。

但是，随着时间的推移，我发现越来越多的父母使用"溺爱"的说法，实在是没有说服力，于是开始对这一点产生了怀疑。

例如，我的一位朋友，在她的童年时期，父亲缺位，母亲常歇斯底里地辱骂她，可以说那时的她像是生活在地狱里。然而，等见到她的父亲时，说起女儿，这位严重缺席的父亲竟然非常自在、坦然地说：我们是大老粗，不会教育闺女，我们的方式就是宠她、溺爱她。

这位父亲说得如此坦荡自然，我认为他是真觉得他们给了女儿太多的宠溺。可是，他严重缺席，妻子对女儿的各种病态管教，这也能叫"溺爱"？

之后，我在咨询、生活和新闻中见到太多父母随意地使用"我就是太溺爱孩子"的说法，其中很多案例简直就是荒谬。

例如，深圳的一个女孩，才十一二岁就要承担起带弟弟妹妹的责任，父母因此不让她上学读书，她在家里是一个超级保姆的角色。当记者去她家里采访时，女孩正在做家务。

可以说，女孩活在严重的匮乏之中，不仅谈不上爱，还遭遇了父母无情的剥削和利用。但面对记者，女孩的母亲竟然说：我们就是太溺爱她了。

这样说简直无耻，看着这一幕，我把过去很多案例串在一起，突然明白：所谓溺爱，就是个谎言吧。

当孩子出了问题，有时是小孩子，有时已经成年，面对这种情况，孩子的父母会说：我们就是太溺爱他了。"溺爱"常会在这种场合被使用。

这些家长的意思是我们的孩子之所以出问题，不是因为我们对他不好，而是我们对他太好了。这是我们的不对，孩子天性不好，我们该好好管教才对，可没做到，我们只会宠溺孩子。

这种逻辑是一种脱责——你看我们对他这么好，好得都过分了，他竟然还出了问题，这不就是他天性太坏吗？哎呀，我们愚笨，对孩子也心软，狠不下心来管教孩子，才让他没发展好。这话说得就好像是很多父母知道怎么对孩子好似的。

另外一个关于溺爱的说法常出现在以下场合。

一些年轻的妈妈学了心理学后，开始对幼小的孩子采用爱和自由的养育方式，特别是对于婴儿，试着去做到及时回应和基本满足。

但是，当她们这样做时，周围人竟然一致批评说：你对孩子太溺爱了，会把孩子宠坏的。

给予婴儿及时回应和基本满足，是把婴儿养育好的基本条件，这就被当作"溺爱"了？

由此可以推论，太多父母和老人，他们心中认为对孩子"正常的爱"，实际上是"匮乏的爱"，甚至是"严重匮乏的爱"。

相反，我身边有一些真的可以称得上溺爱的故事。这些故事中，我都觉得孩子得到的爱实在是太多太多了，但结果显示，这些孩子发展得非常好，没有被宠坏，相反他们成了人格高度成熟的人。

例如我的好友孙博，我在很多地方讲过她的故事。她是白日梦旅行公司的创始人，做事天马行空，极富想象力和冲劲儿。听上去，你可能会觉得她是一个为所欲为的"坏女孩"，而事实上她温柔至极，人性化程度极高。

她童年时绝对是在溺爱中长大的。她的父母是知识分子，是各自领域的第一流专家，工作都很忙，所以她和许多中国孩子一样，跟着奶奶长大。

有一件事可以展示出她是怎么被宠溺的。读幼儿园时，她精力旺盛，中午不睡觉，幼儿园老师管不了她，于是跟她奶奶说你得解决这件事。

她的奶奶真的解决了这件事。她是怎么解决的呢？她是北京著名的医生，但竟然为此从医院辞职，到孙女所在的幼儿园当了一名校医。这样一来，中午孙女就可以在她的办公室玩，不用睡午觉。

在孙博的记忆中，这是奶奶对她的一贯方式。她几乎不记得奶奶什么时候否定过她的意志或把自己的意志强加在她身上。

说实话，这件事直到现在我都觉得没必要这样做，实在太过头了，确实是溺爱。

但事情还没结束。后来，奶奶发现这家幼儿园的教育方式不对，于是她开了一家幼儿园。孙博特别爱和小朋友分享零食和玩具，奶奶干脆就在自己家幼儿园里开了一个小卖部，但主要就是供孙女来玩的。

这些都是赤裸裸的溺爱，但这并没有把孙博宠成一个为所欲为、无法无天、只有自己没有别人的人。

为什么会这样？因为当奶奶这样宠溺孙博的时候，帮助孙博完成了从自恋到依恋的过程，由此心灵从一元世界进入了二元世界，也因此实现了原始的生命动力的人性化。

用通俗的语言讲就是，孙博爱上了奶奶，也由此爱上了整个世界，也把她和奶奶的关系模式展现在了她人生的各个地方。

不过，我也想说，作为抚养者也不能太为难自己。对于孙博奶奶而言，她的心灵强大到了这种地步，所以她是心甘情愿这样照顾孙女的，她也乐在其中。如果你的内心是匮乏的，你这样做就可能会太为难自己，从而产生怨气，并把怨气宣泄给孩子。

但我们得知道怎样才叫宠溺孩子，而不是把非常正常的及时回应和基本照顾好孩子视为"过头的爱"。

我还知道不少类似的故事，都是国外家庭的。例如，有孩子想要一个冰雪屋，然后她的爸爸就花了很长时间给孩子弄了一个冰雪屋；有孩子想要一个游乐场，一个爷爷就在自己家后院给孩子做了一个相当复杂的游乐场。

在力所能及的范围内满足孩子，而且心甘情愿，不是苦哈哈的，这样可以滋养孩子伸展自我，而不是相反的结果。

最后再讲一个故事，也是一个曾经的热点事件。

江西男子张玉环蒙冤入狱 26 年。他出狱后，他的前妻宋小女在接受记者采访时说了很动情的话，打动了无数人。她对记者说"他欠我一个拥抱"，说这些话时她的眼睛闪闪发光。虽然脸上写满了沧桑，但眼中的光彩和神情中的热情与活力，让她显得非常不同。

很多人说，宋小女不该抢戏，大家的关注点也不对，难道不是张玉环更该被关注吗？难道不该关注追责吗，怎么都去关注"感情大戏"了？

蒙冤昭雪的人很多，但不是每个人都会成为现象级的热点，宋小女之所以赢得这么多关注，是因为她的确是我们社会中少有的人。张玉环被冤枉杀了两个孩子，因此入狱 26 年，这件事不仅破坏了他的人生，也给周围人带来巨大的冲击。但我们看到，宋小女在这些冲击中没有被摧毁，她一直非常坚韧地活着。

媒体对宋小女产生了好奇，想知道她为什么会成为这样一个人。结果，在挖掘她的故事时发现，她是得到了双重宠溺的女人。她在原生家庭里年纪最小，上面有六个哥哥姐姐，而且她体弱多病，医生建议父母多宠爱她，一家人也都这么做了。等她嫁给张玉环后，老公一样宠她，比如不让她在地里干活，当她说自己胖了，丈夫会不声不响给她买几件漂亮衣服。

溺爱逻辑的意思是，你不能给孩子太多爱，否则孩子会长歪变坏，但宋小女和孙博一样，原生家庭和婚后家庭的宠溺并没有把她们变成一个脆弱的、自私自利的人。相反，当遭遇巨大灾难后，她显示出强大的生命韧劲。

阿德勒说：幸运的人一生都被童年治愈，不幸的人一生都在治愈童年。宋小女就是那个"一生都被童年治愈"的人。

我在咨询中也发现，一些人之所以无比敏感，一点小挫败就可以让他们整个人立即陷入痛苦，是因为他们心中像是被黑暗充满了。这时，一个小挫败就像一个新闯入的黑暗，迅速融入已有的巨大黑暗中，再一次让他们失去对人性、对自己的信心。

当他们中的一些人开始真正改变时，你会发现，不是因为认识的改变，而是因为他们心中终于能住进一些爱了。这些爱就是光明。当这份爱的光明终于能在他们心中基本稳定地扎下根时，哪怕还很微弱，也已经可以给他们带来根本性的改变了。

所以，不要惧怕去爱，特别是对孩子的爱，那真是"一本万利"的事情。当孩子在童年得到了爱和基本满足，将会是他们一生取之不竭、用之不尽的财富。

关系的本质

接下来我们继续谈谈焦虑。前面我已多次讲过，在我看来，焦虑的背后都是死亡焦虑。那为什么本节要叫"关系的本质"？这是源自精神分析大师比昂的一个说法：关系的本质，是谁制造焦虑，谁容纳焦虑。

先讲两个故事吧。

在广东省某市，一位高考毕业生伪造了一份清华大学的录取通知书，告诉父母自己考上清华了。父母开心至极，放鞭炮，大摆宴席，据说花了几万元。后来事情才穿帮，讽刺的是，男孩的高考分数很低，英语只考了 23 分，总分只有 200 多分。

另一个是我以前看到的一则新闻。黑龙江省某市的一个 9 岁男孩，以前总考满分，后来有一次考了 99 分，羞愧难当，分两次往自己肚子里扎了四根针。

这两件事，相信现在大家都明白和全能自恋有关。第二件事中，这位 9 岁的男孩认为自己是完美的，应该考满分，当考了 99 分时，他就产生了全能暴怒，并且针对自己，因此想毁掉自己。

第一件事中，这位高考考生现实中不能满足自己的全能期待，干脆就伪造了录取通知书，并且他高中三年一直在伪造成绩，所以父母才那么容易被骗。但是，通过父母放鞭炮、大摆宴席的举动来看，父母也是非常期待孩子能这么优秀。这份期待太强，以至于无法看到孩子的真实情况。否则，孩子编造了三年的成绩，按说早就露馅儿了。

受全能自恋的支配，人们天生会追求卓越甚至完美，这时就产生了一个问题：失败时怎么办？

焦虑，可以理解为对未来可能发生的挫败的担心。可是，我为什么老说焦虑都是死亡焦虑呢？

因为在绝对的全能自恋心理的支配下，一个人在自恋维度上的感知只有最高分和最低分这两个，要么完美，要么什么都不是。当一个人从自恋维度的最高位跌下来时，不知道自己会跌到什么样的低谷中。这时很容易感知为，那将是一个恐怖的无底深渊，而且深渊中有魔鬼、有死神要吞噬自己。

这样的解释也许看起来有点玄，那我们可以简单理解为：一个人的全能自恋破碎时，就产生了全能暴怒，要么想彻底毁灭外界，要么转过来想毁灭自己，或者干脆毁灭一切。

这种时候，人很需要在一个可靠的关系中，由另一个人说：没事，挫败是可以发生的。

当然事情不会像这句话这么简单，因为人在全能暴怒的支配下，会产生强烈的情绪。这时，如果关系一直都在，那么一个人就会感知到，哪怕是非常强烈、可怕的情绪，实际上也是可以消解的，既没有摧毁"我"，也没有摧毁"你"。由此一来，这份情绪中的生命力也就得到了转化。

我试着从逻辑上把这件事讲深一点。

全能自恋是和孤独联系在一起的，当一个人绝对地陷入全能自恋时，他就是活在一元世界中，这时世界只能有一个中心——"我"。

挫败的产生，会让"我"感知到，有一个充满敌意力量的"他"出现了。可是世界只能是一元的，要么是"他"灭掉"我"，而成为这个唯一的中心；要么是"我"灭掉"他"，而继续是世界的中心。于是，一点挫败就会导致你死我活级别的冲突。

所以，焦虑背后都是死亡焦虑，也是这个意思。

任何关系，都至少是二元或三元的。意识上，正常人都知道世界上当然不是只有自己一个人是中心，但在体验上，很多人感知不到这一点。

这时关系的存续就很重要。当关系能"兜"住自己，其实就是——尽管我产生了如此暴烈的情绪，可是"你"仍然存在，"我"也仍然存在。于是，一个人就会感知到世界并非只有"我"，而是"你我并存"。

我们再说说"攻击性"这个词，这是精神分析的核心概念。常有人说这个词该换成"生命力"。在相当程度上，攻击性等同于生命力，当然，二者还是有所不同的。生命力更中性，而攻击性还是有偏黑暗一点的表达，但必须是这样的表达，才能更好地理解人性。

攻击性表达时，需要经历两个阶段：

1. 恐惧阶段。当自己弱小时，担心攻击性一表达就会被灭掉，于是会表现得很顺从，比如太懂事。

一个孩子早早就懂事了，可能意味着他惧怕做自己，惧怕表达他的攻击性，因为恐惧被灭掉。如果你懂事了一辈子，你必须得反思一下，也许根本上是因为你有点虚弱，你担心被灭掉，所以蜷缩着活着。

2. 内疚阶段。当自己强大了，"我"基本上可以存在于这个世界了，这时就会担心表达攻击性会导致所爱的人受伤害，会因此产生内疚。为了避免内疚也不敢去表达。

精神分析大家克莱因对此有非凡的阐述，她有一句经典的表达是：

孩子需要这种感觉：母亲可以在他的攻击性中得以存活。

这句话我最初看到时，觉得实在难以理解，这太夸张了吧？！但在我做咨询和我接受咨询的过程中，对这一点的认识越来越深，觉得的确是这样。

简单来说，就是当孩子表达攻击性时，他既没有被报复而引发恐惧，也没有伤害到母亲而引发内疚。

相反，他还看到他的攻击性被容纳了，同时产生了与母亲的联结，关系的深度还增加了。于是，攻击性被祝福了，由此变成人性化的生命力，或者叫活力。

这是比较理想的状态，当然，也有不够理想的状态。例如，孩子的攻击性是带着一些破坏性的，但因为他一直赢，所以也获得了攻击性被允许的感觉。他们的攻击性具有反人性、反社会的性质，但其中不少人学会了复杂的手腕，而不是一味地表达攻击性。或者说，他们带着破坏性的攻击性的表达，是有利于自己的目的的，目的实现后就会停下来。

最糟糕的是恶性自恋。即，表达破坏性只是为了捍卫自恋，而没有任何现实意义上的好处。这时候，他们很容易去伤害别人，也因此难以拥有正常关系从而在社会上立足，容易一事无成。

作为成年人，如果你的攻击性一直处于严重压抑状态，那么一旦表达，不管你是否意识到，你的内在会容易同时体验到双重矛盾：

1.恐惧被报复，潜意识深处是担心被灭掉，即被杀死；

2.担心伤害到别人，特别是所爱的人，这个"所爱"的人，在成年人的世界里可以延伸为你一直"认同"的人和圈子。

一个成年人，如果能真切体验到他在表达自己的攻击性时既不必担心会被杀死，也不必担心自己会杀死所爱的人，也就是说——"我"存在，"你"也存在，"我"和"你"都在攻击性的表达和流动中得以幸存。不仅如此，这份流动还给彼此带来了愉悦，两个人的关系也由此加深。这样一来，一个成年人的攻击性也就得到了祝福。

不过我必须提醒一下，作为成年人，你不能把破坏性情绪变成强烈的破坏性行为。成年人和婴幼儿不同，婴幼儿力量太弱，所以不管情绪多暴烈，甚至就算发起了攻击性行为，也难以产生破坏性的结果。但是，成年人一旦把破坏性情绪变成破坏性行为，就很容易导致破坏性结果，于是事情就会变得不可收拾。

我之所以这样提醒，是因为很多人听到这样的逻辑，就很希望能在重要的关系中肆无忌惮地表达破坏性情绪和破坏性行为，而期待着对方能在这种时候容纳自己，这很容易导致破坏性的结果。

一切都是一切的隐喻。我喜欢这个说法，我认为可以这样来理解：对于每个人而言，一个人的内在世界就是"我"，而整个外在世界就是"你"，每个人都在去感知"我"和"你"的关系是怎样的。

这是一个很大的说法，而更具体的则是一个又一个的二元关系。在这些由两个人组成的关系中，人会去渴求这样一个基本感觉："我"攻击性的表达，增强了关系的联结，还给"你"带来了愉悦。例如，性爱就是这样一种表达。

如果婴幼儿时期没有达成依恋，成年后再去实现这一点并不容易。太多活在一元世界中的人会觉得，要么得在关系中不管"你"，要么得在关系中牺牲"我"，总之，"你""我"的意志不能并存。当你这样想时，就是因为你的心灵卡在一元世界中，所以你的思考和感知也都是一元世界的逻辑。

但是试着在关系中允许"你""我"同时存在，允许"你""我"都表达自己的攻击性，表达自己的意志，当你体验到"你""我"可以并存时，会是非常具有疗愈性的。

如果你躲在孤独中，那这一切都不会发生。

容器功能

关于"关系的本质"，我们可以用常见的例子来阐释。很多人有严重的考试焦虑，如果你深入了解就会发现，有过度考试焦虑的人常常承载了别人的焦虑，如父母的焦虑。

当父母向孩子传递了太多焦虑，不管他们意识上的想法是什么，都意味着亲子关系存在一定程度的倒置。本来应该是强大的人去容纳弱小的人的焦虑，但亲子关系的倒置意味着，父母作为强大的人，向孩子传递了太多焦虑，期待孩子去容纳、化解自己的焦虑。

我在很多方面也承载着父母的焦虑，不过在考试上，我历来都有"大心脏"，每逢重要考试，如小升初、中考和高考，我都是超水平发挥。因为在这件事上，我的父母没有向我传递任何焦虑。

我们家在农村，家里很穷，我的学习成绩又一直很好，如果放到别的家庭，难免会听到"我们家就靠你了""你是我们家的希望"等类似说法，但是我父母从来不会这么说。这让我在考试时不必承载他们的焦虑，只是承载着自己的焦虑，这就是正常的焦虑。正常的焦虑会让人有适度的兴奋，从而可以保持一种高水平应对状态，这是我面对考试时"大心脏"的由来。

我在什么地方承载着父母的焦虑呢？主要就是孝道。他们本来是老好人，也绝对称得上孝顺，却招致来自我爷爷奶奶加上家族乃至村委会的力量的攻击和抹黑，说他们是不肖子孙。这带给他们巨大的创伤，是他们承载不了的焦虑。他们有意无意地把这份焦虑传递给我，而我算是为他们正了名——我干脆就把孝道从逻辑上给瓦解了。

过度的焦虑是有毒的焦虑。既然焦虑背后都是死亡焦虑，那过度的焦虑其实意味着这是危及了肉体生命或精神生命的"毒"，而好的关系中会有这样一个功能——去毒化。

即，你向我传递了一份高浓度毒性的焦虑，我接住了它，容纳并化解了一部分焦虑，然后还给你一份低浓度毒性的，甚至无毒的信息。

放到我的家庭中，被抹黑为不肖子孙这件事成了高浓度毒性的信息，超出了父母的承受能力，他们当年都有了严重的自杀倾向。这份信息传到我这儿，而我解构了孝道，减轻了父母乃至整个家庭的毒性。

至于在学习和考试上，我之所以能有这个"大心脏"，除了父母没有给我制造焦虑外，他们应该也做了去毒化处理。在一些体验性的练习中，我深深地发现，在我父母那里，他们对我有一部分无条件的爱，"不管你怎样，我们都爱你"。实际上我的学习生涯中常出现剧烈动荡，上次还是前几名甚至第一名，下次考试就可能会掉入中间地带，但我很少陷入严重焦虑，可能就是因为背后有这样一份无条件的爱。

用上一节的逻辑来诠释，无条件的爱就意味着，无论你怎样，我和你的关系都在，我对你的爱都在。

比昂是一个非常喜欢数学公式的理论家，他提出了这样一份逻辑：

1. 不能忍受的情感是贝塔（β）元素；

2.能够忍受的情感是阿尔法（α）元素；

3.能把贝塔元素变成阿尔法元素的就是阿尔法功能。

什么是"不能忍受的情感"呢？我觉得主要就是那些充满破坏性的人性黑暗的部分，或者说是我们心灵中想制造死亡的部分。

上一节我们谈到，在伸展攻击性时，我们会有两种担心：恐惧，即恐惧一表达攻击性就会被报复、被惩罚乃至被灭掉；内疚，即担心一表达攻击性就会伤害甚至杀死所爱的人。

例如，一位时时刻刻处在暴怒中的男士，看到别人有任何胜过自己的优点他都想占有，同时会觉得自卑，然后怒火中烧。同时，他也不敢表达自己的暴怒，因为他担心，他一表达暴怒，必定遭到别人的报复。

最初，他刚找我做咨询时，他认为他担心的这个黑暗链条时时刻刻都在发生着。别人让他不高兴了，于是他有了暴怒。其实他极少表达怒气，但他觉得别人发现了他的暴怒就会厌恶他，并且必定会不留情地还击。他觉得有一些迹象证明了这一点，接着他更加暴怒……

实际上，别人极少留意到他在生气，因此更不会有报复的行为。并且就算别人知道了他在生气，其中不少人因为人格比较成熟，是可以容纳甚至化解他的一些愤怒的。

我作为旁观者，这些部分看得很清楚，知道这是他的自恋想象与外在现实出现了偏差。不过，我一开始给他解释时他是不接受的，他认为自己对周围世界的感知是真实的。

后来他才明白，人和人是不一样的。他很容易暴怒，并且想无情地惩罚、报复任何冒犯自己的人，然而其他人大多和他不一样。当他觉得别人一被攻击就必然会无情报复时，这是一个地道的投射，是他把内在的自己投射到了周围所有人身上。

我们花了相当长时间去探讨这个部分，这个探讨过程就可以视为一个阿尔法功能的过程。他内心那些不能忍受的、难以言说的、有剧毒的情感，经过这样的过程，毒性变得越来越弱了。

比起全能暴怒，更要去理解的是他极少表达出暴怒来，因为他担心一表达就会被灭掉。他的自我还处在没有诞生的状态，所以，一方面要去理解他这充满敌意的想象，同时鼓励他在现实中去表达一些暴怒，也包括在和我的关系里，这样他会发现，他是可以这样做的，他不用担心会被消灭。

至于内疚，我也讲一个有些极端的例子。

一位女士，她极其孤独，从小到大都没什么朋友。小学时，她和一个女孩交往越来越多，就要成为不错的朋友了，然后发生一件事，她一直印象深刻，理解不了自己为什么会这样。

当时，她有一块自己很喜欢的小石头，她越来越喜欢这位朋友，于是把这块小石头送给了朋友。但接下来几天，她一直处在惴惴不安之中，总想象朋友的父母会来找她，说自己的女儿已经被她的这块小石头给毒死了，绝不会饶恕她。

她理性上知道这绝不可能，但这份感知太过于强烈，于是她从此不再和这个朋友交往了。

这位女士一生都极其孤独，而前面我们讲了，这会制造最大的黑暗。即，她的攻击性只能藏在潜意识和孤独之中，很难被看见，于是因为没有被光照亮，就变成了越来越黑的东西。

她也不断地说，觉得自己的心已经被黑色墨水一样的东西给填满了，而她送给朋友的那块小石头，是从她这里送出去的，是她的一部分，她担心这一部分就像自己一样充满黑暗，而且其中有毒性很大的成分，所以会把这个女孩毒死。

这也是贝塔元素的心灵内容，而经过我们的探讨，它就变成了可以被认识、被承受，甚至可以容纳和化解的东西。

阿尔法元素、贝塔元素和阿尔法功能也许会让你觉得拗口，那我们可以讲一个非常简单的概念——容器。

这是温尼克特提出的概念，可以被视为好父母的基本，也可以视为好的人际关系的基本，它大致的意思就是：

1. 你把事情做好的时候我认可你；

2. 你遇到挫败的时候我支持你；

3. 你的攻击性可以在这个容器内流动，这不会导致容器被破坏。

例如，这两位来访者其实不敢和别人发生冲突，也因此不敢和别人有真实的互动，因为担心一旦有关系中的互动，就会导致你死我活的冲突。但是，当他们逐渐发现，他们是可以和别人发生冲突的，是可以真实地表达攻击性的，而且关系还可能会因此越来越好——当然不能去做破坏性的事情。当发现这才是关系的现实时，他们就可以得到疗愈了。

这部分理论上或意识上是很容易理解的，但真在现实中活出来却相当不容易。

为什么知道那么多道理仍然过不好这一生呢？因为头脑明白一些道理很容易，但真在现实中活出来却相当不易。这也是生命的意义吧。

我们为什么惧怕失败

关系中特别重要的功能是帮助一个人去容纳挫败。太自恋的人遭遇挫败时，他的自我作为一个容器，破损了，甚至要瓦解了，这个时候，关系容纳了他，就相当于在他破损的自我之外又多了一层容器，于是他的破损感就得到修复。这种感觉会被他内化到内心中，这意味着他的自我可以重新变得完整了。

如果你学习精神分析，会看到学者们不断在探讨挫败或挫折。科胡特有一个非常棒的词汇——"恰恰好的挫折"。意思是人的自恋需要被挫伤，毕竟最初人的自恋程度太高了，把自己当成神，但是挫折不能太过，不然可能导致一个人受到过度打击，甚至导致自我解体，太难修复。

如果是"恰恰好的挫折"，那么人的自恋被打击了一下，自恋想象的程度由此降低了一些，但一个人的自我作为一个容器没有受到严重冲击，这份打击带来的新能量受到容纳，一个人的自我就变得更开放、更坚韧了。

一个人成长的历程可以被视为自恋不断破损的过程，但通过与现实世界的碰撞，不断锻炼能力，即对自己生活和世界的掌控感；同时淬炼心性，即所谓的善恶。由此，最初孤独的自恋想象终于变成坚韧的自信，以及对他人和世界的信任。

比"恰恰好的挫折"更严重的就可以称为"创伤"了。但是，即便创伤，当人能修复自己的时候，必然会看到，很多创伤也有它的价值。鲁米有一句诗："万物皆有裂痕，那是光照进来的地方。"假设一个人永远不遭遇出乎预料的创伤，那意味着他全然活在自恋中，而且这是一种封闭的状态，会导致内在的黑暗，而创伤撕裂了自我，打击了自恋时，光也可以通过这个伤口照进来了。

我们还要问一个问题：为什么挫败这么可怕？为什么好的关系可以起到疗愈性的作用？

我讲一个故事吧。

一个小伙子，之前做着一份稳定的工作，这份工作结束后，他开始尝试做小生意，然后他遭遇了一次挫败。不过，这个挫败是对他而言的，对其他人来说，可能会觉得这都不是事儿。

是什么挫败呢？就是他订了一批货，付了钱，商家说很快就可以拿到货。但到了约定的那天，商家说抱歉没有货。后来商家连续几次延迟发货，一开始态度非常好，后来看到他越来越生气，也有点躲着他了。

需要说明的一点是，这个商家和他还有一点远房亲戚关系。

这让他非常愤怒，也很抓狂，他想做一些严重的事情惩罚商家，比如举报对方，甚至报警。

他不愿意把这件事告诉父母，但看到他情绪越来越差，母亲觉得他有点不对劲，经过不断询问，他才把事情告诉母亲。他的母亲是一个做事干净利落的女人，立即去了解情况，结果发现其实是因为受疫情影响，对方在供货方面出现了困难，并不是针对这个小伙子。

后来，我和这个年轻人聊了一会儿，我想了解到底是什么令他抓狂，为什么这件小事让他如此难受。要说明一下，这笔货款金额比较小，对他完全不构成现实影响。

聊了一会儿后我发现，他的一个关键性的、模模糊糊的底层想法是：对方是不是在耍我？看到我好欺负，所以故意给我延迟发货？并且就是因为我看起来好欺负，所以我一再催促都没有用，对方这是不尊重我，我就是太弱小了……

用人性坐标体系来分析，可以说是这件现实意义上的小事唤起了他自恋维度上的强烈感知。他交了钱，商家却没有按时发货，这带给他的感知是对方处在自恋维度的高位，是强大的、掌控着局面的加害者，而他处在自恋维度的低位，是弱小的、不能掌控局面的、被动的受害者。

我们已经知道，当一个人觉得自己处在自恋维度的低位时，会产生强烈的羞耻感。羞耻感是令一个人的自我瓦解的关键因素，即，你自己都觉得自己太差了，羞于活在这个世界上。

这个时候，人容易产生强烈的愤怒，例如他想举报商家，甚至报警。愤怒和这些举动，出于他想离开自恋维度的低位，转到高位上，但同时，他仍有理智，在意识上也有点相信商家的解释——疫情让他们无法按时发货，所以他按住了自己的愤怒。

和他聊了之后，我想到不少类似的事情，于是在社交媒体上发了一段感慨：

人，并不惧怕失败，而是惧怕被嘲弄。即，觉得失败是被一种恶意的力量击倒。当超越了这份感知后，失败也只是失败而已。

例如这位年轻人，他是一个非常勤劳、不怕苦不怕累的人，这件小事却对他构成了一个险些失控的坎儿。因为当他的预期——"商家要按时交货"落空后，他产生了敌意，但他把这份敌意投射出去，变成他觉得商家在敌意地、恶意地对待自己。

说得夸张一点，他觉得商家犹如恶魔般的恶意力量，如果被这种敌意力量击倒，不仅意味着死亡，也意味着他觉得自己被黑暗彻底征服了，所以他非常惧怕这种输。

我可以做一个推论，严重活在一元世界中、偏执地追逐自己意志的人，很容易处在这种逻辑的支配之下。他们觉得失败是"我被击败了"，而且是"我被一种敌对的恶意力量击败了"。不仅如此，这还意味着这个敌对的恶意力量控制、征服了自己。所以这种时候，有人会选择自杀，因为自杀意味着我在掌控自己，而不是你在掌控我。

这是纯自恋维度的感知，但它也会投射到关系维度上，而被人感知为失败的背后藏着一场善意的"神"和恶意的"魔鬼"之间的战争。

当人陷入这份感知时，会认为有一个"主观恶意动机的力量"在攻击自己，而自己必须不妥协地战斗下去，很多人失控地去作恶就是出于这个原因。他们失控地去和想象中的"恶意力量"作战，结果自己干了恶事。

这时，特别需要一个靠得住的人对自己说：事情不是这样子的，你看，这个事情主要是一些中立的、客观的因素在发挥作用，对方对你并无恶意。同时，你心中有一些愤怒也很正常，可以理解。然后咱们看看这件事怎么能做好。并且你要看到，有时间和空间这些因素在，你做不到一瞬间就把事情掌握好的，那是神才能做到的事情，咱们多花点时间，多想想办法，此路不通就换一条，事情会不断改善的……

道理就是这些道理，而比道理更重要的是，这时有一个基本信任的人，在和自己构建的这个关系中去讲这些道理，或者陪自己去处理挫败。

这个小伙子的事情就是这样的，他的母亲在这个时候帮助了他，不仅帮他解决了事情，也让他相信其实商家不是恶意的，他们也是没办法。

安抚很重要，而同样重要的是，自己选择的事情，试着去完成它。

很多人追求完美，然而，完成胜过完美。追求完美的人，常常会因为细节不完美就放弃了。如果仔细观察，你会发现，这时常隐藏着的感知是：你觉得这件事不符合你的期待了，于是你想摧毁这件事。这时，你就是那个有主观恶意动机的人。

受全能自恋性的想象支配时，人会认为事情应该是完美的，这样才符合我的心意，如果不完美就是不符合我的心意，我因此生出暴怒，想毁掉这件故意和我对着干、让我为难的事情。

要治疗自己的这种暴怒，就试试去完成这件事，然后去体验这种感知——你发起了一个意愿，尽管你遭遇了一些挫败，但你通过各种努力，最终还是实现了你的这份意愿。意愿就是精神生命，当你能不断地去追逐你的意愿并完成它们，你就会体验到你的自我越来越坚韧。

当人真的能做到这一点时，就会真切体验到，完美是想象中的，而基本实现是现实中的，也是在关系中的。关系中产生的不完美的好东西，要胜过孤独想象中的完美的东西。或者说，现实关系中60分的东西，胜过孤独头脑想象中100分的东西。

当你越来越能做到这一点时，你内心中的敌意力量会越来越弱，也许有一天你会发现，当你彻底、全然地投入任何一种关系时，每一个当下本身就是完美的。

放下控制

先讲一个小故事吧。

我的一位好友，1996年大学毕业后进了广东某市一家民营企业工作。当时，那家民营企业是当地的明星企业，也的确锐意进取，当年一下子招了十几名大学毕业生。要知道，这在当时可是罕见的事，当地媒体也因此不断报道此事。

然而，也就一年多后，这些大学毕业生基本上走光了。原因是这家企业的老板对这些"天之骄子"的态度很奇怪——一方面非常重视，另一方面讽刺挖苦。他常说，你看你们还大学毕业生呢，连这点小事都做不好，还不如我们这些没文化的。

这位老板也就是小学文化程度，从他的这些话里能听出对大学生羡慕、嫉妒的味儿。

我这位朋友的工作是做老板的秘书，她一样没留多久，不过这位老板对她倒是很尊重。

一天，我们几个人一起吃饭，其间我这位朋友以及当年和她一起进这个企业的大学生同事聊起了往事。

那位同事先是开玩笑说，当年老板就对你一个人那么尊重，我们真怀疑你作为秘书是不是和老板有什么特殊关系——不过我们也知道你不是那种人。

我的朋友则回忆说，其实事情是有一个变化过程的。最初，老板对她的态度和对其他大学生没什么两样。他会给你重要任务，也会给你不错的薪资，但他好像根本没想过大学毕业生刚进社会需要时间成长，而是认为大学生应该一毕业能力就出类拔萃，可以远胜他公司的老员工，当你达不到他的这份预期时，他就各种挖苦。

变化发生在她进公司差不多半年时。一天，她在老板的办公室里忙着做事，而老板优哉游哉地坐着，抽着烟，喝着茶。突然，老板对她说：我一天挣的比你一年都多。

这话说得莫名其妙，我这位朋友有点惊讶，她愣了一会儿后说：是啊，我可能一辈子都挣不了您一年的，但是您很累，这种生活也不值得羡慕。原话我不记得了，大概是这个意思。

很有意思的是，这位老板自此收起了高高在上的姿态，并且此后一直对她保持尊重。

这是我常讲到的一个例子。我以前喜欢从这个角度去解释——任何沟通都有双重信息：事实层面的和情绪层面的。事实层面的要尊重，而情绪层面的，你不必去接受别人的情绪垃圾。

我现在则可以用人性坐标体系来分析这件事。这位老板冒出这么一句莫名其妙的话，是想占据自恋的高位，而把秘书弄到自恋的低位。

在职场上这种情况很常见。换成你，你认为该怎么办？

最常见的做法是，认为老板如果是这种个性，自己得罪不起，要么离开，要么顺着他。但是，当你真顺着他时，你就必须主动把自己摆在自恋的低位，你们暂时避免了冲突，老板的自恋被满足了。可是，由此你们的关系中他高你低的这种模式就进一步被确立了，他此后会更加不尊重你。

通常你也不能直接跟他对着干，例如，对他说：喂，老板，你什么意思，你知不知道这样子很不尊重人？你有钱就了不起啊？

也许最好的做法就是我这位朋友的做法，她在事实层面上承认了"你挣的钱比我多很多"的事实，但在情绪层面上把他扔过来的鄙视给还回去了，但不是以敌对的方式，而是以所谓"不卑不亢"的方式。或者说，在情绪层面，我这位朋友是从关系维度上给了回应。因为关系维度是平等的大地，所以，这样回复就没有谁高谁低的问题了。

听起来很简单是不是？但是，可能这种做法也很难被模仿。在我这位朋友的职业生涯中，她遇到过很多类似的事，要么高官、要么富人，对她发出鄙视，而她自然而然地用类似的方式回应了他们，结果他们此后都对她多了一份尊重。

　　她之所以总是能做到这一点，是因为她的心灵在自己的原生家庭中已经从自恋维度进入关系维度，她知道平等是怎么回事。可以说，她只是把和父母的关系模式自动地套到其他关系中而已。

　　关系维度的基本特质——平等，是如何在关系中发挥作用的？比如在这个例子中，一个刚毕业的女孩，为什么可以用平等的态度改变这位自恋的老板呢？

　　对这一点我前面给过一些解释，现在我想深化一下这个解释，并且用有点煽情的语言：

　　比起什么都是自己说了算，人更期待在"我"不能控制的边界之外，有一个善意的"你"在那里。

　　任何事情都想自己说了算，这既是自恋，也是孤独，所以中国的皇帝喜欢说自己是"孤家寡人"。

　　孤家寡人大权在握，一发出号令别人都得服从，这样的感觉很好。但这同时意味着，"我"永远不能放松，一旦放松，就可能会失控，甚至导致权力被颠覆。

　　这不难理解。既然一切都是"我"在控制，那么"我"不使劲、不控制时，事情自然就容易陷入混乱。

　　更要命的是，孤独地活在自恋维度上的人，他的基本感知是：世界只能有一个中心，要么是"我"，要么是"它"。

　　我特意用了宝盖头的这个"它"，可以理解为"敌对力量"，甚至干脆理解为"有敌意的、破坏性的魔鬼"。当"我"不能控制局面、掌控权力时，就可能会让"它"来颠覆自己，所以更不能放松。

　　接下来，再说说"我""你"和"它"这三个字。

　　我这样使用它们，是深受犹太哲学家马丁·布伯的影响，他的著作《我与你》，可以说是对我影响最大的书。

马丁·布伯说：关系才是世界的本质，而关系分两种——"我与你"和"我与它"。

当我把你视为完成目标的工具和对象时，不管这个目标听上去多好，这时的关系都是"我与它"；只有当我彻底放下对你的预期和期待，拿出我的全部本心时，才可能与你的本真相遇，这时的关系就是"我与你"。

这是我常使用的概括性说法，但在神学家马丁·布伯这里，"你"首先指的是上帝，而"它"可以视为"魔鬼"。当然《我与你》这本书中没有任何神秘主义的表达，所以这像是一种隐喻，一种哲理。

这个说法深入我心，我不断去认识这一点，并在后来喜欢说："有基本善意的你"和"有基本敌意的它"。

在婴幼儿时期，当父母等抚养者被孩子感知为"有基本善意的你"时，孩子就可以放下控制了。因为当"我"控制不了局面时，还有"有基本善意的你"在掌控局面啊！

人们惧怕的是，当"我"控制不了局面时，是"有基本敌意的它"控制了局面，而且不仅打败了"我"，让我体验到羞耻感，还征服了"我"，把"我"带入充满敌意的黑暗世界。

一切都是一切的隐喻。比起无处不在的生死隐喻，"善意的你"与"恶意的它"这种善恶的隐喻，也许更为根本。

有人怕死，有人不怕死。对此，我喜欢的一个说法是，那些充分活出了自己的人，因为充分活过，所以死亡时不觉得有太多遗憾，因此可以坦然赴死。

考虑到善恶，则有了另一个理解。

肉体生命死亡之后，还有其他的旅程吗？这有点玄学了，但你会看到，心地真正善良的人不太怕死，而一生作恶多端的倒更想长生。

也许是因为心地善良的人内心光明，因此在体验上，会觉得自己死后也会坠入一片光明。相反，作恶多端的人内心黑暗，因此在体验上，会担心自己死后会坠入一片黑暗，还是自己不能掌控的黑暗，这太可怕了。

比起什么都是自己说了算，人更期待——在"我"不能控制的边界之外，有一个善意的"你"在那里。

真爱，从真实开始

关于爱和恨，比昂有一个非常漂亮的说法：

爱的对立面不是恨，而是负爱；

恨的对立面不是爱，而是负恨；

了解的对立面不是不了解，而是负了解。

比昂喜欢用数学公式表达他的心理学观点。他认为，人和人之间的联结有三类：L、H 和 K。

L 即 Love，它的对立面是 -L，这是中文翻译成"负爱"的由来；

H 即 Hate，它的对立面是 -H，即"负恨"；

K 即 Knowledge，可以翻译成"了解"或"知识"，它的对立面是 -K，可称为"负知识"或"伪知识"。

这样讲，意思还是不够直接，更直截了当的表达是：

爱的对立面不是恨，而是有爱不表达；

恨的对立面不是恨，而是有恨不表达；

知识的对立面不是无知，而是你掌握的知识没有增进了解，而是增进了你的自恋。

我先诠释一下第三句话。例如，有些人在和伴侣吵架时，会把过去伴侣向自己倾吐的脆弱或隐秘的信息翻出来攻击伴侣。这就是非常糟糕的"负知识"

或"负了解"。对方从此会后悔向你倾吐，以后就会倾向于选择闭嘴不谈，因此你们之间的 K 联结就变弱了。

这些知识都文绉绉的，我们还是讲一个鲜活的例子吧。当然，它可能是个编出来的段子，但我觉得太生动、太真实了。

一个朋友讲，他找到了一个完美的女朋友，漂亮、优雅、懂事、家境好、收入高，浑身散发着正能量，就没有负能量的时候。他直觉上常常觉得这太不真实了，但另一方面又想，也许这种事真的会发生呢？这不就发生在他身上了。

一天，他和女朋友去一家餐馆吃饭，吃完饭要结账时，服务员说，有人帮你们买单了。女孩一下子变得警惕起来，问是谁给他们买的单，服务员说是自己老板。女孩问，你们老板怎么称呼？服务员说了老板的姓，女孩突然失控了，她踉踉跄跄站起来，跑了出去。

这个朋友当时惊住了，他从没见过女朋友这一面。后来了解到，这个老板是女孩的前男友，女孩在此前的恋爱中也是死去活来的，而不是像和他的恋爱中这么完美。

了解到这些信息后，他坚决提出了分手，因为他明白，女孩和前男友之间是有爱的，而他们之间没有。

这个故事不需要太多解释，大家立即就会明白这个朋友的判断是对的。

因为，在真正的爱情中，人的很多感受会被激发出来，会有深深的爱，也会有浓烈的恨，如果总是表现得优雅而完美，那可能是心灵深处的这些感受都没有被激发出来。

当然，也可能是女孩在控制着自己，没有表达爱，也没有表达恨，于是他们之间没有爱的联结，也没有恨的联结。

很多人都有体会，自己和最好的朋友相处时，就会变得肆无忌惮起来，彼此之间会开夸张的玩笑，彼此调侃，但都非常自在，而且还很开心。

这可以理解为，好朋友相处时，这个关系足够结实，因此能够容纳彼此在关系中释放攻击性。肆无忌惮地释放攻击性的感觉很好，而关系能容纳住这份攻击性，于是，这份容纳也给彼此带来了愉悦。

恋爱关系也一样，甚至对这一点要求更高。很多精神分析师会说，恋爱需要完成彼此的负面移情，就是两个人会把很多负性的能量扔到恋爱关系中，去看看这份关系能否容纳得住。其实这就是所谓的"作"。

亲子关系也有这样的部分。

很多人会问，为什么有人对家人那么糟糕，对外人却那么好？这有很多层面的原因。有权力因素，很多父母在外面憋屈着做人，很辛苦，回到家里对孩子就想为所欲为。此外，也渴望自己的负面能量能被接住，能在关系中构建联结。

当然，讲这一点时我也特别提醒，作为成年人，这个关系最好是相互的，不能总是一方肆无忌惮地释放攻击性，而另一方一直做容器，这样最终会发展到施虐和受虐的关系。

有些人是太过浓烈地表达爱恨，而关系还没发展到那一步，于是关系也会被强烈的能量给撑破。

相反，事情的另一面，也是更常见的一面是，一直活在孤独中的人，都不敢表达爱和恨了。

一个 28 岁的男青年恋爱了，这是他的初恋。为什么到这个年龄才第一次谈恋爱？

这位男士说，他大学宿舍的一个哥们儿爱上了一个女孩，追了两三年都没有结果，太惨了，他发誓不会让自己去经历这么悲惨的局面。

所谓悲惨的局面是什么？就是你表达了爱意，这是生命中最有分量的一份动力，但它竟然失败了，这会导致严重的羞耻感。

至于不敢表达恨意，是因为担心一旦表达恨意，就会伤害到自己所爱的人，引发内疚，因此要憋着恨意不表达。

我见过不少这样的案例。恋爱关系中，一方从来都不表达恨，这给另一方带来一种错觉，好像自己做什么都可以，结果就做得越来越过分，突然有一天，那个从来都不表达恨的人选择了结束关系，而且再也回不去了。

此外，你观察自己也许会发现，当一份重要的恨意产生后，你没有在关系中表达，你憋在了心里，接着会发现你们之间的情感联结变弱了。

依照比昂的这个说法，最好的活法是快意恩仇，敢爱敢恨，这样才能活得痛快淋漓。并且，虽然可能会有失败的关系，但一个人和这个世界的联结会变得深厚很多，而他的带着攻击性的原始生命力也因此可以得到转化。

我们不要把"快意恩仇"视为"爽"和"酷"，当这样想时，可能表达爱和恨最终都是为了增强自己的自恋。于是，经历很多只是增强了你自恋维度上的感知，而没有让你的心智在关系维度中展开。

有时候，事情也没那么"高大上"。例如，《母爱的羁绊》一书中讲到了一个有意思的现象，那些情绪化的、自恋的母亲是烦人的，家里的大多数冲突都是因她们而起的。然而，当她们去世或因为其他原因离开家后，孩子们会发现家里变得空落落的，而那个理性、温和、讲道理的父亲无法给这个家带来活力。

这是因为，虽然很多时候自恋的母亲带来了问题，但她们一直在向外释放自己的爱和恨，她们也因此和孩子以及老公建立了一些联结，尽管不健康。但当这些都失去，只剩下理性时，才发现理性不能构建联结。

真实地活着，才会体验到生命本身。然而，出于种种原因，人们惧怕和这个世界真实地碰撞。

因此，有一天我感慨地说：我们不敢直接啜饮甘泉，因为怕被毒死。

所谓"甘泉"，就是有爱有恨的生命力。

当一个人不敢真实地活着时，这一点会延伸到各个地方，从而导致人和人的巨大不同。

例如，真实活着的人会发现，万事万物是真实的，是有本质的，关键是碰触本质，哪怕是进行商业活动，重要的也是要有使命感。

而不敢真实活着的人则认为，太多东西都是骗人的，要想活得好，就要保护好自己，不要拿出真实自我和这个世界碰撞，这太不明智了。至于商业，成功的有钱人必然是黑心的骗子。

当不敢真实活着的人真从事了商业，他们可能会煎熬，他们既希望自己是有良心的，又希望去做一些骗人的、诱惑人的事情，因为不这样成功不了。

在我看来，在任何一个方面真实地活着的人，假以时日，他都可能在那方面构建起深厚的联结，也会因此更深地洞见到，对一切事物的真爱，都要从真实开始。

两种知识

我们继续来谈谈比昂说的三种联结中的"K联结"，也就是"知识和负知识"，或者说"了解和负了解"。相对而言，我觉得"真知识和伪知识"可能更好一些。

再简单解释一下：知识如果是用来增进了解的，就是真知识；知识如果是用来满足自恋、破坏联结的，就是伪知识。

接着讲故事，主要是讲讲记忆力。

2019年11月，我在一个聚会上认识了陈浩武教授，他已经68岁，但精神面貌非常好。他曾经长时间身居要职，却一直坚持一点——每天要睡13个小时。精神面貌这么好，也许和这一点有关。

不过，一个人能做到这样，也可以看出来他是一个能坚持自己的人，没有让自己被繁忙的工作给淹没。很多牛人都是自我意识很强的人，这是我的一个观察，在陈浩武教授身上再次看到了这一点。

他身上还有一点非常特别。他说自己记忆力超级好，读过的书、学过的知识，他都清晰记得，对这一点他也引以为傲。

在见到陈浩武教授前不久，我见过另一位"大牛"，是其所在那个领域内很知名的人物。

这位"大牛"一直以自己的思考能力为傲，但突然有一天，可怕的事情发生了。到了公司楼下，他竟然一时记不起公司在那座大厦的哪一层，甚至还有一次，他竟然记不起孩子的名字了。

这位大牛的情况让我想起我看过的几部美剧中关于"AI 人"的刻画。

所谓"AI 人"，就是把 AI 的芯片放到人的身体内，然后这个人自身就被抹去了，而被 AI 占据。AI 人具备 AI 的基本特性，非常强大。

但 AI 人身上有一个矛盾，就是他们在假扮一个人时，纵然能清晰记得这个人的各种事情，但情感上非常迟钝。

例如，在《地球百子》这部剧中，女主角的妈妈成了 AI 人，这一点女主角也知道，于是想对这个占据了妈妈肉身的 AI 人痛下杀手。这时，这个 AI 人突然对女主角说，我其实还是你妈妈，我骗了那些给我安装芯片的人。女主角对妈妈的情感很深，听到这个说法，开始动情了。

但在危急时刻，女主角突然问"妈妈"，我爸爸是怎么死的？"妈妈"回答不上来，女主角立即明白，这是 AI 人，已不再是自己的妈妈，于是果断地把她杀了。

这位大牛就和这位 AI 人妈妈有点像，他发达的思维还在，甚至还在加强，但有关生活方面的一些记忆在失去，特别是关于最宝贵的情感部分，比如孩子的名字。

以上两位男士都是记忆力超级好的人，再讲讲相反的例子。

我有两位女性朋友，她们的记忆力比较差，多年前的事情，她们基本上只记得主要的，其他细节都忘了。而我和她们一起见过的事，我就像是形成了画面记忆一样，现在还历历在目。

我和她们聊起，她们为什么会记忆力这么差。最终形成的认识是，她们都是不纠结的人，拿得起、放得下，一件事过了就过了。事情做好了，就很自然地开心喜悦，而且她们都是很有感染力的人。做不成的事情，如果断定不行，就立即放下。

她们能力很强，可是看不到偏执的部分，不过，在她们身上，的确是有一种无情，这让她们有一种难以言说的通透。

所以，虽然她们记忆力看起来比较差，但我觉得，她们不用担心自己的思维能力会受损，甚至得阿尔茨海默病。她们其实是很善于及时清理大脑乃至心灵的内存的人。在她们身上，很少有那种效率很低还一直在运行，因此拖沓且很占内存的烂程序。这样的东西，在普通人身上，特别是在容易纠结的人身上很常见，但她们身上没有，她们都把这些烂程序给清除了。

此外，她们两个都是一天能处理非常多事情的人。当事情纷繁复杂的时候，其他人也许容易忙乱，而她们不会。这时，她们的能量会被高度调动起来，于是会极其流畅、高情商高智商地处理这些事情，当事情处理好了，她们很快就可以把这些事忘掉。她们的助手对这一点非常惊讶和佩服。

记忆和遗忘，就这样构成了一对有趣的矛盾。记忆力好，可以是好事，例如，一个知识体系的知识你都记得，它们还构成了一个有机的记忆体系，甚至还可以演化，这样它们就会成为滋养性的东西。

但是，如果你记忆力好，却记得大量无效或低效的事，例如，十年前谁给过你一个白眼，你到现在还耿耿于怀。那么，每一个低效的记忆就是一个未完成事件，一个低效又耗内存的烂程序。

心理学有一个流派叫"完形心理学"，也被音译为"格式塔心理学"。完形是个很好的概念。所谓"完形"，就是你发出的一份动力要有出生、发展、变化乃至完结的过程。最好是将注意力放到你甘之如饴的事情上——发起动力，享受其中的发展变化，投入其中，再酣畅淋漓地使劲，把它完成。如果你的生命是这种基调，那你会活得很痛快，也就是所谓的快意恩仇。

相反，容易纠结的人，很多愿望都成了未完成事件，然后成为无效、低效的程序，占据着头脑或心灵空间，阻碍了生命力的流动。

活得比较通透的人，他们还会有这样的特点：自己不喜欢的事，尽量不做；不得不做的时候，就干脆主动去做，做完了就放下；没有意义的事，发起后也迅速放下；意义很大但自己看起来根本完不成的事，他们也能主动把它们清除。基本上，你看不到他们会严重地为难自己。当真要去追逐看起来难度很高的事时，那也是因为他们能享受其中。

这样的生命，就没有"苦差"了。

上述两位朋友的其中一位说，除了情感外，她从来没有体验过巨大的压力，当遇到看起来比较难的事情，她都是感觉到兴奋，然后会把这件事情视为一个挑战，但从不会觉得是"过不去的坎儿"。

这样的状态很令人羡慕。

故事讲完了，我继续讲讲道理。

体验和认知，是事情的两个层面，现代社会越来越重视认知，然而我们得知道，体验是真实世界的东西，而认知，是符号世界的东西。可以说，符号世界就是真实世界的一个镜像。

体验，必然要发生在关系之中。关系越深，联结越深，体验就越深刻，而对心性的淬炼就越强。当符号世界的知识是用来帮助建立真实世界的联结时，就是真知识，而且会和体验联系在一起，因此变得真切深刻。

相反，当符号世界的知识和真实世界的体验脱离时，它就变成了轻飘飘的信息，容易消散。用比昂的话来说，当人掌握知识主要是为了增强自恋时，这种情况就会发生。

人类总幻想着能孤独地掌握所有知识，这是为了追求强大，是自恋维度的一个极致表达。例如，《夺宝奇兵》系列电影中有这样一个镜头：苏联克格勃的一位女特工和主角一起找到了七个水晶头骨，而这七个水晶头骨会释放出超量的知识，并且可以进入人的大脑，而这位女特工就控制了局面，让这些超量知识进入她的头脑，但很快她就承受不住，最终她的脑袋爆裂了。

心灵需要在关系的联结中得到滋养，而孤独的头脑哪怕再强悍，最终也会陷入虚妄。因此，心灵似乎有各种方式，在抵制孤独的头脑的认知。

例如，你可能听说过，自闭症的孩子在高知家庭更多见一些。也许其中一个原因是，高知家庭充斥着太多符号系统的信息，而构建情感联结时出了问题。

我不少大学同学在从事脑科学的研究，其中一位同学跟我说，虽然还不能特别清晰地证实，但越来越多迹象显示，像阿尔茨海默病这样的疾病，更容易出现在高认知能力的人身上。

这种现象的原因也许是，陷入伪知识的汪洋大海中的人，他们的心智能力逐渐在萎缩。

当然，以上两点都不是严谨的科学实证，大家听听就好，但如果你觉得说得很有道理，那就不妨当作一种督促，让自己更勇敢地进入真实世界，去构建更深入的关系。

深度关系必然会滋养自己，它意味着关系双方的生命力可以在深度关系的通道中酣畅流动，这就是滋养。

第三部分

头脑暴政

引　言
高贵的头脑，孤独的头脑

　　头脑和身体，头脑在上，身体在下，这种意象也会内化到很多人心中，形成一种感知：头脑比身体高贵。

　　例如，一位男士，他一直表现得对现实生活无感，特别是对人际交往无感。当探讨这件事时，他突然看到一个画面：头脑离开身体约一米，不愿意落下来，因为觉得身体是肮脏的、俗气的。

　　当头脑对身体持有这样一种态度时，必然发生的事情是：头脑会对身体持有一种高高在上的评价态度，而这就会导致头脑对自己的暴政。你会发现，你的头脑对你就像一个超级苛刻的家长一样，各种批评、否定、攻击。

　　精神分析认为，当你围绕体验构建自体时，这样的自体就是真实自体；当你只是将头脑视为"我"时，这时的自体就是虚假自体。并且，我们也谈到过，纯头脑性的虚假自体是可以满足全能自恋的特征的。头脑的思考与想象可以跨越时间、超越空间，摆脱物质性的俗物。

　　所以，如果你严重滞留在全能自恋中，那么你容易将头脑认同为"我"，这样的头脑针对自己的身体与生活时，会构成对自己的暴政；

针对他人时会构成对他人的暴政；针对关系与社会时，一样也会构成对关系和社会的暴政。

头脑的暴政，会阻碍你与其他事物建立深度关系，让你陷入孤独。并且，因为头脑自欺欺人的特质，这时你可能还会觉得，我活得还可以呀。

但是，当你走出头脑暴政的控制，你会发现，本来平凡的世界，原来如此之美。

· 第一章 ·

头脑暴政

拖延与急切

本节标题本可以是"拖延与焦虑"，但我还是选择了"急切"这个词，为什么呢？因为我有多位来访者都使用了这个词来描绘自己，于是，我觉得这个词应该是一个非常贴切的词汇，它比焦虑更能描绘焦虑。

焦虑，也许是中国人最普遍的特征之一。

2014年夏天，我去北极，当时乘坐的邮轮上有近百名同胞，他们大多是比较有钱的，因为去北极的费用相当昂贵。在整个行程中，我深切感受到船上弥漫着一种焦虑的氛围，好像大家都有点急，干什么事都这样，虽说是旅游，却没几个人在放松。

后来和我的一个朋友谈起这个感受。这个朋友的公司发展得不错，当时的主要业务是在欧洲。他说，一次他在西欧四个国家穿行时，有意地问了当地人一个问题：你们对中国人的第一印象是什么？

他们几乎都使用了一个英文词——"working"，这个词的主要意思是勤奋，可其中也藏着焦虑的意思，并且包含着必须勤奋的意思。

我爱玩摄影，而摄影圈常有人分享一种感受：例如，去了马尔代夫，你会看到国人常常是拿着相机、手机拍拍拍，而外国人就在那里舒舒服服地晒太阳。前一种状态带着点焦虑，后一种状态则很放松。

再回到我这个朋友身上。他是帅气的儒商，相当富有，一家四代人关系和睦，身体健康，他本来对自己的生活非常满意，但在葡萄牙还是西班牙的时候，他的心灵遭遇了一次暴击。

当时在一个酒吧，一个 60 来岁的当地男人过来和他喝酒，这位当地人对他说：我没有什么钱，但我这辈子的愿望都实现了，此生无憾。这个人说这番话时极度真诚，非常自在，竟然令我这位富有的朋友产生深深的羡慕。然后，他有了一个目标，希望自己死前也能把这份自在放松活出来。

以上讲的这些，算是一种简单的、不一定靠谱的社会观察，或者吐槽。接下来，我讲一下咨询中的案例，谈谈"急切"这个词。

在咨询中，我遇到不少人有拖延症，有些人的拖延症极其严重。其实我也有相当的拖延症，只不过我不太为自己的拖延症苦恼，我真心觉得像我这种以创作为生的宅男，有拖延症太正常啦，艺术家都这样。

这种所谓的"真心"，像是自我接纳，也算是一种合理化，至少是不给自己找麻烦。

在第二部分的"心灵空间的层级"一节中，我谈到，比较痛苦的狭窄心灵空间是"你既不可以 A，又不可以 -A"，而比较好的心灵空间是"你既可以 A，又可以 -A"。这个逻辑还可以延伸出这样一句话，也是我特别喜欢的一个道理——"当你看到 A，也就意味着你看到 -A"。

例如，在拖延症患者身上，你先是看到严重的拖延，但仔细了解后，你会发现，拖延症患者大多非常焦虑。他们的焦虑程度和他们的拖延程度成正比。

这样讲，看起来拖延和焦虑是他们的 A 和 -A。不过，研究拖延症的学者对此有一个更严重的解释：拖延，是在对抗死亡。

前面我也讲过，也许所有焦虑背后都是死亡焦虑。那么，拖延症患者的死亡焦虑是怎么一回事呢？

我接触的这些拖延症患者在描绘焦虑时，多人使用了"急切"这个词。

他们觉得像被急切给淹没了，他们是如此着急，通常对急切中的逻辑没有洞察。但是，在咨询中，当能慢下来探讨时，就会发现急切心理背后有这样一种逻辑：

自己内心像是有一个发令官和一个执行者。

发令官发出一个指令，执行者必须实现，而且得是完美实现，否则执行者就该死。

拖延症中的死亡焦虑，就是这么一种东西——内在的发令官，给内在的执行者发出的绝对化要求。

懂得全能自恋的四种基本变化后，你会立即看到这就是全能自恋四种变化的一个具体表现而已。

执行者得完美实现发令官的指令，这是全能自恋；

当不能实现时，发令官会产生全能暴怒；

当发令官恨不得执行者去死时，就意味着执行者遭遇了迫害；

一个人陷入严重的拖延状态，这像是彻底无助。

这个逻辑的原始状态放到婴儿身上是这样的：受全能自恋支配，婴儿期待自己一发出指令，世界即母亲，就要完美回应，这时他会得到满足，并觉得自己像神一样，否则就会产生暴怒，恨不得母亲去死。但不能直接去恨母亲，因为母亲死了，世界毁了，自己也就毁了。这种直接的毁灭欲会隐藏起来，化成一种弥散性的焦虑。这是原始的死亡焦虑，并且是婴儿自己发出的。

在我们社会中，太多家长对孩子持有这种逻辑，他们变成严苛甚至暴虐的发令官，希望孩子能立即完美实现自己的指令，否则就对孩子传递死亡焦虑。

不管是家庭的外在环境，还是婴儿的内心戏，只要心灵还严重停留在全能自恋水平，都会产生这种急切心理。

例如，一位来访者，她没在做什么工作，按说时间非常宽裕，但她永远都处在急切中。哪怕只是平常走路，这份急切一样包裹着她。她的体会是，好像真有一种外在力量，像在用鞭子抽打着她。可事实上这个外在力量根本不存在，后来在咨询中她也觉知到，拿着鞭子的是她自己。

可以说，她每时每刻都在对自己和世界发出各种指令，而发出后，她希望当下就得到回应，不能在时间和空间上有任何延迟，否则就会陷入暴怒。可她知道不能随意对外界暴怒，于是不管这份暴怒最初是对外还是对内，最终都转化为对自己的暴怒，就像是在用鞭子无情地抽打自己。

我也思考过自己的拖延。我认识到，我的拖延和我的滥好人特性有很大的关系。任何人对我发出信息，哪怕只是给我发微信，我都会出于本能立即回应，还会遣词造句，希望是完美回应。严格来说，我这个特性都不是头脑在"想"，而是融入身体血脉的一种自动反应。但是：

第一，执行者做不到完美回应发令官，全能自恋的完美只能存在于想象中，不存在于现实中。

第二，执行者也不能完美回应发令官，如果完美回应了，那意味着它彻底服从了发令官，这时它会觉得自己被发令官给吞吃、消灭了。

所以，执行者本能上要拖延，以拖延证明"我是我自己，我不是发令官的奴隶，更不是没有自由意志的僵尸"。

举一个例子。有段时间，我遇到过二三十个孩子，他们都慢吞吞的，然后我发现，无一例外，他们身边都有一个妈妈、奶奶或外婆，整天在对他们说"快点！快点！快点！"

这样的养育者，是在用他们的全能自恋吞噬孩子，如果孩子还去配合，那意味着孩子会觉得自己被杀死了，所以他们必须用慢吞吞的方式来证明——我是我自己，而不是你的一部分。

有些人很善于执行，效率很高，是很好的执行者，但他们容易变得无趣，缺乏生机。

总结一下：拖延症患者是想通过拖延来证明"我可以做我自己"，或者说，"我的意志可以存活"。

我们容易把拖延视为不好，但其实，孩子最初必然是慢吞吞的，他们那份慢多么萌，多么可爱。面对这样的孩子，如果父母充满爱意，就不会总想着让孩子快，而是去接纳并爱着孩子的这份慢。

2017 年 7 月到 2018 年 7 月，我写了 100 万字专栏，还写了不少其他方面的文字。同时，我一周做三天咨询，并且关了一家公司，又开了一家公司。此外，还装修了一套房子，并到处讲课。然而，我仍然觉得自己有严重的拖延症，浪费了大量时间。这并非谦虚，而是真的如此。

因此，我多次想，如果我不拖延，我还可以干多少事啊！

可直觉上，我觉得有一种东西比"working"更宝贵，就是能将时间"浪费"在看似无用而美好的事物上，例如爱、生活、摄影，例如放下相机而干脆沉浸在美景中，甚至只是待着……

急切，是在被暴怒、恨、毁灭感等组成的死亡焦虑所追赶。拖延，则是在对它说：我不怕你！

这是拖延在潜意识层面的表达，而意识层面的急切则是在说：啊，我多么想服从你啊！我都急死了！我总拖延，实在抱歉，我愧疚死了！

必须要说"死了"这个词。你看，这就是死亡焦虑啊！

写到这儿，我想起马尔库塞的一句话：

俄耳浦斯的语言是歌声，他的工作是消遣；那喀索斯的生命是美，他的存在是沉思。

这句话太美了！太有效率的工作，体验不到这样的存在之美，而拖延，是对这种存在之美的一种渴求吧。

所以的确，拖延是一种深刻的对抗死亡！

当我开始爱自己

我先介绍一首非常美的诗——《当我开始爱自己》，这是查理·卓别林在 70 岁生日时所写。诗中有这样一段：

当我开始爱自己
我才明白，头脑会让我混乱而病态
然而，当头脑与心相连，
它就成了可信赖的伙伴。
今天，我称这种组合为"心之智慧"。

卓别林的诗句中有非凡的智慧。如果你完整地读了这首诗，相信你会被触动。

以前，我对卓别林不了解，以为他只是娱乐明星，在我的下意识中，这容易和"不够深刻"联系在一起，所以一开始读到这首诗时，我还有点不敢相信，这是卓别林写的吗？然后就去搜索查证，查证的同时，读到了他其他的一些诗，更是佩服。例如，他广为流传的诗句：

世界就像是个巨大的马戏团，它让你兴奋，却让我惶恐。
因为我知道，散场后永远是
——有限温存，无限心酸。

为什么我在一开始对卓别林有怀疑呢？还有一个原因是，放下头脑，是很多哲人的共识。现代科学越来越重视认知，但如果你去上一些灵性课程，或者接触一下传统东方智慧，例如禅修，你会发现它们都在说，放下头脑，不要犯一个基本错误——向头脑认同，即你把头脑认同为"我"。

对此，精神分析有一对概念讲得更清楚，我前面讲过，但在这儿重复一下——就是真实自体和虚假自体。真实自体，就是当你的自体中是以感觉和体验为基础而构建，同时统合了头脑，就是真实自体。如果离开了感觉和体验，主要以头脑、思维即认知而构建，这就是虚假自体。

简单来说，就是头脑不能成为身心灵这个整体的主人，头脑只能是其中一部分，当头脑被当作主人，就会导致"头脑暴政"，导致卓别林所说的"头脑让我混乱而病态"。

具体原因我前面也多次阐述过，即，头脑因为是想象层面的，可以脱离物质、时间和空间，因此有了全能自恋的特征，例如，可以无限快。而身体和体验是受物质、时间和空间限制的，是慢的、需要过程的。当头脑被当作心灵的主人，成为发令官，而对身体这个执行者发出全能自恋或高自恋的指令时，就会构成对身体乃至心灵的暴政。

在一些道家的修行者看来，吴承恩的《西游记》实际上是讲修行的，其中有无数隐喻。基本隐喻是，师徒四人和白龙马其实是一个人，孙悟空是人的"心"，不受时空物质限制，有各种极致的能力，猪八戒是欲望，沙僧是人的本性，白龙马是人的意志力，而唐僧是人的身体。

对于《西游记》的这种隐喻，大家感兴趣的话可以了解一下（我读到的那篇文章题目是《〈西游记〉中身、心、情、性的故事，真正看懂的人寥寥无几》），我最感兴趣的是孙悟空和唐僧的这一对基本隐喻。孙悟空可以一个筋斗云直达西天，这是全能自恋的象征，而要取到真经却需要唐僧这个平凡的肉身，实实在在地走过去，最多只是有白龙马的帮助，还要经历九九八十一难的难关。

这个道理我已经一再重复，不再继续讲了。接下来，我举一个头脑暴政的例子吧。

一位男士有一天彻夜失眠，并陷入狂暴的情绪风暴，他简直恨不得杀死自己，觉得这一晚上的失眠会给第二天的工作、生活带来很多麻烦。

咨询中，我发现他在这个晚上有这样一种具体的心理过程：

快 12 点时，他对自己说，明天有重要的事，快点睡！

这就是他的内在发令官对内在执行者发出了一个重要指令，而他是一个严重陷在全能自恋中的人，所以他会自动认为这个头脑对身体的指令必须实现，否则就是对"全能神"的冒犯。

但是，他没能立即睡着，作为"全能神"，他立即生出狂暴的愤怒、无助和羞耻。受这些情绪的影响，他狂暴地辱骂自己。

骂了自己一会儿后，他给自己发出了一个新命令——1 点必须睡！

结果是一样的，1 点他还是没能睡着，然后又启动了对自己的攻击。

整个晚上，这件事不断轮回，他不断发出新命令：2 点睡，3 点睡……然后一次次失败，狂暴地攻击自己，等天亮时，他简直恨不得弄死自己。

当然，如果有可能，他更愿意毁了整个世界。

清晰地谈出这个心理过程后，他很震惊。他发现，自己面对几乎所有事情都是这样的。作为"全能神"一般的自己的头脑，不断给自己的身体和心灵发出各种指令，并希望全部立即实现，做不到时就狂怒。

所以可以说，是他分化出了一个"全能神"和"全能魔"般的超我，在可怕地鞭打自己前行。

上一节我谈了"拖延与急切"，并不是所有急切都会伴随严重拖延，但所有的急切或高度焦虑中可能都藏着这位男士的逻辑：头脑在对身体和心灵实施暴政。

在我看来，拖延、懒惰、封闭等并非人的天性，人的天性更愿意发出一个又一个动力，然后看到它们得到实现。或者说，全能自恋才是人的天性，而拖延、懒惰和封闭等常常是头脑暴政的结果。

你越是受严重的全能自恋支配，你的头脑暴政就越严重。即，你虽然头脑中知道时间、空间和过程的存在，但你内心深处像是忽略了它们的存在，认为所有事情都应该迅速、立即得以实现，并且应该以极高乃至完美的质量实现！

写这节时，我看到一个热点事件：某公司一位创始人要求自己的一名员工一天交 100 张设计图。这可是对创意有要求的设计啊！如果一个设计师一天做 100 张图，那会是什么水准。但该创始人认为，这是可以做到，应该做到，必须做到的，否则你就走人！

如果这位领导不是刻意想逼走那位员工，那可以推断，她很可能是受全能感的支配，而对员工发起了暴政。

我倾向于相信她是由衷这么认为的，作为创始人，她可能也是这样要求自己的。

这种高要求的确可能有人做得到，例如一天要求 100 篇作品，你去抄行不行呢？去网上搜行不行？但假若又要求品质和原创，那这件事注定做不到。实际上，很多人懒惰、拖延乃至一事无成，以我的了解，就是因为他们每一刻都对自己有超高要求，一旦做不到，心中就会涌起严重的全能暴怒和彻底无助，于是就做不下去了。

我看到，不管是咨询还是生活中，最累的人有两种，一种是彻底不顾自己身体的超级工作狂，一种是一事无成的人。在后者身上，急切是最严重的。他们从来没有停止过对自己的鞭打。

觉知到头脑暴政的存在，可能会让一些人自动把焦虑降下来不少，特别是对工作狂而言。然而，对于一事无成的人，光意识到头脑暴政的存在，可能无法对自己有直接的疗愈，他们要得到疗愈，关键是要去做成一些事情。

我们一直讲一个基本思路：全能自恋，在孤独的头脑想象层面才存在，而在关系的现实世界是不可能的。所以，当你能在现实世界中，通过和人、事打交道做成一些事情，那么必然意味着你在一定程度上走出了孤独的头脑想象。

认识到头脑暴政的存在，可以让你看到头脑暴政破坏了你的投入，这份认识会帮助你停下来，能知道这是怎么回事，然后继续努力就好。

你常常会觉得，现实世界总是在拒绝你。例如，我的一位来访者常常感知，好像整个世界都在拒绝她，但其实这主要是头脑暴政导致的结果。

现实世界是这样一种东西：它是你内在心灵的外部投影。当你能持续地，在比较适合你的方向上努力时，你会发现现实世界会回应你，只是这需要时间、空间和过程。

头脑暴政与学习障碍

海纳百川，我们都知道这个词的寓意，大海因为位置低，陆地上的河流才能自然地流入大海。相反，耸立于世的世界最高峰珠穆朗玛峰，就没有什么东西可以增益于它了。

头脑暴政的根本，是头脑和全能自恋连到了一起。这时，高高在上的头脑不仅对身体、心灵和他人构成了暴政，也会阻碍自己变得真的强大，因为如果你想变得强大，需要吸纳和学习，而全能自恋的头脑最极端时会认为，我不需要学习，我已经完美。

这方面的故事很多，我记忆中最典型的是一个程序员的故事。他毕业于名牌大学，在欧洲工作，取得不错的成绩，可是，他一直处在强烈的痛苦中，他觉得自己没有才华。他多次用到"才华"这个词，于是我问他，怎样才叫有才华。

他解释说，他认为的才华，是通过自己的"原创"创造了一片天地，并且特别强调说：我认为武老师你是有才华的。他觉得我的思想有很多原创，但其实我的思想中有 90% 是学来的。

听他再仔细地描绘下去，我反馈说，你说的好像是上帝创世纪这样的感觉啊。这个反馈惊到了他，他想了想说，是啊，真是这么回事！

温尼科特说，健康来自创造力，而顺从是心理问题的源头。所以创造力非常重要，也很根本，可是，如果把创造力视为一切都是自己原创，这问题就大了。我们后面会说到，其实创造力来自关系，来自对存在的臣服。

这位程序员的原创幻梦中，一切都得是他创造的，而那意味着他是这个世界中的万物之主。

这种超高自恋会导致学习障碍，因为学习意味着你要承认自己无知，要容纳其他信息的涌入，而且你可能会发现，别人已有的知识实在远胜于你，甚至有时简直就是"日月之辉"与"萤火之光"的级别差。

当你不能接受这种自恋挫败时，带来的一个麻烦就是你会抗拒信息的涌入，抗拒这些信息冲击你的自恋。

我在咨询之中遇到一些来访者，他们这方面的自恋非常重。这带来的一个直接问题就是我的理解会伤到他们，因为我的理解有时会出乎他们的预料，让他们感知到：啊，这一点我怎么没想到，你太厉害了！哎呀，我不如你！例如，一位来访者在和我咨询了一段时间后，找了一位新手咨询师，同时进行了几个月后，对我袒露了此事，并最终决定找这位新手咨询师做咨询。他说，当基本确认这位新手咨询师无法很好地理解他时，他就放松下来了，他觉得他比咨询师厉害。

还有极少数来访者会频频说：你看，在这件事上，我的理解比你厉害多了！

必须澄清的是，这些并不是需要纠正的错误，而是需要被觉知和容纳的部分，也因此，在心理咨询中，咨询师的一个忌讳是自恋地炫耀技能。至少在精神分析中，分析师会让来访者感知到，很多发现是来访者领悟到的，这会保护来访者的自恋。当然，这并不是一个咨询的策略，而是一种哲学，从根本上是尊重来访者的自主性。

此外，的的确确，咨询师是另一个人，来访者才是了解自己的权威，特别是来访者的感觉与体验，咨询师对这些的分析和判断必然只是假设，必须经过来访者的验证和确认。

同时，我们也要看到，这种原始的高自恋在婴儿期是正常的，但延续到大孩子乃至成年人时，会构成严重的问题。

比方说，少数来访者在我看来有明显的高智商，甚至有些人的智商让我觉得非同寻常，但他们这份高自恋带来的学习障碍，甚至会让他们无法真正掌握一门知识。

实际上，我也有高自恋导致的学习障碍。第一次使我深刻地认识到这个问题，是源自我的一个梦。

那个梦中，我在读初中，其间翻墙回家。我所读的中学是一所乡村中学，校园在一片田野里，离我们村最近，有六七百米远。

从初中回家的路有三条，两条大路，中间一条小路。我翻墙出去后选择了走小路回家。这条小路在现实中是绝对的乡间小路，弯弯曲曲，两边全是庄稼和菜地，但在梦中，小路两边全是牛肉店，摆的是上好的牛肉，而且免费。我平时最爱吃牛肉。

这些上好的、免费的牛肉并没有吸引到我，我一直想的是我在家里早就准备好的一小块牛肉。

从梦中醒来，自我解梦时，我瞬间明白了梦的寓意。因为我的影响力带来的福利，我可以免费上各种各样的心理学课程，虽然我上了不少课程，学了不少东西，但看来在我的潜意识中还是更执着于一点：我希望我的所思所想多是原创，如果多是学来的，噢，这不行，这会破坏我的自恋。

后来我和我的咨询师多次谈到这个梦，以及我的这个问题，然后发现这个问题延伸到我生活的方方面面。

特别明显的一点是：高中时，我热爱象棋和围棋。我是高中同学象棋爱好者中的高手，不过高手有好几个，我们势均力敌。但我的围棋水平出类拔萃，高出大家一截，没人能和我比。

第一次看到围棋，是源于隔壁宿舍一个同学，他的哥哥据说是专业棋手，他带围棋来学校，和另一个同学"厮杀"。他们在上铺，我就踩着凳子观看。那时我个子比较矮小，一副小孩样，他就调侃我说：小孩，知道这是什么吗？这是围棋，很高深的！

看他们下了几局，这个同学一直在赢，但我觉得我已经知道是怎么回事，于是说，咱们玩玩吧。结果，我第一局就赢了他，然后一直赢他。

后来这个同学暑假回家跟自己哥哥学了一些，再回来找我玩，开始的第一局赢了我，但之后又不行了。

可能是这份自恋极大满足了我，所以我非常投入。结果，上课时，我有时看着看着黑板，突然间像出现幻觉一样，黑板变成棋盘，黑白棋子在上面走动。因为这份投入，我的水平不断提升。我们都不怎么打棋谱，而那些套路也就是围棋中的定式，毫不夸张地说，至少百分之九十都是我想出来的。

等上大学后，我发现北大同学中围棋水平比我厉害的太多了，一了解，他们都是研究过棋谱背过定式的。于是我也买了几本相关的书，想好好学习，可发现学不下去。

这件事在学科学习上也存在。我高二时发现上课听讲是浪费时间，我自学20分钟，效果不比老师讲45分钟差，于是我就决定自学。在那些不懂的地方画上记号，以后问老师或同学。从此学习效率倍增，成绩突飞猛进。但同时，我无形中对自学越来越执着，而在听讲上变得越来越挑剔，这构成了一种障碍。这份挑剔，就来自我在使用自己的头脑居高临下地评判各种老师。

作为摄影爱好者，这一点也严重阻碍了我掌握摄影技术。例如，我到现在还没有掌握 PS（修图软件 Photoshop）。不仅如此，我发现自己常常连相机的说明书都没有看懂似的。

我以前没有特别重视这件事，但和分析师多次探讨这个问题。他说，我也常常把他的解释挡在我的头脑之外，这些探讨让我越来越能觉知到这个问题。

现在，再看我没有看懂的相机说明书，发现原因很简单——我看得太快了。相机到手后，我最多花一两个小时去看说明书，而且是快速、跳跃着看，其实只要我看慢一点，遇到不懂的，多读几遍就懂了。有些很不熟悉的功能，我结合说明书多多实践几次，反复操作，就可以掌握它。

上学时我就是这么做的呀！怎么现在变得这么着急？在和我的咨询师探讨

时，发现原因应该是：读书的确是有生存压力的，考不上大学、考不上好大学会严重影响现实利益，所以对现实世界的在乎让我愿意放下自恋，耐下心来学习。但玩摄影没有这份压力，于是自恋就冒出来更多。

这些理解让我更有耐心了。所谓"耐心"，其实就是开始了解摄影时自恋被挫伤，感觉从自恋维度的高位降到了低位，那就接受这份挫伤，然后继续努力就好。

存在，或者说"道"，是完美的。但我们不能把头脑层面的自恋想象当作完美的事物。

完美的东西不需要学习，不需要吸纳。所以一旦你觉得自己完美了，就不会再开放自己了。我们得接受自己的不完美，欢迎自恋的挫伤，而当自恋被撕开时，才能有光进来，于是你得到了滋养。

当你止步不前时，你真需要问问自己：我是不是在维护自恋的想象，活在头脑暴政中了？

· 第二章 ·
失眠心理学

失眠，也许是因为太孤独

失眠的直接原因显而易见：头脑停不下来，还处在兴奋中，不停地转。有时，头脑没那么兴奋了，可你会发现自己就像是抓着一两个思绪不放似的，虽然困极了，但这一两个思绪就是在转来转去，结束不了。

对于这种情况，我们得知道一个道理：思维是"我"无法掌控的。

面对这样的失眠，有人会犯一个错误，就是不断像下命令一样，要自己的思维停下来，可越下这样的命令，思维通常会越兴奋，然后更难入睡了。

我们得知道，思维是不能被"我"所掌控的，所以你得放下这个念想——命令自己的思维停下来。

那该怎么做？你可以把注意力放到身体上，例如做一下深呼吸，或做一下扫描身体练习。后者是我每天都做的练习，其实是正念的一种，就是设定一个顺序，例如从头到脚或从脚到头，一点点地移动注意力。这时你会发现，你的注意力从思维那里移开了，然后你的头脑自然而然地不那么兴奋了，于是就可以入睡了。

这里面的另一个基本道理是：注意力是重要的心灵养料，你把你的注意力放到什么事情上，什么事情就会被滋养、被加强；相反，如果你把注意力从一件事上移开，那么这件事就会逐渐萎缩。

这是显而易见的道理，在各种讲睡眠障碍的书籍和文章中都可以看到。

我谈一点特别的。

精神分析特别重视关系，我喜欢的一个说法是：关系就是一切，一切都是为了关系。

更哲学化的一个说法是，自体（self）永远都在寻找客体（object），"我"永远都在寻找"你"。即，人永远都在寻找可以充分信赖、依恋的关系。

可是很多人没有建立起最基本的关系，或者说，"我"没有找到可以依恋信赖的"你"。

当最基本的关系无法建立，"我"没有寻找到"你"时，人会去寻找一个替代品，就是"头脑"。

仅仅这样说不足以表达出头脑的重要性，更致命的表达是，这时可以称之为"头脑妈妈"。即，没有一个外在的、真实的、靠谱的妈妈可以信赖依恋，自己转而向内，结果找到一个"头脑妈妈"。

这是非常原始的依恋失败。本来一个孩子的自我发展需要不断破壳。最初需要破掉自恋的壳，破掉这个壳后，可以进入原始的依恋关系——母爱的怀抱中。接着，要破掉母爱的怀抱，进入由父母与孩子这个原始的三角关系构成的家庭港湾。接下来，要破掉家庭港湾，进入自己所在文化的社会熔炉。最后破掉社会熔炉，进入无限世界。

可是，很多人没有找到最基本的依恋对象，例如，母亲可能严重缺席，或者母亲太弱，或者母亲即便一直在，但严重缺乏回应孩子的能力。于是，孩子就进入不了母爱怀抱，而停留在"自恋之壳"，或者说"自闭之壳"中。

"自恋之壳"这个词不是很精准，但你可以这样想象：作为体验者的"我"是一个幼小的孩子，面对外部世界担惊受怕，却没有谁可以依靠，而自己的"头脑"就像一只大手，把"我"这个孩子给托住了。

这种情形可以说是没有一个外在的真实妈妈可以依恋，而是依靠自己的头脑，用它来保护、安抚自己。

具体来说就是，当遇到刺激的时候，当有不安的时候，头脑给予解释，这种解释带来一种亦真亦假的安全感；头脑还可以编织故事，例如，编织白日梦，一个从未谈过恋爱的女孩，可以幻想自己与一个天王巨星谈恋爱；头脑还可以扭曲、屏蔽信息，让自己对一些信息进行筛选，或干脆把它们扭曲成另一种样子。

当头脑是"照顾者"时，就带来一个问题——它不能安静下来。

因为，头脑是妈妈，是保护者，它安静下来不运转了，作为体验者的"我"这个孩子，就要直接面对不安，这是不可以的，所以头脑不能停止运转。

然而，头脑不能停止运转，你也就无法入睡。

如果依恋产生了，有一个真实妈妈照顾自己，那就很不一样。婴幼儿可以彻底停掉头脑而安然入睡，因为他们确信外面有一个爱自己、有保护能力的"妈妈"在呵护着自己。

婴幼儿的这种经验如果成为一种基本稳定的体验，就会最终内化到心灵，于是外在的、可信赖的妈妈，就内化成了"内在的、可信赖的妈妈"，也就有了基本的安全感，于是成年后就可以酣然入睡。

我讲一个例子吧。

一位严重失眠的来访者，多年以来，几乎每天晚上都要凌晨两三点甚至更晚才能入睡，而且她觉得自己好像从来没有真正睡着过，她的大脑好像从来没有停止运转过，她也因此觉得，自己没有休息过。

我们不断地探讨这件事，逐渐形成这样一个理解：在体验上，她觉得自己是一个极度无助、虚弱而充满恐惧的婴儿，而她的生活中，根本没有谁能给她提供依恋和保护。于是，她把头脑当成了保护者，这个保护者无法停止运转，否则她就会体验到严重的无助、虚弱和恐惧。

这时，就产生了一个很有意思的问题：这是她婴幼儿时的基本感知，而她现在已经是成年人了，她能不能通过这份领悟改善睡眠呢？

答案可能是，不能。

就此，我讲一个"经典"的故事，这个故事我在多个场合讲过。

德国铁血首相俾斯麦，堪称"德国的缔造者"，他绝对是地球上最强悍的人之一了，但他有一个问题——他有严重的失眠。当时一个学术名声不怎么好的"江湖医生"施文宁格治好了他这个问题。

施文宁格的治疗方法是：晚上俾斯麦入睡前，他会坐在俾斯麦床前，等俾斯麦睡着了就离开。第二天早上，在俾斯麦醒来前，他会穿着和昨晚一样的一身衣服，出现在同样的位置。这给了俾斯麦一种感觉：这个人好像一晚上都没离开过，他一直都在。

这样持续一段时间后，俾斯麦的失眠症就被治好了。

不过，事情并未就此结束。后来，这位医生成了俾斯麦的女婿，成了他离不开的人。

这个故事背后的逻辑是：因为一个可靠的人稳定地在自己身边，俾斯麦的安全感逐渐建立了，他的"头脑妈妈"就可以放松下来，于是就能安然入睡。

所以我们可以看到，即便强横如俾斯麦，也不能靠自己的强大头脑自动获得安全感，他仍然需要借助关系的帮助才能解决失眠问题。

普通人也是一样的，治疗失眠的最佳良药是进入深度关系，即从自恋维度进化到关系维度。

这样一来，就不再是自己左右互搏，即用自己的头脑守护着自己的身体，而是"我"真的对"你"——其实也是对世界，有了深深的信任。

失眠中的思维陷阱

我继续来讲讲，失眠时的"头脑妈妈"到底在做些什么，以及人容易对此产生的一些误区。

容易失眠的人常见这样一种情形：睡不着的时候会翻来覆去地想白天的事情，特别是白天发生过的一些冲突，有时是大的、剧烈的冲突，这可以理解，但很多时候是一些非常琐细的冲突，并且可能是你觉得是冲突，但对方完全没觉得有冲突发生。

所以，这常常是自己的内心戏。失眠的人有时是在想自己哪里做错了，导致了冲突；有时是在想对方在哪里攻击了自己，而自己没有还击，没有表达愤怒。于是觉得自己处在了自恋的低位，而感到虚弱和羞耻，并且会不断去想象，这件事自己怎么应对会更好。

我们一直在讲内在想象和外在现实，这些失眠中的想象可以理解为：这是因为在现实的外在关系中，你应对不了这些冲突，于是后退到内在想象中，去处理这些冲突引起的焦虑，即死能量。

有时，主要的原因是自己既敏感又虚弱，即你很容易觉得别人在攻击你，这是敏感，可你的人格力量太虚弱，所以不敢还击。结果，委屈、羞耻、被迫害感等负面体验就会淤积在内心中。

例如，一位几乎每时每刻都处在暴怒中的男士，他想成为每时每刻都在关系中占据自恋高位的人。譬如看到别人有任何优点，就会羡慕嫉妒恨，可他也从不在关系中表达这份严重的负面体验。于是，这些累积的糟糕体验会噬咬他的心，到晚上孤独一人时会特别清晰，这时他难以入睡，并且会一遍遍回顾、想象白天的各种细节，并幻想自己狠狠回击、惩罚了那些让他感到难受的人。实际上，对他而言这简直是他遇到的所有人。他这绝对是全能自恋级别的心理逻辑。

有时，主要的原因就是敏感，自己并不虚弱，但因为受全能感的支配，而觉得自己应该得到神一般的对待，可其实没有或还很不够，这时他也会非常非常生气，即有了全能暴怒和被害妄想，这也会产生严重的死能量的淤积。同时，尽管白天在关系中表达了一些，可自己的理性知道，不能表达太过，所以有克制。

虽然这种做法是合理的，但内在感知是另一回事。可以说，在选择行为时，这样的人是基本成熟的，可是内在感知上，他们在相当程度上滞留在婴儿的全能自恋中。于是，他们也要退到孤独的想象中，去处理这些白天在关系中处理不了的死能量。

以上这两种情形看起来问题严重，但其实还好，他们大体知道自己是怎么回事，能在咨询中比较清晰地去探讨，而失眠最严重的，常常连这些都觉知不到。

失眠最严重的人，好像在现实世界也没受严重刺激，但晚上他们的头脑就是停不下来。这是因为，哪怕是最轻微的现实刺激，即关系中的刺激，对他们而言都是过度的。同时，他们又几乎彻底不在关系中去真实互动，于是，这些能量都不能在外部关系中展现，最后变成要在他的内在想象中去处理。这时，哪怕非常琐细的东西，都要靠孤独头脑花很长时间来处理。

我们得知道一个道理：当你能在现实关系中互动交流时，你会发现，能量就会流动起来，而且一旦关系中出现联结，例如，理解、共鸣和真切情感，一些负面体验可以立刻得到安抚，而且还会变成好的体验；但是，当你不能走向互动和交流，而主要靠内在想象时，一个很小的冲突都可以非常损耗你，你甚至会发现，你根本处理不了这个冲突，你会记很多年，甚至一辈子。

所以我们要勇于在关系中表达，同时作为成年人，也得学习、认识自己的全能感带来的各种极端想象和体验，在这样两个方向同时努力，是最可能促进自己心灵成长的。如果只是想在关系中表达，会有很多问题。同样，如果只是想向内认识自己，会让自己可能只是活在内在想象之中。

例如，有人觉得自己根本不可能在外部现实中表达自己，任何一点冲突他们都处理不了，他们的梦想也不能在现实中实现。这时，他们就可能启用一个方式去应对：彻底不理会现实世界，而去构思白日梦。在白日梦中，他们畅想自己无所不能，有各种美妙事情发生……

这些想象会安抚他们，也因此会让他们一直沉浸在白日梦中，但因为逃避了现实，而导致他们对现实的适应能力越来越差，至少是没跟上年龄带来的各种挑战，于是他们会越来越依赖白日梦，更加停不下来。

以上的这些思维陷阱是容易见到的，通常自己也会有认识和理解，我接下来说一些特别的、不容易被认识到的。

我的来访者中，很多人长期失眠，深受折磨。这时他们会有这样一个认识，前面我在"破除'状态幻觉'"一节中提到过，即：我白天状态那么差，就是因为晚上没睡好，如果我睡好了，白天就可以好好学习、工作、与人相处了。于是，他们会在改善睡眠上花很多力气，但发现没什么效果。

这是因为，这些来访者活在严重的孤独的想象中，他们没有投入到外部现实，在各种关系中，他们都是退缩的。于是，他们的能量释放不出去，还要花很大力气去压制这些能量，这才是导致他们白天状态差的根本原因。睡眠障碍的确损害了他们的状态，但这是次要原因。

甚至，这个逻辑完全是相反的，不是因为晚上能睡好，然后白天才能有好的状态，而是当他们白天能走出孤独想象，把自己的生命力投入外部现实关系中时，他们才能体验到酣畅淋漓的感觉，这才能带来好睡眠。

不仅如此，睡眠障碍甚至会有一个非常大的好处——损耗生命能量，而降低他们与外部现实建立深度关系的程度。

这是什么意思？这怎么能说成是好处，而且还是非常大的好处？

要讲清楚这一点，得认识到一个逻辑：我们每个人的人格，都处在一个相对稳定的水平，这个人格，或者说自我状态，会形成一种循环系统，让我们的心理能量能升起、消耗乃至灭掉。这个循环系统由很多东西组成，其中一个关键部分就是我们的日常生活节奏，包括睡眠。它能容纳的能量水平也是稳定的，当能量太高时，这个循环系统就会容纳不了，因此需要降低能量水平，而坏睡眠就可以起到这个作用。

可以想象，就像是你有一个内在的、复杂的管道系统，这个管道能容纳的水流是基本稳定的，水流太低时，这个管道系统是安全的，当水流太大时，管道系统可能会被破坏掉。

例如一位女士，我前面讲过，她多年以来都是凌晨两三点才能入睡，她特别想改善这种局面。但是，当偶尔睡眠有了改善后，她发现，自己立即产生了一些恐慌，这份好状态带来的能量好像对她构成了一种逼迫，她得好好去工作、去建立关系才行。然而她一直在逃避外部现实，觉得自己根本无法应对各种看似普通的人生议题，如工作、交友、成家生子。

看到这一点后，她才明白，她得用各种方式"杀掉"自己的能量，把能量水平降低，让自己处在混乱不堪中，如处在各种白天晚上的胡思乱想中，这样才可以不去面对外部现实。

这听起来不可思议，但我相信太多人有感知，当你的能量不断蓄积起来后，你一方面感到精力无穷，另一方面你会憋得很难受，得找到一些方式把这些精力浪费掉。例如，很多来访者讲到，他们状态越差时，越是要频繁自慰，这是杀掉能量的一种很有效的方式。

如果把生命视为一种成长，那么人格的成长应该是最为关键的。人格成长就像是不断在拓宽你的循环系统，而可以容纳、蓄积更多的心理能量，让你可以做更高水平的事情，并体验到更美妙的东西。

要做到这一点，就需要一个人勇敢地把内在想象投注到各种关系组成的外部现实中，去淬炼自己的人格。如果整天只是向内修炼自己的心，或者整体陷入想象，是起不到这个作用的。

讲到这儿，也许会让一些有睡眠障碍的朋友绝望：哎呀，不就是一个破失眠吗？难道就没有简单的办法能治疗吗？

也许我们得庆幸，没有太简单的办法可以长期奏效，这会逼迫很多陷入孤独的人去学习破掉孤独头脑，而去呈现真实自体，投入深度关系。

睡眠中的生死隐喻

想有好睡眠，得让思维停下来，这不仅是一个常识，也得到了研究的确证。

美国波士顿大学的研究人员拍下了睡眠中大脑自身清洗的过程。研究发现，当人进入深度睡眠后，血液会周期性地大量流出大脑，这时脑脊液会趁机涌入，去清洗毒素，如可以导致阿尔茨海默病的β淀粉样蛋白。但这个过程必须是睡觉时才能发生的，清醒时脑脊液无法"乘虚而入"。

为什么必须在深度睡眠中才能实现这一点？我的推理是：人在深度睡眠中，思维活动才能在最大限度上停下来，然后才能发生脑脊液的涌入，引发清洗过程。

现代社会太崇拜认知，但前文提到，我的一位研究脑科学的同学说，他们的确发现，思维太发达的人反而容易得阿尔茨海默病，这一度让她觉得难以理解，她还因此警告我，因为在她的印象里我就属于那种思维太发达的人。

我也的确一直隐隐有类似担心，因为我的睡眠质量也不算太好。我入睡没有难度，但容易醒，而且一觉醒来，必然会记得做过的几个梦，所以可能是思维一直都在活跃之中。不过还好，我另一位朋友开睡眠中心时，我专门体验过，其中一项是测量深度睡眠，我的深度睡眠的品质和时间算不好不坏。

各种基本的人性体验其实都是奢侈品，如放松、专注、幸福感，也包括好睡眠。例如，在很多年轻人中，能一觉睡到天亮的人，只占一成。

我的来访者中很少有人有这样的睡眠品质，但我有几位朋友一直能一觉睡到天亮，有男有女，他们共同的特点是人活得痛快，很少纠结。

例如我的一位朋友，她从来都是倒头就睡，雷打不动，醒来元气满满，一天都不需要再睡，就算小憩都不需要。她一天的睡眠时间一般就是六个小时，哪怕假期她都不需要用睡大觉的方式来休息，仍然是兴致满满地做各种事情。

观察这些人，也对比睡眠有严重问题的人，我觉得好睡眠得有这几个条件：

第一，能酣畅淋漓地把劲儿使出去。这不仅仅是体力上的蛮劲，也包括精神分析讲的动力，即自恋、性和攻击性这三大动力。劲儿使出去了，就不内耗了。

内耗，从直观上就可以看到会严重影响睡眠。你睡不着时，常常是在翻来覆去地想事情，而且是左思右想，连想象都不痛快。

第二，你把劲儿使出去后，不后悔，也不害怕被报复。所以你得有基本的安全感，例如，俾斯麦尽管可以痛快淋漓地展现他的生命动力，但看来他缺乏安全感，还需要施文宁格医生的治疗。

这种安全感可以和力量有关，即你觉得有力量保护自己。但最好你的内心是比较和谐的，你的自恋、性和攻击性的动力，不是黑色的、破坏性的，而是人性化的生命力。这样你把劲儿使出去后，既不觉得伤了谁而产生内疚，也不担心被报复而产生恐惧。这样你不仅没有因为内耗而使不出劲儿，也不会因为劲儿使出去而产生新的纠结和内耗。

我有一次参加一个金融论坛，认识了一位"牛人"——洪泰基金的创始人盛希泰。当时我在论坛上讲解梦，而他说自己这辈子从来没做过梦。再一聊，他真的是基本达到了道家的说法——真人无梦。他说，自己这辈子没有遗憾，他想做的都做了，想实现的也都实现了，而且他从来不会压抑自己，甚至都不知压抑是什么意思，可他的人性化程度也极高。

由此可以说，他在极大程度上实现了意识与潜意识的合一，然后就不做梦了，毕竟梦是潜意识的经典表达。

相反，如果你是一个内耗比较多的人，你会发现，你需要多睡一些。可是真睡觉时，你又不能安睡。于是变成你总需要睡觉和小憩，但睡眠质量一般。

对于这样的人，睡少了可能会造成巨大损耗，甚至会猝死，而睡多了也不是好事，研究说会导致认知能力下降。

为什么认知能力会下降？我认为是表达动力太困难，带来了纠结，而且思维总是停不下来，这导致了被过度无效使用。即，你总在焦虑，脑子总在转，可又不能解决问题，甚至对解决问题毫无帮助，你就是在一种高焦虑、低效率的小循环中使劲转。

至于不纠结、劲儿使得痛快的人，他们既不容易猝死，又不容易认知能力下降。年纪大了也仍然有很好的感知能力，身体机能会退化，但他们的心灵和头脑仍在继续进化。

所以，人得活得痛快一点。用本书的话讲就是，不能把劲儿都憋在孤独的想象之中，得在外在的关系世界里痛快淋漓地去展现。

痛快地活着，是一个大话题，我们再回到这节内容的一个小话题上——如何能让思维在睡觉前停下来呢？

纯粹的思维是人难以左右的，但我们可以管理我们针对一件件事情的思考过程。

我们可以这样理解：任何一件事都是一个独立的生命，那些你根本不想进行的事情，可以在睡前对自己说一声"让这件事就此完结吧，让它消失吧"。

心理学有一个术语——"未完成事件"，指一个人不能被淹没在未完成事件中，因为它们很占心神，特别是那些让你纠结的很鸡肋的事情。如果这些事情在你的外在现实和内在思维中运行了很久都没有结果，那它真的就像是一个程序一样会占据内存。放下它们，结束它们，做你生命中的死神吧。即，你主动杀死了这些事。

不过，这样就引出了一个问题：活得痛快的人，不仅在外在现实上拿得起放得下，在思维上也不纠结，可以比较容易地清除一些无效程序；但相反，活得不痛快的人，在外在现实上会左右为难，在思维上也出现了一个问题——难以做到停掉这些无效思维程序，于是头脑总在运行中，就像是头脑成了没办法暂时关机的电脑一样。

为什么会这样？

思考这个问题的时候，我有了一个认识：生过，才能死；充分活过，才能坦然接受死亡。

这个道理是藏在无数事情中的隐喻。睡觉前，大脑停下来，这意味着无数思维得"暂时死掉"。

这时就出现了前面讲的那种区别：活得痛快的人，思维可以停下来；活得不痛快的人，思维难以停下来。

这是因为体验和思维的区别。体验必然要在关系世界展开，它更真实、更具体，可以有清晰的出生、发展、高潮、退潮和死亡；但思维容易停留在内在想象中，而且是抽象的、难以碰触的符号系统，因此我们也难以感知到纯粹思维从出生到死亡的过程。

因此，一个活得痛快的人，他的思维和体验紧密联系在一起，可以跟着体验一起从生到死，于是睡觉时可以让思维停下来。

相反，活得纠结的人，没有展开体验，没有在关系的现实世界中酣畅淋漓地活着，而是在相当程度上退缩到了孤独的头脑想象中。他的思维和体验也因此剥离了，所以不能借助体验的特质从生到死，而变成了飘忽的思绪。纯粹的思绪脱离了肉身，它的生死不容易感知，也因此难以在睡觉时暂时死掉。

"生死"这些词大了一些，可以使用完形心理学的术语——"完形"。完形心理学的基本逻辑是：当一股能量或一个表达构成一个完整的整体时，这股能量或表达就可以"完形"了，然后这个整体就可以放下了，即可以消失了。

其实也可以理解为，这股能量或表达充分地活过了。

越是体验，越是具体，就越容易有生死的感知与隐喻。例如性爱，一场满意的性爱后，人最容易酣然入睡。它有最具体的开始、发展、潮起潮落乃至结束。

相反，越是头脑性的东西越是抽象，越不容易有生死的感知与隐喻。一个思绪飘起，它在不经意中"出生"了，可如果这个思绪没有进入关系，就容易只是一个轻飘飘的能量，接下来也不会有发展、高潮与潮落，然后你会发现，你想让一个思绪直接消失简直是不可能的。

如果你觉得我这些说法很触动你，那么就得知道，人真的要勇敢地投入体验，让自己的生命就像法国小说家司汤达的墓志铭上的那种表达——"活过，爱过，写过"，然后就可以坦荡去死了。

如果每一天都可以这样度过，那你就可以"小死"一下——酣然入睡了。

·第三章·
内心与世界

内化和外化

每个人都活在双重世界之中，即内在想象世界和外在现实世界，这两个世界之间必然有大量的互动，而一个人的成长就有赖于这种互动的丰富性和深度。

这个互动有两个方向：人的内在心灵投射到外部世界，进而影响外部世界，甚至将外部世界塑造成自己内在心灵所希望的样子，这可以称之为"外化"；人的内在心灵也会将外部世界吸入内心，这可以称之为"内化"。

例如，精神分析认为，一个人童年时的经历会内化到心灵，于是外在父母就内化成"内在的父母"，而自己童年时的那些感知就会内化成"内在的小孩"，所以人格或自我就是"内在的父母"与"内在的小孩"的关系。这是典型的内化过程。

至于外化，我认为，一个成年人的人生，主要就是他的内心外化的结果。例如，一个一直挣不到钱并错过很多次大好机会的人，当深入他的内心时，就会看到他只是意识上认为有钱是好的，但内心深处认为钱是肮脏的，邪恶之徒才会有钱。并且，你还会看到，这样的人，当他突然有钱了，他会容易生病，甚至遭遇一些伤害事件，还可能会变得面容猥琐，反而在不那么有钱时，他倒比较坦荡、愉快。

这两种互动时时刻刻都在发生，而精神分析围绕着这两种过程也有各种有意思的术语。可以说，我们时时刻刻都在把内心外化出去，同时又会将外在世界内化到心中。当这两个过程能比较好地发生时，一个人会显得灵活又自由。

但也有人表现出只想着外化，即只想着影响外部世界，而拒绝被影响；也有人会很容易受到外界影响；同时，有人在这双重世界之间构建了一道坚不可摧的高墙，于是这份互动就遭到严重破坏。

以上是关于内化和外化的一个简单描述。

讲一个我自己的小例子吧。

有一次，我洗浴间的一瓶洗发水用完了，只剩下一个空瓶子。第一次确认这件事后，我想：嗯，这个空瓶子该扔掉了。

然后，过了差不多一个星期，这个空瓶子还在，然而我每次看到它都会对自己说：该扔掉它。并且，这件事甚至平时我也会偶尔想起，那时也会提醒自己说：下次去洗浴间就把它扔了。

这是一件很小的事，扔不扔这个空瓶子对我并没有多大影响，但是，如果较真儿一点，这的确意味着在这段时间里围绕着这件事的"头脑程序"没有实现过完形，于是这个程序一直在运转，不仅我看到时会运转，看不到时也仍然在运转。

当这样的事情很多时，就意味着一个人的头脑中有太多这类低效运行的程序，累积起来就可能真会构成内耗。

终于，在差不多满一周时，我在又一次进到洗浴间时，先把这个瓶子拿起来扔了。那一刻，我感觉有点舒爽。这种舒爽是因为我的内在能量因为得到外化而得到释放。

这是一个外化的小例子。我有了一个念头——"该把这个瓶子扔了"，当这个内在的念头变成外在的现实时，就意味着一次外化发生了。

想说明一下，作为宅男作家，我的确是在相当程度上过于活在内在世界中的人。我虽然通过写作影响了现实世界，但生活中，我过于谨慎，总是不想给别人添麻烦，我的太多想法都停留在想法，而没有外化到外部现实中。

精神分析学家玛格丽特·马勒特别重视外化，她认为，孩子需要在 6～36 个月的这个阶段，初步实现"外化"，即，孩子会活泼生动地去探索他与母亲的世界之外的世界，而且会把他的想法表达在外部世界上。

由此可以看到，外化有两层内容：

1. 幼小的孩子会觉得妈妈和自己属于"内在世界"，而需要去把自己的兴趣、意志和关注点拓展到外部世界；

2. 幼小的孩子能将他的内在想象表达在外部世界之中。

马勒认为，当外化基本达成，即孩子能自然而然地向外部世界伸展自己的生命动力，这是幼儿的一个巨大胜利，是一个标志性的自我发展标准。相反，当孩子严重退缩在自己的世界或躲在妈妈的羽翼中时，这是一种发育失败。

用本书的一贯逻辑来讲就是：婴儿最初都是活在原始的全能自恋想象中，需要不断与外部世界互动，而走出内在想象，能拥抱外在现实，并由此驯服了自己的攻击性，让它得以人性化。

婴幼儿不能独自实现外化，必须在抚养者的帮助下实现，并且最初就是通过吃喝拉撒睡玩这些看似普通得不能再普通的事情而实现，所以抚养者要特别重视这两点：一是帮助孩子实现对这些事情的基本满足；二是随着孩子的能力日益增长，得逐渐让孩子学习，能自己做到的就自己来做。

然而，这一点上我认为很多人是有欠缺的。我从很多人那里听到"我是一个人长大的"，这种孤独很可能导致他们退缩在自己的世界里，从而外化受到严重阻碍，因此他们常常陷入内耗。

对于总是在内耗的朋友，我有一句有点辛辣的话："不能折腾世界，只能折腾自己。"即，人不能控制外部世界时，就会转而控制自己。

例如，我见过一些人——常是男性，他们从青春期开始就有非常严重的自慰行为，有时一天能自慰几十次甚至更多。其中一些人成年后仍很频繁，但也有一些人在成年后突然次数少了很多，还会有，但和正常人差不多了。

自慰本来是正常的事情，但像他们这样，多年都保持高频率的自慰，就是一种问题了。

这些人有一些共同之处，他们身上像是缺少一种气，一种精气神，看上去都有点萎靡不振。再深入了解就会发现，他们都有社交恐惧症，这也意味着他们大多会比较宅。

这其实不是一个简单的性生理问题，而主要是心理问题。对此，我们可以用外化这个概念来诠释一下。

可以说，这些男性的外化就没有实现，他们主要还是活在内在世界之中，他们会有丰富的想象，对他人和外部世界也有各种欲求，但他们向外部世界传递、表达这些想象和欲求时非常困难。于是，这些生命动力不能向外伸展，无法去折腾这个世界，只能转过来折腾自己了。

高频率自慰就是这个逻辑的一个典型展现而已，在性之外的其他领域，他们一样存在着这个问题。

那些一直到成年都仍然高频率自慰的人，是因为他们的外化迟迟没有得到改善，而那些成年后逐渐放下这件事的人，是因为外化基本得到了实现。

讲到这儿，也许你会纳闷，难道不是因为青春期性欲太强，可又不能通过关系来实现，只好自慰吗？你把事情说得这么复杂，有必要吗？

如果只是不能通过关系来得到性欲满足，那就意味着，等有了性关系后，他们的自慰会大幅减少，但其实不是，他们中一些人哪怕有了很喜欢的恋人，仍然需要高频率的自慰。

在咨询中可以看到，这些人的社交恐惧症在情侣关系中其实仍然存在，他们围绕着关系的各种动力，仍然不能真实、直接、充分地表达在关系中，而是憋着的状态。于是，他们甚至要在性爱后，还要通过自慰才能满足。

当探讨性爱后的自慰时，他们会说，在和恋人做爱时，他们感到不自由、没有控制感，而自慰时，他们在控制一切。

　　高频率自慰只是一个典型的例子而已，这种现象背后的逻辑在很多方面都有展现。

　　如果你发现你的孩子严重退缩在自己的世界中，那么试着帮助他，恢复他对基本需求的掌控。只不过，大一些的孩子多了学习和交际的需求，难度一下子大了很多。

　　作为成年人，如果你发现你严重退缩在自己的世界中，那么要意识到你可能还没有完成外化这件事。试着照顾好自己，而且就是那些看似俗气但充满烟火气的基本生活需求，一样是吃喝拉撒睡玩，当然还包括工作和人际关系。

　　实际上，当一个成年人能把自己照顾得比较好的时候，几乎必然意味着他的外化已经基本实现。因为这需要建立很多人际关系，同时还要与外部世界进行丰富的互动，然后才能实现。

　　不要把纯净看得太高大上，不要只追求精神生活，至少得知道，人生中那些充满烟火气的俗事，藏着深刻的意义。

头脑暴政的自我 PUA

　　"PUA"近些年成了一个热词，它本来的含义是"泡学"，即教男性如何通过各种手段吸引、欺骗、伤害异性。在这些手段中，有严重的、系统的贬低，因此，"PUA"这个词几乎成了贬低的代名词。例如，有很多人说，女性之所以太容易陷入 PUA 的套路，是因为在重男轻女的文化中，太多女性在原生家庭中先遭受了父母等抚养者系统性的 PUA，即贬低。

　　"贬低"这个词，好像不能构成一种系统迫害，而 PUA 就有了这个含义。这是我理解中的 PUA 的一个含义。

　　我在咨询和生活中都会遇到这样一类人，他们永远处在不满之中，甚至到了每时每刻都充斥着不满的地步。

这类人会有一些区别。其中一些永远在挑剔、批评他人，他们打心眼儿里不会对别人和其他事物有满意的时候，但是，他们对自己还好，看起来不会挑剔和批评自己。他们很难出现在咨询室里，偶尔出现也是家人拉他们来的。因为成为一位来访者，首先意味着，得承认"我"有问题，而他们是不会认为自己有问题的。

还有一些人，他们会时时刻刻挑剔、批评他人，但他们也会这样对待自己。说挑剔和批评都不够，他们简直时刻处于暴怒之中，恨不得把自己给毁了，或者把别人甚至世界给毁了。因为他们也在无情地挑剔批评自己，所以他们会主动出现在咨询室里。

和这些人沟通多了，我有了一个感慨：

如果你期待什么事情都做到 100 分，那就意味着你一直在持续地攻击自己，因为这根本做不到。

讲到这儿，相信一些朋友自己都能做分析了，知道是全能自恋的问题。期待时时刻刻都能做到 100 分是全能自恋，当做不到时，就有了全能暴怒，并表现出无情的挑剔、批评乃至毁灭欲。

例如，我多次讲过的那个故事：一个女孩每次考试后都恨不得杀了自己，哪怕考了年级第一名仍然会这样，唯独有一次例外，因为那一次，她做到了门门功课都是年级第一名。这一次，她终于做到了完美，而她由衷地认为，她就应该是这样的。

现在，我从头脑暴政的角度来谈谈这个问题。

即，你的头脑是评价者，是主人，还是分析者，是工具。这两种感知会导致截然不同的生命状态。

埃克哈特·托利在他的大作《当下的力量》一书中谈到，人很容易犯的一个错误是"向思维认同"，即把思维当成了"我"。

一旦发生这种事，思维即头脑，就变成了主人，而且会成为评价者。相反，当你能深刻地活在体验中，头脑就会主要是分析者，是工具。

托利阐述"向思维认同"这件事，给了我很大触动，而随着对全能自恋的认识越来越多，我认为得做点补充，才能更清晰地看到向思维认同所带来的严重问题。

这个补充就是，一旦出现"向思维认同"，将思维认同为"我"，几乎必然出现的情形是，这个"思维的我"会走向"全能头脑"，即头脑认为万事万物都应该是完美的。然后，全能头脑会以此去要求自己和万事万物，于是觉得自我和客体都是严重残缺的。

从现实上来讲，这是分程度的，有些人的全能头脑会非常严重，如我前面讲的那些永远在暴怒的人，他们的程度很严重、很极端，而普通人身上就不会这么极端了。但和普通人一谈，你会发现，同样有很多人在大多数时间都处在不满之中，背后的道理是一样的，都是头脑成了评价者，成了主人。

永远都在暴怒中的人，如果是男性，情况貌似会好一点，因为男性容易活在理性与逻辑中，所以可以和他们探讨他们的全能头脑是怎样控制他们的。例如，一位男士，他看起来接受了全能自恋的理论，知道自己的暴怒都是全能自恋被破坏引发的全能暴怒。然而，他的改变非常慢，我发现我的解释几乎无法对他发挥作用。后来我们发现，他只是头脑上听到了我的解释，而在内心深处，他仍然由衷地认为，所有事情都应该可以立即做到完美。

如果女性永远都在暴怒中，这件事会更困难一些。当然，可能这是我的咨询风格不够合适。因为我的情绪流动、情绪容纳度差一些，所以我在和她们进行咨询时，不太能很好地做到对她们情绪的容纳。并且，她们会严重地排斥任何分析，因为分析意味着在攻击、批评她们，这是她们不能接纳的。她们不仅打心眼儿里认为她们应该是完美的，而且也会认为我也应该能做到和她们进行完美的回应，我和她们的关系，也该是完美的，不能有任何瑕疵。

这种时候，会出现一个恶性循环的链条：

她们生活中遇到了问题，这本来主要是她们的全能暴怒导致的问题，但她们必然会认为这是别人伤害了自己，并因为这个认识而攻击批评其他人。可以说，在各个节点上，她们的自我都制造了一些问题，但是，你绝不可以直接和她们说她们是有问题的。

这要等她们自己慢慢醒悟，然而当她们醒悟后，一旦发现自己的问题，就会变得很羞愧，会立即严重地攻击自己。

在她们的身上你会看到，比起问题本身，意识到自己有了问题是更危险的，对她们的冲击更大。

例如，一次咨询中，一位女士强烈地攻击了我，她的情绪堪称狂风暴雨级别的。而她之所以这么激烈，是因为她认为我犯了一个错误，而她无比坚定地认为自己的这个判断是对的。但随着深入的探讨，她发现对我的这个判断是错的，我并非她想象的那样。这下她变得很艰难，这意味着，真要用评价者来看整件事，就意味着她错误地判断了我，接着错误地怪罪了我，又对我进行了狂风暴雨般的攻击，她难以承受这个连环错误的链条。

她们的确要先体验到，犯错误是可以的，暴怒也是可以的，咨询关系和生活中的重要关系能兜得住这些暴怒和错误。当有了这些体验后，她们才能逐渐看到，"我"是有问题的，"我"活在全能想象之中。

一旦比较多地体验到被接纳，这些女性的改变会快很多。相反，男性常常貌似是改变了，但其实只是头脑层面的改变，真正的改变并未发生。所以可以说，尽管理性和逻辑能在一开始帮到男性，但体验和联结的发生，男性常常要比女性难很多。荣格认为，两性在这方面有差异，我也由衷地赞同荣格的这个认识。

婴儿最初都活在全能自恋中，而头脑因为可以跨越时空，导致人比较容易犯"向思维认同"的毛病，然后拿全能头脑去要求自己和万事万物，并且必然地，在全能头脑看来，现实太令人不满意了。这也是我们一直使用的那个比喻，即头脑的想象可以做到孙悟空的一个跟斗十万八千里，于是你也会要求唐僧能做到这一点，这就是对唐僧的严重的PUA。

很多人陷入严重的PUA中，是因为自己的全能头脑由衷地相信自己可以做到完美，例如，完美地满足他人。即，总是因为自己内在在严重地 PUA 自己，然后才可以发生别人对自己的 PUA。

对于活在全能头脑中的人来讲，看到这一点很重要，先从理性层面认识到这一问题，然后逐渐学习如何摆脱全能头脑的控制。

不过，光理性认识是不够的，这需要人做到逐渐从孤独的全能想象进入关系的现实世界，我们需要最终体验到——尽管现实世界看似不够完美，但关系的世界才是滋养性的。

如果在生命最初，养育者和你构建了依恋关系，你就自动获得了一份重要的礼物——你的看似很俗的基本生命需求是重要的，你的体验是重要的，你不必让自己活在严重的不舒服中，你值得被好好照顾。

如果你活在严重的全能头脑中，破解这个很不容易，先认识到全能头脑的自我 PUA 是第一步，然后，你需要勇敢地跳入现实世界的河流，因为，现实世界是有疗愈性的。

现实世界的疗愈性

在相当长的时间里，我持有这样一个观点：内在心灵更纯粹、更可贵，而外在现实世界是鄙俗的。但是，随着做的咨询越来越多，同时对自己的内在心灵越来越了解，我意识到真相或许是相反的。

先说一下概括性的观点：有人总觉得自己心灵很好，现实世界很差，甚至现实世界不配自己纯净的心灵。当深入自己内在心灵的时候，可能会发现现实世界要比自己内在心灵更好一些，因此人需要深入外在现实，而让自己的内在心灵得到疗愈。

讲几个故事吧。

我有多位来访者，他们有一种特质，简直可以称为"读心术"。例如，常常我下一句话还没说出来，他们就替我说出来了。

最初，我对他们都有一种小小的崇拜。虽然从诊断学上看，他们明显有一些严重的心理问题，但这种读心术一般的能力也着实令人佩服。

后来，一位女士的案例把我的这种感知给改变了。

看起来，这位女士和其他几位来访者不同，她没有什么读心术，相反，她对别人的判断常与现实严重不符。但是，在探讨她的问题时，我突然明白，她看起来对别人的判断能力很差，但和那几位看起来对别人的判断能力很好的人一样，其实都活在自己的孤独想象中。

我先讲讲这位女士吧。她受过高等教育，学历很高，但她的心灵破碎不堪，这让她简直每一天都处在高度的痛苦中，开心的时间非常少。而且她很孤独，几乎没法和任何人正常交往，这是她来找我做咨询的最初原因。

咨询一段时间后，她说她恋爱了，她爱上一个男孩，那个男孩也爱她。她向我描述他们之间传递爱意的过程，充满细节，也非常自然。

然而，你仔细一听就会发现一个问题，他们没有真正的互动，就是说，他们根本没有言语上的交流，即使有也只是一些极为平常的寒暄，她说的那些爱意信息的传递，全出自她的想象。

因为她受过良好教育，智商不低，所以她能用很好的语言能力完整地描绘出一对恋人最初相处的那种过程和感知，这种描绘乍一听像是真实发生的恋爱故事。

可是，那种感觉明显是不对的，换成另一个人也会听出来，这是一位孤独女孩的孤独想象。

当我向她讲述了我的判断后，她一开始认为我的判断是错的，她坚信他们之间的互动是真实的。例如，她向男孩传递了一个眼神，而那个男孩的姿势突然有了变化，她认为这就是男孩在回应她。

但好在，她有完整的理性头脑，所以最后接受了我的一个观点：她对对方的判断只是她的一个推断，必须得到对方的澄清，不然不能当成关于对方的事实，并且对方的澄清得有言语上的清晰表达。

然后，她试着去和男孩沟通，结果发现对方并无此意，还有些惊讶，根本不知道她喜欢上了自己。

这对这个女孩造成很大的冲击，一度非常伤心，但因此，她也发现了自己的一个大问题：这么多年来，她可能一直活在各种孤独的想象中，并把自己的内在想象当成了外部世界的现实。

她的这个问题相当严重。心理诊断有一个术语叫"现实检验能力"，说的就是一个人能否区分自己的内在想象和外部现实，如果一个人轻易地把内在想象当成现实对待，还对这一点深信不疑，就意味着这个人的现实检验能力非常差。

现实检验能力非常差，通常是精神疾病的关键症状。

不过，我通常不会轻易对一个人下诊断，这方面我也不是专家，我会试着去看看有没有沟通的可能。

例如这位女士，她的现实检验能力的确一直比较低，找我咨询之前，她一直活在自己的想象中而不自知，但这也是因为没有人向她讲清楚其中的道理，而我让她明白这一点并不难。当她能区分自己的内在想象和外在现实后，她的头脑变得清晰很多，而外在现实也适应得越来越好。

在和她做咨询时，我第一次有了这样一个清晰的感慨：现实世界是有疗愈性的。当她能进入现实、适应现实时，她的心灵就变得越来越好。

再回头看其他几位让我觉得有读心术的来访者。现实生活中，我也有几位这样的朋友。必须得说，其中两位我佩服之至，都是女性，同时我也觉得她们挺健康的。

但是，其他仿佛有读心术的人，不管是来访者还是我的朋友，他们的心理问题程度都不低，他们通常极度焦虑，特别是在与人相处时。但他们又有正常的现实检验能力，和前面讲的那位来访者不同。

不过，他们本质上是很像的，就是在相当程度上活在自己的想象中，只是这些人对别人有很好的感知力和判断力，同时严重的焦虑又推动着他们，于是他们投注了大量的心理能量在感知和判断别人上，因此这一能力得到充分的发展，最终像是有读心术一样。

用通俗的语言来讲，他们不过是太善于察言观色了。

这份理解消除了我对他们的小小的崇拜，然后和他们的咨询也出现改变。

例如一位男士，我觉得他差不多有百分之七十的概率是能准确猜中我的心思的，我认为这能力堪称恐怖。

然而这仍然只是推理。可是，从体验层面，他的确非常相信自己的判断力，由衷地把这一点当成现实来对待。

后来我们约定，欢迎他猜我的心思，而我绝对保证我会真实回应，他猜中了我承认，猜不中我也坦然告诉他。经过这样一段时间的实验后，他终于在体验层面明白，他的这份读心术其实就是高级的察言观色，而且他太在乎人际关系，又认定自己丝毫不受欢迎，于是会先通过察言观色了解对方，这样好给他掌控感，然后在人际关系方面就可以不用这么焦虑了。

他有一个令我印象极为深刻的说法。他说，自己交际能力这么弱，别人交际能力那么强，那一定是因为，人人都是诸葛亮，人人都是司马懿，高明无比，掌握着他的头脑难以想象的人际关系秘籍，他这么愚笨的人是根本掌握不了的。

这可以说是头脑暴政的一种想象。他的全能头脑认为，人际关系要好，自己得做到高明无比，别人也一样。但实际上，这种想象是他焦虑的来源，能在人际关系中轻松自在的人，是因为他们知道，做真实的自己就可以了。

心理过程分为三类：思维过程、身体过程和情绪过程。做真实的自己通常意味着情绪过程和身体过程的真实，即体验层面的真实。你能真实地表达情绪，自如地伸展手脚，而且会发现这在关系中是可以的，甚至还让关系变得更好。感知到这一点，人在关系中就会变得自在起来。

我曾有一个心理学课专栏，字数达百万，写作时间长达一年。很多读者说他们得到巨大的疗愈。他们最常讲到的一个变化就是——脾气变大了，攻击性变强了，结果发现这既捍卫了自己的边界，也赢得了别人的尊重，各种人际关系反而因此变得更好。这种体验实在是太疗愈了，而他们以前的逻辑是，要想处理好关系，得压制、阉割自己。

现实世界的疗愈性，还意味着一点：当你活在孤独想象中时，受全能自恋的支配，你必然会有很严重的全能暴怒和被害妄想，这会让你觉得你的生命力是黑色的、破坏性的，非常可怕，你因此得压制它们，不然它们会对别人乃至世界带来伤害。特别是你并不喜欢这样的自己。

当内心中有着浓烈的负能量时，你会觉得自己是个怪物。这是很多人自卑的一个关键原因。

这种黑色的负能量需要转化，而它几乎无法通过孤独的想象来完成。多年的咨询经验让我看到，人内在黑暗的程度是和孤独程度成正比的。如果要转化你心灵的黑暗，就需要走出孤独，进入真实，进入深度关系。可能只有深度关系才能转化内在的黑暗。

所以，哪怕是为了修炼自己的心，人也需要跳进现实世界。当你能构建越来越多的深度关系时，你会发现，你好像越来越喜欢他人和世界，也越来越喜欢你自己，这是因为你的内在心灵和外在现实，一同被照亮了。

全能头脑编织的高墙

本节我想谈谈纪录片《徒手攀岩》（*Free Solo*）的主人公——亚历克斯·霍诺德，他创造了一个奇迹——在不用任何防护措施的前提下，徒手爬上了美国约塞米蒂国家公园的酋长岩。

约塞米蒂是美国最知名的风景胜地之一，也被译为优胜美地，是我最想去的风景胜地之一。公园内的酋长岩高 900 余米，非常壮观而险峻。

亚历克斯是在 2017 年 6 月 3 日徒手攀上酋长岩的，如果你看影片，会看到他那天攀登时非常顺利，简直就像没有任何难度就实现了这一奇迹似的，但其实他是第一个徒手攀登上酋长岩的人。

这绝对是顶级的难度，对普通人来讲，这难以想象，因为只要出现一个意外，攀登者遭遇的就是死亡。

他干吗要做这样的挑战？

这里讲一下我和这部片子的小缘分。2019年秋天，我参加白日梦旅行公司的一个活动，我的座位右边坐着一位瘦瘦的女士。相互介绍时，她说她叫Tina，是她将《徒手攀岩》这部纪录片引进中国的。

参加那次活动之前，我刚巧看过《徒手攀岩》的介绍，加上约塞米蒂是我最向往的风光摄影胜地，一下子让我觉得和她有了熟悉感。

在和她握手时，我发现她特别有劲，就对她说了这一点。她很幽默地说，我们再握一次，你再感受感受。事实证明，她真的是非常有劲，而且她还没使劲握。我猜她肯定是各种极限运动的运动员，一问果真是。

以前我对徒手攀岩并不了解，以为只是没有帮助攀岩者攀爬的工具，但还是要有安全性的防护措施的。但Tina说，不，是彻底没有防护的。接着她问我，你是不是以为，从事这样的攀岩活动是需要勇敢和冒险精神的？我说：是啊，这是肯定的吧。她说：不是的，一会儿我在台上演讲时详细解释一下。

她在演讲中说道，像亚历克斯完成对酋长岩的徒手攀登，其实只是最后一步，而在此之前，他要对路线进行精细的规划，而且会戴各种防护设备，一步步去熟悉这条路线上的每一个细节。不仅如此，在此之前，他还要戴着防护设备做很多很多次演练，以确保对每一个细节的完美掌握。

后来，我去电影院看了《徒手攀岩》这部影片，还看了亚历克斯在TED的演讲。他讲到，徒手攀岩不是冒险，也不需要玩勇敢，相反，需要的是超级细心和耐心。他在2009年时就想攀登酋长岩，此后，他尝试了1000多次。后来做出徒手登的决定后，他在一年半的时间里做了充分准备，如曾借助绳索完整攀登过 60 多次，对整个路线上的任何一个细节都烂熟于心。

徒手攀岩这件事的风险极高，你必须时刻保持百分之百的专注，否则就可能付出死亡的代价。亚历克斯说，这也是这件事吸引他的地方，他喜欢长时间专注的感觉，这让他觉得心无旁骛。

心无旁骛意味着，你觉得整个世界中好像只有你和你专注的事情，而且两者合二为一，同时你会有心流的体验。即，你会体验到，像是有一种什么东西在你身上流动。

很多攀岩爱好者都讲到了类似的体验。

人为什么会喜欢攀岩？诗意的表达是："因为山在那里。"而依照《心流》这本书，则可以说，攀登者是在通过攀岩而追求心流的最优体验。

一旦体验到心流，你会有无比愉悦的感觉，并且这不是自恋性的，即你不会觉得自己无比伟大、极度了不起，它更像是关系维度产生的体验。之所以说"像是"，是因为我认为，强烈的心流体验产生时，可能意味着自恋、关系和体验三个维度的高度合一，这是一种圆满，是一种极致的高峰体验。

要产生心流的体验，需要满足八个基本条件，而攀岩这件事很容易满足这八个条件：

1. 这件事是可以完成的。一般人会觉得徒手攀登酋长岩是疯狂的，也是不可能的，但对亚历克斯来说，这是有可能做到的；

2. 必须全神贯注，不受干扰。在徒手攀岩中，这一点必须做到，否则就会付出巨大代价；

3. 目标明确。你要徒手攀登上岩石的顶峰，这个目标太明确了；

4. 有即时反馈。你是顺利地上了一步，还是遇到了挫败，这个反馈是立即就会发生的；

5. 你感觉到不断深入，而且没有勉强自己的感觉。例如，亚历克斯通过 60 次的带着绳索的攀登和各种探索，对酋长岩越来越了解，对自己路线的了解也不断深入，细致到每一块石头，每一个裂缝，也包括光线和天气的变化。并且，这首先是他心甘情愿的选择。还有，在整个过程中，他并没有勉强自己，比如，他中间尝试过一次徒手攀岩，但感觉不对，就放弃了；

6.有充满乐趣的体验，这让你觉得自己能自由控制自己的行为。这一点不用多说了；

7.你会进入"忘我"状态。这一点亚历克斯深有体会，当心无旁骛时，也意味着浑然忘我；

8.时空感会发生变化。当他徒手攀岩时，作为旁观者会觉得每一秒都很煎熬，而亚历克斯却像是忘记了时间，一路非常顺畅，完美地实现了自己的目标。

攀岩者为什么攀岩？亚历克斯为什么要徒手攀登酋长岩？追求心流体验是一个很好的回答。

对此，我还有一个自己的理解。

亚历克斯是阿斯伯格综合征患者。阿斯伯格综合征是自闭谱系的一类精神疾病，原来被视为自闭症，后来的学者把两者分开，可以视为比自闭症轻一些的孤独症。

关于自闭症和阿斯伯格综合征的成因，学术界一致认为是基因所致，但也总有一些声音认为这和养育有关。例如，亚历克斯的母亲说，自己的确不知道怎么更好地和孩子互动。

我们也可以不必理会成因，而试着去理解他们的内心世界。我虽然不擅长诊断，也轻易不能下诊断，但必须得说，我怀疑我的几位来访者可能有阿斯伯格综合征，而自闭谱系中更轻一些的回避型人格障碍，我在咨询中就见多了。很可能因为我也有回避型人格的人格结构，所以会吸引类似的来访者。

孤独症患者会有一种感觉——关系太难了，他们处不好，所以不如把精力放到事情上。

用自恋维度和关系维度来解释，可以说他们的心灵缺乏在关系维度上的体验，这一方面严重没有展开，而他们对自恋维度就有深刻敏感的感知。

例如，我前面讲到的一位男子，他处不好人际关系，于是认为那些能处好人际关系的人都比他高明。这是拿自恋维度的高低强弱来理解关系维度了，没有明白关系维度的关键是情感、平等和真实，而是用自恋维度的高低强弱来想象，能处好人际关系的人都比他这个处不好人际关系的要高明无数倍。

由此联系到亚历克斯，他非要去攀登酋长岩这件事，也许可以理解为，亚历克斯觉得他活在孤独中，而他和其他人乃至世界之间竖立着一堵高耸的墙，是它切断了自己和世界的联结。如果他想走出孤独，和别人建立起关系，就得爬出这堵高墙。

所以他有一个象征性的举动。在他完成徒手攀登酋长岩的壮举后，他给女友打了电话，终于表达了自己的爱意，而之前，他就像是一个冷漠至极的宅男。

在我看来，这是孤独的全能头脑想象出来的一堵高墙。孤独心灵会认为，自己得做到完美、做到 100 分才能得到爱。当持有这种逻辑时，人必然会发现自己常常像是处于负 100 分，所以无比卑微，要么觉得他人高高在上，要么觉得自己和他人之间有一堵高耸入云的墙。

孤独的婴儿与大孩子，还有孤独的成年人，都会持有这种逻辑，觉得自己必须无比卓越才配得到爱，这种卓越强迫症，很容易甚至必然会形成这堵心灵的高墙。

这是被全能头脑控制后的感知。我其实也有这堵高墙。但我们可以使用头脑的分析功能，从而认识到，其实走出孤独并不需要非得去攀爬酋长岩，只要能进入真实世界，和别人建立起情感关系就可以了。而且，你并不需要和很多人建立起这样的关系，只需要有一个人就可以了。

人类对爱情的执念，可能就是因为每个人的心灵都知道这是答案之一。

不过，我也担心有人对爱情过度理想化，有必要做点补充解释。之所以有一个人就可以了，是因为，当你和一个人能建立起深度关系，你会发现这个关系模式已经深入你的心灵，你和其他人、其他客体乃至整个世界的关系，就都改变了。

无处不在的躲闪与错开

有一种常见的现象，可能你身边有人是这样，也可能你是这样——刚和别人交往时，你会对一个人很好，可逐渐你会发现，你好像在不断地躲闪。躲闪什么呢？像是在躲闪着关系中的联结，你像是在抗拒联结的不断加强。

当有这种现象时，人际关系就难以进入深度关系。

这个观察可以延伸，你可能会发现，这种躲闪不仅在你和人的关系中存在着，在你和动物、物品和事情中也一样存在着。

先讲讲人际关系中的躲闪吧。

我的一个朋友说，他每到假期回父母家都很知趣，一般不待满两天。因为他知道，两天是他妈妈能承受的极限。两天之内，妈妈对他会非常好，过了两天，妈妈就会大发脾气，如果还不走，那妈妈可能会爆发一场严重的歇斯底里级别的情绪。

他发现，这是他妈妈的一个模式，她对别人的好，不能持续太久。对此，他的理解是，可能妈妈对别人的好是努力出来的，持续两天后会太累，会"原形毕露"。只有他的父亲能和他妈妈长期相处，那也是因为，父亲像是被妈妈驯化了一样，比较安静，存在感比较低。同时，妈妈对父亲也没那么好，所以这意味着妈妈在父亲面前是真实的。

一次聚会中，我这位朋友又分享了他的这种感受，其他人纷纷说，啊，我身边有人也是这样的，也有人说，我就是这样的。

这种级别的躲闪还算比较常见，但还有更严重的。

我的一位来访者在我的文章中看到美国催眠大师斯蒂芬·吉利根有一个增强亲子关系的技巧——同频回应，例如，孩子能量上扬时，你也跟着他上扬；当孩子能量下降时，你也跟着他下降。吉利根比喻说，当孩子对你说"啊啊啊"

的时候，你也跟着他一起"啊啊啊"，当孩子说"嗒嗒嗒"的时候，你也跟着他
"嗒嗒嗒"。

这个说法对她有所触动。同时，吉利根所教授的"艾瑞克森催眠法"中有
一个通用的催眠技巧，就是催眠师和被催眠者实现同频呼吸，即，一起呼气，
一起吸气，并自然而然地达到同一种频率。

她决心在女儿这儿用这个方法。一天，女儿入睡了，她跟着女儿的呼吸
节奏呼吸，一开始有点儿不适应，毕竟她本来有自己的节奏，但逐渐地，她做
到了和女儿同一种节奏呼吸，而且自然而然、毫不费力，不是用意识保持的。
那一刻，她深深体验到，她和女儿之间有了一种深刻的联结。

这个技巧她多次使用，感觉很好。她想到，为什么不在妈妈身上也用用
呢？毕竟，想和妈妈有深度的联结是她最重要的一个渴望。

于是，一次在妈妈睡着后，她试着跟着妈妈的节奏呼吸。有意思的事发生
了——每当她觉得逐渐能自然而然地和妈妈同频呼吸了，妈妈就会改变自己的
呼吸节奏。尽管妈妈在睡眠中，但她好像本能地在抵触这件事。

关于躲闪，或者说回避与错开，如果你仔细观察，会发现这种现象可能无
处不在。

我讲一个自己的例子，不是和人，而是和风景，和世界。

我在前面多次提到我是一位摄影发烧友。我拥有不少顶级的摄影器材，最
想拍好风景。

这甚至进入了我的梦。我很多次梦见我眼前出现了瑰丽辉煌、色彩无比绚
烂的风景，我被深深震撼，想拍下来，可不是相机坏了，就是镜头坏了，拍不
下来。这么多年了，我在梦中能把风景拍下来的次数不超过五次，而且只有一
次是完美地实现了，其他几次尽管拍下来了，但相机总是会发生一点小故障，
导致我拍到的照片和真实的风景不一致。

在广州，有一种城市风景是我一直想拍的。这种风景需要这样一些条件：
先是持续晴一段时间，突然来了一场大雨，雨后傍晚，广州的几个地标性建

筑——小蛮腰、西塔和东塔——会云雾缭绕，非常好看。

后来有一天，我需要去公司做直播，那一天我预料到会有这种风景出现，而我们公司附近有拍这个风景的一个绝佳地点。去公司直播时，我带上了专业相机、三脚架，还穿上了冲锋衣，带着雨伞，为拍摄这个景观做了充足准备。

然而，整个过程中我发现，我的头脑不断在进行各种评判，像是在挑我的各种刺，让这件本来毫无难度的事变得艰难了很多。

刚开始在家准备时，我就犹豫，是潇洒地带一个中小型摄影包，还是带一个大摄影包呢？按道理，带个大摄影包会更好，那样可以把相机、镜头还有各种配件轻松装好。但我还是带了一个中小型摄影包，觉得这样低调一点，不太引人注意。

可这个判断并不符合现实。因为我毕竟还带了三脚架，又专门穿了冲锋衣，走在街上一副煞有介事的样子。

我不断犹豫，要不要这么兴师动众。不过我下了决心，就让全能头脑产生的这些评判自然发生，我不接受它的支配就好。我把摄影器材一一准备好后，还专门检查了两三次，怕遗忘一些关键的小东西，例如存储卡、电池，以及在雨中用来保护相机的塑料袋等。

做这些检查时，我看到我的内在像是有一种急切，让我匆匆准备一下，然后瞎出发就好。这种感觉我很熟悉，过去几次我真这样干过，结果到了拍摄现场发现关键的东西没准备好。那时如果有伙伴，我会尴尬地向伙伴借，而言谈举止中像是透露着"你看我并没有那么想做好这件事，我就是瞎玩玩"的一种感觉。

出门后，走在街上时，我会忍不住想：嗯，可能在别人眼里我这副样子实在太特别了。但其实也就偶尔有人扫我一眼，基本上没有人注意我。这种想象还是太把自己当回事了，好像自己是世界的中心，谁都注意自己似的。

果真如我预料，直播结束后，我来到那个地点，看到了云雾缭绕的小蛮腰、东塔和西塔，而且尽管快晚上十点了，这三个地标建筑仍然灯火辉煌。只可惜有一点意外发生，那个最完美的拍摄地点的小水池正在维修，水被抽掉了。看到这一幕，我的完美感被破坏，那一刻我想罢手不拍了。

我知道这是全能头脑在进行苛刻的评价，其实分析来看，这虽然不再像想象中那么完美，但还是非常棒，而且雨下得不小，那个水池里还是有水的。

于是，我还是认真地在那个地点拍了一会儿，从相机屏幕看，这次拍摄相当不错。不过也有意外发生，尽管有雨伞，但还是有雨水落在镜头上，并且地面上有复杂的光线，我那个相机很好，但镜头防眩光有点差，所以构成了一些干扰。不过没关系，下次可以进一步完善这些细节。这些细节的确无法都靠头脑提前预想到，都得在真实拍摄中才会发现，所以头脑根本不可能是全能的。

在那个地点拍了一会儿后，我想到周围三百米远的地方有一个不错的取景地，可以去那里试试。

这是一个再简单不过的事情，可以轻松完成，可我竟然不想拍了，真的想就此罢手。

说实话，如果不是对全能自恋有这么多的理解，那一刻我就会罢手。但基于对全能自恋的理解，基于对自己的了解，我用理性推动着自己，还是去那个取景地看了看。

然后我发现，用理性推动自己这样做时，我真的有点累，而不是兴致勃勃地走向目的地。到了那里后，发现那个角度的景色一般，就没有再拍了。但我路过的一个地方不错，可以回去那里试试，而且也就一两分钟的路程，可我累了，这次不想再用理性去管理自己了，便回家了。

我详细讲述了这样一个心理路程，就是想和大家有个完整的分享。

按说，作为超级摄影发烧友，遇到自己满意的风景，为什么不是带着满满的激情投入其中呢？

我是在试着这样做，然后发现我的全能头脑几乎每时每刻都在进行苛刻的评价。因此，我和风景之间，像被这种评价充满了。虽然它没有达到墙的地步，但真的像是一种雾气，缠住了我的热情，以及我和风景这个客体之间的联结。

我和我的分析师谈了这一次的拍摄经历。这次咨询中，我对一个词特别有感觉——错开。可以说，我不断错开对风景的凝视，我无法沉浸其中，看起来是全能头脑的苛刻批评在发挥作用，但它更像一个表面现象，其实是我的内在也在追求着这样的错开。

我的错开和前面谈到的躲闪与回避，应该出于同一个道理，下一节就来谈谈这个道理。

错开，是因为惧怕黑暗

上一节我讲到，摄影过程中全能头脑是如何对我的摄影热情进行苛刻评价，并构成了破坏的。

那么，一个问题就出来了，如果把全能头脑拿开，会发生什么事呢？

容易得出一个乐观的答案：没有头脑暴政的影响，我会全情投入这次摄影，然后更可能拍到好照片。

如果你去看各种灵性类的书籍，你会看到这些书都在讲把头脑放下，让自己全然活在当下。

这个说法很根本，但咨询久了，我逐渐认识到，一切自然而普遍存在的现象都有巨大的合理性，全能头脑构成的头脑暴政是有其存在价值的，假若直接把它给拿开，让"我"全然地面对着"你"，那么，人很容易被惊吓到。

我举一个例子吧。

我有几位来访者，基本没谈过恋爱。当然，没有谁不渴望恋爱，所以他们也是试过很多次的，可他们长期以来在构建恋爱关系时，只有过一个回合的心理能力。即，他们只会尝试一次，如果不成，就再也不尝试了。

有时，他们的尝试是非常明确的，例如相亲，又如主动追求异性，但也有些时候，他们主要是活在想象中的，他们以为自己给对方发了信号，可对方其实一无所知。

随着咨询的深入，他们这方面的能力逐渐有了改善，最终能去构建恋爱关系了，而在刚能构建恋爱关系的时候，他们容易出现一个问题——惊吓。不是所有人都会遇到，但多数人会遇到这份惊吓。

严重时，这份惊吓可以达到惊恐发作的地步，即，他们觉得，自己像是突然之间得了心脏病一样。

例如，其中一位男士，他以前构建过恋爱关系，但那是家人介绍的结果，等这个关系结束后，他开始做一些恋爱的尝试，一开始真是非常困难，他就只能过一招。

从体验上看，只能过一招，是因为他有无比浓烈的羞耻感。一旦被拒绝——有时是真被拒绝了，有时只是对方没有及时回应自己，而被他误以为是被拒绝了，那时，他就会产生这种羞耻感，然后会咒骂自己：你真蠢！你怎么这么傻 ×！你去死吧！

我们得知道，这份羞耻感，是从自恋维度的绝对高位跌下来时产生的体验，本以为自己是全能神，但被拒绝后才发现自己什么都不是，卑微至极，渺小如尘。

同时，他也多次在和我的咨询关系中释放过全能暴怒与羞耻，部分得到了我的容纳，部分是因为他有强烈的意愿去审视自己。最终，在这个咨询关系中他越来越理解自己的脆弱，逐渐地，他有了能让恋爱持续的能力了，不再是"一招就死"。

从此以后，他就能像普通人一样去追女孩了，当和一个有感觉的女孩初步建立起恋爱关系时，他遭遇了这份惊吓。

从他的体验中，他是有一天走在路上，突然间遭遇了惊恐发作，那一刻他以为自己可能是得了心脏病。但在接下来的咨询中，他很快认识到，是第一次能建立恋爱关系给他带来了惊吓。

为什么会这样？

因为，恋爱意味着允许一个人走进自己的内心，而这就意味着这个人将要看到真实的自己，而这位来访者觉得自己内心住着一个怪物，这个怪物有几个特点：

1. 丑陋；
2. 拥有无穷的力量；
3. 极度自恋、充满性欲、充满攻击性。

第三点大家已经知道，这是精神分析理论中所说的人类三大基本动力——自恋、性和攻击性。

拥有无穷的力量则意味着这三大动力一旦释放，就会有洪荒之力。至于丑陋，则是因为没有在关系中被看见，没有被觉知之光照亮。

我们可以把这个怪物视为"没有被看见的真实自体"，它没能在关系的真实世界中展现，而只存在于想象世界中。并且，不是头脑意识层面的想象世界，而是潜意识深处的黑暗想象世界。

说到这儿，我们就可以理解，全能头脑构成的头脑暴政所构建的墙或迷雾，既是为了保护自己不受外界的伤害，更是为了锁住这个全能怪物，防止它伤害外部世界。

例如，一位女性来访者，在一次咨询中谈着谈着，她的脑中出现一个意象：一只无比巨大的虫子从一座山的底部爬出，它拥有可怕的力量和破坏欲，可以把这座山轻松毁灭，如果它从山中冲出来，接下来将毁灭所遇到的一切……

这个意象很像动画片《大圣归来》中的经典一幕，这位女士看过这部动画片，所以既可能是受这部动画片影响而产生的意象，也可能是她的潜意识中藏着这样的意象。

很有意思的是，她几乎同时出现严重的头疼，头疼的位置就是孙悟空戴紧箍咒的那一圈位置。那一刻，她感到非常惊讶，立即理解为，也许《西游记》创造出这个意象就是有这样一个道理的。

这种头疼我在其他几位来访者那里也遇到过，并且都是当有一股排山倒海般的力量涌出时，他们立即出现了这种头疼。

所以我们的确可以看到，这种"紧箍咒头疼"就像是头脑想努力锁住自己内在的恐怖怪物。

然而，这个怪物，正是自己的生命力。

如果你想看看你的内在有没有这样一个怪物，可以试试我发展的一个"镜像自我练习"：

找一个安静的地方，躺着、坐着都可以，但请保持脊柱的中正，就是从正面看你的脊柱基本上是直的；

花一点时间，放松身体，可以深呼吸，也可以使用扫描身体的练习；

对自己说，我愿意敞开内心，我做好了准备；

然后闭上眼睛，想象你面前出现了一栋房子，打开这栋房子的门，先有一个走廊出现在你面前，这个走廊可能是向上的，也可能是向下的；可能是宽敞的，也可能是狭窄的；可能是明亮的，也可能是黑暗的……尊重第一时间出现的画面，不要进行任何修改。

走完这条走廊，你进入一个厅，这个厅是怎样的，一样要尊重第一时间出现的画面，同时尊重你第一时间出现的情绪情感，不做任何修改；

继续往里走，你会看到一个小一些的门，打开这扇门，你进入一个小一些的房间，进入这个房间，你会看到一面镜子出现在你面前。那么，从这面镜子里你会第一时间看到什么东西；

专注地看着镜子里的事物，看看会出现什么样的情绪情感，如果你可以和这个事物说话，你想说点什么；

继续看着这面镜子里的事物，看得越仔细越好，然后想象你进入这面镜子，成为它。这时，作为这个事物，你有什么样的情绪情感，再看看镜子外面的那个人，你想对他说点什么；

最后，你再次离开这面镜子，回到自己身上，再看着镜子里的事物，看看会发生什么变化。

我对至少上千人做过这个练习，发现很多人从镜子里看到的是各种怪物。

当然，因为受了文章中前面故事的影响，你再做这个练习，可能就不再精准地反映你的心了。但是，你有其他事情可以碰触自己内在的怪物，例如你的梦，你曾梦见过什么样的让你印象深刻的怪物吗？没有梦到也没关系，看电影、电视剧或艺术作品，有什么怪物会尤其吸引你吗？

例如小孩子，特别是小男孩，很容易痴迷恐龙，那是因为他们心中就住着一个这样的怪物。

原始的全能自恋的力量，很难直接转化为人性化的生命力，哪怕得到再好的照顾都不可能。所以对绝大多数人来讲，几乎必然要有相当一部分力量转入黑暗的潜意识之中，然后再慢慢通过自己的各种努力，驯服它们。

但在此之前，我们会惧怕这种黑暗的原始力量，因为它其中藏着全能暴怒和被害妄想，还有深深的羞耻感。

通过咨询，我看到许多来访者身上的这个怪物。通过被分析，我也看到自己身上的这个怪物。然后我有了一个深切的理解：

可能太自卑、太卑微，就是这个怪物的感知，我如此丑陋、如此可怕，你还会喜欢我、接纳我吗？

像《美女与野兽》这样的故事就是在说，当野兽得到美女的爱，就可以直接变成人，但在转化之前，野兽看着美女，会觉得自惭形秽，而力量感并不能让野兽拥有真正的自信。

所以可以说，一个人只是在自恋维度上挣扎，那么就算成为世界之王，拥有最恐怖的力量，也是治不好自卑的，毕竟只是个怪物。

所以，前面文章中讲到的躲闪、回避和错开，至少有一部分原因是惧怕别人看到自己内在的这个怪物，同时不想把这个怪物直接释放出来。

这就构成一个非常有意思的矛盾：一方面，大多数人在强烈地追逐力量，因此容易显得自私而无情；另一方面，全能头脑构成的头脑暴政也比比皆是，人们又在使劲地克制自己，并不愿意让自己内在的洪荒之力直接宣泄给他人、宣泄给世界。

用头脑锁住自己内在的全能怪物，这种逻辑，也是出自爱吧。

· 第四章 ·

深度关系滋养生命

✏️

脑补与脑嗨

我自从硕士毕业进入《广州日报》工作后，就不断在码字，至今得写了五六百万字。这本书的第三部分，一直在讲思维和体验这对矛盾，其实我就在相当程度上活在思维的世界里，不然真写不出这么多内容。

最近几年，我多次想过，我得有那么一段时间，把写作在我的世界里暂时停一下，这个时间即将到来。

这本书是我自己的一个毕业礼。这样讲，其实也透露了一点——我也是一个全能巨婴。所以，如果这本书把你"戳成筛子"，并让你产生一些羞耻感时，你不妨想想，写出这本书的作者就是一个全能巨婴啊，这本书是他的自传，他的镜子。

孤独、自恋和想象这三者是联系在一起的，自恋性的想象就容易构成"脑嗨"这件事。就是你沉溺在自己的想象中，觉得非常过瘾，但是等有一天能睁开眼睛看到现实了，才发现这是孤独的想象而已，而且它还相当狭窄。

我的一位长程来访者找我做咨询几年了，他一开始就呈现出强烈的自恋，这份自恋明显地表现在他的脸上、衣着上和体态上。他的条件非常不错，看起来实在很难用"狭窄"这个词来形容他。

但是，等他的世界越来越开放之后，再回头一看，过去真的是活得太狭窄了。

他刚找我做咨询时，不仅有强烈的、外显的自恋，令他更痛苦的是，他几乎时时刻刻处在自恋性的受挫之中。他对自己设立的目标太高了，明确地希望自己在方方面面都能做到最好，这自然会导致他方方面面、时时刻刻受到挫败和打击。

作为他的咨询师，我一开始虽然没有展现出一个倾向，但我的确在想，他得通过理解自己这份自恋，学会克制，学会对自己设定更理性的目标。

然而，随着咨询的进展，我发现，凭借他强烈的好胜心、良好的条件和虽然容易受打击但会一直坚持下去的执着，他那些看起来高到不可能的自恋，竟然在相当程度上一一得到满足。

然后，每当得到一份深刻的满足，他都会很快呈现出一种放松。就是本来期待自己一直是 100 分，但当真正体验过一次 99 分或 95 分后，他的执着自然而然就变得放松了。

尽管如此，他明显一直都活在一个永恒的双重主题中——"我的意愿必须实现"和"我的意愿被挫败了"。

并且，受挫真的非常之多。本来在他的小世界中，他的自恋获得满足越来越多，在不少方面，他的确成为自己小世界中最出色的一个。但是当他离开小世界，开始向外走时，他受到的挫败越来越多，有些挫败是绝不可能被克服的，他多次看到，总有人在某一方面比他高出太多，他只能望尘莫及。

最初，这真的让他备受打击，于是又想退回到自己的小世界中，但因为种种原因，他还是坚持向外走、向外看。然后突然有一天，他发现自己变了，变得不再渴望"每一方面都比别人强"，甚至都不再渴望"某一方面比别人强"，而是开始享受一种感觉：

哇，这个世界太丰富了，太好玩了。

这个时候，他呈现出一种强烈的好奇心。过去，他总是想着去占有所有的好东西，而现在，他开始产生想去了解的好奇心，并且也能做到尊重这些事物了。

以前他的世界只有"我"这一个中心，他的基本感受只有两个："我的意愿被满足了"和"我的意愿被挫败了"。遇到好东西，就想吞吃；产生坏情绪，就想扔出去。

但现在，他终于能感知到，在"我"之外，有无处不在的"你"。"你"身上的好东西，我不能总想着吞吃，实际上也吞吃不了。并且，当"我"不能总想着去吞吃"你"的好东西时，"你"和"我"就同时存在了。

这时，他就从"我的意愿被满足了"和"我的意愿被挫败了"这份二元感受组成的那份狭窄中走了出来，看到了外部现实世界的多姿多彩。

对此，鲁米有极美的诗句：

不要问爱能成就什么！
五彩缤纷的世界就是答案。
河水同时在千万条河川里流动。
真理闪耀在夏姆斯的脸上。

需要交代一句，夏姆斯是鲁米的爱人。

当人活在一元世界时，就只有"我"的感受，这构成了一份狭窄。当真的爱上一个人时，就看到了"你"的独立存在，然后这份感受会延伸到整个外部世界，于是看到了"五彩缤纷的世界"。并且，当不再总想着去占有"你"身上的好时，就能对"你"充满好奇、欣赏和尊重了。

接下来讲讲什么是"脑嗨"。

围绕着大脑的想象，我想到了两个词——"脑补"和"脑嗨"。所谓"脑补"，就是你的头脑知道你的身体、心灵乃至灵魂需要什么，当现实满足不了时，人就会启用头脑的想象，在头脑层面制造一种感觉——你得到了这些，然而这不是真实的。

所谓"脑嗨"，就是当自恋性需求在想象层面得到满足时，人就容易陷入一种很嗨的状态，觉得这些想象真了不起、真棒。然而这些都是自欺欺人，不是现实世界中自己真的能做到的。

例如，"做梦娶媳妇"就是男人的脑补，而如果想象中自己成了世界第一、无所不能的神或皇帝，那就是脑嗨。

没有基本进入关系维度的人，必然会有比较多的脑补和脑嗨。如果既没有从自恋维度发展到关系维度，又不能很好地进入体验，而是还停留在头脑层面，那脑嗨就更严重了。

处在孤独自恋中的人，必然想着去争第一、拥有各种不可思议的能力或地位等。现实如果能满足一些还好，如果不能满足，就会过度启用脑补，而陷入脑嗨。

咨询中，我见过很多人呈现一副无精打采的样子，似乎对各种事都提不起兴趣来，当和他们深入聊天时可能会发现，他们是觉得自己拥有的现实生活实在是太平庸、乏味、无聊了，而当他们的想象世界打开时，就会看到，他们有各种全能自恋级别的想象。

这是非常常见的心理。实际上，一些有问题的生活方式其实就是在追求全能自恋，例如，赌博、酗酒、吸毒和沉迷电子游戏。

吸毒很容易让一个人产生全能自恋级别的想象，而酗酒时，人容易变得更喜欢吹牛，脾气变大，这也是全能感出来了。

至于赌博，瞬间能累积平时累积不了的财富，瞬间又失去，这种刺激程度太过瘾了。而电子游戏也大多是玩家自己在掌控一切。这些都是全能自恋级别的刺激。

性爱乃至恋爱也会。太多人沉迷于恋爱，就是在追求一种感觉——"我征服了你"。这是一元世界的东西，是看见好东西就想占有，而不是爱。很多人喜欢炫耀自己的恋爱经历，这也是一回事。

怎么衡量一个人是处在自恋层面的脑嗨，还是进入了关系层面呢?

关键是体验上的差别。如果你体验到的主要是刺激和兴奋，这就是自恋层面的东西;如果你体验到的主要是满足和幸福，这是关系层面的东西。

当关系失去时，如果你体验到的主要是羞耻，这也是自恋层面，"恋爱失败意味着我太差了";而如果体验到的是悲伤，这就是关系层面，"我失去了和你的爱"。

更简单的是我前面讲到的，自恋层面关注的是"我的愿望实现了"和"我的愿望受挫了"，以及它们衍生出来的感受"我太棒了"和"我太差了"，总之，都是"我如何如何"。

到了关系层面，才会由衷地去关注"你"。

当真正能关注你时，就会看到这个世界是如此丰富多彩，是开放的、流动的，而在此之前，你的感知是，这个世界是焦虑的、狭窄的。

滋养你的精神生命

我们都有双重生命——肉体生命和精神生命。所谓的精神生命，你也可以说是自己的人格或自我。那么，精神生命该如何滋养呢? 或者说得更直接一些——精神生命该如何喂养呢?

要讲清楚这件事，先来谈谈饥饿吧。

饥饿，是分很多层次的。如果你注意不到这些不同层次的饥饿，就容易出现一个问题:任何时候，你感到饥饿时都会想吃东西，这就容易导致饮食上的失调。

至少，我们可以把饥饿分成两种:肉体生命饿了和精神生命饿了。前一种饥饿，你直接进食没问题，而如果是后一种饥饿产生时，你仍然选择了吃东西，这就可能有问题了。

要理解饥饿，还要理解一个概念——口欲。

口欲对应的是"口欲期"，这是弗洛伊德提出的概念。他认为，1岁前的婴儿处在口欲期，当他们饥饿时，会想通过"口"去吃东西，而当他们对一个事物产生兴趣时，也会想去吞吃它们，或者用口部去感知它们。

例如，婴儿对一个玩具感兴趣，会用嘴唇去抿这个玩具，这是他们在做口欲的尝试。

对此可以这样理解：婴儿既觉得自己是全能的，又知道自己是匮乏的，而且他们只感觉到"我"这一个中心，所以对一个事物产生兴趣时就想把这个事物吞吃进来，以此增强自己。

这是婴儿对妈妈的乳房和乳汁的基本态度。那么，妈妈该如何面对婴儿这种贪婪的需求呢？

基本的合理态度应该是"心甘情愿地喂养婴儿，并且乐在其中"，这样一来，婴儿就会感知到，抚养者是丰盛的、不怕被吞吃的，就可以肆无忌惮地伸展自己的生命动力。

最原始的欲望是全能自恋，它可以通过想象得到部分满足。接下来的欲望就是口欲，它没法通过想象满足，需要得到照顾，需要得到食物，这样才能满足。

除非是命运太悲惨，否则人都会获得基本的口欲满足。但是，如果一个人的心灵在成年后还严重滞留在口欲期，那会导致这个人在产生任何一种饥饿时都会想去吞吃食物。

我就会这样。写作遇到障碍时，我真的会产生一些想吃东西的欲望，但这其实不是食欲，不是身体想吃东西，而是在从事写作这件精神层面的事情时，我感觉到了匮乏，感觉到了"饥饿"，按说我要去吞吃素材或思考等精神食粮，但我首先想到的是吞吃通常意义的食物。

如果真放纵自己这样做，估计我就会迅速发胖，所以我会适当控制自己，选择其他食物。曾有一段时间，我会吃一种味道非常浓郁的果酱，吃一小口都会感觉吃得很丰富、很饱满，于是口欲就得到部分满足。

动不动就要去寻求口欲的满足，可以视为一种退行。即，你在从事更高级的活动时遇到了阻碍，你感觉到虚弱和匮乏，甚至觉得应对不了，于是退行到你曾经获得过的口欲满足上。

精神生命的饥饿也是有很多种的，例如，情绪的饥饿、性的饥饿等。

讲一个典型的例子吧。

一位女士，在两次咨询之间的两周的空当里，发现每天下午三四点自己就会饿得不得了，于是就会去找吃的，但怎么吃都吃不饱。后来有一天，她在下午这个时间和老公有了一场很棒的性爱，突然间就不饿了。

这就是性欲的饥饿，当没有被充分意识到时，退行成了更低级的口欲上的饥饿。

还需要交代的是，她找我做咨询的时间就是下午三点到四点，所以她这份性的饥饿是和咨询有密切关系的。

什么关系呢？原来，在上一次咨询中谈到了她的恋父情结，结果激发了她无比强烈的性欲，同时激发了她强烈的羞耻感，于是她把这次咨询的内容给忘得干干净净，也把这份恋父的性欲忘得干干净净。结果，这份性欲就降格成了食欲。

总是在下午三四点要去找吃的，这是一种无意识的努力，因为她这份性欲上的饥饿就是在和我咨询的那天下午三四点产生的。

情绪情感的饥饿退行为口欲的饥饿，这也很常见。例如，很多人在失恋之后，就会选择暴饮暴食，还有人在面临重大压力时也会选择吃东西，这都是类似的道理。

肉体生命的饥饿可以用食物来满足，而精神生命如此细腻复杂的饥饿却是食物满足不了的。

精神生命如果有食粮，那它最常见的一个食粮就是意愿的满足。

一个个具体的动力就是意愿，而整体上的、抽象一些的动力，就是意志。每一个意愿都可以视为一个生命。当一个意愿得以实现，就意味着这份意愿的生命存活了下来，当一个意愿失败，就意味着这份意愿的生命死去了。

所以，如果想去修炼你的精神生命，需要有一种执着精神去追逐你的各种意愿，特别是那些比较重要的，实现它们。

如果一个人有"我的那些重大意愿基本上可以实现"的感觉，那必然意味着这个人的精神生命非常强大。相反，如果一个人的感觉是"我的意愿都实现不了"，那必然意味着这个人的精神生命非常虚弱。

很多中国家庭在养育孩子时，只注重照顾好孩子的肉体生命，但对孩子的精神生命常常给予打击。例如，非要孩子听话，就是让孩子形成一种感知——"你得听我们的意愿，去实现我们的意志"，而为了做到这一点，太多父母或长辈会无情地打击、否定、破坏孩子的意愿和意志，这最终会导致孩子精神生命的虚弱。

这是从自恋维度上讲的。自恋维度是天然重要的维度，不能说因为要发展到关系维度而否认自恋维度的价值。

至于在关系维度上，一个人要去努力构建情感联结，就是比昂所说的爱的联结、恨的联结和了解的联结。

因为太多人活在自恋维度上，所以会感知到自恋维度的意愿、意志的实现对自己精神生命的滋养，而对关系维度可能就没那么敏感。然而，其实每个人在这方面都有感知，我一说可能大家就会明白。

我的来访者和朋友中，有那些特别孤独的人，他们会深深地感觉到提不起劲和无意义感。同时，他们也会观察到，周围那些拥有深情关系的人会和自己呈现不一样的精神面貌。

例如，一位孤独的来访者觉得生命很苦，觉得哪怕挣再多钱，生命都是一场苦役。然而，她观察到，周围有人在肉体劳动上比她更苦，却呈现出一种生机勃勃的面貌，因为他们觉得，自己的劳动不仅是为自己，也是为所爱的家人。

此外，从第三个维度——也就是体验和思维的维度上，我们也要注意，仅在头脑层面努力吸收知识并不能带来真正的强大，相反，人要深入体验。实际上，哪怕是在理论物理这样的领域内，爱因斯坦也不是只靠思考而变得如此强大的，他是拿出本心在感知、认识这个世界。

接下来继续分享一些我的感知吧。

有一天下午，我突然感觉到很虚弱。这几年来，我常常感觉到虚弱。原因非常多，暂时不展开。

这天下午，我想去附近拍照，但又觉得事情很多，得去处理那些"应该"处理的事。不过，犹豫了一会儿，我最终还是决定去拍照。于是，我在一个比较大的摄影包里塞了两个相机、三个镜头——其中两个是又大又重的电影镜头，还带上了三脚架，煞有介事地去广州沙面公园拍花花草草和猫猫去了。

刚抵达沙面公园时，我还是虚弱的，但拍着拍着，觉得很尽兴，这份虚弱逐渐就没有了，开始觉得又充实又有力量。

追逐自己的意愿就会有这样的好处。

至于关系维度的滋养，我很想分享的是，过去多年间，我每年都会开几场地面工作坊，一般三到六天。我几乎都是站着讲课的，按说会累，但讲课期间，我常常两三天只吃一顿饭即可，那是因为和学员们构建联结带来的精神上的饱满感太多了，结果连带的都没有食欲了。

你也可以问问自己，如果想在自恋维度、关系维度和体验维度去滋养你的精神生命，那你该做些什么。

答案一定不是吃东西。

自我的层级

精神生命这个概念，相信大多数人都会有，而比这个概念更广为人知的就是自我或人格，英文就是 self，也是我们通常说的"我"。

在一个人的自我的发展上，至少有三个层级：

1. 动力层级的自我；
2. 意志层级的自我；
3. 抽象层级的自我。

必须说明一下，这是我梳理的一个说法，所以你可能在其他地方找不到相对应的理论。

动力，就是你作为一个生命体发出的任何一份能量，例如，你想说的一句话、想做的一件事、食欲、性欲、野心，等等。

所谓动力层面的自我，就是一个人的感知是：我就是我的每一个动力，我的每一个动力就是我。

当一个人处在动力层面的自我时，会无比脆弱，也会很执着。因为他们会觉得，每一个具体的动力的生死，就是"我"的生死。于是，每一个哪怕很不起眼、没有什么现实意义的动力的死亡，都会让他们感觉到"我"死了，这太容易发生了，一发生就会体验到脆弱。

同时，他们也会努力去避免自我的死亡这种可怕的感觉，于是很容易表现得非常执着。

这对矛盾一结合，就会变成——在他们这里没有"小事"，任何一件事都是生死攸关的"大事"。结果是，他们"胡子眉毛一把抓"。即便意识上知道有些事情在现实意义上毫无价值，但也要去执着地追求。相反，有些事情在现实意义上极其重大，但他们也无法区别对待，不能把更多注意力放到这些大事上。

这样的人会非常痛苦、极度焦虑，而且很容易"爆炸"，就是因为他们的基本逻辑是"任何一份动力的死亡都是'我'的死亡"。

很多恶性事件中，那些肇事者一言不合，就发展到杀死对方的地步，这是他们要把"我被杀死"的感觉投射到对方身上，变成"你去死"。

这是婴儿级别的自我。婴儿没有时间感、空间感，也区分不了你我，同时活在原始的全能自恋中，所以觉得，"我"一发出意愿，"你"就该满足我，否则我就"死"了。其实只是这份具体的意愿没有在当下这个时空立即实现而已。

很多成年人，有正常的头脑，认知上知道当下这个时空不能实现的意愿，也可以随着时间的累积和空间的转换提高实现的概率，但在体验上，他们还处在动力层级的自我上。

动力层级的自我可以有两个表现，它们看似截然不同，但本质一样。一种表现是：执着地渴望每一份动力都能实现，挫败时就会体验到死亡感。相反的表现就是：几乎彻底地失去了积极性、主动性，表现得如同行尸走肉。后者是更可怕的状态，是一个人深深地体验到自己的意愿无论如何都不会实现，干脆就不发出任何意愿了。

对婴儿来讲，需要抚养者的用心照顾，而让婴儿感知到我的动力基本上是可以实现，也可以存活的。

对成年人来说，则要借助认知的帮助——做取舍，去追逐那些重要的、专属于自己的动力，而不是去追求一切动力都得到实现。

如前文所说，动力，指的是一个人发出的每一份具体的能量，而意志，可以理解为"抽象的动力"。

在咨询中会看到，一个人成长的关键不是学会去压制自己，而是当一些基本愿望得到满足后，接下来就变得从容了。例如，一些太自恋的来访者，当体验到自恋被满足后，突然就变得不那么执着于自恋了。

这可以理解为，当较低层次的心灵性存在能存活后，一个人的心灵就可以往更高的层次发展了。

最初婴儿执着于每一个具体的动力，任何一次受挫都有痛苦产生，但是当获得"我的动力基本上可以实现"这一感觉后，这份动力层级的自我就可以朝意志层面的自我发展了。

其中的逻辑是类似的，意志层级的自我，即一个人的感知是"我就是我的意志，我的意志就是我"。

动力可以理解为：当下时空的一份能量得在当下这个时空满足，而受动力层面的自我驱使时，一个人会严重缺乏延迟满足的能力。

意志就不一样了，它可以理解为：一个人有了对时空的感知，知道自己那些重要的意志，即便不能在当下这个时空得到实现，也可以通过时间的累积和空间的变换而最终让这份意志实现。

意志层级的自我比起动力层级的自我，就变得坚韧很多。不过，这个时候人容易呈现出偏执，对一些严重不符合现实的意志做不到放下，因为一份具体意志的死亡就等于是"我"死了。

有些容易被人夸赞的故事，其中就藏着这种味道。例如，一些老人，80岁了，却执着地想去见见初恋。这常常没有多少关系维度的情感内容，而主要是自恋层面的执着——"我发起了如此重大的意志，我得看到它圆满实现"。

和动力层级的自我一样，意志层级的自我也是因为得到了"我的意志基本上可以实现"的感觉，于是可以进一步升级到抽象意义上的自我。

所谓"抽象意义上的自我"，就是一个人的感知发展成像有一个独立于所有动力和意志之上的抽象、超然的"我"。这时，动力或意志就只是"我"发出的一份能量，它们的生死，不会让一个人产生"我"死了的感觉。

依照精神分析的理论，在基本良好的养育环境下，孩子在3岁左右就可以发展出抽象意义的自我，可称之为"自我的诞生"。

什么样的养育称得上"基本良好的养育"呢？这需要以下几个条件：

1. 孩子的吃喝拉撒睡玩等需求得到了基本满足；

2. 养育者对孩子起到了"容器功能"，当孩子把事情做好时会被认可，当孩子遇到挫败时会被支持，而且孩子的情绪情感能在与养育者的关系中流动；

3. 基本稳定。

可能很多人都听过一个说法：做妈妈的需要陪孩子到 3 岁。我推测这个通俗的说法就来自精神分析的这个理念。给孩子提供基本满足，这一点养育者们很容易意识到，而对于"基本稳定"这一点，我们的社会就有很大欠缺。

基本稳定意味着，在 3 岁前，作为最重要的养育者和孩子没有长时间的分离。有人认为这个时间期限是"两周"。

为什么要这样？我的理解是：原始的生命力都是带着攻击性的，当最重要的关系是动荡不安的，天然自恋的孩子就容易感知为这是我的攻击性导致了这些坏事。

我们社会中，无数人在孩童时期没有得到这份"基本稳定"，那成年后该怎么办？

一个重要的办法是：试着去构建一份基本稳定的关系，让这份关系起到容器的功能。

例如，谈一场好的恋爱。

例如，去找一位精神分析取向的咨询师，和咨询师构建长程咨询关系。

当形成抽象意义上的自我后，人的焦虑会减轻很多，在处理事情时也会从容很多，或者说心理空间会大很多。

我们在看电影时，常会看到这样一种情节：主角和邪恶的配角在打斗，处在紧张的僵持之中，甚至主角都被控制住了，但突然间，主角灵机一动，找到了对方的破绽，于是转败为胜。

我也常喜欢讲袁绍和曹操的故事。在官渡之战前，袁绍堪称英明神武，但官渡之战时，他简直所有事情都做错了，而且变得非常需要阿谀奉承。而曹操在重压之下没有崩溃，并能纳谏如流，最终打败了袁绍。

这些事情都可以理解为，有的人没形成抽象意义的自我，在重压下会产生严重的死亡焦虑，于是心理空间变小，视野变得狭窄。相反，有的人是有了抽象意义上的自我，在重压下，他们仍保持着很大的心理空间，这让他们的思考和反应都变得灵活很多。

至于袁绍那么需要阿谀奉承，是因为这个时候他的自我处在崩溃边缘，需要通过听到的阿谀奉承来满足自恋，从而保持他意志层级的自我不瓦解。

最后我想说，其实说到容器，我们可以看到，除了自我、可靠的关系外，还有很多容器。例如，一个好的社会就是一个巨大的容器，而人的觉知是一份永恒的容器。

我们可以在这些容器内慢慢修炼自己的心。

只有目标综合征

有一种问题，暂且将它命名为"只有目标综合征"吧。这种综合征的核心特点是，一个人想让一个又一个的目标充满自己的所有时间。他们不断树立各种目标，而在树立目标和实现目标之间则被焦虑充满。

有一个杀死父亲的大学生，他的日记简直可以称为"目标日记"，上面写满了一个又一个目标。目标实现时，开心，甚至觉得上了天；目标受挫时，痛苦，甚至想杀了自己。

我的一位来访者，在和他早期的咨询中，他始终都是这种风格：发现一个问题，立即产生一个目标——修正这个问题，然后就会问我，你说该怎么办？

虽然事实一再显示，那些关键性的突破，几乎都来自他对自己感受的理解和接纳，但他仍然在很长时间里持续这个风格。因为不这么做，他就会被焦虑淹没。

焦虑通向死亡。焦虑的人的基本感知是：目标是我树立的，目标就是我，我就是目标，目标实现不了，就意味着"我"死了。并且，在目标没有立即实现前，我都会担心有一些敌意的、宛如死神的力量可能会破坏、杀掉我的目标，而且这种力量还很强大，所以真是太焦虑了。

"只有目标综合征"患者可以分为两类：一类人不断试图证明自己，可还是被焦虑充满；另一类人干脆就不去树立任何真实的目标了，这样就可以免于被击败、被杀死，但他们一样也会充满焦虑，而且是一种弥散性的焦虑。

例如，我的一位朋友，她从来都在拖延之中，也总是不能快速做决定。后来，我发现她是把自己所有的真实决定都藏了起来。因为在她的童年，只要她的决定被妈妈看见，妈妈就会给她提建议，而且会无比迫切地希望她立即做到完美。结果，她几乎所有的目标都被妈妈给杀死了。所以她最终形成一个风格——藏起自己所有的真实决定。

只盯着目标的人，一样是陷入全能感的，觉得目标一推出，世界就必须给予绝对的正面回应，必须立即实现，否则就是有一个魔鬼在恶意对待自己。然而就像我们一再讲的，魔鬼首先是他们内心中产生的，即当全能自恋受阻时而产生的全能暴怒。

虽然魔鬼首先是内在产生的，但对他们而言，外部世界的敌意是如此真切，并且"我"和外部的敌意力量只能是你死我活，所以必须绷紧了去战斗，因此就不敢和外界敌意力量建立关系了。

这种焦虑症的疗愈方法是：逐渐能感知到别人的善意，能打心眼里感受到被别人爱和接纳，然后自己也就可以接纳对方了，也就是说可以和对方建立联结了。

当一个人只有目标时，也是自恋维度的表现，而当能建立联结时，心灵就可以发展到关系维度了。

到了这种时候，一个人才可以体验活在当下的感觉。活在全能自恋的人常常也觉得自己是活在当下的，但那往往是幻觉，不是真实的。

当一个人能做到这一点后，就会看到，原来在一个目标和一个目标之间有过程存在，自己也可以享受过程，而且过程中竟然有如此丰富饱满的感受存在，这太奇妙了，原来这才是生活，这才是活着。

我们继续来谈谈过程和目标。

最原始的全能自恋是彻底未分化状态——没有时间，没有空间，没有开始，没有过程。

可以想象，这就是一个点，我们可以直观理解为是人性坐标体系的原点。

婴儿和成年大号婴儿们，他们的心灵有了分化，但分化很有限。例如，他们有了时间感、空间感、过程和结果，还分化出了"我"和"你"，即自体和客体，但仍然有原始的基本感知——"我"一发出意愿，你就该立即回应我。

你的精神生命有多长？或者说，你的一份意愿，在没有实现前，能在多大的时空内持续在它身上灌注能量？这可以理解为，你的一份意愿作为一个生命，可以活多长时间。

其实一份意愿的生命不能仅仅用时间来衡量，还包括可以伸展开的空间，我们可以用长度来衡量。

想象一下，有一个人，比如你，你的意愿生命长度为一厘米。意思是你发出了一份意愿：外部世界得在这个一厘米的时空量度中回应我、满足我，否则我就会觉得这个意愿死了。在抽象自我没形成前，这会被感知为，这个意愿就是"我"，所以一个意愿的死亡，就意味着"我"死了。

你是过程主义者，还是结果主义者？如果是结果主义者，或者是"只有目标综合征"患者，那么你就很难享受过程。这时可以说，你是被死亡焦虑折磨的人。

继续前面的想象。如果你对意愿生命的感知是一厘米，这意味着，你觉得你的意愿发出后，在一厘米的长度内得到回应，这个意愿就活了，而超出了这个一厘米的空间，你的感知就是这份意愿死了——即"我"死了。

可是，你要完成的事情，所需要的长度是一米，你需要在时空上持续投入一米长的努力，才能完成这件事。这时，有的人会启用头脑管理着自己持续努力，但你感觉自己心不在焉，不能专注了。你带着热情的投入只能持续一厘米，然后剩下的过程，剩下的99厘米，就变成了长久的忍耐。在这个忍耐的过程中，你会觉得很难受，因为你一直在被死亡焦虑折磨着。

但是，有人不是结果主义者，而是能享受过程的人，他们的感知就会变成可以在这个一米长的时空内专注其中，而没有被死亡焦虑缠绕着。

这样我们就会知道，这两种人之间的差距有多大。

当然，能忍耐着走完一米长度的人，还是远远胜过意愿生命只能展开一厘米的人。

你的意愿生命能持续多久？这是一个非常根本性的问题，可以严重地影响一个人的方方面面。

那么，当发现自己的意愿生命很短，甚至真的只有一厘米，那该怎么办？

你可以进行自我训练，试着去完成一些事情，扩大你的感知。并且，这个时候你必须明白的一点是，这和你选择困难的还是容易的关系不大，关键在于你努力去完成它。所以，如果你很脆弱，那么就不要总给自己树立艰难的目标，而是从容易的事情开始，哪怕只是吃喝拉撒睡玩。

讲一个故事。

一位女士，她离婚之后非常痛苦，想自杀。她是严重失去自己重心的人，过去一直在围着前夫转，所以离婚后，一下子像是失去了寄托一样。

一位咨询师极大地帮到了她，其中一个重要环节是，让她列出十件自己一直真心渴望却一直没去做的事情，然后在一个期限内完成。

这十件事并不需要多么重要，关键是她真心想做。例如，其中一件是想去吃海鲜，而前夫不吃海鲜，所以她也放弃了这个喜好。还有一件很简单的事是，她一直很想去蹦迪，但因为要求自己做淑女，所以也一直没去过。

她是在三个月内完成这十件事的。最后一件事是去爬北京的香山，而当实现这个意愿，站在香山山顶时，她有了一种重获新生的感觉。

她能做到这些，显示她的意愿生命其实还是比较强的，但我的朋友和来访者中有不少人的意愿生命简直只有一厘米那么短。这种情况下，他们要去拓宽自己的这个空间会极其困难。

这时也有方法。他们的孤独努力很困难，因为会被孤独的自恋想象困住，但他们可以去找精神生命坚韧的人，和他们建立关系。假若他们的重要关系中，有人的意愿生命是一米长，甚至是过程主义者，那么就有可能把这种感觉带给严重的结果主义者。

如果自己生活中找不到这样的人，那还可以去做咨询。

不管意愿生命是一厘米还是一米，其实都算是结果主义者，当一个人的心灵能达到基本上都能投入到过程中，而不被结果所控制时，就意味着这个人的心灵充满了生能量，于是他们在过程中不会被死能量所煎熬。

当这一点越来越强时，一个人也许就能体验到活在当下的感觉——任何一个时空内的存在都很美好，甚至完美。

就此推荐两本书，《当下的力量》和《心流》。前者会让你看到活在当下是怎么回事，但这本书缺乏操作性，而《心流》这本书则像是一本操作手册，可以让你学习如何投入过程。

时间感和空间感

对人性了解越多，我就越发认识到，现实世界一些特别简单、特别基本的东西，并不容易被内在想象世界所吸收。

例如生死、时间和空间这些概念，多么普通，多么基本。

但是，我直到最近几年才认识到，太多人之所以那么脆弱，是因为他们有这种基本感知：我发出的一份动力就是我，如果这份动力没实现，那就意味着这份动力死了，而我等于我的动力，我的动力就是我，所以这也会被感知为"我"死了。

所以生死并不仅仅是肉体生命的出生和死亡，生死作为一份隐喻，藏在很多地方。

时间和空间也是类似的概念。它们多么普通，多么基本，一个智商正常的成年人都会知道时间和空间的存在。然而，太多太多人，没有真正在自己的内在想象世界中认识到这一点，没有形成"时间感"和"空间感"。

所谓"时间感"，就是你知道，时间是做事情时的一个重要因素，你知道这个重要因素的存在，你会在考虑事情时把时间这个因素充分考虑进去，而且你会比较正常地衡量和感知到时间的存在。

所谓"空间感"，简单来说，就是条条大路通罗马，这条路达不到目标，换一条路就有可能。

一份意愿，需要由时间和空间来撑开。或者说，一份意志，从诞生、发展、壮大、衰老到死亡，需要一个过程，时空越大、越广阔，这份意愿的生死过程就越是波澜壮阔，所展现出来的生命力也就越丰盛坚韧。

前面我们提到，当一个人百分之百受全能自恋支配时，会彻底地忽视时间和空间的存在，而认为意愿的生灭就是一瞬间。说一瞬间都不恰当，而是根本不需要时间、空间和过程，"我"一发出意愿，"你"就回应了我。

全能自恋是纯粹想象的世界，而当一个人看见现实时，就意味着一个人看到了时间、空间的存在，知道了一份意愿的生灭需要一个过程。

你感知的这个时空越大，你就越有耐心。

例如，高中时，如果你的意愿生命时间太短，你就会被一次又一次的普通考试给困住。你在意识上知道普通考试不需要那么重视，最后有一个好的高考成绩就可以了，但你的体验上会因为一次次普通考试的成绩而产生巨大的情绪起伏，这就是因为高自恋想象影响了你的时空感。

拥有良好的时空感的人，会自动把整个高中三年视为一个整体，而不会太在乎一次次普通考试的成绩，特别是面对考试失利，虽然也会难受，但整体上不会太受影响，甚至还抱有感激，你会认为"平时考试可以视为查漏补缺，所以考砸了就给了自己一个认识问题的机会"。

前面我们讲过"急切"的心理逻辑。太急切的人就是高度受全能自恋支配的人，没有真切意识到时间和空间的存在，于是他们只看到当下这个时空，或是很狭窄的时空。当他们产生一个意愿，就会觉得必须在当下这个时空实现它，这意味着"生"，而没有实现就意味着"死"。

因此，耐心是很宝贵的品质。有耐心的人更可能抓住事情的本质，然后深入深度关系，这样可以极大地撑开生死感，从最严重的每一瞬间都经历一次意愿生命的生死，到逐渐发现，生死可以延伸到很大的时空中。

再说说空间感。

在咨询和生活中，我都见到过一些人做事时严重缺乏弹性，有直愣愣的感觉。他们的能量似乎只能朝向正前方发出，而当不能实现时，这股能量就会直愣愣地弹回来，击倒他们。其中一些人还是有些韧劲的，他们会站起来，继续发出朝向正前方的能量，绝对不绕一点弯。

可以想象，他们的正前方如果有一堵墙的话，那就只有两种选择：要么是他直愣愣的能量把这堵墙给推倒或击穿，要么他被撞得头破血流。俗话说，不撞南墙不回头，而他们简直是就算撞了南墙也不回头，如果回头，他们会有一种自己要死掉的感觉。

这也是因为受全能自恋的驱使，一些人缺乏空间感。因此，他们的感知是，在当下这个时空发出的意愿就必须在当下这个时空实现，否则就意味着这个意愿死了。

这里面还藏着一种执拗：我的意愿，必须在当下这个时空里，不折不扣地完美实现，不能绕弯，不能有一点点妥协和污染，这样实现时才能得到满足，也就是全能自恋被满足了。

形成时间感和空间感这样的概念，得益于我的一位来访者。他从来都是直愣愣、无法绕弯的人，但突然有一天，他可以这样做了。

那天，他去健身房健身。以前他都会预约，但因为那天是工作日，他觉得也许不用预约，就没有预约。

等到了健身房后，他先向服务员提出做一个项目A，这也是他最想做的，服务员说：抱歉，这个项目被预约满了。这时，他已经感觉很不愉快了，但还是提出那就做项目B，结果服务员说也预约满了。然后他又提出换成项目C，仍然是预约满了。

这时他产生了一种狂暴的愤怒，这是他很熟悉的感觉。因为在进行咨询后，他也知道这是全能自恋受阻后产生的自恋性暴怒。

接下来，他做了一些其他项目，但还是觉得暴怒和委屈，于是去冲了个凉。在冲凉时，委屈感涌上来，他号啕大哭。哭了一会儿后，他突然想到，以他对这家健身房的了解，这个时间段必然会有一些人即便预约了也不会来，所以他想，不妨去试试灵活处理一下。

于是，他冲完凉后，去和服务员说：看到项目A有空缺，我先玩一下，如果预约的人满了，我就走。

结果真如他所料，这个项目A一直有空位。

谈完这件事后，他感慨说："这是一个伟大的时刻！这是一个伟大的时刻！"

在他的个人成长史上，这的确是一个里程碑般的转折点，从此以后，他那种直愣愣的感觉少了很多，他也变得灵活了很多。他也形容说，他可以绕弯了。

如果你发现你严重缺乏时间感和空间感，那你该怎么做呢？

你得知道，这是受全能自恋支配，从而妄想着任何事情都在当下这个时空中完成。要治疗自己这一点，就试着把你喜欢的事情给完成，不管过程多么狼狈、多么不完美。

这世上绝大多数事情，要完成它们都需要时间和空间，所以仅仅把事情完成，就必然是在驯服全能自恋。完成，胜过完美。这是我很喜欢说的一句话，就是这个意思。

当你能够把一个又一个的愿望，在看似普通的外在现实世界完成，这自然意味着你从自恋想象的内在世界进入外在现实世界。

在现实世界中把事情完成，就是对全能自恋的天然治疗。

相信你会看到，越是不怎么做事的人，越是期待一出手就非凡。这是想一出现就立即处在纵轴的自恋维度的高位，比别人都强。

但是，他们必然会有一种脆弱，就是当看到自己其实处在很低的位置时，这个差距太大，于是他们会迅速失去行动的决心，陷入无助，放弃行动。

相反，有很多完整地完成一件事情的经验的人，他们深深地进入过真实世界，于是能比较真实地评估自己。他们接纳一种现实，就是自己一开始，甚至长时间处在低位和普通位置，并不断向高峰攀升。

并且，即便在努力奋斗后，他们也能接受自己最终处在普通位置。

因为在一件又一件事情的背后，他们感知到，有一个完整的"我"存在着，这给了他们相当的存在感。

深度关系

创造，发生在"缝隙"里。

这是我很喜欢的一句话。当你迫切地想尽快找到解决办法时，你就会缺乏创造力。因为，在"发出问题"到"找到答案"之间，需要有缝隙。一提出问题，就希望立即有答案，这样就失去了缝隙，失去了空间。

精神分析取向的心理咨询师，会尽可能遵循一个原则——不提建议，因为重要的不是立即找到答案，而是去觉知问题背后自己的感受与体验。

在咨询中，我发现很多人一提出问题就立即向我寻求答案，然而，他们常常还没意识到自己面临的问题到底是什么。并且，当探寻内心时，就会看到，仅仅把自己的内在过程认识清楚，所谓"问题"也就自动解决了。

例如，一位男士，他的一个问题是，在开会时他常常会断片，觉得讲不下去了，然后只能硬着头皮继续讲。

他讲完这个问题后，立即问我："武老师，我怎么能解决这个问题？请你教我。"

他这样问，一个原因是把全能感投射到了我身上，觉得我是一个如此有名的咨询师，应该能立即给他提供有效的答案。对这一点，我做过解释，然而他仍然会执着地这样问我。

我常常使用这个解释，并去引导他关注自己的内心，看看他开会断片时内心到底发生了什么。

答案看起来也不难。他有严重的全能感，会期待自己在会议上表现完美。但这是他的公司，他是老板，大权在握，按说表现怎样并不重要，把事情讲清楚即可，但他对自己就是有着这样强烈的期待。当这份完美期待遇到挫折后，例如，他有一句话表达不完美，他就会停顿，觉得卡壳了，而卡壳让他觉得自己讲得更差……

这个讨论我们也进行过多次，但他的问题并未得到明显改善。直到在一次咨询中，他觉知到自己一个细腻的心理逻辑，改变才明显发生。

那次咨询中，他一来就兴致勃勃地和我分享他的一件好事，但很快，他又出现了断片的情形，和在会议中断片的感觉很像。他一如既往地问，这该怎么解决，而我仍然问，断片的时候，你的内在发生了什么，你有什么感受，你有什么想法？

这次他安静下来，去看自己内心。结果他发现自己有这么一份期待：他希望能在咨询室内，百分之百地完美再现他在这件好事中的感受，从而能让我百分之百地看到他的这份感受。当这种完美期待不能实现时，他产生了挫败感。

看到这份期待后，他自己都觉得很荒诞。古希腊哲学家赫拉克利特说：人不能两次踏进同一条河流。然而，受全能自恋的驱使，他期待能在两个不同的时空里百分之百再现自己的感受，还能百分之百被另一个人看到，并且长久以来，他打心眼儿里认为这是可以做到的。

这是一个典型的例子。从此，他不仅改善了在会议中断片的情形，一谈到问题就立即问我该怎么办的次数也明显减少了，因为他真切体验到，觉知到自己的内心，真的可以带来改变。

从咨询的意义上讲，他更能进入咨询过程了，我和他的咨询变得丰富起来，更有创造性了。这一点改变也延伸到他的生活中，他变得从容了一些。

并且，他越来越意识到，不能一发现问题就立即想去解决问题，其实很多时候，最初发现的问题只是表面"症状"而已，必须花时间深入了解，才能看到真正的问题是什么。

人生是一场体验。看起来人在追求、实现各种意愿，但也许更重要的是在追逐这些意愿时，可以借助这一点和其他客体建立起深度关系。从而在"你"的镜子里看见"我"，也真切地感知到"你"，并最终发现，内在想象世界和外在现实世界有着无比密切的联系。

如果真的能一发出意愿立即就实现，人就不需要活着了。人活着，也许就是需要展开更大的时空，进入各种深度关系，从而体验到各种人性。

创造，藏在"发出意愿"和"完成意愿"的缝隙里，因此可以说，越是重要的意愿或问题，就越需要更大的时间和空间。

当然，时间和空间是外在现实世界的维度，而如果你早就有了巨大的内在心灵空间，那么有可能你的这份巨大的内在空间会是高度创造力的源头。于是当你做事的时候，在时间和空间上就可以被急剧缩短，但这种人绝对不是受强烈的焦虑推动，或是在很浅的层面、很小的循环中不断打转的人，相反，他是能在关键时候安静下来的人。

例如乔布斯，他有一个工作习惯：做重大决定前，他会先在一个空无一物的禅室里打坐一段时间。

可以说，巨大的创造力，藏在不急着立即找到答案的安静空间之中。

我们继续谈谈关系深度。当你总觉得时间不够用时，常常是因为你没有进入深度关系，你是浮在水面上的。

例如，如果你总是在刷网页，总是忍不住想消磨时间，那必然意味着你把工作、生活视为一种逼迫，你不愿深入。因此，工作和生活总是让你疲惫，所以你需要消磨时间，需要刷网页，浮在表面上。这种飘浮让你有一种感觉——"我在掌控，我在选择"。

但是，当你深入存在，能和工作、生活建立深度关系时，你会发现，效率极大地提高了，你的时间好像多了很多。当你还能砍掉各种不情愿、不必要的事情时，你和你主动选择的对象的关系就变成了一个超深度关系——它们是一个很少被切断的连续体。

这种连续感，就是关系的深度，它会给你一种很深、很美妙的感觉，于是你情愿主动地工作和生活。它们本身就是一种奖励，你甚至无须额外的奖励。

村上春树说：我绝不允许别人打乱我的节奏。

更好的说法是蔡志忠的。他说：完整的一个小时，它的价值不是两个半个小时的累积，而是一倍；而四个十五分钟，它们更没法和完整的一个小时比，它们甚至毫无价值。

他讲的是持续投入的时间。他认为，持续投入的时间的价值的增长是呈几何级数的。如果你能持续十个小时的专注，它的价值就是半个小时的千万倍级别。

持续专注的投入，意味着你和事物建立了深度关系。如果把关系深度看作空间，那就意味着，当这个空间被极大延伸时，时间的价值也变得极大。因此，一个能持续专注投入的人，他拥有的时空，是浮在水面上的人所不能比的，甚至是后者无法想象的。

说到人与人的差别，也许没有哪种差别比这份差别更关键了。不过，好在关系深度是我们每个人都可以主动去掌握的，虽然很不容易。

最后，我从"人性坐标体系"的三个维度做一下总结。

首先，人需要在自恋维度上展开自己。真实地活着，真实地呈现自己的各种生命动力，特别是自恋的动力，可以去抢占自己的高位，不惧怕和别人竞争。如果你一直都是谦虚地活着，那意味着，你从来没有真实地活过。

其次，一个人的心性，需要从自恋维度发展到关系维度，这是一个里程碑式的发展，这意味着从孤独进入关系，从想象进入现实世界。重要的是，当人只是活在自恋维度时，就只会感知到高低、强弱和生死，因此很焦虑。而进入关系维度后，关系维度就是平等的大地，因此可以极大地缓解人的焦虑。

并且，自恋维度虽然能让一个人获得一些东西，但这常常是一种争夺。也许只有关系维度才能有创造，越是深度关系，越是能创造出好东西。

最后讲讲体验和思维。思维太好使，而体验太容易痛苦，所以人容易过度使用思维，而远离体验。但是，把思维当作"我"，意味着你基本上处于一种虚假之中，而把体验当作"我"，才意味着真实。

深度关系被我视为人生的答案，而这必然意味着，拿出真实的"我"，去和真实的"你"碰撞，所以真实地活在体验中，而不是退缩在头脑中，这是一个基本点。

太多人总想着"等把事情想明白了"，然后才去做，然而，也许我们可以直接跳入生命之河，去拥抱这个世界。